普通高等教育"十一五"国家级规划教材

丛书主编　钟承奎

理工科

高等数学

第三册　线性代数

罗彦锋　编著

兰州大学出版社

图书在版编目(CIP)数据

线性代数／罗彦锋编著. —兰州:兰州大学出版社,
2009.7(2019.3 重印)
(高等数学／钟承奎主编)
ISBN 978-7-311-03105-3

Ⅰ.线… Ⅱ.罗… Ⅲ.线性代数—高等学校—教材
Ⅳ.0151.2

中国版本图书馆 CIP 数据核字(2009)第 127625 号

策　　划　陈红升
责任编辑　陈红升　丁武蓉
封面设计　张友乾

书　　名　高等数学(理工科)
　　　　　第三册　线性代数
作　　者　罗彦锋　编著
出版发行　兰州大学出版社　(地址:兰州市天水南路 222 号　730000)
电　　话　0931-8912613(总编办公室)　0931-8617156(营销中心)
　　　　　0931-8914298(读者服务部)
网　　址　http://press.lzu.edu.cn
电子信箱　press@lzu.edu.cn
印　　刷　兰州新华印刷厂
开　　本　787 mm×1092 mm　1/16
印　　张　19(插页 4)
字　　数　317 千
版　　次　2009 年 8 月第 1 版
印　　次　2019 年 3 月第 6 次印刷
书　　号　ISBN 978-7-311-03105-3
定　　价　28.00 元

总序

《高等数学》系列教材为教育部"普通高等教育'十一五'国家级规划教材",共四册:《一元微积分》、《多元微积分》、《线性代数》、《概率论与数理统计》。主要供非数学专业对数学要求更高一些的专业(需要一类数学的专业)与基地班的本科大学生使用,其他专业与班级在使用本套教材时可对教材内容进行适当选择。

关于数学在其他科学中的重要作用,有一些人常用"数学是科学的工具"这样的术语来描述,其实这样的描述并不确切,有的人甚至把这句话理解为数学只不过是科学发展的一个居于次要的、仆从地位的、可用可不用的工具而已,这就更大错特错了。现代科学(尤其是物理学)发展中的许多事例已经确凿地表明,如果一定要说"数学是科学的工具",那么数学也是科学发展中特别重要的、不可或缺与不可替代的,而且在很多时候占据主导地位与起着决定性作用的工具。其实这里我们想说的是,数学不是科学的一个一般的、普通的工具,数学对于科学的重要性,无论给予多么高的评价都不会过分。现代科学的发展史同样也表明,对于科学的发展来说,不光数学理论是重要的,而且数学特有的思维方法也特别重要。在一定意义上可以说,每门学科的发展史都是该学科的数学化程度逐渐提高的历史。我们看到,当今数学化程度最高的一些学科已经和数学密不可分,并逐渐和数学融为一体。在这些学科中的伟大的科学家无一例外地同时也是数学家,数学和科学的统一必将是个大趋势。对于非数学专业的大学生而言,数学素养是专业素养中的重要组成部分。另外,数学还是一种文化,学习数学对于促进人的全面发展与人格的完善具有积极的意义。总之,数学不仅是一种工具,而且是一种思维模式;不仅是一种知识,而且是一种素养;不仅是一种科学,而且是一种文化。作为非数学专业的大学生一定要下决心努力学好高等数学这门课程。因为数学对于同学们在校期间的专业课程的学习和本科毕业后的继续学习、工作以及生活都是非常重要的。

我们编写这套教材的目的和任务就是,要使同学们能较好地掌握各相关专业所必需的高等数学领域中的最基本、最重要的理论知识,并且能较好地掌握其中所体现的一些重要的数学思想和方法,使同学们在获取数学知识的同时切实提高数学素养,特别是增强数学思维能力与创新意识,从而为后续专业课程的学习与深造以及今后的工作打下坚实的数学知识与思维方法方面的基础。

一部好的教材无疑会对教学效果起到十分重要的作用。本套教材是在吸收和借鉴国内外同类教材,特别是近几年出版的一批"面向二十一世纪课程"教材和国家"十五"规划教材以及我校出版的四套高等数学教材优点的基础上,结合教学实际情况,按照新的教学要求和教学任务,组织具有较高学术水平且有丰富教学经验的教师认真编写而成的。在编写中我们特别注意了以下几个方面。

第一,与时俱进,与数学和其他学科的发展现状相适应。例如,由于很多学科对数学知识内容需求的扩大,以前仅限于微积分内容的传统的高等数学教材显然不能满足现在的需要,因此本套教材中增加了线性代数和概率论与数理统计的内容;再如,微积分学是牛顿和莱布尼兹等人于17世纪末创立的,属于经典数学的范畴,对于这些内容,本教材力求用现代数学的思想观点去统帅与处理,这样可以使同学们能够站在更高的层次上对这些内容的本质与作用有更深入一些的理解,也便于与现代数学的衔接;还有,计算机的诞生和迅速发展对各门学科均有很大影响,数学更是首当其冲,高等数学应当作出相应的响应。

第二,重点突出,各学科所需要的数学知识实在是太多了,把它们全写入教材,既不可能也无必要。一方面,在知识内容上重点突出,我们力求选择那些最基本、最重要、最有用的内容编入教材,并把这些重点内容下大力气写好;另一方面,使学生能较好地掌握一些重要的数学思想和方法。因此在教材的编写中结合有关的具体内容突出重点并力求写好,这方面在帮助学生理解诸如"数学家是怎样抽象出这些重要的数学概念的?"、"数学家是怎样猜想出这些定理的?"、"这些定义和定理究其实质是怎么回事?"等问题方面能起到画龙点睛的作用。

第三,深入浅出,通俗易懂,便于自学。对于重要的数学概念与定理,除了解释清楚它们的物理意义与几何意义外,还从多种角度出发并用通俗易懂形象直观的语言揭示出它们的本质。此外,教材中的例题和习题的选取与配备适应了教学目的的需要。例题有典型性与启发性,习题难易得当、类型多样,能适应不同的需要,特别是增加了一些有助于较高水平的学生提高分析与解决问题能力和创新能力的思考题。

在这里我们还要特别强调一下的是,虽然在兰州大学相关专业试用本套教材的本科生考研过关率有较大的提高,但是我们认为,在本科生教材的编写与使用上一定不要按照应试教育那一套去片面追求考研率。否则就会舍本求末,高分低能,后患无穷。本套教材重在培养厚基础与高素质的人才,至于考研率的提高,只不过是一种水到渠成的副产品而已。我们希望并相信绝大多数使用本教材的本科生在毕业后能够实现考取研究生的愿望,而且是高分高能、后劲十足,将来能成为有较大作为的栋梁之材。

虽然本套教材的编写人员尽了最大的努力,但难免还会存在不足之处,敬请各位专家、同行和读者批评指正。

兰州大学《高等数学》系列教材编审委员会

2009 年 7 月于兰州大学

前 言

代数学是数学的一个重要的基础分支，随着科学技术的发展，代数学的重要性日益显现，它的许多内容已成为大学诸专业的基础课程，大学代数是高等数学教育的最基本最重要的内容之一.《高等数学》系列教材的线性代数部分是在吸收和借鉴国内外同类教材优点的基础上，根据教育部对非数学专业《线性代数》课程的新要求和教学任务，结合作者多年教授高等代数和线性代数的经验编写而成的.

线性代数是以讨论线性空间与线性变换理论为主的课程，它的主要内容包括：行列式、矩阵代数、线性方程组理论、线性空间(欧几里德空间)与线性变换、特征值与特征向量、矩阵对角化、二次型等. 线性代数概念多、结论多，理论性、系统性和逻辑性强；一方面它包含有抽象的代数理论，另一方面它的系统而成熟的思想、方法在诸多领域都有广泛的应用. 一本较适用的线性代数教材，一方面应当具有足够的理论深度，以满足现代自然科学和工程技术的需要；另一方面又应当尽可能由浅入深、由具体到抽象，使初学者感到学习线性代数并不太难，从而提高他们深入学习和掌握其基本理论和基本方法的信心. 此外，一本好的线性代数教材还应该有高质量、高水平的配套习题，通过做题可使读者对新概念、新理论从模糊而被动的了解转化为主动的掌握.

本教材正是基于上述认识编写而成. 在编写过程中，特别注重以下几个方面：

1. 注重教材的理论深度，注重学生的数学素质和数学能力，特别是创新能力的培养. 成熟的思想方法来源于系统而成熟的理论. 本教材包括了综合大学数学专业线性代数课程的绝大部分内容，在内容组织上也保持了数学专业教材应有的理论性和逻辑的严密性. 必要的理论有利于以较高的观点揭示问题的本质，从而把散乱的问题统一化，把抽象的问题具体化，把复杂的问题简单化. 读者只有系统地学习和掌握线性代数的基本理论，才能接触和体会其包含的代数学思想，才能理解和掌握线性代数的思想方法，并将其用于解决实际问题. 在组织教材内容时，力求以提出问题、分析问题、解决问题的方式展开教学内容，引入思想，剖析方法，致力于培养学生分析问题、解决问题的能力；注重展示由具体到抽象的概括与总结，建立一般理论，再将理论用于解决实际问题的过程，致力于培养学生的创新能力.

2. 注重深入浅出，通俗易懂. 考虑到非数学专业学生和非数学专业工作者的特点，对于线性代数基本概念的引入，坚持从几何(物理)背景和具体实例入手；对基本结论的阐述尽可能详尽，由浅入深，由具体到抽象；对于重要的概念和结论，从多角度、多观点揭示它们的本质. 坚持难点分散的原则，力求做到通俗易懂，不使初学者望而生畏. 在读者理解和掌握了基本概念和方法后，再逐步加深内容，使之达到适当的理论深度. 同时，还特别注重理论的背景和理论的应用，显示了抽象的必要性和威力. 行文上尽力做到清楚明白，通俗易懂，使大学一年级的学生都能看懂，即使自学也能掌握.

3. 精心组织配套的习题，题型多样化，复盖面广. 每节后都附有足够的习题，这些习题都是基本的，对于理解和掌握线性代数的基本概念和理论具有重要的作用. 每章后还附有一定数量的总复习题，其中的部分题有一定的难度. 习题收录了国内外同类教材中部分具有启发性的习题以及近年来的部分考研试题. 习题的遴选力求做到既能激发读者的做题热情，又使他们经过努力能够完成.

本书共六章，教学内容按照 72 学时设计，适合于非数学专业线性代数课程. 如果选作教材，那么教师可以根据课时数以及学生的情况适当选取其中的一部分内容进行讲授. 例如，课时数较少时，可以简要介绍一般线性空间理论，略去线性变换的有关内容. 书中加*的部分供读者参考，可以略去不讲.

本书是在原兰州大学教务处处长、兰州大学《高等数学》系列教材编审委员会主任钟承奎教授的支持和鼓励下编写而成的. 在编写过程中，得到了兰州大学数学与统计学院的领导和有关老师的支持和帮助. 雷鹏、杨东两位老师阅读了原稿并遴选、编写了习题；赵敦教授、郑兵副教授仔细阅读了原稿，尤传华教授、姚海元博士、雷鹏以及汪帆老师使用过它的初稿，他们都提出很好的修改建议；雷鹏老师、博士研究生张文婷、候海龙参与了书稿的录入，周宇斌教授提供了 TEX 等技术支持. 在此，作者向他们表示诚挚的谢意. 同时，本书的出版也得到了兰州大学教务处和兰州大学出版社的大力支持，特别是陈红升副编审的支持和帮助，作者表示衷心的感谢.

限于作者水平，书中定有许多不妥之处，敬请读者批评指正.

罗彦锋

2009年7月于兰州大学

目 录

第一章　行列式

解方程(组)是代数学的一个基本的, 也是非常重要的内容, 特别是在中学代数中, 解方程(组)占有非常重要的地位. 在中学代数中, 我们已经学过用消元法求解一元、二元乃至四元的一类特殊的一次方程组, 即所谓的线性方程组. 线性方程组的理论不仅在数学学科中是重要的基本内容, 而且在其它学科, 如物理学、计算机科学、经济学、金融学等学科中都有广泛的应用. 本章主要将中学代数中求解线性方程组的方法和结果推广到多元线性方程组的情形. 对于这一类特殊的线性方程组的求解, 行列式在其中占有非常重要的地位. 为此, 我们需要引入行列式的概念并得到有关行列式的一些基本结果.

关于一般线性方程组的研究将留待第三章进行, 这里关于线性方程组的结果是一般线性方程组理论的基础.

§1.1　数域和矩阵

我们知道, 数是数学的一个最基本的概念. 自然界的许多"量"可以用数或数的推广形式来描述. 例如一个数量的大小可以用数来表示; 由平面解析几何的知识可知, 平面上一个点(或向量)可用一个二元有序实数组刻画. 不同的问题所涉及的数的取值往往有所限制或不同, 根据所讨论的问题, 我们常常需要明确规定所考虑的数的取值范围. 以前我们碰到的数的范围有全体自然数、全体整数、全体有理数、全体实数和全体复数, 像这些由数组成的集合常称为数集. 我们知道任意两个整数的商未必是整数, 也就是说, 在整数范围内, 除法并不总是可以进行, 但是在有理数范围内, 只要除数不为零, 除法总是可以进行. 事实上, 在有理数范围内, 加、减、乘、除(除数不为零)四则运算总是可以进行, 在实数和复数范围内也是如此. 通常把关于数的加、减、乘、除等运算的性质称为数的代数性质. 有时我们还会碰到一些与全体有理数、实数和复数具有某些公共代数性质的数集, 为方便起见, 我们引入数域的概念.

定义 1.1.1 设 F 是由包含 0 和 1 的复数组成的数集. 如果 F 中任意两个数的和、差、积、商(除数不为零)仍然是 F 中的数, 那么就称 F 为一个数域.

所有有理数组成的数集 Q 是一个数域, 称为有理数域. 所有实数的集合 R 和所有复数的集合 C 也都是数域, 分别称为实数域和复数域. 而所有整数的集合 Z 不是数域, 因为并不是任意两个整数的商都是整数.

如果一个数集 P 中任意两个数关于某一运算的结果都在 P 中, 那么我们称数集 P 关于这一运算是封闭的. 于是, 数域就是关于数的四则运算(除法时除数不为零)封闭的包含 0 和 1 的数集.

例 1.1.1 数集

$$\mathrm{Q}(\sqrt{2})=\{a+b\sqrt{2}\mid a,b\in\mathrm{Q}\}$$

是一个数域.

证明 显然, $0,1\in\mathrm{Q}(\sqrt{2})$. 对任意的 $(a+b\sqrt{2}),(c+d\sqrt{2})\in\mathrm{Q}(\sqrt{2})$, 有

$$(a+b\sqrt{2})\pm(c+d\sqrt{2})=(a\pm c)+(b\pm d)\sqrt{2}\in\mathrm{Q}(\sqrt{2})$$

和

$$(a+b\sqrt{2})(c+d\sqrt{2})=(ac+2bd)+(ad+bc)\sqrt{2}\in\mathrm{Q}(\sqrt{2}).$$

进一步, 若 $c+d\sqrt{2}\neq 0$, 则 c,d 不全为零, 且有

$$\begin{aligned}\frac{a+b\sqrt{2}}{c+d\sqrt{2}}&=\frac{(a+b\sqrt{2})(c-d\sqrt{2})}{(c+d\sqrt{2})(c-d\sqrt{2})}=\frac{ac-2bd+(bc-ad)\sqrt{2}}{c^2-2d^2}\\&=\frac{ac-2bd}{c^2-2d^2}+\frac{bc-ad}{c^2-2d^2}\sqrt{2}\in\mathrm{Q}(\sqrt{2}).\end{aligned}$$

综上所述, $\mathrm{Q}(\sqrt{2})$ 是一个数域.

例 1.1.2 所有形如

$$\frac{a_0+a_1\pi+\cdots+a_n\pi^n}{b_0+b_1\pi+\cdots+b_n\pi^m}$$

的数组成一个数域, 其中 m,n 为任意非负整数, a_i,b_j $(i=0,1,\cdots,n,j=0,1,\cdots,m)$ 都是整数. 留给读者自己验证.

定理 1.1.2 有理数域是最小的数域.

证明 只需证明任意数域必包含有理数域即可. 设 F 是任意一个数域. 则 $0,1\in F$. 因为 F 对加法和减法封闭, 所以对任意正整数 n, 有

$$n=\overbrace{1+1+\cdots+1}^{n}\in F$$

和

$$-n = 0 - n \in F.$$

于是 F 包含所有整数. 又因为 F 对除法封闭, 所以 F 包含所有的有理数.

以上我们建立了数域的概念, 今后在讨论问题时, 就可以限定所涉及的数是取自某一个数域 F 中的数, 这些数经过四则运算的结果仍然是数域 F 中的数.

矩阵是线性代数课程研究的中心内容, 将贯穿整个线性代数课程. 我们从第二章开始对矩阵进行系统的研究, 为方便起见, 本章首先引入矩阵的概念.

定义 1.1.3 设 F 是一个数域, m, n 是正整数, a_{ij} $(i = 1, 2, \cdots, m,\ j = 1, 2, \cdots, n)$ 是数域 F 中的数. 称长方形数表, 通常用圆括号或方括号括起来

$$\begin{pmatrix} a_{11} & a_{12} & \cdots & a_{1n} \\ a_{21} & a_{22} & \cdots & a_{2n} \\ \cdots & \cdots & \cdots & \cdots \\ a_{m1} & a_{m2} & \cdots & a_{mn} \end{pmatrix}$$

为数域 F 上的一个 $m \times n$ 矩阵 (F-矩阵), 其中数 a_{ij} $(i = 1, 2, \cdots, m,\ j = 1, 2, \cdots, n)$ 称为矩阵的元素, i 称为 a_{ij} 的行指标, j 称为 a_{ij} 的列指标. 显然元素 a_{ij} 在矩阵中的位置由其行指标和列指标确定.

通常用大写的英文字母表示一个矩阵, 用小写的英文字母表示矩阵的元素, 即

$$A = \begin{pmatrix} a_{11} & a_{12} & \cdots & a_{1n} \\ a_{21} & a_{22} & \cdots & a_{2n} \\ \cdots & \cdots & \cdots & \cdots \\ a_{m1} & a_{m2} & \cdots & a_{mn} \end{pmatrix}$$

相应地, 称矩阵

$$\begin{pmatrix} a_{i1} & a_{i2} & \cdots & a_{in} \end{pmatrix} \text{和} \begin{pmatrix} a_{1j} \\ a_{2j} \\ \vdots \\ a_{mj} \end{pmatrix}, \quad i = 1, 2, \cdots, m, j = 1, 2, \cdots, n$$

为矩阵 A 的第 i 行和第 j 列; 称 m 和 n 分别为矩阵 A 的行数和列数. 因此一个 $m\times n$ 矩阵也称为一个 m 行, n 列的矩阵. 用 $m\times n$ 表示矩阵的型, 即它的行数和列数. 一个$n\times n$ 矩阵, 即有相同行数和列数的矩阵, 称为 n 阶方阵, 或简称为方阵. 通常用下列符号表示矩阵:

$$A_{m\times n}, (a_{ij})_{m\times n} \text{ 或 } (a_{ij}).$$

例 1.1.3

$$A=\begin{pmatrix}1 & 0 & 2\\ \frac{1}{3} & -4 & 3\end{pmatrix}$$

为有理数域上的一个 2×3 矩阵 (2×3 有理矩阵).

$$B=\begin{pmatrix}2 & 0 & i\\ 1+i & 1 & -3i\\ -3 & 0 & 1\end{pmatrix}$$

为复数域上的一个 3 阶方阵（3 阶复方阵）.

习 题 1.1

1. 设 P 是至少含有两个数的数集. 若 P 中任意两个数的差及商(除数不为零) 属于 P , 则 P 必为数域.

2. 判断下列数集是否为数域:

(1) $P_1=\{a+b\sqrt{3}i \mid a,b\in \mathrm{Q}, i^2=-1\}$;

(2) $P_2=\{a+bi \mid a\in \mathrm{Q}, b\in \mathrm{R}, \mathrm{R}\text{ 是实数域}\}$;

(3) $P_3=\{\frac{m}{2^n} \mid m,n \text{ 都为整数}\}$;

(4) $P_4=\{a\sqrt{5} \mid a\in \mathrm{Q}\}$;

(5) $P_5=\{a+b\sqrt[3]{2} \mid a,b\in \mathrm{Q}\}$.

§ 1.2 二阶与三阶行列式

本节我们将通过两个重要实例：求平行四边形面积和解线性方程组, 引入二阶和三阶行列式.

平行四边形的面积 平面 R^2 上两个非零、非平行的向量 $\alpha=(a_1,a_2)$ 和 $\beta=(b_1,b_2)$ 确定一个平行四边形(如图2.1),

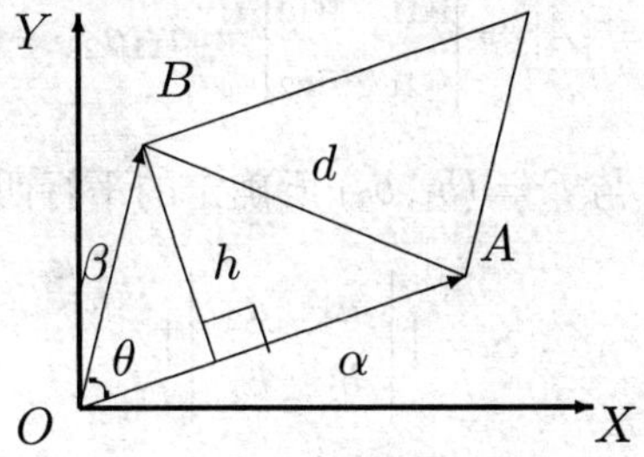

图 2.1

则 A 与 B 的坐标分别为 (a_1,a_2) 和 (b_1,b_2). 由平面解析几何的知识得

$$\begin{aligned}&|OA|=||\alpha||=\sqrt{a_1^2+a_2^2},\ |OB|=||\beta||=\sqrt{b_1^2+b_2^2},\\&|AB|=\sqrt{(a_1-b_1)^2+(a_2-b_2)^2}.\end{aligned}$$

因此由 α 与 β 所确定的平行四边形的面积

$$S=||\alpha||h,$$

其中 $h=||\beta||\sin\theta$ 为 OA 上的高, 由余弦定理得 $\cos\theta=\dfrac{||\alpha||^2+||\beta||^2-d^2}{2||\alpha||||\beta||}$.
于是

$$\begin{aligned}S^2=&||\alpha||^2||\beta||^2\sin^2\theta=||\alpha||^2||\beta||^2(1-\cos^2\theta)\\=&||\alpha||^2||\beta||^2-||\alpha||^2||\beta||^2\cdot\frac{(||\alpha||^2+||\beta||^2-d^2)^2}{4||\alpha||^2||\beta||^2}\\=&||\alpha||^2||\beta||^2-\frac{1}{4}(||\alpha||^2+||\beta||^2-d^2)^2\\=&(a_1^2+a_2^2)(b_1^2+b_2^2)-(a_1b_1+a_2b_2)^2\\=&(a_1b_2-a_2b_1)^2.\end{aligned}$$

两边开平方得

$$S=|a_1b_2-a_2b_1|.$$

上式右端绝对值符号内的数称为矩阵

$$A=\begin{pmatrix}a_1 & a_2\\ b_1 & b_2\end{pmatrix}$$

的行列式, 记为 $|A|$ 或 $\det(A)$, 即

$$\det(A)=|A|=\begin{vmatrix}a_{11} & a_{12}\\ a_{21} & a_{22}\end{vmatrix}=a_{11}a_{22}-a_{12}a_{21}.$$

于是由 $\alpha=(a_1,a_2)$ 与 $\beta=(b_1,b_2)$ 所确定的平行四边形的面积为

$$S=|\begin{vmatrix}a_1 & a_2\\ b_1 & b_2\end{vmatrix}|.$$

综上所述, 若 $A=\begin{pmatrix}a_{11} & a_{12}\\ a_{21} & a_{22}\end{pmatrix}$, 则

$$|A|=\begin{vmatrix}a_{11} & a_{12}\\ a_{21} & a_{22}\end{vmatrix}=a_{11}a_{22}-a_{12}a_{21}.$$

即2阶矩阵的行列式等于主对角线(行、列指标相等)上两个元素的乘积减去另一对角线上两个元素的乘积.

例 1.2.1

$$\begin{vmatrix}3 & 2\\ 1 & 4\end{vmatrix}=3\cdot 4-1\cdot 2=12-2=10.$$

考察三元线性方程组

$$\begin{cases}a_{11}x_1+a_{12}x_2+a_{13}x_3=b_1\\ a_{21}x_1+a_{22}x_2+a_{23}x_3=b_2\\ a_{31}x_1+a_{32}x_2+a_{33}x_3=b_3\end{cases}\tag{1.1}$$

分别用 $\begin{vmatrix}a_{22} & a_{23}\\ a_{32} & a_{33}\end{vmatrix},-\begin{vmatrix}a_{12} & a_{13}\\ a_{32} & a_{33}\end{vmatrix},\begin{vmatrix}a_{12} & a_{13}\\ a_{22} & a_{23}\end{vmatrix}$ 乘以(1.1)的三个方程, 相加得

$$\begin{aligned}&(a_{11}\begin{vmatrix}a_{22} & a_{23}\\ a_{32} & a_{33}\end{vmatrix}-a_{21}\begin{vmatrix}a_{12} & a_{13}\\ a_{32} & a_{33}\end{vmatrix}+a_{31}\begin{vmatrix}a_{12} & a_{13}\\ a_{22} & a_{23}\end{vmatrix})x_1\\ =&b_1\begin{vmatrix}a_{22} & a_{23}\\ a_{32} & a_{33}\end{vmatrix}-b_2\begin{vmatrix}a_{12} & a_{13}\\ a_{32} & a_{33}\end{vmatrix}+b_3\begin{vmatrix}a_{12} & a_{13}\\ a_{22} & a_{23}\end{vmatrix}.\end{aligned}\tag{1.2}$$

称数 $a_{11}\begin{vmatrix}a_{22} & a_{23}\\ a_{32} & a_{33}\end{vmatrix}-a_{21}\begin{vmatrix}a_{12} & a_{13}\\ a_{32} & a_{33}\end{vmatrix}+a_{31}\begin{vmatrix}a_{12} & a_{13}\\ a_{22} & a_{23}\end{vmatrix}$ 为矩阵

$$A=\begin{pmatrix}a_{11} & a_{12} & a_{13}\\ a_{21} & a_{22} & a_{23}\\ a_{31} & a_{32} & a_{33}\end{pmatrix}$$

的行列式, 记作 $|A|$ 或 $\det(A)$, 即

$$\begin{aligned}\begin{vmatrix}a_{11} & a_{12} & a_{13}\\ a_{21} & a_{22} & a_{23}\\ a_{31} & a_{32} & a_{33}\end{vmatrix} &= a_{11}\begin{vmatrix}a_{22} & a_{23}\\ a_{32} & a_{33}\end{vmatrix}-a_{21}\begin{vmatrix}a_{12} & a_{13}\\ a_{32} & a_{33}\end{vmatrix}+a_{31}\begin{vmatrix}a_{12} & a_{13}\\ a_{22} & a_{23}\end{vmatrix}\\ &= a_{11}a_{22}a_{33}+a_{12}a_{23}a_{31}+a_{13}a_{21}a_{32}\\ &\quad -a_{11}a_{23}a_{32}-a_{12}a_{21}a_{33}-a_{13}a_{22}a_{31}.\end{aligned} \tag{1.3}$$

利用行列式的记号, (1.2)可以表示为

$$\begin{vmatrix}a_{11} & a_{12} & a_{13}\\ a_{21} & a_{22} & a_{23}\\ a_{31} & a_{32} & a_{33}\end{vmatrix}x_1=\begin{vmatrix}b_1 & a_{12} & a_{13}\\ b_2 & a_{22} & a_{23}\\ b_3 & a_{32} & a_{33}\end{vmatrix}.$$

当

$$\begin{vmatrix}a_{11} & a_{12} & a_{13}\\ a_{21} & a_{22} & a_{23}\\ a_{31} & a_{32} & a_{33}\end{vmatrix}\neq 0$$

时, 可由(1.2)解得

$$x_1=\begin{vmatrix}b_1 & a_{12} & a_{13}\\ b_2 & a_{22} & a_{23}\\ b_3 & a_{32} & a_{33}\end{vmatrix}\Bigg/\begin{vmatrix}a_{11} & a_{12} & a_{13}\\ a_{21} & a_{22} & a_{23}\\ a_{31} & a_{32} & a_{33}\end{vmatrix}.$$

同理, 可得

$$x_2=\begin{vmatrix}a_{11} & b_1 & a_{13}\\ a_{21} & b_2 & a_{23}\\ a_{31} & b_3 & a_{33}\end{vmatrix}\Bigg/\begin{vmatrix}a_{11} & a_{12} & a_{13}\\ a_{21} & a_{22} & a_{23}\\ a_{31} & a_{32} & a_{33}\end{vmatrix},\ x_3=\begin{vmatrix}a_{11} & a_{12} & b_1\\ a_{21} & a_{22} & b_2\\ a_{31} & a_{32} & b_3\end{vmatrix}\Bigg/\begin{vmatrix}a_{11} & a_{12} & a_{13}\\ a_{21} & a_{22} & a_{23}\\ a_{31} & a_{32} & a_{33}\end{vmatrix}.$$

若记

$$d=\begin{vmatrix}a_{11}&a_{12}&a_{13}\\a_{21}&a_{22}&a_{23}\\a_{31}&a_{32}&a_{33}\end{vmatrix},\quad d_1=\begin{vmatrix}b_1&a_{12}&a_{13}\\b_2&a_{22}&a_{23}\\b_3&a_{32}&a_{33}\end{vmatrix},$$

$$d_2=\begin{vmatrix}a_{11}&b_1&a_{13}\\a_{21}&b_2&a_{23}\\a_{31}&b_3&a_{33}\end{vmatrix},\quad d_3=\begin{vmatrix}a_{11}&a_{12}&b_1\\a_{21}&a_{22}&b_2\\a_{31}&a_{32}&b_3\end{vmatrix},$$

则当 $d\neq 0$ 时, 方程组(1.1)有唯一的解

$$x_1=\frac{d_1}{d},x_2=\frac{d_2}{d},x_3=\frac{d_3}{d}.$$

对于二元线性方程组, 我们有类似于三元线性方程组的结果.

例 1.2.2

$$\begin{vmatrix}4&-1&4\\2&1&2\\0&-2&3\end{vmatrix}=4\begin{vmatrix}1&2\\-2&3\end{vmatrix}-2\begin{vmatrix}-1&4\\-2&3\end{vmatrix}+0\begin{vmatrix}-1&4\\1&2\end{vmatrix}=18.$$

关于二阶和三阶行列式的计算, 通常可以用所谓的对角线法则来记忆. 由二、三阶行列式的定义容易知道, 数域 F 上的二、三阶矩阵的行列式的值是数域 F 上的一个数.

习 题 1.2

1. 计算下列行列式

(1) $\begin{vmatrix}\cos\alpha&-\sin\alpha\\\sin\alpha&\cos\alpha\end{vmatrix}$; (2) $\begin{vmatrix}\log_a b&1\\1&\log_b a\end{vmatrix}$; (3) $\begin{vmatrix}a+1&1\\a^3&a^2-a+1\end{vmatrix}$;

(4) $\begin{vmatrix}1&-1&3\\2&-1&1\\1&2&0\end{vmatrix}$; (5) $\begin{vmatrix}2&7&-3\\-5&-4&1\\10&3&7\end{vmatrix}$; (6) $\begin{vmatrix}1&1&1\\a&b&c\\a^2&b^2&c^2\end{vmatrix}$;

(7) $\begin{vmatrix}1&a&b\\-a&0&c\\3&3a&3b\end{vmatrix}$; (8) $\begin{vmatrix}1&-c&1\\c&1&c\\b&a&b\end{vmatrix}$; (9) $\begin{vmatrix}x_1&x_2&x_3\\x_3&x_1&x_2\\x_2&x_3&x_1\end{vmatrix}$.

2. 解方程

(1) $\begin{vmatrix} 1 & 1 & 1 \\ 1 & 2 & x \\ 1 & x & 6 \end{vmatrix} = 1$; (2) $\begin{vmatrix} x & x & 2 \\ 0 & -1 & 1 \\ 1 & 2 & x \end{vmatrix} = 0$.

§ 1.3 n 阶排列

为了推广二、三阶行列式, 引入一般 n 阶行列式的定义, 我们需要首先引入排列的概念.

定义 1.3.1 由 $1, 2, \cdots, n$ 组成的一个 n 元有序数串称为一个 n 阶排列.

事实上, 可以定义任意 n 个不同自然数的排列, 这里我们只考虑由前 n 个自然数组成的排列. 例如 52314 是一个 5 阶排列, 41765832 是一个 8 阶排列. 所有的 3 阶排列有 6 个

$$123,\ 132,\ 231,\ 213,\ 312,\ 321.$$

一般地, n 阶排列的总数等于

$$n \cdot (n-1) \cdots 2 \cdot 1 = n!.$$

定义 1.3.2 在一个 n 阶排列中, 如果一对数在排列中的前后顺序与它们大小顺序相反, 则称它们构成一个逆序, 否则称它们构成一个顺序. 一个排列的逆序的总数称为这个排列的逆序数. 用 $\tau(i_1, i_2, \cdots, i_n)$ 表示排列 $i_1 i_2 \cdots i_n$ 的逆序数.

一般地, 有

$$\tau(i_1, i_2, \cdots, i_n) = \sum_{k=2}^{n} s_k = \sum_{k=1}^{n-1} r_k,$$

其中 s_k (r_k) 表示排列 $i_1 i_2 \cdots i_n$ 中 i_k 前面比 i_k 大的数的个数 (i_k 后面比 i_k 小的数的个数). 例如

$$\tau(52314) = 1 + 1 + 3 + 1 = 6,$$
$$\tau(35671824) = 2 + 3 + 3 + 3 + 0 + 2 + 0 = 13.$$

逆序数为偶数的排列称为偶排列, 逆序数为奇数的排列称为奇排列. 例如, 52314 是偶排列, 35671824 是奇排列. n 阶排列$12\cdots n$ 的逆序数为 0, 是偶排列, 称为 n 阶自然排列.

在排列 52314 中, 交换 1 和 2 的位置, 得到一个新的排列 51324. 像这样交换一个排列中两个数 i 和 j 的位置的变换称为一个对换, 记为 (i,j). 对于给定的 i 和 j $(i\neq j)$, 对换 (i,j) 把不同的排列仍变为不同的排列; 对一个排列连续实行两次对换 (i,j), 所得排列与原排列相同. 进一步, 对换 (i,j) 建立了所有 n 阶排列集合上的一一对应(把一个 n 阶排列对应经对换 (i,j) 后所得的 n 阶排列), 使得两个相对应的 n 阶排列在对换 (i,j) 下互变.

我们已经看到, 对换 $(1,2)$ 把偶排列 52314 变成奇排列 51324 ($\tau(51324) = 5$). 一般地, 有

定理 1.3.3 对换改变排列的奇偶性.

证明 首先考虑交换一个排列中相邻两个数的位置的对换. 设排列

$$\cdots ij\cdots \tag{1.4}$$

经过对换 (i,j) 变成排列

$$\cdots ji\cdots, \tag{1.5}$$

其中"$\cdots$"表示在对换 (i,j) 下不变的数. 显然除 i,j 外的其它数之间在排列 (1.4) 和 (1.5) 中构成的逆序的总数是相等的; i 和 j 与其它数分别在排列 (1.4) 和 (1.5) 中构成的逆序的总数也是相等的. 如果 i 与 j 在 (1.4) 中构成逆序, 则它们在 (1.5) 中构成顺序; 反之, 如果 i 与 j 在 (1.4) 中构成顺序, 则它们在 (1.5) 中构成逆序. 不论是何种情况, 排列 (1.4) 与 (1.5) 的逆序数相差1. 所以排列 (1.4) 与 (1.5) 的奇偶性相反.

现在考虑一般的情形. 设排列

$$\cdots ii_1i_2\cdots i_rj\cdots \tag{1.6}$$

经过对换 (i,j) 变成排列

$$\cdots ji_1i_2\cdots i_ri\cdots. \tag{1.7}$$

排列 (1.6) 变成 (1.7) 也可以经过下列相邻元素的对换实现:

$$(i,i_1),(i,i_2),\cdots,(i,i_r),(i,j),(i_r,j),(i_{r-1},j),\cdots,(i_1,j).$$

即对换 (i,j) 可以经过 $2r+1$ 次相邻元素的对换实现. 一次相邻数的对换改变排列的奇偶性, 当然奇数次相邻数的对换也改变排列的奇偶性. 所以排列 (1.6) 与 (1.7) 的奇偶性相反.

由于一个给定的对换 (i,j) 建立了所有 n 阶排列集合上的一个一一对应, 而对换改变排列的奇偶性, 因此有

推论 1.3.4 所有 $n\ (n\geq 2)$ 阶排列中, 奇排列和偶排列各占一半, 即各有 $\dfrac{1}{2}n!$ 个.

关于任意排列与自然排列的关系, 有

定理 1.3.5 任意一个 n 阶排列 $i_1i_2\cdots i_n$ 与 n 阶自然排列 $12\cdots n$ 都可以经过一系列对换互变, 并且所做对换的次数与这个排列的逆序数 $\tau(i_1i_2\cdots i_n)$ 有相同的奇偶性.

证明 用数学归纳法证明任意一个 n 阶排列都可以经过一系列对换变成自然排列 $12\cdots n$.

$n=1$ 时结论显然成立. 假设任意一个 $n-1$ 阶排列都可以经过一系列对换化成自然排列 $12\cdots(n-1)$. 我们考察 n 阶排列 $i_1i_2\cdots i_n$.

若 $i_n=n$, 则由归纳假设, $i_1i_2\cdots i_{n-1}$ 可以经过一系列对换变成 $12\cdots(n-1)$, 当然这些对换也把排列 $i_1i_2\cdots i_n$ 变成自然排列 $12\cdots n$. 若 $i_n\neq n$, 则对换 (i_n,n) 把排列 $i_1i_2\cdots i_n$ 变成排列 $j_1j_2\cdots j_{n-1}n$, 这就化为前一情形, 因此 $i_1i_2\cdots i_n$ 可以经过一系列对换变成自然排列.

根据归纳法原理得出, 任意一个 n 阶排列都可以经过一系列对换变成自然排列 $12\cdots n$.

若 n 阶排列 $i_1i_2\cdots i_n$ 经过对换 $\sigma_1,\sigma_2,\cdots,\sigma_s$ 变成自然排列 $12\cdots n$. 则对换 $\sigma_s,\cdots,\sigma_2,\sigma_1$ 就把自然排列 $12\cdots n$ 变成$i_1i_2\cdots i_n$.

假设排列 $i_1i_2\cdots i_n$ 经过 s 次对换变成自然排列 $12\cdots n$. 由于对换改变排列的奇偶性以及自然排列 $12\cdots n$ 是偶排列, 所以, 所作对换的次数 s 必与 $i_1i_2\cdots i_n$ 的逆序数 $\tau(i_1i_2\cdots i_n)$ 有相同的奇偶性.

习 题 1.3

1. 计算下列各排列的逆序数, 并讨论其奇偶性.

(1) 4 2 1 3;

(2) $5\,4\,2\,1\,6\,3$;

(3) $1\,2\,9\,7\,6\,8\,5\,3\,4$;

(4) $n\,(n-1)\,(n-2)\,\cdots\,3\,2\,1$;

(5) $1\,3\,5\,\cdots\,(2n-1)\,2\,4\,\cdots\,(2n)$;

(6) $(2n)\,1\,(2n-1)\,2\,(2n-2)\,\cdots\,(n+1)\,n$.

2. 设 $i_1\,i_2\,\cdots\,i_n$ 是 n 阶排列, 且其逆序数为 τ. 求排列 $i_n\,i_{n-1}\,\cdots\,i_2\,i_1$ 的逆序数.

3. 选择 $i,k\ (1\le i,k\le 9)$ 使

(1) $1\,2\,7\,4\,i\,5\,6\,k\,9$ 为偶排列;

(2) $1\,i\,2\,5\,k\,4\,8\,9\,7$ 为奇排列.

§ 1.4 n 阶行列式的定义

为了给出一般 n 阶行列式的定义, 借助于已经建立的有关排列的理论, 我们先分析二阶和三阶行列式的定义.

$$\begin{vmatrix} a_{11} & a_{12} \\ a_{21} & a_{22} \end{vmatrix} = (+1)a_{11}a_{22} + (-1)a_{12}a_{21};$$

$$\begin{vmatrix} a_{11} & a_{12} & a_{13} \\ a_{21} & a_{22} & a_{23} \\ a_{31} & a_{32} & a_{33} \end{vmatrix} = \begin{array}{l} (+1)a_{11}a_{22}a_{33} + (+1)a_{12}a_{23}a_{31} + (+1)a_{13}a_{21}a_{32} \\ +(-1)a_{13}a_{22}a_{31} + (-1)a_{12}a_{21}a_{33} + (-1)a_{11}a_{23}a_{32}. \end{array}$$

从定义可以看到

(1) 二阶行列式是 $2! = 2$ 项的代数和, 其中每一项是取自不同行不同列的两个元素的乘积, 在所有乘积项中, 当把行指标排成自然排列时, 列指标组成的排列恰好取遍所有的 2 阶排列; 三阶行列式是 $3! = 6$ 项的代数和, 其中每一项是取自不同行不同列的三个元素的乘积, 在所有乘积项中, 当把行指标排成自然排列时, 列指标组成的排列恰好取遍所有的 3 阶排列.

(2) 代数和中每一个乘积项都带有一个 “$\pm$” 号, 当把乘积项中的元素的行指标按自然顺序排列时, 如果列指标组成的排列是偶排列, 该项带 “$+$” 号, 是奇排列, 该项带 “$-$” 号.

这样, 二阶和三阶行列式的定义就可以分别表示为

$$\begin{vmatrix} a_{11} & a_{12} \\ a_{21} & a_{22} \end{vmatrix} = \sum_{j_1j_2}(-1)^{\tau(j_1j_2)}a_{1j_1}a_{2j_2},$$

$$\begin{vmatrix} a_{11} & a_{12} & a_{13} \\ a_{21} & a_{22} & a_{23} \\ a_{31} & a_{32} & a_{33} \end{vmatrix} = \sum_{j_1j_2j_3}(-1)^{\tau(j_1j_2j_3)}a_{1j_1}a_{2j_2}a_{3j_3},$$

其中 $\sum\limits_{j_1j_2}$ 表示对所有的 2 阶排列求和, $\sum\limits_{j_1j_2j_3}$ 表示对所有的 3 阶排列求和. 据此, 我们可以推广上述定义, 给出一般 n 阶行列式的定义.

定义 1.4.1 给定 n^2 个元素 a_{ij} $(i=1,2,\cdots,n,\ j=1,2,\cdots,n)$, 定义 n 阶行列式

$$\begin{vmatrix} a_{11} & a_{12} & \cdots & a_{1n} \\ a_{21} & a_{22} & \cdots & a_{2n} \\ \cdots & \cdots & \cdots & \cdots \\ a_{n1} & a_{n2} & \cdots & a_{nn} \end{vmatrix} \tag{1.8}$$

等于所有取自不同行不同列的 n 个元素的乘积

$$a_{1j_1}a_{2j_2}\cdots a_{nj_n}$$

的代数和, 其中 $j_1j_2\cdots j_n$ 是 $1,2,\cdots,n$ 的一个 n 阶排列, 乘积项 $a_{1j_1}a_{2j_2}\cdots a_{nj_n}$ 按下述规则带有正负号：当 $j_1j_2\cdots j_n$ 是偶排列时, 该项带正号; 当 $j_1j_2\cdots j_n$ 是奇排列时, 该项带负号. 即有

$$\begin{vmatrix} a_{11} & a_{12} & \cdots & a_{1n} \\ a_{21} & a_{22} & \cdots & a_{2n} \\ \cdots & \cdots & \cdots & \cdots \\ a_{n1} & a_{n2} & \cdots & a_{nn} \end{vmatrix} = \sum_{j_1j_2\cdots j_n}(-1)^{\tau(j_1j_2\cdots j_n)}a_{1j_1}a_{2j_2}\cdots a_{nj_n} \tag{1.9}$$

其中 $\sum\limits_{j_1j_2\cdots j_n}$ 表示对所有的 n 阶排列求和.

习惯上称 (1.9) 为行列式 (1.8) 的展开式. (1.8) 也称为 n 阶方阵

$$A=\begin{pmatrix} a_{11} & a_{12} & \cdots & a_{1n} \\ a_{21} & a_{22} & \cdots & a_{2n} \\ \cdots & \cdots & \cdots & \cdots \\ a_{n1} & a_{n2} & \cdots & a_{nn} \end{pmatrix}$$

的行列式, 记为 $|A|$.

从定义 1.4.1 可以看出, 一阶行列式 $|a|=a$; 一个 n 阶行列式是由 $n!$ 项组成, 计算它的值, 需要求出所有非零乘积项的代数和. 当行列式的元素 a_{ij} 都是数时, 行列式的值是一个数, 特别当 a_{ij} 都是数域 F 中的数时, 行列式的值也是 F 中的一个数. 而当 a_{ij} 是数或者是某些变量的函数时, 行列式的值就是这些变量的函数.

例 1.4.1 计算 4 阶行列式

$$D=\begin{vmatrix} 0 & 0 & 0 & a_{14} \\ 0 & 0 & a_{23} & 0 \\ 0 & a_{32} & 0 & 0 \\ a_{41} & 0 & 0 & 0 \end{vmatrix}.$$

解 根据定义, D 的展开式中含有 24 项, 由于 D 的元素只有 4 个可能不为 0 , 因此展开式中有许多项等于 0 . 要计算 D 的值, 只需要确定不等于 0 的项. 为此, 考察展开式的一般项

$$a_{1j_1}a_{2j_2}a_{3j_3}a_{4j_4}. \tag{1.10}$$

由于 D 的第 4 行除 a_{41} 外, 其余元素全等于零, 因此只有 $j_4=1$ 时, (1.10) 才可能不等于零. 同理可证只有 $j_3=2$, $j_2=3$ 和 $j_1=4$ 时, (1.10) 才可能不等于零. 于是 D 的展开式中只有

$$a_{14}a_{23}a_{32}a_{41}$$

可能不等于零, 其列指标组成的排列的逆序数为

$$\tau(4321)=6.$$

故 $D = a_{14}a_{23}a_{32}a_{41}$.

称一个方阵的行标与列标相等的元素的连线为该矩阵的主对角线. 形如

$$\begin{pmatrix} a_{11} & a_{12} & \cdots & a_{1n} \\ & a_{22} & \cdots & a_{2n} \\ & \text{\Large 0} & \ddots & \vdots \\ & & & a_{nn} \end{pmatrix}$$

的矩阵称为上三角矩阵, 也就是说 n 阶矩阵 $A = (a_{ij})$ 为上三角矩阵当且仅当 $a_{ij} = 0, i > j$, 即主对角线下方的元素全等于零. 形如

$$\begin{pmatrix} a_{11} & & & \text{\Large 0} \\ a_{21} & a_{22} & & \\ \vdots & \vdots & \ddots & \\ a_{n1} & a_{n2} & \cdots & a_{nn} \end{pmatrix}$$

的矩阵称为下三角矩阵, 也就是说 n 阶矩阵 $A = (a_{ij})$ 为下三角矩阵当且仅当 $a_{ij} = 0, i < j$, 即主对角线上方的元素全等于零. 既是上三角又是下三角的矩阵称为对角矩阵, 也就是说 n 阶矩阵 $A = (a_{ij})$ 为对角矩阵当且仅当 $a_{ij} = 0$, $i \neq j$, 即主对角线以外的元素全等于零. 上三角(下三角, 对角)矩阵的行列式称为上三角(下三角, 对角)行列式.

例 1.4.2 上三角行列式等于它的主对角线上元素的乘积, 即

$$\begin{vmatrix} a_{11} & a_{12} & \cdots & a_{1n} \\ & a_{22} & \cdots & a_{2n} \\ & \text{\Large 0} & \ddots & \vdots \\ & & & a_{nn} \end{vmatrix} = a_{11}a_{22}\cdots a_{nn}. \tag{1.11}$$

证明 仿照例 1.4.1, 我们可以得到 (1.11) 的左端行列式的展开式中 $n!$ 项除

$$a_{11}a_{22}\cdots a_{nn}$$

外全等于零, 而该项的列指标组成的排列是偶排列, 所以这一项带正号. 于是

$$\begin{vmatrix} a_{11} & a_{12} & \cdots & a_{1n} \\ & a_{22} & \cdots & a_{2n} \\ & & \ddots & \vdots \\ \multicolumn{2}{c}{\text{\Huge 0}} & & a_{nn} \end{vmatrix} = a_{11}a_{22}\cdots a_{nn}.$$

同理可证

$$\begin{vmatrix} a_{11} & & \multicolumn{2}{c}{\text{\Huge 0}} \\ a_{21} & a_{22} & & \\ \vdots & \vdots & \ddots & \\ a_{n1} & a_{n2} & \cdots & a_{nn} \end{vmatrix} = a_{11}a_{22}\cdots a_{nn}, \tag{1.12}$$

$$\begin{vmatrix} a_{11} & & \text{\Huge 0} \\ & a_{22} & \\ \text{\Huge 0} & & \ddots \\ & & & a_{nn} \end{vmatrix} = a_{11}a_{22}\cdots a_{nn}. \tag{1.13}$$

在行列式的定义中, 为确定每一项所带的正负号, 需要将乘积项中元素的行指标按自然顺序排列. 然而由于元素的乘法满足交换律, 每一个乘积项一般可以写成

$$a_{i_1j_1}a_{i_2j_2}\cdots a_{i_nj_n} \tag{1.14}$$

的形式, 其中 $i_1i_2\cdots i_n$, $j_1j_2\cdots j_n$ 是两个 n 阶排列. 为确定(1.14)所带的符号, 需要对这 n 个元素重新排列, 使得它们的行指标成自然顺序, 即变成

$$a_{1k_1}a_{2k_2}\cdots a_{nk_n}. \tag{1.15}$$

根据定理 1.3.5, 经过一系列适当的元素的对换可以把(1.14)变成(1.15). 对(1.14)每做一次对换, 它的行指标和列指标组成的排列都同时进行了一次对换, 因此

$$\tau(i_1i_2\cdots i_n)+\tau(j_1j_2\cdots j_n)$$

的奇偶性不会变化. 也就是说, 对(1.14)做一次元素的对换得到

$$a_{t_1s_1}a_{t_2s_2}\cdots a_{t_ns_n}$$

时, 都有

$$(-1)^{\tau(t_1t_2\cdots t_n)+\tau(s_1s_2\cdots s_n)}=(-1)^{\tau(i_1i_2\cdots i_n)+\tau(j_1j_2\cdots j_n)}.$$

所以

$$(-1)^{\tau(k_1k_2\cdots k_n)}=(-1)^{\tau(12\cdots n)+\tau(k_1k_2\cdots k_n)}=(-1)^{\tau(i_1i_2\cdots i_n)+\tau(j_1j_2\cdots j_n)}.$$

从而我们有

$$(-1)^{\tau(i_1i_2\cdots i_n)+\tau(j_1j_2\cdots j_n)}a_{i_1j_1}a_{i_2j_2}\cdots a_{i_nj_n}=(-1)^{\tau(k_1k_2\cdots k_n)}a_{1k_1}a_{2k_2}\cdots a_{nk_n}.$$

也就是说, 乘积项 $a_{i_1j_1}a_{i_2j_2}\cdots a_{i_nj_n}$ 的符号, 事实上是由其行指标和列指标组成的排列的逆序数之和的奇偶性所确定. 这表明, 在行列式中, 行和列的地位是对称的. 因此, 在行列式的展开式中, 为了确定每一项的符号, 我们也可以按列指标排序, 于是行列式的定义也可以表示为

$$\begin{vmatrix} a_{11} & a_{12} & \cdots & a_{1n} \\ a_{21} & a_{22} & \cdots & a_{2n} \\ \cdots & \cdots & \cdots & \cdots \\ a_{n1} & a_{n2} & \cdots & a_{nn} \end{vmatrix}=\sum_{i_1i_2\cdots i_n}(-1)^{\tau(i_1i_2\cdots i_n)}a_{i_11}a_{i_22}\cdots a_{i_nn} \tag{1.16}$$

其中 $\sum\limits_{i_1i_2\cdots i_n}$ 表示对所有的 n 阶排列求和.

习 题 1.4

1. 计算下列行列式.

(1) $\begin{vmatrix} 0 & 1 & 0 & \cdots & 0 \\ 0 & 0 & 2 & \cdots & 0 \\ \cdots & \cdots & \cdots & \cdots & \cdots \\ 0 & 0 & 0 & \cdots & n-1 \\ n & 0 & 0 & \cdots & 0 \end{vmatrix}$; (2) $\begin{vmatrix} a_{11} & a_{12} & a_{13} & a_{14} & a_{15} \\ a_{21} & a_{22} & a_{23} & a_{24} & a_{25} \\ a_{31} & a_{32} & 0 & 0 & 0 \\ a_{41} & a_{42} & 0 & 0 & 0 \\ a_{51} & a_{52} & 0 & 0 & 0 \end{vmatrix}$;

(3) $\begin{vmatrix} 0 & \cdots & 0 & 1 & 0 \\ 0 & \cdots & 2 & 0 & 0 \\ \cdots & \cdots & \cdots & \cdots & \cdots \\ n-1 & \cdots & 0 & 0 & 0 \\ 0 & \cdots & 0 & 0 & n \end{vmatrix}$; (4) $\begin{vmatrix} 0 & \cdots & 0 & a_{1n} \\ 0 & \cdots & a_{2(n-1)} & a_{2n} \\ \cdots & \cdots & \cdots & \cdots \\ a_{n1} & \cdots & a_{n(n-1)} & a_{nn} \end{vmatrix}$.

2. 计算

$$\sum_{j_1j_2j_3}\begin{vmatrix} a_{1j_1} & a_{1j_2} & a_{1j_3} \\ a_{2j_1} & a_{2j_2} & a_{2j_3} \\ a_{3j_1} & a_{3j_2} & a_{3j_3} \end{vmatrix}$$

这里 $\sum_{j_1j_2j_3}$ 是对所有的 3 阶排列求和.

3. 试求行列式 D 的展开式中 x^4 的系数,

$$D=\begin{vmatrix} -x & 3 & 1 & 3 & 0 \\ x & 3 & 2x & 11 & 4 \\ -1 & x & 0 & 4 & 3x \\ 2 & 21 & 4 & x & 5 \\ 1 & -7x & 3 & -1 & 2 \end{vmatrix}.$$

4. 利用 n 阶行列式的定义证明: $\sum\limits_{j_1j_2\cdots j_n}(-1)^{\tau(j_1j_2\cdots j_n)}=0\ (n\geq 2)$.

5. 证明:

$$\begin{vmatrix} a_{11} & a_{12} & \cdots & a_{1n} \\ 0 & a_{22} & \cdots & a_{2n} \\ \cdots & \cdots & \cdots & \cdots \\ 0 & a_{n2} & \cdots & a_{nn} \end{vmatrix}=a_{11}\begin{vmatrix} a_{22} & \cdots & a_{2n} \\ \cdots & \cdots & \cdots \\ a_{n2} & \cdots & a_{nn} \end{vmatrix}=\begin{vmatrix} a_{11} & 0 & \cdots & 0 \\ a_{21} & a_{22} & \cdots & a_{2n} \\ \cdots & \cdots & \cdots & \cdots \\ a_{n1} & a_{n2} & \cdots & a_{nn} \end{vmatrix}.$$

6. 设

$$D_1=\begin{vmatrix} a_{11} & a_{12} & \cdots & a_{1n} \\ a_{21} & a_{22} & \cdots & a_{2n} \\ \cdots & \cdots & \cdots & \cdots \\ a_{n1} & a_{n2} & \cdots & a_{nn} \end{vmatrix},\quad D_2=\begin{vmatrix} a_{11} & a_{12}b^{-1} & \cdots & a_{1n}b^{1-n} \\ a_{21}b & a_{22} & \cdots & a_{2n}b^{2-n} \\ \cdots & \cdots & \cdots & \cdots \\ a_{n1}b^{n-1} & a_{n2}b^{n-2} & \cdots & a_{nn} \end{vmatrix}.$$

证明 $D_1=D_2$.

§ 1.5 行列式的性质

在许多实际问题中, 我们需要计算行列式的值, 因此行列式的计算是一个重要的课题, 也是一项非常麻烦的工作. 一个 n 阶行列式的展开式包含有 $n!$ 个乘积项, 当 n 比较大时, 这是一个庞大的数字, 直接从行列式的定义计算行列式几乎是不可能的. 因此我们有必要进一步研究行列式, 给出行列式的若干性质, 这些性质不仅可以简化行列式的计算, 而且具有重要的理论价值.

对于给定的行列式 D, 交换 D 的行列的位置得到的新行列式称为行列式 D 的转置行列式, 记作 D^{T}. 也就是说, D^{T} 是由 D 沿主对角线翻转所得到的行列式. 事实上, D^{T} 与 D 互为转置行列式.

性质 1.5.1 行列式与它的转置行列式相等, 即

$$\begin{vmatrix} a_{11} & a_{21} & \cdots & a_{n1} \\ a_{12} & a_{22} & \cdots & a_{n2} \\ \cdots & \cdots & \cdots & \cdots \\ a_{1n} & a_{2n} & \cdots & a_{nn} \end{vmatrix} = \begin{vmatrix} a_{11} & a_{12} & \cdots & a_{1n} \\ a_{21} & a_{22} & \cdots & a_{2n} \\ \cdots & \cdots & \cdots & \cdots \\ a_{n1} & a_{n2} & \cdots & a_{nn} \end{vmatrix}.$$

证明 设等式右端的行列式为 D. 则左端的行列式就是 D^{T}. 令

$$D^{\mathrm{T}} = \begin{vmatrix} b_{11} & b_{12} & \cdots & b_{1n} \\ b_{21} & b_{22} & \cdots & b_{2n} \\ \cdots & \cdots & \cdots & \cdots \\ b_{n1} & b_{n2} & \cdots & b_{nn} \end{vmatrix}.$$

则 $b_{ij} = a_{ji}, i, j = 1, 2, \cdots, n$. 将 D^{T} 按(1.16)展开得

$$\begin{aligned} D^{\mathrm{T}} &= \sum_{i_1 i_2 \cdots i_n} (-1)^{\tau(i_1 i_2 \cdots i_n)} b_{i_1 1} b_{i_2 2} \cdots b_{i_n n} \\ &= \sum_{i_1 i_2 \cdots i_n} (-1)^{\tau(i_1 i_2 \cdots i_n)} a_{1 i_1} a_{2 i_2} \cdots a_{n i_n} = D. \end{aligned}$$

性质 1.5.1 再次表明行列式中行与列的对称性. 行列式对行成立的性质, 对列也同样成立, 反之亦然. 因此在下面的讨论中, 我们只给出有关行的性质, 这些性质对于列也同样成立.

性质 1.5.2 行列式每行的公因子可以提到行列式外, 或等价地说, 用一个

数去乘一个行列式相当于用这个数乘以这个行列式的某一行的所有元素, 即

$$\begin{vmatrix} a_{11} & a_{12} & \cdots & a_{1n} \\ \cdots & \cdots & \cdots & \cdots \\ ka_{t1} & ka_{t2} & \cdots & ka_{tn} \\ \cdots & \cdots & \cdots & \cdots \\ a_{n1} & a_{n2} & \cdots & a_{nn} \end{vmatrix} = k \begin{vmatrix} a_{11} & a_{12} & \cdots & a_{1n} \\ \cdots & \cdots & \cdots & \cdots \\ a_{t1} & a_{t2} & \cdots & a_{tn} \\ \cdots & \cdots & \cdots & \cdots \\ a_{n1} & a_{n2} & \cdots & a_{nn} \end{vmatrix}, \quad t = 1, 2, \cdots, n.$$

证明 记$A = (a_{ij})$, $B = (b_{ij})$, 其中$b_{ij} = a_{ij}$, $i \neq t$, $b_{tj} = ka_{tj}$. 则上式左端等于 $|B|$, 右端等于 $k|A|$. 我们只需要证明 $k|A| = |B|$ 即可. 根据行列式的定义,

$$|B| = \sum_{j_1 j_2 \cdots j_n} (-1)^{\tau(j_1 j_2 \cdots j_n)} b_{1j_1} b_{2j_2} \cdots b_{nj_n}.$$

注意到上述展开式的每一项中都含有第 t 行的唯一一个元素, 并且 $b_{tj} = ka_{tj}$, $j = 1, 2, \cdots, n$. 我们有

$$|B| = k \sum_{j_1 j_2 \cdots j_n} (-1)^{\tau(j_1 j_2 \cdots j_n)} a_{1j_1} a_{2j_2} \cdots a_{nj_n} = k|A|.$$

推论 1.5.1 若行列式有一行的元素全为零, 则该行列式等于零.

证明 只需在性质 1.5.2 中取 $k = 0$ 即可.

性质 1.5.3 交换行列式的两行的位置, 行列式改变符号, 即

$$\begin{vmatrix} a_{11} & a_{12} & \cdots & a_{1n} \\ \cdots & \cdots & \cdots & \cdots \\ a_{t1} & a_{t2} & \cdots & a_{tn} \\ \cdots & \cdots & \cdots & \cdots \\ a_{s1} & a_{s2} & \cdots & a_{sn} \\ \cdots & \cdots & \cdots & \cdots \\ a_{n1} & a_{n2} & \cdots & a_{nn} \end{vmatrix} = - \begin{vmatrix} a_{11} & a_{12} & \cdots & a_{1n} \\ \cdots & \cdots & \cdots & \cdots \\ a_{s1} & a_{s2} & \cdots & a_{sn} \\ \cdots & \cdots & \cdots & \cdots \\ a_{t1} & a_{t2} & \cdots & a_{tn} \\ \cdots & \cdots & \cdots & \cdots \\ a_{n1} & a_{n2} & \cdots & a_{nn} \end{vmatrix}.$$

证明 设等式右端的行列式为 D. 则等式左端的行列式是交换 D 的第 s 行

与第 t 行的位置所得到的行列式, 记为 D_1. 令

$$D_1 = \begin{vmatrix} b_{11} & b_{12} & \cdots & b_{1n} \\ b_{21} & b_{22} & \cdots & b_{2n} \\ \cdots & \cdots & \cdots & \cdots \\ b_{n1} & b_{n2} & \cdots & b_{nn} \end{vmatrix}.$$

则对 $i, j = 1, 2, \cdots, n$,

$$b_{ij} = \begin{cases} a_{ij}, & i \neq s, t, \\ a_{tj}, & i = s, \\ a_{sj}, & i = t. \end{cases}$$

将 D_1 展开得

$$\begin{aligned} D_1 &= \sum_{j_1 \cdots j_s \cdots j_t \cdots j_n} (-1)^{\tau(j_1 \cdots j_s \cdots j_t \cdots j_n)} b_{1j_1} \cdots b_{sj_s} \cdots b_{tj_t} \cdots b_{nj_n} \\ &= \sum_{j_1 \cdots j_s \cdots j_t \cdots j_n} (-1)^{\tau(j_1 \cdots j_s \cdots j_t \cdots j_n)} a_{1j_1} \cdots a_{tj_s} \cdots a_{sj_t} \cdots a_{nj_n} \\ &= \sum_{j_1 \cdots j_s \cdots j_t \cdots j_n} (-1)^{\tau(j_1 \cdots j_s \cdots j_t \cdots j_n)} a_{1j_1} \cdots a_{sj_t} \cdots a_{tj_s} \cdots a_{nj_n} \\ &= -\sum_{j_1 \cdots j_t \cdots j_s \cdots j_n} (-1)^{\tau(j_1 \cdots j_t \cdots j_s \cdots j_n)} a_{1j_1} \cdots a_{sj_t} \cdots a_{tj_s} \cdots a_{nj_n} \\ &= -D. \end{aligned}$$

推论 1.5.2 若行列式有两行相同(对应元素相等), 则行列式等于零.

证明 设行列式 D 的第 i 行与第 j 行相同, 用 D_1 表示交换 D 的第 i 行与第 j 行的位置所得到的行列式. 则由性质 1.5.3 知 $D_1 = -D$. 另一方面, 显然 $D_1 = D$. 所以 $D = 0$.

推论 1.5.3 若行列式有两行成比例(对应元素成比例), 则行列式等于零.

证明 设行列式 D 的第 i 行与第 j 行成比例, 不妨设第 j 行是第 i 行的 k 倍. D的第 j 行提出公因数 k 后所得到的行列式有两行相同, 其值等于零, 从而 $D = k0 = 0$.

性质 1.5.4 若行列式某一行的元素可以表示为两组数的和, 则该行列式等于两个行列式的和, 这两个行列式除这一行外与原行列式全相同, 而两个行列

式中这一行的对应元素之和等于原行列式的相应行.

$$\begin{vmatrix} a_{11} & a_{12} & \cdots & a_{1n} \\ \cdots & \cdots & \cdots & \cdots \\ a_{t1}+b_{t1} & a_{t2}+b_{t2} & \cdots & a_{tn}+b_{tn} \\ \cdots & \cdots & \cdots & \cdots \\ a_{n1} & a_{n2} & \cdots & a_{nn} \end{vmatrix}$$

$$= \begin{vmatrix} a_{11} & a_{12} & \cdots & a_{1n} \\ \cdots & \cdots & \cdots & \cdots \\ a_{t1} & a_{t2} & \cdots & a_{tn} \\ \cdots & \cdots & \cdots & \cdots \\ a_{n1} & a_{n2} & \cdots & a_{nn} \end{vmatrix} + \begin{vmatrix} a_{11} & a_{12} & \cdots & a_{1n} \\ \cdots & \cdots & \cdots & \cdots \\ b_{t1} & b_{t2} & \cdots & b_{tn} \\ \cdots & \cdots & \cdots & \cdots \\ a_{n1} & a_{n2} & \cdots & a_{nn} \end{vmatrix}, \quad t=1,2,\cdots,n.$$

证明 分别用 D, D_1, D_2 依次表示上述三个行列式. 则有

$$\begin{aligned} D &= \sum_{j_1\cdots j_n}(-1)^{\tau(j_1\cdots j_n)}a_{1j_1}\cdots(a_{tj_t}+b_{tj_t})\cdots a_{nj_n} \\ &= \sum_{j_1\cdots j_n}(-1)^{\tau(j_1\cdots j_n)}a_{1j_1}\cdots a_{tj_t}\cdots a_{nj_n} + \sum_{j_1\cdots j_n}(-1)^{\tau(j_1\cdots j_n)}a_{1j_1}\cdots b_{tj_t}\cdots a_{nj_n} \\ &= D_1 + D_2. \end{aligned}$$

性质 1.5.4 可以推广到行列式的某一行为多组数之和的情形, 留给读者自己推导出来.

性质 1.5.5 把行列式某一行的倍数加到另一行上去, 行列式不变.

$$\begin{vmatrix} a_{11} & a_{12} & \cdots & a_{1n} \\ \cdots & \cdots & \cdots & \cdots \\ a_{i1} & a_{i2} & \cdots & a_{in} \\ \cdots & \cdots & \cdots & \cdots \\ a_{j1}+ka_{i1} & a_{j2}+ka_{i2} & \cdots & a_{jn}+ka_{in} \\ \cdots & \cdots & \cdots & \cdots \\ a_{n1} & a_{n2} & \cdots & a_{nn} \end{vmatrix} = \begin{vmatrix} a_{11} & a_{12} & \cdots & a_{1n} \\ \cdots & \cdots & \cdots & \cdots \\ a_{i1} & a_{i2} & \cdots & a_{in} \\ \cdots & \cdots & \cdots & \cdots \\ a_{j1} & a_{j2} & \cdots & a_{jn} \\ \cdots & \cdots & \cdots & \cdots \\ a_{n1} & a_{n2} & \cdots & a_{nn} \end{vmatrix}.$$

证明

$$\begin{vmatrix} a_{11} & a_{12} & \cdots & a_{1n} \\ \cdots & \cdots & \cdots & \cdots \\ a_{i1} & a_{i2} & \cdots & a_{in} \\ \cdots & \cdots & \cdots & \cdots \\ a_{j1}+ka_{i1} & a_{j2}+ka_{i2} & \cdots & a_{jn}+ka_{in} \\ \cdots & \cdots & \cdots & \cdots \\ a_{n1} & a_{n2} & \cdots & a_{nn} \end{vmatrix} = \begin{vmatrix} a_{11} & a_{12} & \cdots & a_{1n} \\ \cdots & \cdots & \cdots & \cdots \\ a_{i1} & a_{i2} & \cdots & a_{in} \\ \cdots & \cdots & \cdots & \cdots \\ a_{j1} & a_{j2} & \cdots & a_{jn} \\ \cdots & \cdots & \cdots & \cdots \\ a_{n1} & a_{n2} & \cdots & a_{nn} \end{vmatrix}$$

$$+\begin{vmatrix} a_{11} & a_{12} & \cdots & a_{1n} \\ \cdots & \cdots & \cdots & \cdots \\ a_{i1} & a_{i2} & \cdots & a_{in} \\ \cdots & \cdots & \cdots & \cdots \\ ka_{i1} & ka_{i2} & \cdots & ka_{in} \\ \cdots & \cdots & \cdots & \cdots \\ a_{n1} & a_{n2} & \cdots & a_{nn} \end{vmatrix} = \begin{vmatrix} a_{11} & a_{12} & \cdots & a_{1n} \\ \cdots & \cdots & \cdots & \cdots \\ a_{i1} & a_{i2} & \cdots & a_{in} \\ \cdots & \cdots & \cdots & \cdots \\ a_{j1} & a_{j2} & \cdots & a_{jn} \\ \cdots & \cdots & \cdots & \cdots \\ a_{n1} & a_{n2} & \cdots & a_{nn} \end{vmatrix}.$$

例1.5.1 计算 n 阶行列式

$$D=\begin{vmatrix} x & a & a & \cdots & a \\ a & x & a & \cdots & a \\ \cdots & \cdots & \cdots & \cdots & \cdots \\ a & a & a & \cdots & x \end{vmatrix}.$$

解 这个行列式的特点是每一行 n 个元素的和都等于 $x+(n-1)a$, 因此把第 2 列, $\cdots$, 第 n 列都加到第 1 列, 就可以提出公因子 $x+(n-1)a$, 使行列式变简单, 进而计算出它的值.

$$
\begin{aligned}
D&=\begin{vmatrix}x+(n-1)a & a & a & \cdots & a\\ x+(n-1)a & x & a & \cdots & a\\ \cdots & \cdots & \cdots & \cdots & \cdots\\ x+(n-1)a & a & a & \cdots & x\end{vmatrix}\\
&=[x+(n-1)a]\begin{vmatrix}1 & a & a & \cdots & a\\ 1 & x & a & \cdots & a\\ \cdots & \cdots & \cdots & \cdots & \cdots\\ 1 & a & a & \cdots & x\end{vmatrix}\\
&=[x+(n-1)a]\begin{vmatrix}1 & a & \cdots & a\\ 0 & x-a & \cdots & 0\\ \cdots & \cdots & \cdots & \cdots\\ 0 & 0 & \cdots & x-a\end{vmatrix}\\
&=[x+(n-1)a]\,(x-a)^{n-1}.
\end{aligned}
$$

称 n 阶矩阵 $A=(a_{ij})$ 为反对称的, 如果 $a_{ji}=-a_{ij}$. 显然反对称矩阵主对角线上的元素全为零. 反对称矩阵的行列式称为反对称行列式.

例1.5.2 证明: 奇数阶反对称行列式等于零.

证明 设 A 为 n 阶反对称矩阵. 则

$$
\begin{aligned}
|A|&=\begin{vmatrix}0 & a_{12} & \cdots & a_{1n}\\ -a_{12} & 0 & \cdots & a_{2n}\\ \cdots & \cdots & \cdots & \cdots\\ -a_{1n} & -a_{2n} & \cdots & 0\end{vmatrix}=\begin{vmatrix}0 & -a_{12} & \cdots & -a_{1n}\\ a_{12} & 0 & \cdots & -a_{2n}\\ \cdots & \cdots & \cdots & \cdots\\ a_{1n} & a_{2n} & \cdots & 0\end{vmatrix}\\
&=(-1)^n\begin{vmatrix}0 & a_{12} & \cdots & a_{1n}\\ -a_{12} & 0 & \cdots & a_{2n}\\ \cdots & \cdots & \cdots & \cdots\\ -a_{1n} & -a_{2n} & \cdots & 0\end{vmatrix}=(-1)^n|A|.
\end{aligned}
$$

当 n 为奇数时, $|A|=-|A|$, 即$|A|=0$.

习 题 1.5

1. 已知 204, 527, 255 都能被 17 整除, 证明 $\begin{vmatrix} 2 & 5 & 2 \\ 0 & 2 & 5 \\ 4 & 7 & 5 \end{vmatrix}$ 亦能被 17 整除.

2. 证明

(1) $\begin{vmatrix} a-b & b-c & c-a \\ b-c & c-a & a-b \\ c-a & a-b & b-c \end{vmatrix} = 0$; (2) $\begin{vmatrix} 1+a & b & c \\ a & 1+b & c \\ a & b & 1+c \end{vmatrix} = 1+a+b+c$;

(3) $\begin{vmatrix} y+z & z+x & x+y \\ x+y & y+z & z+x \\ z+x & x+y & y+z \end{vmatrix} = 2\begin{vmatrix} x & y & z \\ z & x & y \\ y & z & x \end{vmatrix}$;

(4) $\begin{vmatrix} bcd & a & a^2 & a^3 \\ acd & b & b^2 & b^3 \\ abd & c & c^2 & c^3 \\ abc & d & d^2 & d^3 \end{vmatrix} = \begin{vmatrix} 1 & a^2 & a^3 & a^4 \\ 1 & b^2 & b^3 & b^4 \\ 1 & c^2 & c^3 & c^4 \\ 1 & d^2 & d^3 & d^4 \end{vmatrix}$.

3. 计算下列行列式的值.

(1) $\begin{vmatrix} 246 & 427 & 327 \\ 1014 & 543 & 443 \\ -342 & 721 & 621 \end{vmatrix}$; (2) $\begin{vmatrix} 0 & a & b & a \\ a & 0 & a & b \\ b & a & 0 & a \\ a & b & a & 0 \end{vmatrix}$;

(3) $\begin{vmatrix} 1 & 2 & 3 & 4 \\ 2 & 3 & 4 & 1 \\ 3 & 4 & 1 & 2 \\ 4 & 1 & 2 & 3 \end{vmatrix}$; (4) $\begin{vmatrix} 1+x & 1 & 1 & 1 \\ 1 & 1-x & 1 & 1 \\ 1 & 1 & 1+y & 1 \\ 1 & 1 & 1 & 1-y \end{vmatrix}$.

4. 计算下列 n 阶行列式的值.

(1) $\begin{vmatrix} a_0 & 1 & 1 & \cdots & 1 \\ 1 & a_1 & 0 & \cdots & 0 \\ 1 & 0 & a_2 & \cdots & 0 \\ \cdots & \cdots & \cdots & \cdots & \cdots \\ 1 & 0 & 0 & \cdots & a_n \end{vmatrix}$; (2) $\begin{vmatrix} a_1-b & a_2 & \cdots & a_n \\ a_1 & a_2-b & \cdots & a_n \\ \cdots & \cdots & \cdots & \cdots \\ a_1 & a_2 & \cdots & a_n-b \end{vmatrix}$;

(3) $\begin{vmatrix} 1 & 2 & 3 & \cdots & n \\ -1 & 0 & 3 & \cdots & n \\ -1 & -2 & 0 & \cdots & n \\ \cdots & \cdots & \cdots & \cdots & \cdots \\ -1 & -2 & -3 & \cdots & 0 \end{vmatrix}$; (4) $\begin{vmatrix} 1 & 2 & 2 & \cdots & 2 \\ 2 & 2 & 2 & \cdots & 2 \\ 2 & 2 & 3 & \cdots & 2 \\ \cdots & \cdots & \cdots & \cdots & \cdots \\ 2 & 2 & 2 & \cdots & n \end{vmatrix}$;

(5) $\begin{vmatrix} 1 & 2 & 3 & \cdots & n-1 & n \\ 1 & -1 & 0 & \cdots & 0 & 0 \\ 0 & 2 & -2 & \cdots & 0 & 0 \\ \cdots & \cdots & \cdots & \cdots & \cdots & \cdots \\ 0 & 0 & 0 & \cdots & n-1 & 1-n \end{vmatrix}$;

(6) $\begin{vmatrix} 1 & a_1 & 0 & \cdots & 0 & 0 \\ -1 & 1-a_1 & a_2 & \cdots & 0 & 0 \\ 0 & -1 & 1-a_2 & \cdots & 0 & 0 \\ \cdots & \cdots & \cdots & \cdots & \cdots & \cdots \\ 0 & 0 & 0 & \cdots & -1 & 1-a_n \end{vmatrix}$;

(7) $\begin{vmatrix} a_1+1 & a_1+2 & \cdots & a_1+n \\ a_2+1 & a_2+2 & \cdots & a_2+n \\ \cdots & \cdots & \cdots & \cdots \\ a_n+1 & a_n+2 & \cdots & a_n+n \end{vmatrix}$ $(n \geq 2)$.

5. 解方程.

$$(1)\begin{vmatrix} 1 & 2 & 3 & \cdots & n \\ 1 & x+1 & 3 & \cdots & n \\ 1 & 2 & x+1 & \cdots & n \\ \cdots & \cdots & \cdots & \cdots & \cdots \\ 1 & 2 & 3 & \cdots & x+1 \end{vmatrix} = 0;$$

$$(2)\begin{vmatrix} x & a_1 & a_2 & \cdots & a_{n-1} & 1 \\ a_1 & x & a_2 & \cdots & a_{n-1} & 1 \\ a_1 & a_2 & x & \cdots & a_{n-1} & 1 \\ \cdots & \cdots & \cdots & \cdots & \cdots & \\ a_1 & a_2 & a_3 & \cdots & x & 1 \\ a_1 & a_2 & a_3 & \cdots & a_n & 1 \end{vmatrix} = 0.$$

§ 1.6 行列式按行(列)展开

上一节讨论了行列式的性质, 利用这些性质可以简化行列式的计算. 基于二、三阶行列式的对角线法则可以很方便的计算二、三阶行列式这一事实, 一个自然的想法就是能否把高阶数行列式的计算转化为低阶数行列式的计算, 特别是能否化成三阶行列式的计算？本节将要介绍的行列式按行(列)展开就为我们提供了一种有效的降低行列式阶数的方法.

回忆一下第 2 节引入三阶行列式时的情况, 会给我们带来一些启发. 在那里, 三阶行列式可以表示为三个二阶行列式的代数和, 这三个二阶行列式分别是划去三阶行列式的第 1 行第 1 列, 第 2 行第 1 列, 第 3 行第 1 列所得到的二阶行列式, 分别称之为 a_{11}, a_{21}, a_{31}的余子式. 一般地, 我们有

定义 1.6.1 在 n 阶行列式

$$D=\begin{vmatrix} a_{11} & \cdots & a_{1j} & \cdots & a_{1n} \\ \cdots & \cdots & \cdots & \cdots & \cdots \\ a_{i1} & \cdots & a_{ij} & \cdots & a_{in} \\ \cdots & \cdots & \cdots & \cdots & \cdots \\ a_{n1} & \cdots & a_{nj} & \cdots & a_{nn} \end{vmatrix}$$

中划去元素 a_{ij} 所在的第 i 行和第 j 列, 保持其余的 $(n-1)^2$ 个元素的相对位

置不变所构成的 $n-1$ 阶行列式

$$\begin{vmatrix} a_{11} & \cdots & a_{1,j-1} & a_{1,j+1} & \cdots & a_{1n} \\ \vdots & & \vdots & \vdots & & \vdots \\ a_{i-1,1} & \cdots & a_{i-1,j-1} & a_{i-1,j+1} & \cdots & a_{i-1,n} \\ a_{i+1,1} & \cdots & a_{i+1,j-1} & a_{i+1,j+1} & \cdots & a_{i+1,n} \\ \vdots & & \vdots & \vdots & & \vdots \\ a_{n1} & \cdots & a_{n,j-1} & a_{n,j+1} & \cdots & a_{nn} \end{vmatrix}$$

称为元素 a_{ij} (在 D 中)的余子式, 记为 M_{ij}. 称 $A_{ij}=(-1)^{i+j}M_{ij}$ 为元素a_{ij} (在 D 中)的代数余子式.

例 四阶行列式

$$\begin{vmatrix} a_{11} & a_{12} & a_{13} & a_{14} \\ a_{21} & a_{22} & a_{23} & a_{24} \\ a_{31} & a_{32} & a_{33} & a_{34} \\ a_{41} & a_{42} & a_{43} & a_{44} \end{vmatrix}$$

中, 元素 a_{23} 的余子式

$$M_{23}=\begin{vmatrix} a_{11} & a_{12} & a_{14} \\ a_{31} & a_{32} & a_{34} \\ a_{41} & a_{42} & a_{44} \end{vmatrix}$$

代数余子式 $A_{23}=(-1)^{2+3}M_{23}=-M_{23}$.

用代数余子式的符号, 二阶和三阶行列式可以表示为

$$\begin{vmatrix} a_{11} & a_{12} \\ a_{21} & a_{22} \end{vmatrix}=a_{11}A_{11}+a_{21}A_{21}, \tag{1.17}$$

$$\begin{vmatrix} a_{11} & a_{12} & a_{13} \\ a_{21} & a_{22} & a_{23} \\ a_{31} & a_{32} & a_{33} \end{vmatrix}=a_{11}A_{11}+a_{21}A_{21}+a_{31}A_{31}. \tag{1.18}$$

(1.17) 和 (1.18) 表明, 二、三阶行列式等于它第 1 列的各元素与其对应的代数余子式的乘积之和. 这一结果对于任意行列式都是成立的. 一般地, 有

定理 1.6.2 设 n 阶行列式

$$D=\begin{vmatrix} a_{11} & a_{12} & \cdots & a_{1n} \\ a_{21} & a_{22} & \cdots & a_{2n} \\ \cdots & \cdots & \cdots & \cdots \\ a_{n1} & a_{n2} & \cdots & a_{nn} \end{vmatrix},$$

A_{ij} 是元素 a_{ij} 的代数余子式. 则对任意 $i,j=1,2,\cdots,n$,

$$\begin{aligned} D &= a_{i1}A_{i1}+a_{i2}A_{i2}+\cdots+a_{in}A_{in} \\ &= a_{1j}A_{1j}+a_{2j}A_{2j}+\cdots+a_{nj}A_{nj}. \end{aligned}$$

即行列式等于它任意一行(列)的各元素与其对应的代数余子式的乘积之和.

证明 由于行与列的对称性, 只需要证明行的情形. 我们分三步进行:

(1) 首先考虑 $i=1$ 且 $a_{12}=\cdots=a_{1n}=0$ 的情形. 此时,

$$D=\begin{vmatrix} a_{11} & 0 & \cdots & 0 \\ a_{21} & a_{22} & \cdots & a_{2n} \\ \cdots & \cdots & \cdots & \cdots \\ a_{n1} & a_{n2} & \cdots & a_{nn} \end{vmatrix}.$$

由于 D 的第一行除 a_{11} 外其余元素都等于零, 因此在 D 的展开式中, 只有第一行的元素取 a_{11} 的乘积项才不等于零. 于是

$$\begin{aligned} D &= \sum_{1j_2\cdots j_n}(-1)^{\tau(1j_2\cdots j_n)}a_{11}a_{2j_2}\cdots a_{nj_n}=a_{11}\sum_{j_2\cdots j_n}(-1)^{\tau(j_2\cdots j_n)}a_{2j_2}\cdots a_{nj_n} \\ &= a_{11}\begin{vmatrix} a_{22} & a_{23} & \cdots & a_{2n} \\ a_{32} & a_{33} & \cdots & a_{3n} \\ \cdots & \cdots & \cdots & \cdots \\ a_{n2} & a_{n3} & \cdots & a_{nn} \end{vmatrix}=a_{11}M_{11}=a_{11}A_{11}. \end{aligned}$$

(2) 其次考虑第 i 行除 a_{ij} 外其余元素都等于零的情形. 此时,

$$D=\begin{vmatrix} a_{11} & \cdots & a_{1,j-1} & a_{1j} & a_{1,j+1} & \cdots & a_{1n} \\ \cdots & \cdots & \cdots & \cdots & \cdots & \cdots & \cdots \\ a_{i-1,1} & \cdots & a_{i-1,j-1} & a_{i-1,j} & a_{i-1,j+1} & \cdots & a_{i-1,n} \\ 0 & \cdots & 0 & a_{ij} & 0 & \cdots & 0 \\ a_{i+1,1} & \cdots & a_{i+1,j-1} & a_{i+1,j} & a_{i+1,j+1} & \cdots & a_{i+1,n} \\ \cdots & \cdots & \cdots & \cdots & \cdots & \cdots & \cdots \\ a_{n1} & \cdots & a_{n,j-1} & a_{nj} & a_{n,j+1} & \cdots & a_{nn} \end{vmatrix}.$$

将 D 的第 i 行依次与第 $i-1$ 行, $\cdots$, 第 1 行作相邻两行间的交换而换到第 1 行, 再将新行列式的第 j 列依次与第 $j-1$ 列, $\cdots$, 第 1 列作相邻两列间的交换而换到第 1 列, 这样就化为情形 (1), 共进行了 $i+j-2$ 次行和列的交换. 根据行列式的性质与情形 (1) 的结果, 我们有

$$\begin{aligned} D=&(-1)^{i+j-2}\begin{vmatrix} a_{ij} & 0 & \cdots & 0 & 0 & \cdots & 0 \\ a_{1j} & a_{11} & \cdots & a_{1,j-1} & a_{1,j+1} & \cdots & a_{1n} \\ \cdots & \cdots & \cdots & \cdots & \cdots & \cdots & \cdots \\ a_{i-1,j} & a_{i-1,1} & \cdots & a_{i-1,j-1} & a_{i-1,j+1} & \cdots & a_{i-1,n} \\ a_{i+1,j} & a_{i+1,1} & \cdots & a_{i+1,j-1} & a_{i+1,j+1} & \cdots & a_{i+1,n} \\ \cdots & \cdots & \cdots & \cdots & \cdots & \cdots & \cdots \\ a_{nj} & a_{n1} & \cdots & a_{n,j-1} & a_{n,j+1} & \cdots & a_{nn} \end{vmatrix} \\ =&(-1)^{i+j-2}a_{ij}M_{ij}=a_{ij}A_{ij}. \end{aligned}$$

(3) 最后考虑一般情形. 将 D 的第 i 行拆分成 n 部分之和, 再利用性质 1.5.4 以及 (2) 得

$$D=\begin{vmatrix} a_{11} & \cdots & a_{1j} & \cdots & a_{1n} \\ \cdots & \cdots & \cdots & \cdots & \cdots \\ a_{i1}+0+\cdots+0 & \cdots & 0+\cdots+a_{ij}+\cdots+0 & \cdots & 0+\cdots+0+a_{in} \\ \cdots & \cdots & \cdots & \cdots & \cdots \\ a_{n1} & \cdots & a_{nj} & \cdots & a_{nn} \end{vmatrix}$$

$$=\sum_{j=1}^{n}\begin{vmatrix} a_{11} & \cdots & a_{1j} & \cdots & a_{1n} \\ \cdots & \cdots & \cdots & \cdots & \cdots \\ 0 & \cdots & a_{ij} & \cdots & 0 \\ \cdots & \cdots & \cdots & \cdots & \cdots \\ a_{n1} & \cdots & a_{nj} & \cdots & a_{nn} \end{vmatrix} = a_{i1}A_{i1} + a_{i2}A_{i2} + \cdots + a_{in}A_{in}.$$

定理 1.6.3 行列式的任意一行(列)的各元素与另一行(列)对应元素的代数余子式的乘积之和等于零. 即若设 n 阶行列式

$$\begin{vmatrix} a_{11} & a_{12} & \cdots & a_{1n} \\ a_{21} & a_{22} & \cdots & a_{2n} \\ \cdots & \cdots & \cdots & \cdots \\ a_{n1} & a_{n2} & \cdots & a_{nn} \end{vmatrix}$$

中元素 a_{ij} 的代数余子式为 A_{ij}, 则对任意 $i,j,k=1,2,\cdots,n$,

$$a_{i1}A_{k1} + a_{i2}A_{k2} + \cdots + a_{in}A_{kn} = 0, \quad i \neq k;$$
$$a_{1j}A_{1k} + a_{2j}A_{2k} + \cdots + a_{nj}A_{nk} = 0, \quad j \neq k.$$

证明 只需证明行的情形. 因为对任意 $i,k=1,2,\cdots,n$, 当 $i \neq k$, 有

$$\begin{vmatrix} a_{11} & a_{12} & \cdots & a_{1n} \\ \cdots & \cdots & \cdots & \cdots \\ a_{i1} & a_{i2} & \cdots & a_{in} \\ \cdots & \cdots & \cdots & \cdots \\ a_{k1}+a_{i1} & a_{k2}+a_{i2} & \cdots & a_{kn}+a_{in} \\ \cdots & \cdots & \cdots & \cdots \\ a_{n1} & a_{n2} & \cdots & a_{nn} \end{vmatrix} = \begin{vmatrix} a_{11} & a_{12} & \cdots & a_{1n} \\ \cdots & \cdots & \cdots & \cdots \\ a_{i1} & a_{i2} & \cdots & a_{in} \\ \cdots & \cdots & \cdots & \cdots \\ a_{k1} & a_{k2} & \cdots & a_{kn} \\ \cdots & \cdots & \cdots & \cdots \\ a_{n1} & a_{n2} & \cdots & a_{nn} \end{vmatrix},$$

按第 k 行展开等式两端的行列式得

$$\sum_{s=1}^{n}(a_{ks}+a_{is})A_{ks} = \sum_{s=1}^{n}a_{ks}A_{ks}.$$

于是

$$\sum_{s=1}^{n}a_{is}A_{ks} = a_{i1}A_{k1} + a_{i2}A_{k2} + \cdots + a_{in}A_{kn} = 0.$$

综合定理 1.6.2 和 1.6.3，我们得到线性代数的下述重要公式

$$\sum_{k=1}^{n} a_{ik}A_{jk}=\begin{cases} D, & i=j,\\ 0, & i\neq j. \end{cases} \tag{1.19}$$

和

$$\sum_{k=1}^{n} a_{ki}A_{kj}=\begin{cases} D, & i=j,\\ 0, & i\neq j. \end{cases} \tag{1.20}$$

根据行列式的按行(列)展开定理，我们可以把一个 n 阶行列式的计算化为 n 个 $n-1$ 阶行列式的计算. 特别地，把展开定理与行列式的性质结合使用，可以先将行列式某一行(列)的元素尽可能多地化为零，然后再按该行(列)展开，这样就可以达到降阶的目的. 尤其对于数字行列式的计算是一种有效的方法.

例 1.6.1 计算行列式

$$D=\begin{vmatrix} 2 & -1 & 0 & 3\\ -3 & 1 & 2 & 2\\ 1 & 0 & -2 & -1\\ -4 & 3 & 2 & 2 \end{vmatrix}.$$

解

$$D=\begin{vmatrix} 2 & -1 & 0 & 3\\ -3 & 1 & 2 & 2\\ -2 & 1 & 0 & 1\\ -1 & 2 & 0 & 0 \end{vmatrix}=(-1)^{2+3}2\begin{vmatrix} 2 & -1 & 3\\ -2 & 1 & 1\\ -1 & 2 & 0 \end{vmatrix}$$

$$=-2\begin{vmatrix} 2 & 3 & 3\\ -2 & -3 & 1\\ -1 & 0 & 0 \end{vmatrix}=(-2)(-1)^{3+1}(-1)\begin{vmatrix} 3 & 3\\ -3 & 1 \end{vmatrix}=24.$$

降阶法不仅在计算数字行列式时有效，对一些文字行列式，也可以用降阶法简化行列式的计算或者得到所谓的递推公式，进而计算行列式的值.

例 1.6.2 称行列式

$$V_n = \begin{vmatrix} 1 & 1 & 1 & \cdots & 1 \\ a_1 & a_2 & a_3 & \cdots & a_n \\ a_1^2 & a_2^2 & a_3^2 & \cdots & a_n^2 \\ \cdots & \cdots & \cdots & \cdots & \cdots \\ a_1^{n-1} & a_2^{n-1} & a_3^{n-1} & \cdots & a_n^{n-1} \end{vmatrix}$$

为 n 阶范德蒙(Vandermonde)行列式. 证明 $V_n = \prod\limits_{1\le j<i\le n}(a_i - a_j)$.

证明 对行列式的阶数 n 进行归纳证明. 当 $n=2$ 时,

$$\begin{vmatrix} 1 & 1 \\ a_1 & a_2 \end{vmatrix} = a_2 - a_1$$

结论成立. 假设结论对 $n-1$ 阶范德蒙行列式成立. 考察 n 阶的情况. 在

$$V_n = \begin{vmatrix} 1 & 1 & 1 & \cdots & 1 \\ a_1 & a_2 & a_3 & \cdots & a_n \\ a_1^2 & a_2^2 & a_3^2 & \cdots & a_n^2 \\ \cdots & \cdots & \cdots & \cdots & \cdots \\ a_1^{n-1} & a_2^{n-1} & a_3^{n-1} & \cdots & a_n^{n-1} \end{vmatrix}$$

中, 第 n 行减去第 $n-1$ 行的 a_n 倍, 第 $n-1$ 行减去第 $n-2$ 行的 a_n 倍, $\cdots$, 第 2 行减去第 1 行的 a_n 倍, 即依次从最后一行开始, 每一行加上前一行的 $-a_n$ 倍得

$$V_n = \begin{vmatrix} 1 & 1 & \cdots & 1 & 1 \\ a_1 - a_n & a_2 - a_n & \cdots & a_{n-1} - a_n & 0 \\ a_1(a_1 - a_n) & a_2(a_2 - a_n) & \cdots & a_{n-1}(a_{n-1} - a_n) & 0 \\ \cdots & \cdots & \cdots & \cdots & \cdots \\ a_1^{n-2}(a_1 - a_n) & a_2^{n-2}(a_2 - a_n) & \cdots & a_{n-1}^{n-2}(a_{n-1} - a_n) & 0 \end{vmatrix}$$

$$= (-1)^{1+n} \begin{vmatrix} a_1 - a_n & a_2 - a_n & \cdots & a_{n-1} - a_n \\ a_1(a_1 - a_n) & a_2(a_2 - a_n) & \cdots & a_{n-1}(a_{n-1} - a_n) \\ \cdots & \cdots & \cdots & \cdots \\ a_1^{n-2}(a_1 - a_n) & a_2^{n-2}(a_2 - a_n) & \cdots & a_{n-1}^{n-2}(a_{n-1} - a_n) \end{vmatrix}$$

$$= (a_n - a_1)(a_n - a_2)\cdots(a_n - a_{n-1}) \begin{vmatrix} 1 & 1 & \cdots & 1 \\ a_1 & a_2 & \cdots & a_{n-1} \\ \cdots & \cdots & \cdots & \cdots \\ a_1^{n-2} & a_2^{n-2} & \cdots & a_{n-1}^{n-2} \end{vmatrix}$$

$$= (a_n - a_1)(a_n - a_2)\cdots(a_n - a_{n-1})V_{n-1}.$$

这里 V_{n-1} 是一个关于 $a_1, \cdots, a_{n-1}$ 的 $n-1$ 阶范德蒙行列式, 由归纳假设知 $V_{n-1} = \prod\limits_{1 \le j < i \le n-1} (a_i - a_j)$, 于是

$$V_n = (a_n - a_1)(a_n - a_2)\cdots(a_n - a_{n-1}) \prod_{1 \le j < i \le n-1} (a_i - a_j)$$

$$= \prod_{1 \le j < i \le n} (a_i - a_j).$$

根据归纳法原理, 结论对任意 n 成立.

作为本节的最后一个内容, 我们介绍行列式的拉普拉斯展开定理, 即行列式按子式的展开, 它是定理 1.6.2 的推广. 为此, 我们首先引入行列式的子式以及子式的余子式和代数余子式等概念.

定义 1.6.4 设 D 是一个 n 阶行列式. 任意取定 D 的 k 行和 k 列, $1 \le i_1 < i_2 < \cdots < i_k \le n$, $1 \le j_1 < j_2 < \cdots < j_k \le n$, 由这 k 行和 k 列交点处的 k^2 个元素按它们在原行列式中的相对位置不变构成的 k 阶行列式称为 D 的一个 k 阶子式, 记作 $D_{\binom{j_1 \cdots j_k}{i_1 \cdots i_k}}$. 在 D 中划去这 k 行和 k 列剩余的元素构成的 $n-k$ 阶子式称为 k 阶子式 $D_{\binom{j_1 \cdots j_k}{i_1 \cdots i_k}}$ 的余子式, 记为 $M_{\binom{j_1 \cdots j_k}{i_1 \cdots i_k}}$. 称

$$A_{\binom{j_1 \cdots j_k}{i_1 \cdots i_k}} = (-1)^{i_1 + i_2 + \cdots + i_k + j_1 + j_2 + \cdots + j_k} M_{\binom{j_1 \cdots j_k}{i_1 \cdots i_k}}$$

为子式 $D_{\binom{j_1 \cdots j_k}{i_1 \cdots i_k}}$ 的代数余子式.

显然 $M_{\binom{j_1 \cdots j_k}{i_1 \cdots i_k}}$ 也是 $D_{\binom{j_1 \cdots j_k}{i_1 \cdots i_k}}$ 的余子式, 因此,它们是一对互余的子式.

例 在行列式

$$D = \begin{vmatrix} 1 & 2 & -1 & 0 \\ 2 & 1 & 3 & 2 \\ -2 & 4 & 0 & 1 \\ 0 & 0 & 1 & 0 \end{vmatrix}$$

中选取第 1,4 行, 第 2,3 列得到 D 的一个二阶子式 $D_{\binom{23}{14}} = \begin{vmatrix} 2 & -1 \\ 0 & 1 \end{vmatrix} = 2$, 它的余子式为 $M_{\binom{23}{14}} = D_{\binom{14}{23}} = \begin{vmatrix} 2 & 2 \\ -2 & 1 \end{vmatrix} = 6$, 代数余子式为 $A_{\binom{23}{14}} = (-1)^{1+4+2+3}M_{\binom{23}{14}} = M_{\binom{23}{14}} = 6$.

例 在行列式

$$D = \begin{vmatrix} a_{11} & a_{12} & a_{13} & a_{14} & a_{15} \\ a_{21} & a_{22} & a_{23} & a_{24} & a_{25} \\ \cdots & \cdots & \cdots & \cdots & \cdots \\ a_{51} & a_{52} & a_{53} & a_{54} & a_{55} \end{vmatrix}$$

中

$$D_{\binom{235}{124}} = \begin{vmatrix} a_{12} & a_{13} & a_{15} \\ a_{22} & a_{23} & a_{25} \\ a_{42} & a_{43} & a_{45} \end{vmatrix} \text{ 和 } M_{\binom{235}{124}} = D_{\binom{14}{35}} = \begin{vmatrix} a_{31} & a_{34} \\ a_{51} & a_{54} \end{vmatrix}$$

是一对互余的子式, 且

$$A_{\binom{235}{124}} = (-1)^{1+2+4+2+3+5}M_{\binom{235}{124}} = -M_{\binom{235}{124}} = -D_{\binom{14}{35}},$$

$$A_{\binom{14}{35}} = (-1)^{3+5+1+4}M_{\binom{14}{35}} = -M_{\binom{14}{35}} = -D_{\binom{235}{124}}.$$

从上例可以看出, 一对互余的子式的代数余子式与它们对应余子式相差的倍数 ($+1$ 或 -1)是一致的. 这一结果对任意一对互余的子式总是成立(为什么?). 因此一个子式与它的代数余子式的乘积等于这个子式的余子式与其对应的代数余子式的乘积.

现在我们可以给出行列式的拉普拉斯展开定理.

定理 1.6.5 (Laplace定理) 在 n 阶行列式 D 中任意取定 $k\,(1 \le k \le n-1)$ 行. 由这 k 行组成的所有 k 阶子式与它们对应的代数余子式的乘积之和等于行列式 D. 也就是说, 若 $D_1, D_2, \cdots, D_t$ 是行列式 D 的由其某 k 行确定的所有 k 阶子式, $A_1, A_2, \cdots, A_t$ 分别为子式 $D_1, D_2, \cdots, D_t$ 对应的代数余子式, 则

$$D = D_1A_1 + D_2A_2 + \cdots + D_tA_t.$$

我们略去该定理的证明, 有兴趣的读者可以查阅相关的文献.

作为拉普拉斯定理的应用, 我们考察下面两个例子.

例 1.6.3 计算 $2n$ 阶行列式

$$D_{2n}=\begin{vmatrix}\alpha &&&&&&& \beta\\ &\alpha &&&&& \beta &\\ &&\ddots &&& \iddots &&\\ &&&\alpha & \beta &&&\\ &&&\beta & \alpha &&&\\ &&\iddots &&& \ddots &&\\ &\beta &&&&& \alpha &\\ \beta &&&&&&& \alpha\end{vmatrix}.$$

解 按 D_{2n} 的第 $n,n+1$ 行展开. 由于 D_{2n} 的第 $n,n+1$ 行所确定的所有 2 阶子式中除一个外其余的都等于零, 因此

$$D_{2n}=\begin{vmatrix}\alpha & \beta\\ \beta & \alpha\end{vmatrix}\cdot(-1)^{n+n+1+n+n+1}D_{2n-2}=D_{2n-2}\begin{vmatrix}\alpha & \beta\\ \beta & \alpha\end{vmatrix},$$

其中 D_{2n-2} 为子式 $\begin{vmatrix}\alpha & \beta\\ \beta & \alpha\end{vmatrix}$ 在 D_{2n} 中的余子式, 是一个形状与 D_{2n} 相似但比 D_{2n} 低 2 阶的一个行列式. 类似地, 再对 $D_{2(n-1)}$ 按第 $n-1,n$ 行展开, 依次类推, 得出

$$\begin{aligned}D_{2n}&=\begin{vmatrix}\alpha & \beta\\ \beta & \alpha\end{vmatrix}^2\cdot(-1)^{n-1+n+n-1+n}D_{2(n-2)}=\begin{vmatrix}\alpha & \beta\\ \beta & \alpha\end{vmatrix}^2 D_{2(n-2)}\\ &=\cdots=\begin{vmatrix}\alpha & \beta\\ \beta & \alpha\end{vmatrix}^n=(\alpha^2-\beta^2)^n.\end{aligned}$$

例 1.6.4 证明

$$\begin{vmatrix}a_{11} & \cdots & a_{1k} & 0 & \cdots & 0\\ \cdots & \cdots & \cdots & \cdots & \cdots & \cdots\\ a_{k1} & \cdots & a_{kk} & 0 & \cdots & 0\\ c_{11} & \cdots & c_{1k} & b_{11} & \cdots & b_{1r}\\ \cdots & \cdots & \cdots & \cdots & \cdots & \cdots\\ c_{r1} & \cdots & c_{rk} & b_{r1} & \cdots & b_{rr}\end{vmatrix}=\begin{vmatrix}a_{11} & \cdots & a_{1k}\\ \cdots & \cdots & \cdots\\ a_{k1} & \cdots & a_{kk}\end{vmatrix}\begin{vmatrix}b_{11} & \cdots & b_{1r}\\ \cdots & \cdots & \cdots\\ b_{r1} & \cdots & a_{rr}\end{vmatrix}.$$

证明 对上式左端的行列式按前 k 行展开即可.

对偶地, 我们有

$$\begin{vmatrix} a_{11} & \cdots & a_{1k} & c_{11} & \cdots & c_{1r} \\ \cdots & \cdots & \cdots & \cdots & \cdots & \cdots \\ a_{k1} & \cdots & a_{kk} & c_{k1} & \cdots & c_{kr} \\ 0 & \cdots & 0 & b_{11} & \cdots & b_{1r} \\ \cdots & \cdots & \cdots & \cdots & \cdots & \cdots \\ 0 & \cdots & 0 & b_{r1} & \cdots & b_{rr} \end{vmatrix} = \begin{vmatrix} a_{11} & \cdots & a_{1k} \\ \cdots & \cdots & \cdots \\ a_{k1} & \cdots & a_{kk} \end{vmatrix} \begin{vmatrix} b_{11} & \cdots & b_{1r} \\ \cdots & \cdots & \cdots \\ b_{r1} & \cdots & a_{rr} \end{vmatrix}.$$

作为拉普拉斯展开定理的应用, 我们给出行列式的乘法法则.

定理 1.6.6 设 $A=(a_{ij})$, $B=(b_{ij})$, $C=(c_{ij})$ 均为 n 阶矩阵, 其中

$$c_{ij} = a_{i1}b_{1j} + a_{i2}b_{2j} + \cdots + a_{in}b_{nj} = \sum_{k=1}^{n} a_{ik}b_{kj}.$$

则

$$|A||B| = |C|.$$

证明* 构造 $2n$ 阶行列式

$$D = \begin{vmatrix} a_{11} & a_{12} & \cdots & a_{1n} & 0 & 0 & \cdots & 0 \\ a_{21} & a_{22} & \cdots & a_{2n} & 0 & 0 & \cdots & 0 \\ \cdots & \cdots & \cdots & \cdots & \cdots & \cdots & \cdots & \cdots \\ a_{n1} & a_{n2} & \cdots & a_{nn} & 0 & 0 & \cdots & 0 \\ -1 & 0 & \cdots & 0 & b_{11} & b_{12} & \cdots & b_{1n} \\ 0 & -1 & \cdots & 0 & b_{21} & b_{22} & \cdots & b_{2n} \\ \cdots & \cdots & \cdots & \cdots & \cdots & \cdots & \cdots & \cdots \\ 0 & 0 & \cdots & -1 & b_{n1} & b_{n2} & \cdots & b_{nn} \end{vmatrix}.$$

下面利用行列式的性质以及拉普拉斯展开定理证明 $D=|C|$. 把 D 的第 $n+1$ 行的 a_{11} 倍, 第 $n+2$ 行的 a_{12} 倍, $\cdots$, 第 $2n$ 行的 a_{1n} 倍依次加到第 1 行

上, 由行列式性质知行列式的值不变. 于是

$$D=\begin{vmatrix} 0 & 0 & \cdots & 0 & c_{11} & c_{12} & \cdots & c_{1n} \\ a_{21} & a_{22} & \cdots & a_{2n} & 0 & 0 & \cdots & 0 \\ \cdots & \cdots & \cdots & \cdots & \cdots & \cdots & \cdots & \cdots \\ a_{n1} & a_{n2} & \cdots & a_{nn} & 0 & 0 & \cdots & 0 \\ -1 & 0 & \cdots & 0 & b_{11} & b_{12} & \cdots & b_{1n} \\ 0 & -1 & \cdots & 0 & b_{21} & b_{22} & \cdots & b_{2n} \\ \cdots & \cdots & \cdots & \cdots & \cdots & \cdots & \cdots & \cdots \\ 0 & 0 & \cdots & -1 & b_{n1} & b_{n2} & \cdots & b_{nn} \end{vmatrix}.$$

对于 $k=2,3,\cdots,n$, 再依次将上述行列式的第 $n+1$ 行的 a_{k1} 倍, 第 $n+2$ 行的 a_{k2} 倍, $\cdots$, 第 $2n$ 行的 a_{kk} 倍加到第 k 行得

$$D=\begin{vmatrix} 0 & 0 & \cdots & 0 & c_{11} & c_{12} & \cdots & c_{1n} \\ 0 & 0 & \cdots & 0 & c_{21} & c_{22} & \cdots & c_{2n} \\ \cdots & \cdots & \cdots & \cdots & \cdots & \cdots & \cdots & \cdots \\ 0 & 0 & \cdots & 0 & c_{n1} & c_{n2} & \cdots & c_{nn} \\ -1 & 0 & \cdots & 0 & b_{11} & b_{12} & \cdots & b_{1n} \\ 0 & -1 & \cdots & 0 & b_{21} & b_{22} & \cdots & b_{2n} \\ \cdots & \cdots & \cdots & \cdots & \cdots & \cdots & \cdots & \cdots \\ 0 & 0 & \cdots & -1 & b_{n1} & b_{n2} & \cdots & b_{nn} \end{vmatrix}.$$

根据拉普拉斯定理对上式右端的行列式按前 n 行展开得

$$D=\begin{vmatrix} c_{11} & c_{12} & \cdots & c_{1n} \\ c_{21} & c_{22} & \cdots & c_{2n} \\ \cdots & \cdots & \cdots & \cdots \\ c_{n1} & c_{n2} & \cdots & c_{nn} \end{vmatrix}\cdot(-1)^{n(2n+1)}\begin{vmatrix} -1 & 0 & \cdots & 0 \\ 0 & -1 & \cdots & 0 \\ \cdots & \cdots & \cdots & \cdots \\ 0 & 0 & \cdots & -1 \end{vmatrix}$$

$$=\begin{vmatrix} c_{11} & c_{12} & \cdots & c_{1n} \\ c_{21} & c_{22} & \cdots & c_{2n} \\ \cdots & \cdots & \cdots & \cdots \\ c_{n1} & c_{n2} & \cdots & c_{nn} \end{vmatrix}=|C|.$$

由例 1.6.4 得 $D=|A|\,|B|$. 因此 $|A|\,|B|=|C|$.

定理 1.6.6 称为行列式的乘法法则.

习 题 1.6

1. 计算下列行列式.

(1) $\begin{vmatrix} x & y & 0 & \cdots & 0 & 0 \\ 0 & x & y & \cdots & 0 & 0 \\ \cdots & \cdots & \cdots & \cdots & \cdots & \cdots \\ 0 & 0 & 0 & \cdots & x & y \\ y & 0 & 0 & \cdots & 0 & x \end{vmatrix}$; (2) $\begin{vmatrix} a & 0 & 0 & \cdots & 0 & 1 \\ 0 & a & 0 & \cdots & 0 & 0 \\ \cdots & \cdots & \cdots & \cdots & \cdots & \cdots \\ 0 & 0 & 0 & \cdots & a & 0 \\ 1 & 0 & 0 & \cdots & 0 & a \end{vmatrix}$.

2. 计算下列行列式.

(1) $D_3 = \begin{vmatrix} a & b & c \\ a^2 & b^2 & c^2 \\ b+c & c+a & a+b \end{vmatrix}$; (2) $D_4 = \begin{vmatrix} 1 & 1 & 1 & 1 \\ 1 & 2 & 3 & 4 \\ 1 & 4 & 9 & 16 \\ 1 & 8 & 27 & 64 \end{vmatrix}$;

(3) $D_n = \begin{vmatrix} 1 & 1 & \cdots & 1 \\ 2 & 2^2 & \cdots & 2^n \\ 3 & 3^2 & \cdots & 3^n \\ \cdots & \cdots & \cdots & \cdots \\ n & n^2 & \cdots & n^n \end{vmatrix}$; (4) $D_3 = \begin{vmatrix} 1 & 1 & 1 \\ a & b & c \\ a^3 & b^3 & c^3 \end{vmatrix}$;

(5) $D_{n+1} = \begin{vmatrix} (2n-1)^n & (2n-2)^n & \cdots & n^n & (2n)^n \\ (2n-1)^{n-1} & (2n-2)^{n-1} & \cdots & n^{n-1} & (2n)^{n-1} \\ \cdots & \cdots & \cdots & \cdots & \cdots \\ 2n-1 & 2n-2 & \cdots & n & 2n \\ 1 & 1 & \cdots & 1 & 1 \end{vmatrix}$.

3. 计算下列行列式.

$$(1)\ \begin{vmatrix}5&6&0&0&0\\1&5&6&0&0\\0&1&5&6&0\\0&0&1&5&6\\0&0&0&1&5\end{vmatrix};\qquad (2)\ \begin{vmatrix}1&1&0&0&1&0\\1&\omega&0&0&\omega^2&0\\a_1&b_1&1&1&c_1&1\\a_2&b_2&1&\omega^2&c_2&\omega\\a_3&b_3&1&\omega&c_3&\omega^2\\1&\omega^2&0&0&\omega&0\end{vmatrix}\ (\text{其中 } \omega^3=1).$$

§ 1.7 行列式的计算

我们已经看到, 依照行列式的定义计算行列式的值, 是一件非常繁琐的事情, 特别是当阶数很高时, 几乎是不可能实现的. 但是从第 4 节例 1.4.2 可以看到, 上(下)三角行列式等于它主对角线上所有元素的乘积, 这为我们计算行列式指明了一种有效的方法, 即化行列式为上(下)三角行列式的方法. 根据行列式的性质 1.5.3 和 1.5.5 知, 这是可行的.

例 1.7.1 计算行列式

$$D=\begin{vmatrix}2&1&2&4\\3&2&-1&3\\2&1&1&0\\0&1&2&3\end{vmatrix}.$$

解

$$D=\begin{vmatrix}2&1&2&4\\1&1&-3&-1\\2&1&1&0\\0&1&2&3\end{vmatrix}=-\begin{vmatrix}1&1&-3&-1\\2&1&2&4\\2&1&1&0\\0&1&2&3\end{vmatrix}=-\begin{vmatrix}1&1&-3&-1\\0&-1&8&6\\0&-1&7&2\\0&1&2&3\end{vmatrix}$$

$$=\begin{vmatrix}1&1&-3&-1\\0&1&2&3\\0&-1&7&2\\0&-1&8&6\end{vmatrix}=\begin{vmatrix}1&1&-3&-1\\0&1&2&3\\0&0&9&5\\0&0&10&9\end{vmatrix}=\begin{vmatrix}1&1&-3&-1\\0&1&2&3\\0&0&9&5\\0&0&1&4\end{vmatrix}$$

$$= -\begin{vmatrix} 1 & 1 & -3 & -1 \\ 0 & 1 & 2 & 3 \\ 0 & 0 & 1 & 4 \\ 0 & 0 & 9 & 5 \end{vmatrix} = -\begin{vmatrix} 1 & 1 & -3 & -1 \\ 0 & 1 & 2 & 3 \\ 0 & 0 & 1 & 4 \\ 0 & 0 & 0 & -31 \end{vmatrix} = 31.$$

化三角行列式的方法是一种机械的方法, 可以由计算机来实现. 在具体计算行列式时, 可以根据给定行列式的特点, 选择行或列, 利用行列式的性质及按行(列)展开定理, 进行降阶.

例 1.7.2

$$\begin{vmatrix} 2 & -1 & 3 & 5 \\ 2 & 0 & 1 & 0 \\ 5 & 1 & 3 & 2 \\ -4 & 2 & -1 & 6 \end{vmatrix} = \begin{vmatrix} -4 & -1 & 3 & 5 \\ 0 & 0 & 1 & 0 \\ -1 & 1 & 3 & 2 \\ -2 & 2 & -1 & 6 \end{vmatrix} = -\begin{vmatrix} -4 & -1 & 5 \\ -1 & 1 & 2 \\ -2 & 2 & 6 \end{vmatrix}$$

$$= -\begin{vmatrix} -4 & -1 & 5 \\ -1 & 1 & 2 \\ 0 & 0 & 2 \end{vmatrix} = -2\begin{vmatrix} -4 & -1 \\ -1 & 1 \end{vmatrix} = 10.$$

最后我们再通过具体的例子介绍行列式的一些计算方法.

例 1.7.3 计算n 阶行列式

$$D_n = \begin{vmatrix} x & a & a & \cdots & a \\ a & x & a & \cdots & a \\ \cdots & \cdots & \cdots & \cdots & \cdots \\ a & a & a & \cdots & x \end{vmatrix}.$$

解 方法 I (化三角行列式法) 从 D_n 的最后一行起, 每一行减去前一行得

$$D_n = \begin{vmatrix} x & a & a & \cdots & a & a \\ a-x & x-a & 0 & \cdots & 0 & 0 \\ 0 & a-x & x-a & \cdots & 0 & 0 \\ \cdots & \cdots & \cdots & \cdots & \cdots & \cdots \\ 0 & 0 & 0 & \cdots & a-x & x-a \end{vmatrix},$$

将新行列式的第 n 列加到第 $n-1$ 列, 新的第 $n-1$ 列加到第 $n-2$ 列, $\cdots$, 新的第 2 列加到第 1 列得

$$D_n=\begin{vmatrix} x+(n-1)a & (n-1)a & (n-2)a & \cdots & 2a & a \\ 0 & x-a & 0 & \cdots & 0 & 0 \\ 0 & 0 & x-a & \cdots & 0 & 0 \\ \cdots & \cdots & \cdots & \cdots & \cdots & \cdots \\ 0 & 0 & 0 & \cdots & 0 & x-a \end{vmatrix}$$

$$=(x-a)^{n-1}[x+(n-1)a].$$

方法 II (递推公式法)

$$D_n=\begin{vmatrix} x-a+a & a & a & \cdots & a \\ 0+a & x & a & \cdots & a \\ \cdots & \cdots & \cdots & \cdots & \cdots \\ 0+a & a & a & \cdots & x \end{vmatrix}$$

$$=\begin{vmatrix} x-a & a & a & \cdots & a \\ 0 & x & a & \cdots & a \\ 0 & a & x & \cdots & a \\ \cdots & \cdots & \cdots & \cdots & \cdots \\ 0 & a & a & \cdots & x \end{vmatrix}+\begin{vmatrix} a & a & a & \cdots & a \\ a & x & a & \cdots & a \\ a & a & x & \cdots & a \\ \cdots & \cdots & \cdots & \cdots & \cdots \\ a & a & a & \cdots & x \end{vmatrix}$$

$$=(x-a)D_{n-1}+a(x-a)^{n-1}.$$

于是, 我们有

$$D_n=(x-a)D_{n-1}+a(x-a)^{n-1},$$

$$D_{n-1}=(x-a)D_{n-2}+a(x-a)^{n-2},$$

$$\cdots\cdots\cdots\cdots$$

$$D_2=(x-a)D_1+a(x-a).$$

用 $(x-a)$ 乘以第 2 个等式, $(x-a)^2$ 乘以第 3 个等式, $\cdots$, $(x-a)^{n-2}$ 乘以第 $n-1$ 个等式, 然后都加到第 1 个等式上得

$$D_n=(x-a)^{n-1}D_1+(n-1)a(x-a)^{n-1}$$

$$=(x-a)^{n-1}[x+(n-1)a].$$

方法Ⅲ (加边法) 对 D_n 加上一行一列, 当 $x \neq a$ 时, 我们有

$$D_n = \begin{vmatrix} 1 & a & a & a & \cdots & a \\ 0 & x & a & a & \cdots & a \\ 0 & a & x & a & \cdots & a \\ \cdots & \cdots & \cdots & \cdots & \cdots & \cdots \\ 0 & a & a & a & \cdots & a \end{vmatrix}_{n+1}$$

$$= \begin{vmatrix} 1 & a & a & a & \cdots & a \\ -1 & x-a & 0 & 0 & \cdots & 0 \\ -1 & 0 & x-a & 0 & \cdots & 0 \\ \cdots & \cdots & \cdots & \cdots & \cdots & \cdots \\ -1 & 0 & 0 & 0 & \cdots & x-a \end{vmatrix}_{n+1}$$

$$= \begin{vmatrix} 1+\dfrac{na}{x-a} & a & a & a & \cdots & a \\ 0 & x-a & 0 & 0 & \cdots & 0 \\ 0 & 0 & x-a & 0 & \cdots & 0 \\ \cdots & \cdots & \cdots & \cdots & \cdots & \cdots \\ 0 & 0 & 0 & 0 & \cdots & x-a \end{vmatrix}_{n+1}$$

$$= (1+\frac{na}{x-a})(x-a)^n = (x-a)^{n-1}[x+(n-1)a].$$

当 $x = a$ 时, 显然有

$$D_n = \begin{cases} a, & n = 1, \\ 0, & n > 1. \end{cases}$$

综合两种情形我们总有 $D_n = [x+(n-1)a](x-a)^{n-1}$.

习 题 1.7

1. 计算下列 n 阶行列式.

(1) $\begin{vmatrix} 2 & -1 & 0 & \cdots & 0 \\ -1 & 2 & -1 & \cdots & 0 \\ 0 & -1 & 2 & \cdots & 0 \\ \cdots & \cdots & \cdots & \cdots & \cdots \\ 0 & 0 & 0 & \cdots & 2 \end{vmatrix}$; (2) $\begin{vmatrix} 1-a & a & 0 & \cdots & 0 \\ -1 & 1-a & a & \cdots & 0 \\ 0 & -1 & 1-a & \cdots & 0 \\ \cdots & \cdots & \cdots & \cdots & \cdots \\ 0 & 0 & 0 & \cdots & 1-a \end{vmatrix}$.

2. 证明:

(1) $$\begin{vmatrix} 2\cos\theta & 1 & 0 & \cdots & 0 & 0 \\ 1 & 2\cos\theta & 1 & \cdots & 0 & 0 \\ 0 & 1 & 2\cos\theta & \cdots & 0 & 0 \\ \cdots & \cdots & \cdots & \cdots & \cdots & \cdots \\ 0 & 0 & 0 & \cdots & 2\cos\theta & 1 \\ 0 & 0 & 0 & \cdots & 1 & 2\cos\theta \end{vmatrix} = \frac{\sin(n+1)\theta}{\sin\theta};$$

(2) $$\begin{vmatrix} \cos\theta & 1 & 0 & \cdots & 0 & 0 \\ 1 & 2\cos\theta & 1 & \cdots & 0 & 0 \\ 0 & 1 & 2\cos\theta & \cdots & 0 & 0 \\ \cdots & \cdots & \cdots & \cdots & \cdots & \cdots \\ 0 & 0 & 0 & \cdots & 2\cos\theta & 1 \\ 0 & 0 & 0 & \cdots & 1 & 2\cos\theta \end{vmatrix} = \cos n\theta;$$

(3) $$\begin{vmatrix} a+b & ab & 0 & \cdots & 0 & 0 \\ 1 & a+b & ab & \cdots & 0 & 0 \\ 0 & 1 & a+b & \cdots & 0 & 0 \\ \cdots & \cdots & \cdots & \cdots & \cdots & \cdots \\ 0 & 0 & 0 & \cdots & a+b & ab \\ 0 & 0 & 0 & \cdots & 1 & a+b \end{vmatrix} = \frac{a^{n+1}-b^{n+1}}{a-b},\ (a \neq b).$$

3. 计算 n 阶行列式

$$D_n = \begin{vmatrix} 1-a_1 & a_2 & 0 & \cdots & 0 & 0 \\ -1 & 1-a_2 & a_3 & \cdots & 0 & 0 \\ 0 & -1 & 1-a_3 & \cdots & 0 & 0 \\ \cdots & \cdots & \cdots & \cdots & \cdots & \cdots \\ 0 & 0 & 0 & \cdots & -1 & 1-a_n \end{vmatrix}.$$

4. 计算 n 阶行列式

$$D_n = \begin{vmatrix} x & -1 & 0 & \cdots & 0 & 0 \\ 0 & x & -1 & \cdots & 0 & 0 \\ \cdots & \cdots & \cdots & \cdots & \cdots & \cdots \\ 0 & 0 & 0 & \cdots & x & -1 \\ a_0 & a_1 & a_2 & \cdots & a_{n-2} & a_{n-1}+x \end{vmatrix}.$$

§ 1.8 克莱姆(Cramer)法则

前面几节我们讨论了一般 n 阶行列式及其计算, 本节我们将把第 2 节关于线性方程组的公式解法推广到一般情形, 介绍线性方程组的克莱姆法则. 为此, 首先引入线性方程组及其解的概念.

称形如

$$\begin{cases} a_{11}x_1 + a_{12}x_2 + \cdots + a_{1n}x_n = b_1 \\ a_{21}x_1 + a_{22}x_2 + \cdots + a_{2n}x_n = b_2 \\ \cdots\cdots\cdots\cdots \\ a_{m1}x_1 + a_{m2}x_2 + \cdots + a_{mn}x_n = b_m \end{cases} \tag{1.21}$$

的方程组为 m 个方程 n 个未知量的线性方程组, 其中 x_i, $i = 1, 2, \cdots, n$ 称为未知量, a_{ij}, $i = 1, 2, \cdots, m$, $j = 1, 2, \cdots, n$ 称为(方程组)未知量的系数, $b_1, \cdots, b_m$ 称为常数项. 称

$$c = \begin{pmatrix} c_1 \\ c_2 \\ \vdots \\ c_n \end{pmatrix}$$

为线性方程组(1.21)的一个解向量, 如果分别用 $c_1, c_2, \cdots, c_n$ 替换(1.21)中的 x_1, $x_2, \cdots, x_n$ 使得(1.21)中 m 个方程变成恒等式. 方程组的解的全体称为方程组的解集合. 如果两个方程组有相同的解集合, 我们就称这两个方程组是同解的. 研究线性方程组就是要解决下列三个问题

(1) 方程组是否有解？

(2) 方程组有解时, 有多少个不同的解？

(3) 怎样找出或表示方程组的所有解？

对于方程组(1.21)来讲, 上述三个问题的答案都蕴含在下面两个矩阵中,

$$A=\begin{pmatrix}a_{11} & a_{12} & \cdots & a_{1n}\\ a_{21} & a_{22} & \cdots & a_{2n}\\ \cdots & \cdots & \cdots & \cdots\\ a_{m1} & a_{m2} & \cdots & a_{mn}\end{pmatrix},\ \overline{A}=\begin{pmatrix}a_{11} & a_{12} & \cdots & a_{1n} & b_1\\ a_{21} & a_{22} & \cdots & a_{2n} & b_2\\ \cdots & \cdots & \cdots & \cdots & \cdots\\ a_{m1} & a_{m2} & \cdots & a_{mn} & b_m\end{pmatrix}$$

它们分别称为线性方程组(1.21)的系数矩阵和增广矩阵. 显然方程组(1.21)完全由这两个矩阵唯一确定. 如何从上述两个矩阵出发回答前面提出的三个问题, 将在第三章中讨论.

常数项全都等于零的线性方程组称为齐次线性方程组. 特别地, 齐次线性方程组

$$\begin{cases}a_{11}x_1+a_{12}x_2+\cdots+a_{1n}x_n=0\\ a_{21}x_1+a_{22}x_2+\cdots+a_{2n}x_n=0\\ \cdots\cdots\cdots\cdots\\ a_{m1}x_1+a_{m2}x_2+\cdots+a_{mn}x_n=0\end{cases}\tag{1.22}$$

称为线性方程组(1.21)的导出组或对应的齐次线性方程组. 齐次线性方程组总是有解的. 例如

$$c=\begin{pmatrix}0\\0\\ \vdots\\0\end{pmatrix}$$

是(1.22)的一个解, 称为齐次线性方程组(1.22)的零解或平凡解. 因此对于齐次线性方程组, 我们关心的是它是否存在非零解, 非零解的个数以及如何把所有非零解找(表示)出来.

现在我们就可以给出一般线性方程组的克莱姆法则, 它推广了第 2 节关于三元线性方程组的结果.

定理 1.8.1 (克莱姆(Cramer)法则) 如果线性方程组

$$\begin{cases} a_{11}x_1 + a_{12}x_2 + \cdots + a_{1n}x_n = b_1 \\ a_{21}x_1 + a_{22}x_2 + \cdots + a_{2n}x_n = b_2 \\ \qquad \cdots\cdots\cdots\cdots \\ a_{n1}x_1 + a_{n2}x_2 + \cdots + a_{nn}x_n = b_n \end{cases} \tag{1.23}$$

的系数矩阵 $A = (a_{ij})_{n\times n}$ 的行列式 $|A| \neq 0$, 那么线性方程组(1.23)有唯一解, 并且解可以表示为

$$x_i = \frac{|A_i|}{|A|}, \quad i = 1, 2, \cdots, n, \tag{1.24}$$

其中 $A_i\ (i = 1, 2, \cdots, n)$是用常数项 $b_1, b_2, \cdots, b_n$ 分别替换 A 的第 i 列的相应元素所得到的矩阵.

证明 要证明定理 1.8.1, 需要证明

(1) $x_i = \dfrac{|A_i|}{|A|}, i = 1, 2, \cdots, n$ 是方程组(1.23)的解;

(2) 若 $c = \begin{pmatrix} c_1 \\ c_2 \\ \vdots \\ c_n \end{pmatrix}$ 是(1.23)的一个解, 则 $c_i = \dfrac{|A_i|}{|A|}, i = 1, 2, \cdots, n.$

利用连加号, 方程组(1.23)可以表示为

$$\sum_{k=1}^{n} a_{ik}x_k = b_i, \quad i = 1, 2, \cdots, n. \tag{1.25}$$

对于 $i = 1, 2, \cdots, n$, 把 $x_i = \dfrac{|A_i|}{|A|}, i = 1, 2, \cdots, n$ 代入到(1.25)的第 i 个方程得

$$\sum_{k=1}^{n} a_{ik}\frac{|A_k|}{|A|} = \frac{1}{|A|}\sum_{k=1}^{n} a_{ik}|A_k|.$$

因为 $|A_k| = b_1A_{1k} + b_2A_{2k} + \cdots + b_nA_{nk}$, 所以

$$\begin{aligned} \frac{1}{|A|}\sum_{k=1}^{n} a_{ik}|A_k| &= \frac{1}{|A|}\sum_{k=1}^{n} a_{ik}\sum_{m=1}^{n} b_mA_{mk} = \frac{1}{|A|}\sum_{k=1}^{n}\sum_{m=1}^{n} a_{ik}A_{mk}b_m \\ &= \frac{1}{|A|}\sum_{m=1}^{n}\sum_{k=1}^{n} a_{ik}A_{mk}b_m = \frac{1}{|A|}\sum_{m=1}^{n}(\sum_{k=1}^{n} a_{ik}A_{mk})b_m. \end{aligned}$$

注意到

$$\sum_{k=1}^{n} a_{ik}A_{mk} = \begin{cases} |A|, & m = i, \\ 0, & m \neq i. \end{cases}$$

我们有

$$\frac{1}{|A|}\sum_{k=1}^{n} a_{ik}|A_k| = \frac{1}{|A|} \cdot |A| \cdot b_i = b_i.$$

因此 $x_i = \frac{|A_i|}{|A|}, i = 1, 2, \cdots, n$ 是方程组(1.23)的一个解.

设

$$c = \begin{pmatrix} c_1 \\ c_2 \\ \vdots \\ c_n \end{pmatrix}$$

为方程组(1.23)的任意一个解. 则

$$\sum_{k=1}^{n} a_{ik}c_k = b_i, \quad i = 1, 2, \cdots, n. \tag{1.26}$$

对于 $m = 1, 2, \cdots, n$, 用 $|A|$ 的第 m 列各元素的代数余子式 $A_{1m}, A_{2m}, \cdots, A_{nm}$ 分别乘以(1.26)的第 1, 第 2, $\cdots$, 第 n 个方程的两端, 再把所有方程两端对应相加得

$$\sum_{k=1}^{n}(\sum_{i=1}^{n} a_{ik}A_{im})c_k = \sum_{i=1}^{n} b_iA_{im}.$$

注意到

$$\sum_{i=1}^{n} a_{ik}A_{im} = \begin{cases} |A|, & k = m, \\ 0, & k \neq m \end{cases}$$

及

$$\sum_{i=1}^{n} b_iA_{im} = |A_m|.$$

我们有

$$|A|c_m = |A_m|,$$

所以

$$c_m = \frac{|A_m|}{|A|}.$$

例 1.8.1 用克莱姆法则解方程组

$$\begin{cases} 2x_1 + x_2 - 5x_3 + x_4 = 8 \\ x_1 - 3x_2 - 6x_4 = 9 \\ 2x_2 - x_3 + 2x_4 = -5 \\ x_1 + 4x_2 - 7x_3 + 6x_4 = 0 \end{cases}.$$

解 因为方程组的系数矩阵的行列式

$$|A| = \begin{vmatrix} 2 & 1 & -5 & 1 \\ 1 & -3 & 0 & -6 \\ 0 & 2 & -1 & 2 \\ 1 & 4 & -7 & 6 \end{vmatrix} = 27 \neq 0,$$

所以由克莱姆法则知方程组有唯一的解, 且

$$x_1 = \frac{1}{27}\begin{vmatrix} 8 & 1 & -5 & 1 \\ 9 & -3 & 0 & -6 \\ -5 & 2 & -1 & 2 \\ 0 & 4 & -7 & 6 \end{vmatrix} = 3, \quad x_3 = \frac{1}{27}\begin{vmatrix} 2 & 1 & 8 & 1 \\ 1 & -3 & 9 & -6 \\ 0 & 2 & -5 & 2 \\ 1 & 4 & 0 & 6 \end{vmatrix} = -1,$$

$$x_2 = \frac{1}{27}\begin{vmatrix} 2 & 8 & -5 & 1 \\ 1 & 9 & 0 & -6 \\ 0 & -5 & -1 & 2 \\ 1 & 0 & -7 & 6 \end{vmatrix} = -4, \quad x_4 = \frac{1}{27}\begin{vmatrix} 2 & 1 & -5 & 8 \\ 1 & -3 & 0 & 9 \\ 0 & 2 & -1 & -5 \\ 1 & 4 & -7 & 0 \end{vmatrix} = 1.$$

需要注意的是: (1) 克莱姆法则只适用于系数矩阵为方阵, 即方程个数与未知量个数相等, 系数矩阵的行列式不为零的方程组; (2) 克莱姆法则的意义主要在于它给出了方程组的解与系数的明显关系, 它是我们讨论一般线性方程组的基础, 具有重要的理论意义.

作为克莱姆法则的推论, 我们有

推论 1.8.2 如果齐次线性方程组

$$\begin{cases} a_{11}x_1 + a_{12}x_2 + \cdots + a_{1n}x_n = 0 \\ a_{21}x_1 + a_{22}x_2 + \cdots + a_{2n}x_n = 0 \\ \cdots\cdots\cdots\cdots \\ a_{n1}x_1 + a_{n2}x_2 + \cdots + a_{nn}x_n = 0 \end{cases} \tag{1.27}$$

的系数矩阵 $A=(a_{ij})_{n\times n}$ 的行列式 $|A|\neq 0$, 那么(1.27)只有零解.

例 1.8.2 问 λ 取什么值时, 方程组

$$\begin{cases} \lambda x_1 + x_2 = 0 \\ x_1 + \lambda x_2 = 0 \end{cases}$$

只有零解?

解 由推论 1.8.2知, 当

$$\begin{vmatrix} \lambda & 1 \\ 1 & \lambda \end{vmatrix} = \lambda^2 - 1 \neq 0$$

时, 即当 $\lambda \neq \pm 1$ 时, 方程组只有零解.

习 题 1.8

1. 用克莱姆法则解下列线性方程组.

(1) $\begin{cases} x_1 + x_2 + x_3 + x_4 = 5 \\ x_1 + 2x_2 - x_3 + 4x_4 = -2 \\ 2x_1 - 3x_2 - x_3 - 5x_4 = -2 \\ 3x_1 + x_2 + 2x_3 + 11x_4 = 0 \end{cases}$;

(2) $\begin{cases} x_2 - 3x_3 + 4x_4 = -5 \\ x_1 - 2x_3 + 3x_4 = -4 \\ 3x_1 + 2x_2 - 5x_4 = 12 \\ 4x_1 + 3x_2 - 5x_3 = 5 \end{cases}$;

(3) $\begin{cases} bx - ay + 2ab = 0 \\ -2cy + 3bz - bc = 0 \\ cx + az = 0 \end{cases}$, (其中 $abc \neq 0$);

(4) $\begin{cases} ax_1+ax_2+bx_3=1 \\ ax_1+bx_2+ax_3=1 \\ bx_1+ax_2+ax_3=1 \end{cases}$，(其中 $a\neq b,-\dfrac{b}{2}$).

2. k 为何值时, 下列方程组仅有零解?

(1) $\begin{cases} 3x+2y-z=0 \\ kx+7y-2z=0 \\ 2x-y+3z=0 \end{cases}$；　　(2) $\begin{cases} kx+y+z=0 \\ x+ky-z=0 \\ 2x-y+z=0 \end{cases}$.

3. 若齐次线性方程组 $\begin{cases} x_1+x_2+x_3+ax_4=0 \\ x_1+2x_2+x_3+x_4=0 \\ x_1+x_2-3x_3+x_4=0 \\ x_1+x_2+ax_3+bx_4=0 \end{cases}$ 有非零解, 则 a,b 应满足什么条件?

4. a,b 取何值时, 线性方程组 $\begin{cases} ax_1+2x_2+3x_3=8 \\ 2ax_1+2x_2+3x_3=10 \\ x_1+x_2+bx_3=5 \end{cases}$ 有唯一解?

总复习题一

1. 填空.

(1) 在5阶行列式中, 项 $a_{12}a_{31}a_{54}a_{43}a_{25}$ 的符号应取______.

(2) 方程 $\begin{vmatrix} 1 & x & y & z \\ x & 1 & 0 & 0 \\ y & 0 & 1 & 0 \\ z & 0 & 0 & 1 \end{vmatrix}=1$的解为______.

(3) 设行列式 $D=\begin{vmatrix} 4 & 3 & 2 & 0 \\ 1 & 1 & 2 & 7 \\ 3 & -1 & 2 & 0 \\ 0 & 2 & 2 & 0 \end{vmatrix}$. 则 D 的第 2 列各元素的余子式之和为______.

(4) 行列式 $\begin{vmatrix} k-1 & 2 \\ 2 & k-1 \end{vmatrix}\neq 0$ 的充要条件是______.

(5) $\alpha_1,\alpha_2,\alpha_3$ 都是 3×1 矩阵, $A=(\alpha_1,\alpha_2,\alpha_3)$, $B=(\alpha_1+\alpha_2+\alpha_3,\alpha_1+2\alpha_2+4\alpha_3,\alpha_1+3\alpha_2+9\alpha_3)$. 若 $|A|=1$, 则 $|B|=$_____.

(6) 若3阶行列式 $\begin{vmatrix} a_{11} & a_{12} & a_{13} \\ a_{21} & a_{22} & a_{23} \\ a_{31} & a_{32} & a_{33} \end{vmatrix}=d$, 则行列式 $\begin{vmatrix} 3a_{31} & 2a_{21} & -a_{11} \\ 3a_{32} & 2a_{22} & -a_{12} \\ 3a_{33} & 2a_{23} & -a_{13} \end{vmatrix}$ 的值为_____.

2. 选择题.

(1) $\begin{vmatrix} 2x & -x & 1 & 3 \\ 2 & 3x & -1 & 2 \\ 1 & 2 & -x & 1 \\ 1 & 2 & 3 & x \end{vmatrix}$ 中 x^3 的系数为(　　).

(A) -1, (B) -2, (C) 1, (D) 2.

(2) 设 $\alpha_1,\alpha_2,\alpha_3,\beta_1,\beta_2$ 都是 4×1 矩阵, $|\alpha_1,\alpha_2,\alpha_3,\beta_1|=n$, $|\alpha_1,\alpha_2,\beta_2,\alpha_3|=m$. 则 $|\alpha_3,\alpha_2,\alpha_1,\beta_1+\beta_2|=$(　　).

(A) $n-m$, (B) $n+m$, (C) $m-n$, (D) $-n-m$.

(3) 若3阶行列式 $\begin{vmatrix} a_{11} & a_{12} & a_{13} \\ a_{21} & a_{22} & a_{23} \\ a_{31} & a_{32} & a_{33} \end{vmatrix}=M\neq 0$, 则行列式 $\begin{vmatrix} 2a_{11} & 2a_{12} & 2a_{13} \\ 2a_{31} & 2a_{32} & 2a_{33} \\ 2a_{21} & 2a_{22} & 2a_{23} \end{vmatrix}$ 的值为(　　).

(A) $2M$, (B) $-2M$, (C) $8M$, (D) $-8M$.

(4) 记行列式 $\begin{vmatrix} x-2 & x-1 & x-2 & x-3 \\ 2x-2 & 2x-1 & 2x-2 & 2x-3 \\ 3x-3 & 3x-2 & 4x-5 & 3x-5 \\ 4x & 4x-3 & 5x-7 & 4x-3 \end{vmatrix}$ 为 $f(x)$. 则方程 $f(x)=0$ 的根的个数为(　　).

(A) 1, (B) 2, (C) 3, (D) 4.

(5) 4阶行列式 $\begin{vmatrix} a_1 & 0 & 0 & b_1 \\ 0 & a_2 & b_2 & 0 \\ 0 & b_3 & a_3 & 0 \\ b_4 & 0 & 0 & a_4 \end{vmatrix}$ 的值为(　　).

(A) $a_1a_2a_3a_4-b_1b_2b_3b_4$, (B) $a_1a_2a_3a_4+b_1b_2b_3b_4$,

(C) $(a_1a_2-b_1b_2)(a_3a_4-b_3b_4)$, (D) $(a_2a_3-b_2b_3)(a_1a_4-b_1b_4)$.

3. 计算下列行列式:

(1) $\begin{vmatrix} a+b+2c & a & b \\ c & b+c+2a & b \\ c & a & c+a+2b \end{vmatrix}$; (2) $\begin{vmatrix} 1 & \sin^2 a & \cos 2a \\ 1 & \sin^2 b & \cos 2b \\ 1 & \sin^2 c & \cos 2c \end{vmatrix}$;

(3) $\begin{vmatrix} a & b & c & d \\ a & a+b & a+b+c & a+b+c+d \\ a & 2a+b & 3a+2b+c & 4a+3b+2c+d \\ a & 3a+b & 6a+3b+c & 10a+6b+3c+d \end{vmatrix}$;

(4) $\begin{vmatrix} 1+a_1^2 & a_1a_2 & a_1a_3 & \cdots & a_1a_n \\ a_2a_1 & 2+a_2^2 & a_2a_3 & \cdots & a_2a_n \\ a_3a_1 & a_3a_2 & 3+a_3^2 & \cdots & a_3a_n \\ \cdots & \cdots & \cdots & \cdots & \cdots \\ a_na_1 & a_na_2 & a_na_3 & \cdots & n+a_n^2 \end{vmatrix}$, $(a_i \neq 0, i=1,2,\cdots,n)$;

(5) $\begin{vmatrix} x_1 & a & a & \cdots & a \\ a & x_2 & a & \cdots & a \\ a & a & x_3 & \cdots & a \\ \cdots & \cdots & \cdots & \cdots & \cdots \\ a & a & a & \cdots & x_n \end{vmatrix}$; (6) $\begin{vmatrix} x & a_1 & a_2 & \cdots & a_n \\ a_1 & x & a_2 & \cdots & a_n \\ a_1 & a_2 & x & \cdots & a_n \\ \cdots & \cdots & \cdots & \cdots & \cdots \\ a_1 & a_2 & a_3 & \cdots & x \end{vmatrix}$;

(7) $\begin{vmatrix} 1 & 1 & 1 & 1 & 1 \\ 1 & 2 & 3 & 4 & 5 \\ 1 & 3 & 6 & 10 & 15 \\ 1 & 4 & 10 & 20 & 35 \\ 1 & 5 & 15 & 35 & 70 \end{vmatrix}$; (8) $\begin{vmatrix} 1 & 2 & 3 & \cdots & n \\ 2 & 3 & 4 & \cdots & 1 \\ 3 & 4 & 5 & \cdots & 2 \\ \cdots & \cdots & \cdots & \cdots & \cdots \\ n & 1 & 2 & \cdots & n-1 \end{vmatrix}$.

4. 若 $a>b>c>0$, 试证明 $D_3 = \begin{vmatrix} a & a^2 & bc \\ b & b^2 & ac \\ c & c^2 & ab \end{vmatrix} < 0$.

5. 设 $D_n = \begin{vmatrix} 1 & 2 & 3 & \cdots & n \\ 1 & 2 & 0 & \cdots & 0 \\ 1 & 0 & 3 & \cdots & 0 \\ \cdots & \cdots & \cdots & \cdots & \cdots \\ 1 & 0 & 0 & \cdots & n \end{vmatrix} (n > 2)$. 求 $A_{11} + A_{12} + \cdots + A_{1n}$ 及 $A_{11} + A_{21} + \cdots + A_{n1}$.

6. 设 n 阶方阵 $A = \begin{pmatrix} 1 & 1 & 1 & \cdots & 1 \\ 0 & 1 & 1 & \cdots & 1 \\ 0 & 0 & 1 & \cdots & 1 \\ \cdots & \cdots & \cdots & \cdots & \cdots \\ 0 & 0 & 0 & \cdots & 1 \end{pmatrix}$. 求 A 的所有元素的代数余子式的和.

7. 证明:

$$\begin{vmatrix} 1 & x_1 + a_1 & x_1^2 + b_1x_1 + b_1 & x_1^3 + c_1x_1^2 + c_1x_1 + c_1 \\ 1 & x_2 + a_1 & x_2^2 + b_1x_2 + b_1 & x_2^3 + c_1x_2^2 + c_1x_2 + c_1 \\ 1 & x_3 + a_1 & x_3^2 + b_1x_3 + b_1 & x_3^3 + c_1x_3^2 + c_1x_3 + c_1 \\ 1 & x_4 + a_1 & x_4^2 + b_1x_4 + b_1 & x_4^3 + c_1x_4^2 + c_1x_4 + c_1 \end{vmatrix} = \begin{vmatrix} 1 & x_1 & x_1^2 & x_1^3 \\ 1 & x_2 & x_2^2 & x_2^3 \\ 1 & x_3 & x_3^2 & x_3^3 \\ 1 & x_4 & x_4^2 & x_4^3 \end{vmatrix}.$$

8. 计算行列式 $\begin{vmatrix} 1 + x_1 & 1 + x_1^2 & \cdots & 1 + x_1^n \\ 1 + x_2 & 1 + x_2^2 & \cdots & 1 + x_2^n \\ \cdots & \cdots & \cdots & \cdots \\ 1 + x_n & 1 + x_n^2 & \cdots & 1 + x_n^n \end{vmatrix}$.

9. 求一个二次三项式 $f(x)$, 使得 $f(1) = 0, f(2) = 3, f(-3) = 28$.

10. 求平面上过两点 $(x_1, y_1), (x_2, y_2)$ 的直线方程.

11. 写出通过三点 $(1,1,1), (2,3,-1), (3,-1,-1)$ 的平面方程.

12. 求四个平面 $a_ix + b_iy + c_iz + d_i = 0 (i = 1,2,3,4)$ 相交于一点的充要条件.

13. 设数域 K 上的多项式 $P(x) = a_nx^n + a_{n-1}x^{n-1} + \cdots + a_1x + a_0$. 证明: 若 $P(x)$ 在 K 中有 $n+1$ 个互异零点, 则 $P(x) = 0$.

14. 设 n为奇数, 将 $1, 2, \cdots, n^2$共 n^2个数排成一个 n阶行列式, 使其每行每列的和都相等. 证明该行列式能被全体元素的和整除.

15. 证明元素为 0,1 的三阶行列式之值只能是 $0,\pm1,\pm2$.

16. 设 x_1,x_2,x_3是方程 $x^3+px+q=0$的根. 计算$\begin{vmatrix} x_1 & x_2 & x_3 \\ x_3 & x_1 & x_2 \\ x_2 & x_3 & x_1 \end{vmatrix}$.

17. 设 $f(x)=\begin{vmatrix} 1 & 1 & 1 \\ 3-x & 5-3x^2 & 3x^2-1 \\ 2x^2-1 & 3x^5-1 & 7x^8-1 \end{vmatrix}$. 证明: 存在 $\zeta\in(0,1)$, 使 $f'(\zeta)=0$.

18. 证明平面上三条不同的直线 $\begin{cases} ax+by+c=0 \\ bx+cy+a=0 \\ cx+ay+b=0 \end{cases}$ 相交于一点的充要条件是 $a+b+c=0$.

19. 设方程组 $\begin{cases} x+y+z=a+b+c \\ ax+by+cz=a^2+b^2+c^2 \\ bcx+cay+baz=3abc \end{cases}$. 试问 a,b,c 满足什么条件时, 方程组有唯一解? 并求出唯一解.

20. 求解线性方程组 $\begin{cases} ax_1+ax_2+ax_3+ax_4+bx_5=a_5 \\ ax_1+ax_2+ax_3+bx_4+ax_5=a_4 \\ ax_1+ax_2+bx_3+ax_4+ax_5=a_3 \\ ax_1+bx_2+ax_3+ax_4+ax_5=a_2 \\ bx_1+ax_2+ax_3+ax_4+ax_5=a_1 \end{cases}$, 其中 $a\neq b$, $4a+b\neq0$.

第二章　矩阵代数

在第一章第 8 节中我们曾经提到, 一个线性方程组完全由它的系数矩阵和增广矩阵所确定, 并且我们将看到解方程组的过程可以通过对这些矩阵施行初等行变换的过程来实现. 除线性方程组外, 还有大量的各种各样的问题也都提出了矩阵的概念, 并且这些问题的研究常常反映出有关矩阵的某些问题的研究, 甚至有些性质是完全不同的, 表面上完全没有联系的问题, 归结成矩阵问题后却是相同的. 这就使得矩阵成为数学中一个极其重要的、应用广泛的概念, 因而也就成为代数学特别是线性代数的一个主要的研究对象. 在第一章我们已经给出了矩阵的定义, 这一章的目的是研究矩阵代数, 即引入矩阵的运算, 研究它们的一些基本性质.

§ 2.1　n 维向量

为了更方便、更好地研究矩阵, 我们首先研究数域上的 n 维向量, 研究 n 维向量之间的线性关系.

我们知道, 在平面 R^2 取定坐标系后, R^2 中的向量就可以用它的坐标, 一个二元有序实数组 (x,y) 来表示, 并且两个向量的和的坐标就等于它们坐标的对应分量之和; 一个数与一个向量的数乘向量的坐标就等于这个数乘以向量的坐标分量. 因此我们可以把向量(点)与它的坐标, 一个二元有序实数组等同, 也就是说

$$\mathrm{R}^2 = \{(x,y)|x,y \in \mathrm{R}\}.$$

同样地, 三维空间 R^3 中的向量(点)可以用三元有序实数组表示, 即有

$$\mathrm{R}^3 = \{(x,y,z)|x,y,z \in \mathrm{R}\}.$$

这样的等同或表示使得我们研究向量时非常方便和有效.

但是自然界与现实生活中的许多现象仅用二元或三元有序实数组是不能完全刻画它们的. 例如, 要刻画空间中一个球体的大小和位置, 需要知道球心的坐标 (x,y,z) 及球的半径 r, 也就是说, 球的大小和位置要用 4 个数刻画; 而要确定空间一个运动刚体的位置需要 6 个数, 即刚体中一个定点的坐标 (x,y,z), 过这一点的一根轴的方向数(方向余弦中的两个)以及刚体绕这根轴转动的角度

数. 至于一个 n 元线性方程组的解要由 n 个数给出. 像这样的例子还可以举出很多, 它们都需要我们将三元有序数组推广. 一般地我们有

定义 2.1.1 所谓数域 F 上的一个 n 维向量就是由数域 F 中 n 个数组成的有序数组

$$(a_1, a_2, \cdots, a_n),$$

其中 $a_i(i=1,2,\cdots,n)$ 称为向量的第 i 个分量.

几何中的向量可以视为它的特殊情形, 即 $n=2,3$ 且 F 为实数域的情形. 在 $n>3$ 时, n 维向量就没有直观的几何解释了, 我们之所以仍称它们为向量, 一方面是由于通常的向量是它的特殊情形; 另一方面是由于它们有与通常向量类似的许多性质. 因而采用这样一个几何名词是非常方便和有好处的.

与通常向量的表示一样, 我们用小写的希腊字母表示 n 维向量, 用小写的英文字母表示它的分量. 除特别说明, 本节中的向量都是指某一数域上的向量.

称两个 n 维向量

$$\alpha=(a_1, a_2, \cdots, a_n), \beta=(b_1, b_2, \cdots, b_n)$$

相等, 如果它们对应的分量都相等, 即

$$a_i=b_i, \quad i=1,2,\cdots,n;$$

称一个 n 维向量为零向量, 记作 0, 如果它的所有分量都等于 0, 即

$$0=(0,0,\cdots,0);$$

称向量 $(-a_1,-a_2,\cdots,-a_n)$ 为向量 $\alpha=(a_1,a_2,\cdots,a_n)$ 的负向量, 记作 $-\alpha$, 即

$$-\alpha=(-a_1,-a_2,\cdots,-a_n).$$

正如在 R^2 和 R^3 中看到的那样, R^2 和 R^3 中的向量是通过向量的加法和数量乘法相联系构成的一个有机整体. n 维向量空间中向量的基本关系也是由向量的线性运算, 加法和数乘相联系的.

定义 2.1.2 设 n 维向量

$$\alpha=(a_1, a_2, \cdots, a_n),\ \beta=(b_1, b_2, \cdots, b_n).$$

称向量

$$(a_1+b_1, a_2+b_2, \cdots, a_n+b_n)$$

为向量α与β的和, 记作$\alpha+\beta$, 即

$$\alpha+\beta=(a_1+b_1, a_2+b_2, \cdots, a_n+b_n).$$

由向量的加法及负向量我们可以定义向量的减法. 设

$$\alpha=(a_1, a_2, \cdots, a_n), \quad \beta=(b_1, b_2, \cdots, b_n).$$

则

$$\alpha-\beta=\alpha+(-\beta)=(a_1-b_1, a_2-b_2, \cdots, a_n-b_n).$$

定义 2.1.3 设 $\alpha=(a_1, a_2, \cdots, a_n)$ 为数域 F 上的 n 维向量, k 为数域 F 中的数. 称向量

$$(ka_1, ka_2, \cdots, ka_n)$$

为数 k 与向量 α 的数乘向量, 记作 $k\alpha$, 即

$$k\alpha=(ka_1, ka_2, \cdots, ka_n).$$

由定义 2.1.3 可以看出, 向量 α 的负向量 $-\alpha$ 就等于 -1 与 α 的数乘向量, 即 $-\alpha=(-1)\alpha$.

例 2.1.1 设 $\alpha=(3,-1,0,2), \beta=(2,1,-1,5)$. 则

$$3\alpha+(-2)\beta=(9,-3,0,6)+(-4,-2,2,-10)=(5,-5,2,-4).$$

向量的加法运算以及数与向量的数乘运算统称为向量的线性运算. 关于 n 维向量的线性运算, 我们有与 R^2, R^3 中的向量关于线性运算相类似的性质, 为方便起见, 我们在下面的定理中列出这些性质, 它们的证明都很简单, 留给读者完成.

定理 2.1.4 设 α,β,γ 是数域 F 上的 n 维向量, k, l 是数域 F 中的数. 则

(1) $(\alpha+\beta)+\gamma=\alpha+(\beta+\gamma)$;

(2) $\alpha+\beta=\beta+\alpha$;

(3) $0+\alpha=\alpha$;

(4) $\alpha+(-\alpha)=0$;

(5) $1\alpha=\alpha$;

(6) $(kl)\alpha=k(l\alpha)$;

(7) $k(\alpha+\beta)=k\alpha+k\beta$;

(8) $(k+l)\alpha=k\alpha+l\alpha$.

由定义 2.1.3, 容易得到 $0\alpha=0, k0=0$ 及

$$k\neq 0,\alpha\neq 0\Rightarrow k\alpha\neq 0,$$

等价地,

$$k\alpha=0\Rightarrow k=0 \text{ 或者} \alpha=0.$$

此外, $(-k)\alpha=-(k\alpha)$, 今后我们用 $k\alpha-l\beta$ 表示 $k\alpha+(-l)\beta$.

定义 2.1.5 数域 F 上的所有 n 维向量的集合连同它们的加法与数乘运算称为数域 F 上的 n 维向量空间.

通常所说的空间就是几何空间中全体向量所组成的空间 R^3, R^2 是平面上全体向量所组成的空间.

向量既可以写成行的形式

$$\alpha=(a_1,a_2,\cdots,a_n),$$

也可以写成列的形式

$$\alpha=\begin{pmatrix}a_1\\a_2\\\vdots\\a_n\end{pmatrix}.$$

我们称前者为行向量, 后者为列向量. 为方便起见, 用 F^n (F_n) 表示数域 F 上的 n 维列(行)向量空间.

习 题 2.1

1. 已知向量 $\alpha=(2,-1,0,1),\beta=(-1,4,2,3)$, 计算:

(1) $2\alpha-\beta$; (2) $\dfrac{1}{2}(\alpha+3\beta)$.

2. 设 $\alpha+2\beta=(2,1,2,3), 2\alpha+\beta=(1,-4,-2,2)$. 求向量 α,β.

3. 已知向量 $\alpha_1=(3,2,0,-1), \alpha_2=(0,4,3,3), \alpha_3(-1,6,5,8)$, 而向量 β 满足 $2(\beta-\alpha_1)+3(\beta+\alpha_2)=\alpha_3-\beta$, 求向量 β.

§ 2.2 向量的线性相关与线性无关、向量组的秩

接下来我们来研究 n 维向量之间的线性关系. 为方便起见, 我们有

定义 2.2.1 设$\alpha_1,\alpha_2,\cdots,\alpha_m$ 都是数域 F 上的 n 维向量, $k_1,k_2,\cdots,k_m$ 是数域 F 中的数. 称向量

$$k_1\alpha_1+k_2\alpha_2+\cdots+k_m\alpha_m$$

为向量(组) $\alpha_1,\alpha_2,\cdots,\alpha_m$ 的一个线性组合, $k_1,k_2,\cdots,k_m$ 称为组合系数. 当向量 α 是向量(组)$\alpha_1,\alpha_2,\cdots,\alpha_m$ 的一个线性组合时, 我们也称 α 可以被(由)向量(组) $\alpha_1,\alpha_2,\cdots,\alpha_m$ 线性表出(示).

如果向量组 $\alpha_1,\alpha_2,\cdots,\alpha_m$ 中每一个向量 $\alpha_i(i=1,2,\cdots,m)$ 都可以被向量组 $\beta_1,\beta_2,\cdots,\beta_r$ 线性表出, 那么我们称向量组 $\alpha_1,\alpha_2,\cdots,\alpha_m$ 可以被向量组 $\beta_1,\beta_2,\cdots,\beta_r$ 线性表出. 如果两个向量组可以互相线性表出, 那么就称它们是等价的.

例 2.2.1 零向量可以被任意向量组线性表出, 只需取组合系数全为零即可.

所谓一个向量 α 可以被向量组 $\beta_1,\beta_2,\cdots,\beta_r$ 唯一地线性表出是指, 如果

$$\alpha=k_1\beta_1+k_2\beta_2+\cdots+k_r\beta_r=l_1\beta_1+l_2\beta_2+\cdots+l_r\beta_r,$$

那么必有 $k_i=l_i,\ i=1,2,\cdots,r$.

例 2.2.2 F_2 中任何一个向量 $\alpha=(a_1,a_2)$ 都可以被向量组

$$e_1=(1,0) \text{ 和 } e_2=(0,1)$$

唯一地线性表出, 因为

$$(a_1,a_2)=a_1(1,0)+a_2(0,1).$$

同样地, F_3 中任何一个向量 $\alpha=(a_1,a_2,a_3)$ 都可以被向量组

$$e_1=(1,0,0),e_2=(0,1,0),e_3=(0,0,1)$$

唯一地线性表出, 因为

$$(a_1,a_2,a_3)=a_1(1,0,0)+a_2(0,1,0)+a_3(0,0,1).$$

当$n>3$时, 向量

$$e_i=(\overbrace{0,0,\cdots,0,1}^{i},0,\cdots,0),\ i=1,2,\cdots,n$$

称为(第 i 个) n 维基本单位向量. 任意一个 n 维向量 $(a_1,a_2,\cdots,a_n)$ 都可以被 n 维基本单位向量 $e_1,\cdots,e_n$ 唯一地线性表出, 因为

$$(a_1,a_2,\cdots,a_n)=a_1e_1+a_2e_2+\cdots+a_ne_n.$$

例 2.2.3 设 $\alpha=(1,3),\beta=(-1,4),\gamma=(2,-1)$. 问 γ 能否被 α,β 线性表出? 若能, 给出一种表示.

解 设 $\gamma=x_1\alpha+x_2\beta$. 用分量形式表示出来就是方程组

$$\begin{cases} x_1-x_2=2 \\ 3x_1+4x_2=-1 \end{cases},$$

于是 γ 能被 α,β 线性表出当且仅当上述方程组有解. 在有解时, γ 可以被 α,β 唯一地线性表出当且仅当解唯一. 由克莱姆法则知上述方程组有唯一解, x_1=1, x_2=-1, 所以 γ 可以被 α,β 唯一地表示为

$$\gamma=\alpha-\beta.$$

由定义容易证明, 任何一个向量组都可以被它自身线性表出. 同时, 如果向量组 $\alpha_1,\alpha_2,\cdots,\alpha_m$ 可以被向量组 $\beta_1,\beta_2,\cdots,\beta_r$ 线性表出, 向量组 $\beta_1,\beta_2,\cdots,\beta_r$ 可以被 $\gamma_1,\gamma_2,\cdots,\gamma_s$ 线性表出, 那么向量组 $\alpha_1,\alpha_2,\cdots,\alpha_m$ 可以被向量组 $\gamma_1,\gamma_2,\cdots,\gamma_s$ 线性表出. 事实上, 如果

$$\alpha_i=\sum_{k=1}^{r}a_{ik}\beta_k,\ i=1,2,\cdots,m,\quad \beta_j=\sum_{l=1}^{s}b_{jl}\gamma_l,\ j=1,2,\cdots,r,$$

则对 $i=1,2,\cdots,m$,

$$\alpha_i=\sum_{k=1}^{r}a_{ik}(\sum_{l=1}^{s}b_{kl}\gamma_l)=\sum_{k=1}^{r}\sum_{l=1}^{s}a_{ik}b_{kl}\gamma_l=\sum_{l=1}^{s}(\sum_{k=1}^{r}a_{ik}b_{kl})\gamma_l.$$

因此线性表出关系具有传递性, 从而向量组的等价具有传递性. 显然, 向量组的等价具有对称性. 具有自反性、对称性和传递性的二元关系称为等价关系. 于是向量组的等价是一个等价关系.

作为向量共线与共面的推广, 我们给出向量的线性相关性的定义, 这是线性代数中一个非常重要的概念.

定义 2.2.2 设 $\alpha_1,\alpha_2,\cdots,\alpha_m$ 是数域 F 上的 n 维向量. 称向量组 α_1, α_2, $\cdots$, α_m 线性相关, 如果存在数域 F 中一组不全为零的数 $k_1,\cdots,k_m$ 使得

$$k_1\alpha_1+k_2\alpha_2+\cdots+k_m\alpha_m=0,$$

此时我们也称向量组 $\alpha_1,\alpha_2,\cdots,\alpha_m$ 具有线性关系. 否则, 称向量组 $\alpha_1,\alpha_2,\cdots$, α_m 线性无关. 也就是说, 称向量组 $\alpha_1,\alpha_2,\cdots,\alpha_m$ 线性无关, 如果由

$$k_1\alpha_1+k_2\alpha_2+\cdots+k_m\alpha_m=0$$

可以推出

$$k_1=k_2=\cdots=k_m=0.$$

注意到线性相关与无关的定义是对整个向量组而言, 与向量在向量组中的顺序没有关系.

我们通常省略"向量组", 而称 $\alpha_1,\alpha_2,\cdots,\alpha_m$ 线性相关或线性无关.

我们知道任意向量组都可以线性表出零向量, 只需取组合系数全为零, 称组合系数全为零的表出为平凡表出. 线性相关的向量组就是能非平凡表出零向量的向量组, 而线性无关的向量组是只能平凡表出零向量的向量组.

为方便起见, 称一个向量组的部分向量构成的向量组为原向量组的一个部分向量组(简称部分组).

定理 2.2.3

(1) 如果一个向量组存在部分向量组线性相关, 则整个向量组线性相关.

(2) $\alpha_1,\alpha_2,\cdots,\alpha_m$ 线性相关的充分必要条件是 $\alpha_1,\alpha_2,\cdots,\alpha_m$ 中至少有一个向量可以被其余的向量线性表出.

(3) 如果 $\alpha_1,\alpha_2,\cdots,\alpha_m$ 线性无关, $\alpha_1,\alpha_2,\cdots,\alpha_m,\beta$ 线性相关, 那么 β 可以被 $\alpha_1,\alpha_2,\cdots,\alpha_m$ 唯一地线性表出.

证明 (1) 设向量组 $\alpha_1,\alpha_2,\cdots,\alpha_m$ 的一个部分向量组, 不妨设为 $\alpha_1,\alpha_2,\cdots,\alpha_r$ $(r\le m)$ 线性相关. 根据定义存在不全为零的数 k_1, k_2, $\cdots$, k_r, 使得

$$k_1\alpha_1+k_2\alpha_2+\cdots+k_r\alpha_r=0.$$

因而存在不全为零的数 $k_1,k_2,\cdots,k_r,\overbrace{0,\cdots,0}^{m-r}$ 使得

$$k_1\alpha_1+k_2\alpha_2+\cdots+k_r\alpha_r+0\cdot\alpha_{r+1}+\cdots+0\cdot\alpha_m=0.$$

所以 $\alpha_1,\alpha_2,\cdots,\alpha_m$ 线性相关.

(2) 设 $\alpha_1,\alpha_2,\cdots,\alpha_m$ 线性相关. 则存在不全为零的数 $k_1,k_2,\cdots,k_m$ 使

$$k_1\alpha_1+k_2\alpha_2+\cdots+k_m\alpha_m=0.$$

由于 $k_1,k_2,\cdots,k_m$ 不全为零, 不妨设 $k_m\neq 0$. 于是我们有

$$\alpha_m=-\frac{k_1}{k_m}\alpha_1-\frac{k_2}{k_m}\alpha_2-\cdots-\frac{k_{m-1}}{k_m}\alpha_{m-1},$$

也就是说 α_m 可以被其余的向量线性表出.

反之, 如果 $\alpha_1,\alpha_2,\cdots,\alpha_m$ 中有一个向量, 不妨设为 α_m, 可以被其余的向量线性表出, 那么存在 $k_1,k_2,\cdots,k_{m-1}$ 使得 $\alpha_m=k_1\alpha_1+k_2\alpha_2+\cdots+k_{m-1}\alpha_{m-1}$, 于是

$$k_1\alpha_1+k_2\alpha_2+\cdots+k_{m-1}\alpha_{m-1}-\alpha_m=0.$$

所以 $\alpha_1,\alpha_2,\cdots,\alpha_m$ 线性相关.

(3) 设 $\alpha_1,\alpha_2,\cdots,\alpha_m,\beta$ 线性相关. 则存在不全为零的一组数 k_1, k_2, $\cdots,k_m,k$ 使得

$$k_1\alpha_1+k_2\alpha_2+\cdots+k_m\alpha_m+k\beta=0.$$

由于 $\alpha_1,\alpha_2,\cdots,\alpha_m$ 线性无关, 那么 $k\neq 0$, 于是 β 可以被 α_1,α_2, $\cdots$, α_m 线性表出.

要证表出方式是唯一的, 设

$$\begin{aligned}\beta&=k_1\alpha_1+k_2\alpha_2+\cdots+k_m\alpha_m\\&=l_1\alpha_1+l_2\alpha_2+\cdots+l_m\alpha_m.\end{aligned}$$

则

$$(k_1 - l_1)\alpha_1 + (k_2 - l_2)\alpha_2 + \cdots + (k_m - l_m)\alpha_m = 0.$$

由 $\alpha_1, \alpha_2, \cdots, \alpha_m$ 线性无关得

$$k_1 = l_1,\ k_2 = l_2,\ \cdots,\ k_m = l_m,$$

所以 β 可以被 $\alpha_1, \alpha_2, \cdots, \alpha_m$ 唯一地线性表出.

由定义 2.2.2, 不难推出：

$$\begin{aligned} \alpha\text{线性相关} \quad &\Leftrightarrow \quad \text{存在} k \neq 0, \text{使得 } k\alpha = 0 \\ &\Leftrightarrow \quad \alpha = 0. \end{aligned}$$

$$\begin{aligned} \alpha, \beta\text{线性相关} \quad &\Leftrightarrow \quad \text{存在不全为零的数} k_1, k_2, \text{使得 } k_1\alpha + k_2\beta = 0 \\ &\Leftrightarrow \quad \text{存在数 } k \text{ 使得 } \alpha = k\beta \text{ 或者 } \beta = k\alpha. \end{aligned}$$

也就是说一个向量线性相关的充分必要条件是这个向量是零向量, 等价地说一个向量线性无关的充分必要条件是这个向量不等于零, 而两个向量线性相关的充分必要条件是这两个向量成比例. 因此, 作为定理 2.2.3 的推论我们有

推论 2.2.4

(1) 包含零向量的向量组必线性相关.

(2) 包含有成比例向量的向量组必线性相关.

(3) 若一个向量组线性无关,则它的任意部分组必线性无关.

例 2.2.4 由 n 维基本单位向量 $e_1, e_2, \cdots, e_n$ 组成的向量组线性无关.

事实上,若

$$x_1e_1 + x_2e_2 + \cdots + x_ne_n = 0,$$

也就是说

$$(x_1, x_2, \cdots, x_n) = 0,$$

因而 $x_1 = x_2 = \cdots = x_n = 0$, 于是 $e_1, e_2, \cdots, e_n$ 线性无关.

例 2.2.5 设 $\alpha = (1, 0, 1)$, $\beta = (-1, 1, 1)$, $\gamma = (1, 2, 5)$. 问 α, β, γ 是线性相关, 还是无关？

解 要判断 α,β,γ 是否线性相关, 等价于确定是否存在不全为零的数 k_1, k_2, k_3 使得

$$k_1\alpha + k_2\beta + k_3\gamma = 0.$$

为此, 可设

$$x_1\alpha + x_2\beta + x_3\gamma = 0.$$

上式用分量表示出来就是方程组

$$\begin{cases} x_1 - x_2 + x_3 = 0 \\ \quad\quad x_2 + 2x_3 = 0 \\ x_1 + x_2 + 5x_3 = 0 \end{cases},$$

上述方程组存在有非零解, 例如 $(-3, -2, 1)$ 就是它的一个非零解. 于是有

$$-3\alpha - 2\beta + \gamma = 0,$$

从而 α, β, γ 线性相关.

例 2.2.5 中的方法对判断向量组是否线性相关都是适用的. 一般地我们有

定理 2.2.5 设数域 F 上 的 n 维向量

$$\alpha_i = (a_{1i}, a_{2i}, \cdots, a_{ni}),\ i = 1, 2, \cdots, m.$$

则 $\alpha_1, \alpha_2, \cdots, \alpha_m$ 线性相关的充分必要条件是方程组

$$\begin{cases} a_{11}x_1 + a_{12}x_2 + \cdots + a_{1m}x_m = 0 \\ a_{21}x_1 + a_{22}x_2 + \cdots + a_{2m}x_m = 0 \\ \cdots\cdots\cdots\cdots \\ a_{n1}x_1 + a_{n2}x_2 + \cdots + a_{nm}x_m = 0 \end{cases} \tag{2.1}$$

有非零解.

等价地, $\alpha_1, \alpha_2, \cdots, \alpha_m$ 线性无关当且仅当方程组 (2.1) 只有零解.

证明 根据定义 $\alpha_1, \alpha_2, \cdots, \alpha_m$ 线性相关的充分必要条件是以 $x_1, x_2, \cdots, x_m$ 为未知数的向量方程

$$x_1\alpha_1 + x_2\alpha_2 + \cdots + x_m\alpha_m = 0 \tag{2.2}$$

存在有非零解.

而 (2.2) 用分量形式表示出来就是方程组 (2.1) , 所以 $\alpha_1, \alpha_2, \cdots, \alpha_m$ 线性相关的充分必要条件是 (2.1) 有非零解.

由定理 2.2.5 我们看到, 要判断一个向量组是否线性相关等价于判断一个齐次线性方程组是否存在非零解. 关于一般线性方程组的理论将在第三章讨论, 为了应用方便起见, 我们这里先给出判断一个齐次线性方程组存在非零解的充分条件, 其证明留待第三章完成.

引理 2.2.6 若 $n < m$, 则齐次线性方程组

$$\begin{cases} a_{11}x_1 + a_{12}x_2 + \cdots + a_{1m}x_m = 0 \\ a_{21}x_1 + a_{22}x_2 + \cdots + a_{2m}x_m = 0 \\ \cdots\cdots\cdots\cdots \\ a_{n1}x_1 + a_{n2}x_2 + \cdots + a_{nm}x_m = 0 \end{cases}$$

存在非零解.

作为定理 2.2.5 的推论我们有

推论 2.2.7 任意 $n+1$ 个 n 维向量必线性相关.

证明 应用定理 2.2.5 的记号, 令 $m = n+1$. 由于 $n < n+1 = m$, 据引理 2.2.6 知方程组 (2.1) 存在非零解, 根据定理 2.2.5 我们知道这 $n+1$ 个 n 维向量线性相关.

综合推论 2.2.4 和 2.2.7 得出, 任意多于 n 个 n 维向量组成的向量组必线性相关.

推论 2.2.8 如果向量组

$$\alpha_i = (a_{1i}, a_{2i}, \cdots, a_{ni}),\ i = 1, 2, \cdots, m$$

线性无关, 那么在每一个向量上添加一个分量所得的 $n+1$ 维向量组

$$\beta_i = (a_{1i}, a_{2i}, \cdots, a_{ni}, a_{n+1,i}),\ i = 1, 2, \cdots, m$$

也线性无关.

证明 若 $\alpha_1, \alpha_2, \cdots, \alpha_m$ 线性无关, 则齐次线性方程组 (2.1) 只有零解. 由定理 2.2.5 , $\beta_1, \beta_2, \cdots, \beta_m$ 线性无关的充要条件是方程组

$$\begin{cases} a_{11}x_1 + a_{12}x_2 + \cdots + a_{1m}x_m = 0 \\ a_{21}x_1 + a_{22}x_2 + \cdots + a_{2m}x_m = 0 \\ \quad \cdots\cdots\cdots\cdots \\ a_{n1}x_1 + a_{n2}x_2 + \cdots + a_{nm}x_m = 0 \\ a_{n+1,1}x_1 + a_{n+1,2}x_2 + \cdots + a_{n+1,m}x_m = 0 \end{cases} \tag{2.3}$$

只有零解. 显然方程组(2.3) 的解全是方程组 (2.1) 的解. 方程组 (2.1) 只有零解, 因而方程组 (2.3) 只有零解. 所以 $\beta_1, \beta_2, \cdots, \beta_m$ 线性无关.

推论 2.2.8 的结果可以推广到添加多个分量的情形, 但必须保证对所添加分量的位置一致.

定理 2.2.9 设 $\alpha_1, \alpha_2, \cdots, \alpha_r$ 与 $\beta_1, \beta_2, \cdots, \beta_s$ 是两个向量组. 若

(1) 向量组 $\alpha_1, \alpha_2, \cdots, \alpha_r$ 可以被 $\beta_1, \beta_2, \cdots, \beta_s$ 线性表出;

(2) $r > s$.

则向量组 $\alpha_1, \alpha_2, \cdots, \alpha_r$ 必线性相关.

证明 由于 $\alpha_1, \alpha_2, \cdots, \alpha_r$ 可以被 $\beta_1, \beta_2, \cdots, \beta_s$ 线性表出, 因此可设

$$\alpha_i = \sum_{j=1}^{s} c_{ji}\beta_j,\ i = 1, 2, \cdots, r.$$

为证明 $\alpha_1, \alpha_2, \cdots, \alpha_r$ 线性相关, 只需证明存在不全为零的数 $k_1, k_2, \cdots, k_r$ 使得

$$k_1\alpha_1 + k_2\alpha_2 + \cdots + k_r\alpha_r = 0.$$

为此, 作线性组合

$$\begin{aligned} x_1\alpha_1 + x_2\alpha_2 + \cdots + x_r\alpha_r &= \sum_{i=1}^{r} x_i \sum_{j=1}^{s} c_{ji}\beta_j \\ &= \sum_{i=1}^{r}\sum_{j=1}^{s} c_{ji}x_i\beta_j = \sum_{j=1}^{s}(\sum_{i=1}^{r} c_{ji}x_i)\beta_j. \end{aligned} \tag{2.4}$$

考察齐次线性方程组(注意到方程组的左端就是上述组合式中 β_j, $j =$

$1, 2, \cdots, s$ 的系数)

$$\begin{cases} c_{11}x_1 + c_{12}x_2 + \cdots + c_{1r}x_r = 0 \\ c_{21}x_1 + c_{22}x_2 + \cdots + c_{2r}x_r = 0 \\ \quad\cdots\cdots\cdots\cdots \\ c_{s1}x_1 + c_{s2}x_2 + \cdots + c_{sr}x_r = 0 \end{cases},$$

由于 $s < r$, 根据引理 2.2.6, 方程组存在非零解. 不妨设 $(k_1, k_2, \cdots, k_r)$ 是它的一个非零解, 用 $k_i, i = 1, 2, \cdots, r$ 替换 (2.4) 中的 $x_i, i = 1, 2, \cdots, r$ 得

$$k_1\alpha_1 + k_2\alpha_2 + \cdots + k_r\alpha_r = \sum_{j=1}^{s} 0\beta_j = 0,$$

于是 $\alpha_1, \alpha_2, \cdots, \alpha_r$ 线性相关.

定理 2.2.9 的几何意义是明显的. 例如在 R^3 中, 取 $s = 2$, 可以被 β_1, β_2 线性表出的向量显然都在 β_1 和 β_2 所确定的平面上, 这些向量是共面的. 所以, 当 $r > 2$ 时这些向量是线性相关的.

定理 2.2.9 的逆否命题对于后续讨论非常重要, 我们把它作为一个推论列出来.

推论 2.2.10 若向量组 $\alpha_1, \alpha_2, \cdots, \alpha_r$ 可以被向量组 $\beta_1, \beta_2, \cdots, \beta_s$ 线性表出, 且 $\alpha_1, \alpha_2, \cdots, \alpha_r$ 线性无关, 则 $r \leq s$.

由推论 2.2.10, 可以很容易得到

推论 2.2.11 两个等价的线性无关向量组必含有相同个数的向量.

定义 2.2.12 一个向量组的一个部分组称为向量组的一个极大线性无关组, 如果这个部分组本身线性无关, 并且从这个向量组中任意添加一个向量(如果存在), 所得的部分向量组都线性相关.

因为向量组中任何一个向量都可以被这个向量组线性表出, 所以定义 2.2.12 可以等价地叙述为

一个向量组的一个部分组称为向量组的一个极大线性无关组, 如果这个部分组线性无关, 并且向量组中的任何一个向量都可以被这个部分组线性表出.

容易看出极大线性无关组的定义包含有三层含义: (1) 极大线性无关组是向量组的部分组; (2) 极大线性无关组线性无关; (3) 极大线性无关组可以线性表出向量组中的任何一个向量.

例 2.2.6 一个线性无关的向量组的极大线性无关组就是向量组本身.

例 2.2.7 考察例 2.2.5 中的向量组

$$\alpha=(1,0,1),\ \beta=(-1,1,1),\ \gamma=(1,2,5).$$

由例 2.2.5 知道 γ 可以被 α,β 线性表出, 显然 α,β 线性无关, 于是部分组 α,β 就是整个向量组的一个极大线性无关组. 事实上这个向量组的任意两个向量构成的部分组都是极大线性无关组.

从以上例子我们可以看出, 一般来讲, 一个向量的极大线性无关组不是唯一的. 但是我们也发现一个现象, 即同一个向量组的极大线性无关组所含向量的个数是相等的. 这一现象不是偶然的, 它对任意向量组都成立.

定理 2.2.13 (1) 向量组的任意极大线性无关组都与向量组自身等价.

(2) 向量组的任意两个极大线性无关组是等价的, 因而它们含有相同个数的向量.

证明 (1) 设 $\alpha_1,\alpha_2,\cdots,\alpha_r$ 为向量组 $\alpha_1,\alpha_2,\cdots,\alpha_r,\alpha_{r+1},\cdots,\alpha_s$ $(r\le s)$ 的一个极大线性无关组. 易见 $\alpha_1,\alpha_2,\cdots,\alpha_r$ 可以被 $\alpha_1,\alpha_2,\cdots,\alpha_r,\alpha_{r+1},\cdots,$ α_s 线性表出. 根据定义 2.2.12 的等价叙述, $\alpha_1,\alpha_2,\cdots,\alpha_r,\alpha_{r+1},\cdots,\alpha_s$ 可以被其极大线性无关组线性表出. 于是 $\alpha_1,\alpha_2,\cdots,\alpha_r$ 与 $\alpha_1,\alpha_2,\cdots,\alpha_r,\alpha_{r+1},\cdots,$ α_s 等价.

(2) 由于任意极大线性无关组都与向量组自身等价, 由等价的传递性知任意两个极大线性无关组都等价, 由推论 2.2.11 得它们含有相同个数的向量.

定理 2.2.13 中的 (2) 说明了向量组的极大线性无关组含向量的个数与极大线性无关组的选取无关, 它反映的是向量组本身的性质, 因此我们有

定义 2.2.14 一个向量组的极大线性无关组含向量的个数称为向量组的秩.

例如, 向量组 $\alpha=(1,0,1),\ \beta=(-1,1,1),\ \gamma=(1,2,5)$ 的秩等于2.

根据例 2.2.6, 我们有

推论 2.2.15 一个向量组线性无关的充分必要条件是这个向量组的秩等于它含向量的个数. 等价地, 一个向量组线性相关的充分必要条件是它的秩小于它含向量的个数.

由定理 2.2.13 (1) 及推论 2.2.11 我们有

推论 2.2.16 (1) 若向量组 $\alpha_1,\alpha_2,\cdots,\alpha_r$ 可以被向量组 $\beta_1,\beta_2,\cdots,\beta_s$ 线性表出, 则向量组 $\alpha_1,\alpha_2,\cdots,\alpha_r$ 的秩小于等于向量组 $\beta_1,\beta_2,\cdots,\beta_s$ 的秩.

(2) 等价的向量组有相同的秩.

习 题 2.2

1. 将向量 β 表示成其余向量的线性组合.

(1) $\beta=(4,5,6)$; $\alpha_1=(3,-3,2)$, $\alpha_2=(-2,1,2)$, $\alpha_3=(1,2,-1)$;

(2) $\beta=(-1,1,3,1)$; $\alpha_1=(1,2,1,2)$,$\alpha_2=(1,1,1,2)$, $\alpha_3=(-3,-2,1,-3)$.

2. 判断下列向量是线性相关还是线性无关?

(1) $\alpha_1=(3,2,0)$, $\alpha_2=(-1,2,1)$;

(2) $\alpha_1=(1,1,-1,1)$, $\alpha_2=(1,-2,2,-1)$, $\alpha_3=(3,1,0,1)$;

(3) $\alpha_1=(2,1,3)$, $\alpha_2=(-3,1,1)$, $\alpha_3=(1,1,-2)$;

(4) $\alpha_1=(1,3,-5,1)$, $\alpha_2=(2,6,1,4)$, $\alpha_3=(3,9,7,10)$;

(5) $\alpha_1=(1,1,0,0)$, $\alpha_2=(1,0,0,4)$, $\alpha_3=(0,0,1,1)$, $\alpha_4=(0,0,0,2)$.

3. 判断下列论断哪些是对的, 哪些是错的? 如果是对的, 则加以证明; 如果是错的, 则举出反例说明.

(1) 含有零向量的向量组一定线性相关;

(2) 已知 $\alpha_1,\alpha_2,\cdots,\alpha_n$ 是线性相关, 则 $\alpha_1,\alpha_2,\cdots,\alpha_t(1\le t<n)$ 必线性相关;

(3) 已知 $\alpha_1,\alpha_2,\cdots,\alpha_n$ 是线性无关, 那么其中每一个向量都不是其余向量的线性组合;

(4) 如果 $\alpha_1,\alpha_2,\cdots,\alpha_m$ 线性相关, 那么其中每一个向量都是其余向量的线性组合;

(5) 如果 $\alpha_1,\alpha_2,\cdots,\alpha_m$ 线性无关, $\beta_1,\beta_2,\cdots,\beta_n$ 也线性无关, 则 $\alpha_1,\alpha_2,\cdots,\alpha_m,\beta_1,\beta_2,\cdots,\beta_n$ 也线性无关;

(6) 设 $\alpha_1,\alpha_2,\cdots,\alpha_m,\beta_1,\beta_2,\cdots,\beta_m$ 均为 n 维列向量. 若仅当 $k_1,k_2,\cdots,k_m$ 全为零时, $k_1\alpha_1+k_2\alpha_2+\cdots+k_m\alpha_m+k_1\beta_1+k_2\beta_2+\cdots+k_m\beta_m=0$, 则 $\alpha_1,\alpha_2,\cdots,\alpha_m,\beta_1,\beta_2,\cdots,\beta_m$ 线性无关.

4. 已知向量组 $\alpha_1=(a,2,1),\alpha_2=(2,a,0),\alpha_3=(1,-1,1)$. 问 a 为何值时, 向量组 $\alpha_1,\alpha_2,\alpha_3$ 线性相关? 线性无关?

5. 若向量 α_1,α_2 线性相关, β_1,β_2 线性相关, 那么 $\alpha_1+\beta_1,\alpha_2+\beta_2$ 是否一定线性相关? 为什么?

6. 设 n 维向量 α,β,γ 线性无关. 试证明: $\alpha-\beta,\alpha-\gamma$ 线性无关.

7. 已知 n 维向量 $\alpha_1,\alpha_2,\alpha_3$ 线性无关, 判断 $\alpha_1,\alpha_1+\alpha_2,\alpha_1+\alpha_2+\alpha_3$ 是否线性无关?

8. 已知向量组 $\alpha_1,\alpha_2,\alpha_3$ 线性无关. 设 $\beta_1=(m-1)\alpha_1+3\alpha_2+\alpha_3,\beta_2=\alpha_1+(m+1)\alpha_2+\alpha_3,\beta_3=-\alpha_1-(m+1)\alpha_2+(m-1)\alpha_3$. 试问: 当 m 为何值时, 向量组 β_1,β_2,β_3 线性无关? 线性相关?

9. 已知向量组 $\alpha_1,\alpha_2,\alpha_3,\alpha_4$ 和 $\alpha_1,\alpha_2,\alpha_3,\alpha_5$ 的秩分别为 3 和 4. 证明: 向量组 $\alpha_1,\alpha_2,\alpha_3,\alpha_5-\alpha_4$ 的秩为 4.

§ 2.3 矩阵的运算

本节将研究矩阵的运算关系, 它们是矩阵间的一种最基本的关系, 正是这些运算把矩阵联系在一起.

为方便起见, 我们用 $(A)_{ij}$ 表示矩阵 A 的第 i 行第 j 列位置的元素. 于是, 如果 $A=(a_{ij})$, 则 $(A)_{ij}=a_{ij}$. 为确定起见, 取定一个数域 F, 除特别说明, 我们总假设所遇到的矩阵都是数域 F 上的矩阵, 所遇到的数都是数域 F 中的数.

从定义我们看到, 向量可以看作特殊的矩阵, n 维行向量就是一个 $1\times n$ 矩阵, n 维列向量就是一个 $n\times 1$矩阵. 由此可以把矩阵视作数和向量的推广.

设 $A=(a_{ij})_{m\times n}$ 是一个 $m\times n$ 矩阵. 则 A 的第 i 行的各元素构成的 n 维行向量

$$(a_{i1},a_{i2},\cdots,a_{in}),\ (i=1,2,\cdots,m)$$

称为 A 的第 i 个行向量, 用 $\mathrm{Row}_i(A)$ 表示. A 的第 j 列的各元素构成的 m 维列向量

$$\begin{pmatrix} a_{1j} \\ a_{2j} \\ \vdots \\ a_{mj} \end{pmatrix},\ j=1,2,\cdots,n$$

称为 A 的第 j 个列向量, 用 $\mathrm{Col}_j(A)$ 表示. 显然, 一个矩阵由它的所有行向量或列向量唯一确定.

我们首先给出矩阵相等的定义.

定义 2.3.1 称 $m \times n$ 矩阵 $A=(a_{ij})$ 与 $s \times t$ 矩阵 $B=(b_{ij})$ 相等, 如果 $m=s, n=t$, 并且

$$a_{ij}=b_{ij},\ i=1,2,\cdots,m, j=1,2,\cdots,n,$$

记作 $A=B$.

从定义可以看出只有两个同型的矩阵, 当它们对应位置的元素都相同时, 才视它们相等, 也就是说只有两个完全一样的矩阵才是相等的.

下面我们开始讨论矩阵的运算.

定义 2.3.2 设 $A=(a_{ij})$ 和 $B=(b_{ij})$ 是两个同型的 $m \times n$ 矩阵. 它们的和 $A+B$ 是一个 $m \times n$ 矩阵 $C=(c_{ij})$, 其中

$$c_{ij}=a_{ij}+b_{ij}, \quad i=1,2,\cdots,m,\ j=1,2,\cdots,n.$$

也就是说, 两个同型矩阵相加就等于它们对应位置的元素相加, 和矩阵与因子矩阵同型, 即

$$(a_{ij})_{m\times n}+(b_{ij})_{m\times n}=(a_{ij}+b_{ij})_{m\times n}.$$

需要注意的是, 并不是任意两个矩阵都可以进行加法运算, 只有同型的矩阵才能相加. 如一个 3×2 的矩阵就不能与一个 4×3 的矩阵进行加法运算.

例 2.3.1 设

$$A=\begin{pmatrix}1 & 2 & 0\\ -1 & 1 & 2\end{pmatrix}, \quad B=\begin{pmatrix}0 & 1 & 2\\ 1 & -1 & 3\end{pmatrix}.$$

则

$$A+B=\begin{pmatrix}1 & 3 & 2\\ 0 & 0 & 5\end{pmatrix}.$$

元素全为零的 $m\times n$ 矩阵称为 $m\times n$ 零矩阵, 记作 $0_{m\times n}$, 在不致引起混淆的情况下, 简记为 0. 一般情况下, 0 的行数与列数都可以由上下文判定. 显然, 对于任意 $m\times n$ 矩阵 A, 有

$$A+0=A=0+A.$$

定义 2.3.3 设 $A=(a_{ij})$ 是一个 $m\times n$ 矩阵, r 是一个数. r 与 A 的数乘矩阵 rA 是一个 $m\times n$ 矩阵 $B=(b_{ij})$, 其中

$$b_{ij}=ra_{ij}, \quad i=1,2,\cdots,m, j=1,2,\cdots,n.$$

也就是说用数 r 乘以矩阵 A 的数乘矩阵 rA 是一个与 A 同型的矩阵, rA 就等于把 A 的每一个元素乘以 r 得到的矩阵.

例 2.3.2 设

$$A=\begin{pmatrix}1&2&0\\-1&3&1\end{pmatrix}.$$

则

$$3A=\begin{pmatrix}3&6&0\\-3&9&3\end{pmatrix}.$$

设矩阵 $A=(a_{ij})$. 则称矩阵 $(-1)A=(-a_{ij})$ 为矩阵 A 的负矩阵, 记作 $-A$. 由此可以定义矩阵的减法(差)运算

$$A-B=A+(-B)=A+(-1)B.$$

由于一个矩阵与它的负矩阵为同型的矩阵, 因此只有两个同型的矩阵才能进行减法运算. 两个矩阵 A 与 B 的差 $A-B$ 就等于 A 的各元素减去 B 的对应位置的元素所得到的矩阵.

例 2.3.3 设

$$A=\begin{pmatrix}1&2&4&0\\3&1&-1&2\\2&3&1&5\end{pmatrix},\quad B=\begin{pmatrix}1&2&-1&0\\0&1&2&3\\4&-2&1&2\end{pmatrix}.$$

则

$$2A-3B=\begin{pmatrix}-1&-2&11&0\\6&-1&-8&-5\\-8&12&-1&4\end{pmatrix}.$$

由于矩阵的加法和数乘运算最终归纳为相应数的加法和乘法运算, 因此从数的加法和乘法的运算规律可以推得矩阵加法和数乘的类似的结果, 这些结果对数、向量和矩阵都是成立的.

定理 2.3.4 设 A,B,C 均为 $m\times n$ 矩阵, k,l 为数. 则

(1) $A+B=B+A$; (加法的交换律)

(2) $(A+B)+C=A+(B+C)$; (加法的结合律)

(3) $A+0=A$; (加法单位元的存在性)

(4) $A+(-A)=0$; (加法逆元的存在性)

(5) $1A=A$;

(6) $(kl)A=k(lA)$;

(7) $k(A+B)=kA+kB$; (数乘对加法的分配律)

(8) $(k+l)A=kA+lA$. (数的加法对数乘的分配律)

证明 定理中 8 个等式的证明都很容易, 只需证明每一个等式的左右两端的矩阵是同型的, 并且对应位置的元素都相等. 这里我们只给出 (7) 的证明, 其余的证明留作练习.

设 $A=(a_{ij})$ 和 $B=(b_{ij})$ 都是 $m\times n$ 矩阵. 容易看到 $k(A+B)$ 和 $kA+kB$ 都是 $m\times n$ 矩阵. 由定义 2.3.2 和 2.3.3 得知, 对任意 $i=1,2,\cdots,m$, $j=1,2,\cdots,n$ 成立

$$(k(A+B))_{ij}=k(a_{ij}+b_{ij})$$

和

$$(kA+kB)_{ij}=ka_{ij}+kb_{ij}.$$

由数的运算性质 $k(a_{ij}+b_{ij})=ka_{ij}+kb_{ij}$ 得出

$$(k(A+B))_{ij}=(kA+kB)_{ij}.$$

所以 $k(A+B)=kA+kB$.

定理 2.3.4 中 (1) 说明矩阵的加法满足交换律, 因此在计算两个矩阵的和时, 两个矩阵的次序对结果是没有影响的. (2) 说明矩阵的加法满足结合律, 由于矩阵加法运算是二元运算, 在进行加法运算时, 每次都是计算两个矩阵的和. 结合律可以使我们在计算多个矩阵的和时去掉括号, 也就是说在计算矩阵的和时, 无论怎样结合进行求和, 最终的结果都是相同的, 对于同型的矩阵 A,B,C, 总有

$$(A+B)+C=A+(B+C).$$

把上式的结果记为 $A+B+C$. 类似地用 $A_1+A_2+\cdots+A_s$ 表示同型矩阵$A_1,A_2,\cdots,A_s$ 的和, 特别地, 可以用求和号表示矩阵的和

$$\sum_{i=1}^{s}A_i=A_1+A_2+\cdots+A_s.$$

于是, 如果 $A_1, A_2, \cdots, A_s$ 都是同型矩阵, $x_1, x_2, \cdots, x_s$ 都是数, 那么称矩阵

$$\sum_{i=1}^{s} x_i A_i = x_1 A_1 + x_2 A_2 + \cdots + x_s A_s$$

为矩阵 $A_1, A_2, \cdots, A_s$ 的线性组合.

接下来, 我们讨论矩阵的乘法. 在引入矩阵乘法之前, 我们先看一个具体的例子. 设 $x_1, x_2, \cdots, x_m$ 和 $y_1, y_2, \cdots, y_n$ 是两组变量, 它们之间的关系由下列 m 个方程确定

$$\begin{cases} x_1 = a_{11}y_1 + a_{12}y_2 + \cdots + a_{1n}y_n \\ x_2 = a_{21}y_1 + a_{22}y_2 + \cdots + a_{2n}y_n \\ \cdots\cdots\cdots\cdots \\ x_m = a_{m1}y_1 + a_{m2}y_2 + \cdots + a_{mn}y_n \end{cases}, \tag{2.5}$$

这样一组关系式称为由 $x_1, x_2, \cdots, x_m$ 到 $y_1, y_2, \cdots, y_n$ 的一个线性替换. 矩阵

$$A = \begin{pmatrix} a_{11} & a_{12} & \cdots & a_{1n} \\ a_{21} & a_{22} & \cdots & a_{2n} \\ \cdots & \cdots & \cdots & \cdots \\ a_{m1} & a_{m2} & \cdots & a_{mn} \end{pmatrix}$$

称为线性替换 (2.5) 的矩阵.

假设还存在由 $y_1, y_2, \cdots, y_n$ 到 $z_1, z_2, \cdots, z_p$ 的一个线性替换

$$\begin{cases} y_1 = b_{11}z_1 + b_{12}z_2 + \cdots + b_{1p}z_p \\ y_2 = b_{21}z_1 + b_{22}z_2 + \cdots + b_{2p}z_p \\ \cdots\cdots\cdots\cdots \\ y_n = b_{n1}z_1 + b_{n2}z_2 + \cdots + b_{np}z_p \end{cases}, \tag{2.6}$$

其矩阵为

$$B = \begin{pmatrix} b_{11} & b_{12} & \cdots & b_{1p} \\ b_{21} & b_{22} & \cdots & b_{2p} \\ \cdots & \cdots & \cdots & \cdots \\ b_{n1} & b_{n2} & \cdots & b_{np} \end{pmatrix}. \tag{2.7}$$

将线性替换 (2.6) 代入到 (2.5) 中, 就得到一个从 $x_1, x_2, \cdots, x_m$ 到 $z_1, z_2, \cdots, z_p$ 的一个线性替换, 称为线性替换 (2.5) 与 (2.6) 的合成线性替换, 用

$$\left\{\begin{array}{l} x_1 = c_{11}z_1 + c_{12}z_2 + \cdots + c_{1p}z_p \\ x_2 = c_{21}z_1 + c_{22}z_2 + \cdots + c_{2p}z_p \\ \quad\cdots\cdots\cdots\cdots \\ x_m = c_{m1}z_1 + c_{m2}z_2 + \cdots + c_{mp}z_p \end{array}\right. \tag{2.8}$$

表示这个合成线性替换, 其矩阵为

$$C = \begin{pmatrix} c_{11} & c_{12} & \cdots & c_{1p} \\ c_{21} & c_{22} & \cdots & c_{2p} \\ \cdots & \cdots & \cdots & \cdots \\ c_{m1} & c_{m2} & \cdots & c_{mp} \end{pmatrix}. \tag{2.9}$$

现在的问题是矩阵 C 等于什么? 将 (2.6) 代入到 (2.5) 中, 得

$$\begin{aligned} & x_i = (\sum_{k=1}^{n} a_{ik}b_{k1})z_1 + (\sum_{k=1}^{n} a_{ik}b_{k2})z_2 + \cdots + (\sum_{k=1}^{n} a_{ik}b_{kp})z_p, \\ & i = 1, 2, \cdots, m. \end{aligned} \tag{2.10}$$

比较 (2.8) 与 (2.10), 我们有

$$c_{ij} = \sum_{k=1}^{n} a_{ik}b_{kj} = a_{i1}b_{1j} + a_{i2}b_{2j} + \cdots + a_{in}b_{nj},$$

其中 $i = 1, 2, \cdots, m, j = 1, 2, \cdots, p$. 所以线性替换 (2.8) 的矩阵为

$$C = \begin{pmatrix} \sum\limits_{k=1}^{n} a_{1k}b_{k1} & \sum\limits_{k=1}^{n} a_{1k}b_{k2} & \cdots & \sum\limits_{k=1}^{n} a_{1k}b_{kp} \\ \sum\limits_{k=1}^{n} a_{2k}b_{k1} & \sum\limits_{k=1}^{n} a_{2k}b_{k2} & \cdots & \sum\limits_{k=1}^{n} a_{2k}b_{kp} \\ \cdots & \cdots & \cdots & \cdots \\ \sum\limits_{k=1}^{n} a_{mk}b_{k1} & \sum\limits_{k=1}^{n} a_{mk}b_{k2} & \cdots & \sum\limits_{k=1}^{n} a_{mk}b_{kp} \end{pmatrix}.$$

于是我们有

定理 2.3.5 设 $x_1, x_2, \cdots, x_m$, $y_1, y_2, \cdots, y_n$, $z_1, z_2, \cdots, z_p$ 是三组变元. 线性替换

$$\begin{cases} x_1 = a_{11}y_1 + a_{12}y_2 + \cdots + a_{1n}y_n \\ x_2 = a_{21}y_1 + a_{22}y_2 + \cdots + a_{2n}y_n \\ \cdots\cdots\cdots\cdots \\ x_m = a_{m1}y_1 + a_{m2}y_2 + \cdots + a_{mn}y_n \end{cases}$$

和

$$\begin{cases} y_1 = b_{11}z_1 + b_{12}z_2 + \cdots + b_{1p}z_p \\ y_2 = b_{21}z_1 + b_{22}z_2 + \cdots + b_{2p}z_p \\ \cdots\cdots\cdots\cdots \\ y_n = b_{n1}z_1 + b_{n2}z_2 + \cdots + b_{np}z_p \end{cases}$$

的矩阵分别为

$$A = \begin{pmatrix} a_{11} & a_{12} & \cdots & a_{1n} \\ a_{21} & a_{22} & \cdots & a_{2n} \\ \cdots & \cdots & \cdots & \cdots \\ a_{m1} & a_{m2} & \cdots & a_{mn} \end{pmatrix} \text{ 和 } B = \begin{pmatrix} b_{11} & b_{12} & \cdots & b_{1p} \\ b_{21} & b_{22} & \cdots & b_{2p} \\ \cdots & \cdots & \cdots & \cdots \\ b_{n1} & b_{n2} & \cdots & b_{np} \end{pmatrix}.$$

则合成线性替换

$$\begin{cases} x_1 = c_{11}z_1 + c_{12}z_2 + \cdots + c_{1p}z_p \\ x_2 = c_{21}z_1 + c_{22}z_2 + \cdots + c_{2p}z_p \\ \cdots\cdots\cdots\cdots \\ x_m = c_{m1}z_1 + c_{m2}z_2 + \cdots + c_{mp}z_p \end{cases}$$

的矩阵为

$$C = \begin{pmatrix} \sum\limits_{k=1}^{n} a_{1k}b_{k1} & \sum\limits_{k=1}^{n} a_{1k}b_{k2} & \cdots & \sum\limits_{k=1}^{n} a_{1k}b_{kp} \\ \sum\limits_{k=1}^{n} a_{2k}b_{k1} & \sum\limits_{k=1}^{n} a_{2k}b_{k2} & \cdots & \sum\limits_{k=1}^{n} a_{2k}b_{kp} \\ \cdots & \cdots & \cdots & \cdots \\ \sum\limits_{k=1}^{n} a_{mk}b_{k1} & \sum\limits_{k=1}^{n} a_{mk}b_{k2} & \cdots & \sum\limits_{k=1}^{n} a_{mk}b_{kp} \end{pmatrix}.$$

上述矩阵就称为矩阵 A 与 B 的乘积. 一般地有

定义 2.3.6 设矩阵 $A=(a_{ij})$ 是一个 $m\times n$ 矩阵, $B=(b_{ij})$ 是一个 $n\times p$ 矩阵. 则称 $m\times p$ 矩阵 $C=(c_{ij})$, 其中

$$c_{ij}=a_{i1}b_{1j}+a_{i2}b_{2j}+\cdots+a_{in}b_{nj}$$

为矩阵 A 与 B 的乘积, 记为 AB, 即 $C=AB$.

从定义可以看出, 并不是任意的两个矩阵都可以进行乘法运算, 只有当矩阵 A 的列数等于矩阵 B 的行数时, AB 才有定义. 即两个矩阵乘积有意义当且仅当前一个乘积的因子的列数等于后一个乘积因子的行数. 而乘积矩阵 AB 的行数等于 A 的行数, AB 的列数等于 B 的列数, 乘积矩阵 AB 的第 i 行, 第 j 列的元素就等于第一个乘积因子 A 的第 i 行与第二个乘积因子的第 j 列对应元素乘积之和, 即

$$(AB)_{ij}=(A)_{i1}(B)_{1j}+(A)_{i2}(B)_{2j}+\cdots+(A)_{in}(B)_{nj}.$$

例 2.3.4 设

$$A=\begin{pmatrix}1&2&3\\-1&1&1\end{pmatrix},\quad B=\begin{pmatrix}1&2&0\\-1&2&1\\3&0&-1\end{pmatrix}.$$

则 $AB=\begin{pmatrix}8&6&-1\\1&0&0\end{pmatrix}$. 而 BA 没有定义, 因为矩阵 B 的列数不等于矩阵 A 的行数.

例 2.3.5 给定线性方程组

$$\begin{cases}a_{11}x_1+a_{12}x_2+\cdots+a_{1n}x_n=b_1\\a_{21}x_1+a_{22}x_2+\cdots+a_{2n}x_n=b_2\\\qquad\cdots\cdots\cdots\cdots\\a_{m1}x_1+a_{m2}x_2+\cdots+a_{mn}x_n=b_m\end{cases},$$

记

$$A=\begin{pmatrix}a_{11}&a_{12}&\cdots&a_{1n}\\a_{21}&a_{22}&\cdots&a_{2n}\\\cdots&\cdots&\cdots&\cdots\\a_{m1}&a_{m2}&\cdots&a_{mn}\end{pmatrix},\quad X=\begin{pmatrix}x_1\\x_2\\\vdots\\x_n\end{pmatrix},\quad b=\begin{pmatrix}b_1\\b_2\\\vdots\\b_m\end{pmatrix}.$$

则

$$AX = \begin{pmatrix} a_{11}x_1 + a_{12}x_2 + \cdots + a_{1n}x_n \\ a_{21}x_1 + a_{22}x_2 + \cdots + a_{2n}x_n \\ \cdots\cdots\cdots\cdots \\ a_{m1}x_1 + a_{m2}x_2 + \cdots + a_{mn}x_n \end{pmatrix}.$$

从而方程组可以表示成矩阵形式 $AX = b$.

例 2.3.6 设

$$X = \begin{pmatrix} x_1 \\ x_2 \\ \vdots \\ x_m \end{pmatrix}, Y = \begin{pmatrix} y_1 \\ y_2 \\ \vdots \\ y_n \end{pmatrix}, Z = \begin{pmatrix} z_1 \\ z_2 \\ \vdots \\ z_p \end{pmatrix}.$$

则线性替换 (2.5) 与 (2.6) 可以表示成矩阵形式

$$X = AY, \quad Y = BZ.$$

而它们的合成替换为

$$X = CZ = (AB)Z,$$

合成线性替换的矩阵就等于线性替换的矩阵的乘积.

例 2.3.7 设 $\alpha = (x_1, x_2, \cdots, x_n)$ 为 n 维行向量,

$$\beta = \begin{pmatrix} y_1 \\ y_2 \\ \vdots \\ y_n \end{pmatrix}$$

为 n 维列向量. 则

$$\alpha\beta = x_1y_1 + x_2y_2 + \cdots + x_ny_n.$$

于是两个矩阵的乘积可以表示为

$$AB = \begin{pmatrix} \mathrm{Row}_1(A)\mathrm{Col}_1(B) & \mathrm{Row}_1(A)\mathrm{Col}_2(B) & \cdots & \mathrm{Row}_1(A)\mathrm{Col}_p(B) \\ \mathrm{Row}_2(A)\mathrm{Col}_1(B) & \mathrm{Row}_2(A)\mathrm{Col}_2(B) & \cdots & \mathrm{Row}_2(A)\mathrm{Col}_p(B) \\ \cdots & \cdots & \cdots & \cdots \\ \mathrm{Row}_m(A)\mathrm{Col}_1(B) & \mathrm{Row}_m(A)\mathrm{Col}_2(B) & \cdots & \mathrm{Row}_m(A)\mathrm{Col}_p(B) \end{pmatrix}.$$

设 E 是 $n\times n$ 矩阵 (a_{ij}) 满足 $a_{ii}=1, i=1,2,\cdots,n, a_{ij}=0, i\neq j$, 即

$$E=\begin{pmatrix}1&0&\cdots&0\\0&1&\cdots&0\\\cdots&\cdots&\cdots&\cdots\\0&0&\cdots&1\end{pmatrix}=\begin{pmatrix}1&&&0\\&1&&\\&&\ddots&\\0&&&1\end{pmatrix},$$

其中上式最后一个矩阵主对角线上、下的零表示这些位置的元素全为零. 对于任意的 $m\times n$ 矩阵 A 和 $n\times p$ 矩阵 B, 我们总有

$$AE=A \quad 和 \quad EB=B.$$

称矩阵 E 为 n 阶单位矩阵, 记作 E_n, 在不致于引起混淆的情况下简记为 E. 单位矩阵在矩阵乘法中的地位相当于1在数的乘法中的地位.

下面的定理给出了矩阵乘法满足的运算规律.

定理 2.3.7 设 A,B,C 都是矩阵, k 是数. 则在下列各项中运算有意义的情况下, 等式成立.

(1) $(AB)C=A(BC)$; (乘法结合律)

(2) $k(AB)=(kA)B=A(kB)$;

(3) $AE=A$, $EB=B$; (乘法单位元的存在性)

(4) $A(B+C)=AB+AC$; (乘法对加法的左分配律)

(5) $(A+B)C=AC+BC$. (乘法对加法的右分配律)

证明 要证明一个矩阵等式成立, 需证明等式两端的矩阵同型, 并且对应位置的元素相等. 由于所有的证明都是类似的, 因此我们只给出 (1) 和 (4) 的证明过程, 其余留作练习.

(1) 设 $A=(a_{ij})_{m\times n}$, $B=(b_{ij})_{n\times p}$, $C=(c_{ij})_{p\times q}$. 则 $(AB)C$ 和 $A(BC)$

都是 $m\times q$ 矩阵, 即为同型矩阵. 对于任意 $i=1,2,\cdots,m$, $j=1,2,\cdots,q$ 有,

$$\begin{aligned}[(AB)C]_{ij} &= \sum_{k=1}^{p}[AB]_{ik}c_{kj} = \sum_{k=1}^{p}(\sum_{s=1}^{n}a_{is}b_{sk})c_{kj} \\ &= \sum_{k=1}^{p}\sum_{s=1}^{n}a_{is}b_{sk}c_{sj} = \sum_{s=1}^{n}\sum_{k=1}^{p}a_{is}b_{sk}c_{kj} \\ &= \sum_{s=1}^{n}a_{is}(\sum_{k=1}^{p}b_{sk}c_{kj}) = \sum_{s=1}^{n}a_{is}[BC]_{sj} \\ &= [A(BC)]_{ij}.\end{aligned}$$

因此 $(AB)C=A(BC)$.

(2) 设 $A=(a_{ij})_{m\times n}$, $B=(b_{ij})_{n\times p}$, $C=(c_{ij})_{n\times p}$. 则 $A(B+C)$ 和 $AB+AC$ 都是 $m\times p$ 矩阵, 并且对于任意 $i=1,2,\cdots,m$, $j=1,2,\cdots,p$ 有

$$\begin{aligned}[A(B+C)]_{ij} &= \sum_{k=1}^{n}a_{ik}(B+C)_{kj} = \sum_{k=1}^{n}a_{ik}(b_{kj}+c_{kj}) \\ &= \sum_{k=1}^{n}(a_{ik}b_{kj}+a_{ik}c_{kj}) = \sum_{k=1}^{n}a_{ik}b_{kj}+\sum_{k=1}^{n}a_{ik}c_{kj} \\ &= [AB]_{ij}+[AC]_{ij} = [AB+AC]_{ij}.\end{aligned}$$

所以 $A(B+C)=AB+AC$.

与矩阵加法类似, 由于矩阵乘法满足结合律, 因而在计算矩阵的乘法时, 无论以何种方式加括号, 所得到的结果都是相同的. 设 $A_1,A_2,\cdots,A_r$ 都是矩阵, 并且 $A_iA_{i+1}(i=1,2,\cdots,r-1)$ 都有意义. 用 $A_1A_2\cdots A_r$ 表示这 r 个矩阵按所示顺序的乘积.

如果 A 是 n 阶矩阵, m 为一个正整数, 那么 m 个 A 连乘积 $AA\cdots A$ 总是有意义的, 用 A^m 表示这个乘积矩阵, 称为 A 的 m 次方幂, 即有

$$A^m = \overbrace{AA\cdots A}^{m}.$$

我们通常规定 $A^0=E_n$. 读者不难验证对于任意的 n 阶矩阵 A 及任意的非负整数 p,q 都有

$$A^pA^q=A^{p+q}, \quad (A^p)^q=A^{pq}.$$

上述结果对于特殊的方阵(所谓的可逆矩阵), 可以推广到 p, q 为任意的整数的情况.

我们知道数的乘法满足交换律, 但是矩阵的乘法一般不满足交换律, 即

$$AB \neq BA.$$

事实上, 由矩阵乘法的定义我们知道, 在 AB 有定义时, BA 未必有定义. 即使 AB 和 BA 都有定义, AB 与 BA 也未必一定同型. 如 A 为 4×3 矩阵, B 为 3×4, 则 AB 为 4 阶方阵, 而 BA 为 3 阶方阵, 二者不可能相等. 即使 AB 与 BA 都有定义, 它们又同型, 但二者也未必相等.

例如 设

$$A = \begin{pmatrix} 1 & 1 \\ -1 & -1 \end{pmatrix}, \quad B = \begin{pmatrix} 1 & -1 \\ -1 & 1 \end{pmatrix}.$$

则

$$AB = \begin{pmatrix} 1 & 1 \\ -1 & -1 \end{pmatrix}\begin{pmatrix} 1 & -1 \\ -1 & 1 \end{pmatrix} = \begin{pmatrix} 0 & 0 \\ 0 & 0 \end{pmatrix},$$

$$BA = \begin{pmatrix} 1 & -1 \\ -1 & 1 \end{pmatrix}\begin{pmatrix} 1 & 1 \\ -1 & -1 \end{pmatrix} = \begin{pmatrix} 2 & 2 \\ -2 & -2 \end{pmatrix}.$$

因此

$$AB \neq BA.$$

称两个矩阵 A 与 B 是乘积可交换的(简称为可换), 如果 $AB = BA$.

由于矩阵的乘法不满足交换律, 因此在计算矩阵的乘积时, 不能随意改变乘积因子的顺序, 除非它们的乘积是可交换的.

另外需要特别指出的是矩阵的乘法不满足消去律.

例如 设

$$A = \begin{pmatrix} 1 & 0 \\ 0 & 0 \end{pmatrix}, \quad B = \begin{pmatrix} 0 & 0 \\ 1 & 0 \end{pmatrix}, \quad C = \begin{pmatrix} 0 & 0 \\ 0 & 1 \end{pmatrix}.$$

则 $A \neq 0$, $AB = 0 = AC$, 但是 $B \neq C$.

与矩阵乘法不满足消去律等价, 两个非零矩阵的乘积可以等于零矩阵.

由于矩阵的乘法不满足消去律, 我们在处理矩阵方程时, 就必须特别小心, 例如我们要确定所有满足 $AX = AC$ 的矩阵 X 时, 当然 $X = C$ 是矩阵方程的一个解, 但它不一定是 $AX = AC$ 的唯一的解, 也就是说由 $AX = AC$ 不一定能推出 $X = C$. 但是当 A 满足一定条件时, 也可以推出 $X = C$(参考 §2.6).

最后, 我们引入矩阵的转置.

定义 2.3.8 设矩阵 A 为 $m \times n$ 矩阵. 称矩阵 B 为矩阵 A 的转置, 记作 $B = A^{\mathrm{T}}$ 或 $B = A'$, 如果 B 是一个 $n \times m$ 矩阵并且对任意 $i = 1, 2, \cdots, n$, $j = 1, 2, \cdots, m$, $[B]_{ij} = [A]_{ji}$, 也就是说, 如果

$$A = \begin{pmatrix} a_{11} & a_{12} & \cdots & a_{1n} \\ a_{21} & a_{22} & \cdots & a_{2n} \\ \cdots & \cdots & \cdots & \cdots \\ a_{m1} & a_{m2} & \cdots & a_{mn} \end{pmatrix},$$

则

$$A^{\mathrm{T}} = \begin{pmatrix} a_{11} & a_{21} & \cdots & a_{m1} \\ a_{12} & a_{22} & \cdots & a_{m2} \\ \cdots & \cdots & \cdots & \cdots \\ a_{1n} & a_{2n} & \cdots & a_{mn} \end{pmatrix}.$$

特别地, n 维列向量

$$\alpha = \begin{pmatrix} a_1 \\ a_2 \\ \vdots \\ a_n \end{pmatrix}$$

的转置 α^{T} 是一个 n 维行向量, n 维行向量的转置是一个 n 维列向量. 为了节省空间, 通常用 $\alpha = (a_1, a_2, \cdots, a_n)^{\mathrm{T}}$ 表示一个 n 维列向量.

从定义可以看出, A 的行变成了 A^{T} 的列, A 的列变成了 A^{T} 的行, 也就是说 A 的行向量的转置就是 A^{T} 的列向量, A 的列向量的转置就是 A^{T} 的行向量. 一个 $m \times n$ 矩阵 A 的转置是一个 $n \times m$ 矩阵 A^{T}, A^{T} 可以看作是矩阵 A 沿行列角标相等的元素所在的直线的一个反转所得到的矩阵.

例 2.3.8 设

$$A=\begin{pmatrix}1 & 2 & -1 & 0\\ 1 & -1 & 2 & 3\\ 4 & -5 & 7 & 2\end{pmatrix}.$$

则

$$A^{\mathrm{T}}=\begin{pmatrix}1 & 1 & 4\\ 2 & -1 & -5\\ -1 & 2 & 7\\ 0 & 3 & 2\end{pmatrix}.$$

例 2.3.9 设 $\alpha=(a_1,a_2,\cdots,a_n)^{\mathrm{T}}$ 和 $\beta=(b_1,b_2,\cdots,b_n)^{\mathrm{T}}$ 都是 n 维列向量. 则

$$\alpha^{\mathrm{T}}\beta=a_1b_1+a_2b_2+\cdots+a_nb_n.$$

下面的定理给出矩阵的转置运算与矩阵其它运算的关系.

定理 2.3.9 设 A,B 都是矩阵, k 是数. 如果下列等式中的运算都有意义, 那么等式成立

(1) $(A^{\mathrm{T}})^{\mathrm{T}}=A$;

(2) $(A+B)^{\mathrm{T}}=A^{\mathrm{T}}+B^{\mathrm{T}}$;

(3) $(kA)^{\mathrm{T}}=kA^{\mathrm{T}}$;

(4) $(AB)^{\mathrm{T}}=B^{\mathrm{T}}A^{\mathrm{T}}$.

证明 我们只证明 (4), 其余证明留作练习.

设 A 是 $m\times n$ 矩阵, B 是 $n\times p$ 矩阵. 容易看出$(AB)^{\mathrm{T}}$ 和 $B^{\mathrm{T}}A^{\mathrm{T}}$ 都是 $p\times m$ 矩阵. 对于任意 $i=1,2,\cdots,p, j=1,2,\cdots,m$, 有

$$\begin{aligned}[(AB)^{\mathrm{T}}]_{ij}=[(AB)]_{ji}&=\sum_{k=1}^{n}[A]_{jk}[B]_{ki}\\ &=\sum_{k=1}^{n}[A^{\mathrm{T}}]_{kj}[B^{\mathrm{T}}]_{ik}=\sum_{k=1}^{n}[B^{\mathrm{T}}]_{ik}[A^{\mathrm{T}}]_{kj}\\ &=[B^{\mathrm{T}}A^{\mathrm{T}}]_{ij},\end{aligned}$$

所以 $(AB)^{\mathrm{T}}=B^{\mathrm{T}}A^{\mathrm{T}}$.

称一个矩阵 A 是对称的, 如果 $A^{\mathrm{T}}=A$. 称一个矩阵 A 是反对称的, 如果 $A^{\mathrm{T}}=-A$.

显然对称矩阵和反对称矩阵一定是方阵. 因此我们有, n 阶方阵 $A=(a_{ij})$ 是对称矩阵当且仅当对于任意 $i,j=1,2,\cdots,n$, $a_{ij}=a_{ji}$. 也就是说, 一个方阵 A 是对称的当且仅当 A 关于主对角线对称位置的元素相等. 类似地, n 阶方阵 $A=(a_{ij})$ 是反对称的当且仅当对于任意 $i,j=1,2,\cdots,n$, $a_{ij}=-a_{ji}$. 也就是说, 方阵 A 是反对称矩阵当且仅当 A 的主对角线上的元素全为零, 并且关于主对角线对称位置的元素互为相反数.

例如

$$A=\begin{pmatrix}2&1&3\\1&0&-1\\3&-1&4\end{pmatrix}$$

是一个对称矩阵. 而

$$B=\begin{pmatrix}0&1&-2\\-1&0&3\\2&-3&0\end{pmatrix}$$

是一个反对称矩阵.

习 题 2.3

1. 计算

(1) $\begin{pmatrix}1\\2\\3\end{pmatrix}\begin{pmatrix}1&2&3\end{pmatrix}$; (2) $\begin{pmatrix}3&2&1\end{pmatrix}\begin{pmatrix}1\\2\\3\end{pmatrix}$;

(3) $\begin{pmatrix}3&-2&1\\1&-1&2\end{pmatrix}\begin{pmatrix}-1&5\\-2&4\\3&1\end{pmatrix}$; (4) $\begin{pmatrix}1&-1&2\end{pmatrix}\begin{pmatrix}-1&2&0\\0&1&1\\3&0&-1\end{pmatrix}\begin{pmatrix}2\\-1\\-2\end{pmatrix}$.

2. 已知 $A=\begin{pmatrix}3&1&1\\2&1&2\\1&2&3\end{pmatrix}$, $B=\begin{pmatrix}1&1&-1\\2&-1&0\\1&-1&1\end{pmatrix}$. 求 (1) AB 和 BA; (2) $AB-BA$.

3. 求所有与 A 可交换的矩阵, 其中,

(1) $A=\begin{pmatrix}1&0\\1&2\end{pmatrix}$; (2) $A=\begin{pmatrix}1&a\\0&1\end{pmatrix}$ $(a\neq 0)$;

(3) $A=\begin{pmatrix}0&1&1\\0&0&1\\0&0&0\end{pmatrix}$; (4) $A=\begin{pmatrix}1&1&0\\0&1&1\\0&0&1\end{pmatrix}$.

4. 求下列矩阵 A 的 n 次幂.

(1) $A=\begin{pmatrix}1&\lambda\\0&1\end{pmatrix}$; (2) $A=\begin{pmatrix}\lambda&1&0\\0&\lambda&1\\0&0&\lambda\end{pmatrix}$; (3) $A=\begin{pmatrix}-1&1&1&-1\\1&-1&-1&1\\1&-1&-1&1\\-1&1&1&-1\end{pmatrix}$.

5. 若 $A^2=A$, 证明: $(A+E)^n=E+(2^n-1)A$, 其中 n 为自然数.

6. 若 $A^2=A$, 则称 A 为幂等矩阵. 设 A, B 都是幂等矩阵. 证明: $A+B$ 是幂等矩阵的充要条件是 $AB=BA=0$.

7. 证明: 任意方阵均可唯一表成同阶的对称矩阵与反对称矩阵的和.

8. 若 A,B 是 n 阶对称矩阵, 则 AB 也是对称矩阵的充要条件是什么?

9. 设 A 为实对称矩阵. 证明: 若 $A^2=0$, 则 $A=0$.

10. 设 $A=E-\alpha\alpha^{\mathrm{T}}$, 其中 α 为非零列向量. 证明: $A^2=A$ 的充要条件是 $\alpha^{\mathrm{T}}\alpha=1$.

§ 2.4 矩阵的初等变换及其等价标准形

本节我们引入矩阵的初等变换, 初等变换不仅在矩阵理论研究中起着非常重要的作用, 而且也是求解方程组的重要手段.

定义 2.4.1 称对数域 F 上的矩阵所施行的如下变换:

(1) 交换矩阵的两行(列)的位置,

(2) 用数域 F 中的一个非零数乘以矩阵的某一行(列)的各元素,

(3) 把矩阵的某一行(列)的 c $(c\in F)$ 倍加到另一行(列)上去

为矩阵的初等行(列)变换. 矩阵的初等行变换与初等列变换通称为矩阵的初等变换.

例如 把矩阵

$$\begin{pmatrix}1 & 2 & -1 & 3\\ 4 & 0 & 1 & 2\\ 2 & 3 & 1 & 4\end{pmatrix}$$

的第一行的 -2 倍加到第三行得矩阵

$$\begin{pmatrix}1 & 2 & -1 & 3\\ 4 & 0 & 1 & 2\\ 0 & -1 & 3 & -2\end{pmatrix}.$$

一般来讲, 一个矩阵经过初等变换就变成另一个矩阵. 当矩阵 A 经过初等变换得到矩阵 B 时, 我们用符号

$$A \to B$$

来表示这样一个过程.

一个矩阵称为行阶梯形矩阵(简称为阶梯形矩阵), 如果它满足下列条件:

(1) 所有的零行都在非零行的下方,

(2) 每一个非零行的第一个非零元素所在列处于它上一行的第一个非零元素所在列的右方.

在一个阶梯形矩阵中, 每一个非零行的第一个非零元称为该行的主元. 每一个主元都等于 1 且主元所在列的其它元素都为零的阶梯形矩阵称为行简化阶梯形矩阵.

例如

$$\begin{pmatrix}1 & 2 & 4 & 3\\ 0 & 0 & 1 & 4\\ 0 & 0 & 0 & 2\end{pmatrix},\ \begin{pmatrix}0 & 0 & 1 & 2 & -1\\ 0 & 0 & 0 & 3 & 1\\ 0 & 0 & 0 & 0 & 0\end{pmatrix},\ \begin{pmatrix}1 & 0 & 2\\ 0 & 1 & 3\\ 0 & 0 & 0\\ 0 & 0 & 0\end{pmatrix}$$

都是阶梯形矩阵, 最后一个矩阵为行简化阶梯形矩阵. 而

$$\begin{pmatrix}1 & 2 & 1 & 3\\ 0 & 0 & 0 & 0\\ 0 & 0 & 0 & 1\end{pmatrix},\ \begin{pmatrix}0 & 1 & -1 & 2\\ 0 & 0 & 1 & -1\\ 0 & 0 & 2 & 1\end{pmatrix},\ \begin{pmatrix}1 & 2 & 1\\ 2 & 1 & 1\\ 0 & 0 & 0\end{pmatrix}$$

都不是阶梯形矩阵.

显然阶梯形矩阵必然是上三角矩阵. 初等变换能把一个矩阵化成怎样简单的形式呢？回忆在第一章计算行列式时, 我们能把一个行列式化为上三角行列式. 用矩阵和初等变换的语言, 也就是说, 初等变换可以把一个方阵化为上三角矩阵. 现在我们可以给出这一结论的证明. 一般地, 有

定理 2.4.2 任意一个矩阵都可以经过一系列第 2 类和第 3 类行初等变换化成阶梯形矩阵, 进一步可以化成行简化阶梯形矩阵.

证明 设

$$A=\begin{pmatrix} a_{11} & a_{12} & \cdots & a_{1n} \\ a_{21} & a_{22} & \cdots & a_{2n} \\ \cdots & \cdots & \cdots & \cdots \\ a_{m1} & a_{m2} & \cdots & a_{mn} \end{pmatrix}.$$

我们首先考察 A 的第一列的元素 $a_{11}, a_{21}, \cdots, a_{m1}$. 只要其中有一个元素不为零, 不妨设 $a_{11}=0$, $a_{j1}\neq 0$, 把 A 的第 j 行加到第 1 行, 就能使第 1 列的第一个元素不为零. 然后把第一行的适当的倍数依次加到第 2 行, 第 3 行, $\cdots$, 第 m 行. 这样第 1 列除第一个元素外就全化为零. 即经过一系列第 2 类和第 3 类初等行变换后,

$$A\rightarrow A_1=\begin{pmatrix} a'_{11} & a'_{12} & \cdots & a'_{1n} \\ 0 & a'_{22} & \cdots & a'_{2n} \\ \cdots & \cdots & \cdots & \cdots \\ 0 & a'_{m2} & \cdots & a'_{mn} \end{pmatrix}.$$

如果 A 的第 1 列的元素全为零, 那么就考察它的第 2 列的元素, $\cdots$.

对于矩阵

$$\begin{pmatrix} a'_{22} & \cdots & a'_{2n} \\ \cdots & \cdots & \cdots \\ a'_{m2} & \cdots & a'_{mn} \end{pmatrix}$$

重复上面的过程, 如此下去, 直到把 A 化成一个阶梯形矩阵 B, 不妨设 B 具有

形式

$$B=\begin{pmatrix} b_{11} & b_{12} & \cdots & b_{1r} & \cdots & b_{1n} \\ 0 & b_{22} & \cdots & b_{2r} & \cdots & b_{2n} \\ \cdots & \cdots & \cdots & \cdots & \cdots & \cdots \\ 0 & 0 & \cdots & b_{rr} & \cdots & b_{rn} \\ 0 & 0 & \cdots & 0 & \cdots & 0 \\ \cdots & \cdots & \cdots & \cdots & \cdots & \cdots \\ 0 & 0 & \cdots & 0 & \cdots & 0 \end{pmatrix},$$

其中 $b_{ii}\neq 0, i=1,2,\cdots,r, r\leq m.$

对于矩阵 B 继续施行初等行变换: 从 B 的第 r 行开始, 依次把第 r 行的适当的倍数加到第 $r-1$ 行, 第 $r-2$ 行, $\cdots$, 第 1 行, $\cdots$. 这样矩阵 B 经过一系列第 3 类初等行变换后就变成B_1, 即有

$$B\to B_1=\begin{pmatrix} b_{11} & 0 & \cdots & 0 & b'_{1r+1} & \cdots & b'_{1n} \\ 0 & b_{22} & \cdots & 0 & b'_{2r+1} & \cdots & b'_{2n} \\ \cdots & \cdots & \cdots & \cdots & \cdots & \cdots & \cdots \\ 0 & 0 & \cdots & b_{rr} & b'_{rr+1} & \cdots & b'_{rn} \\ 0 & 0 & \cdots & 0 & 0 & \cdots & 0 \\ \cdots & \cdots & \cdots & \cdots & \cdots & \cdots & \cdots \\ 0 & 0 & \cdots & 0 & 0 & \cdots & 0 \end{pmatrix},$$

对于 $i=1,2,\cdots,r$, 用 b_{ii}^{-1} 乘以 B_1 的第 i 行, 得到矩阵 C

$$B_1\to C=\begin{pmatrix} 1 & 0 & \cdots & 0 & c_{1r+1} & \cdots & c_{1n} \\ 0 & 1 & \cdots & 0 & c_{2r+1} & \cdots & c_{2n} \\ \cdots & \cdots & \cdots & \cdots & \cdots & \cdots & \cdots \\ 0 & 0 & \cdots & 1 & c_{rr+1} & \cdots & c_{rn} \\ 0 & 0 & \cdots & 0 & 0 & \cdots & 0 \\ \cdots & \cdots & \cdots & \cdots & \cdots & \cdots & \cdots \\ 0 & 0 & \cdots & 0 & 0 & \cdots & 0 \end{pmatrix},$$

矩阵 C 就是一个行简化阶梯形矩阵.

在定理 2.4.2 的证明中, 继续对矩阵 C 做列初等变换, 就可以把其化成一个更简单的形式. 因此我们有

推论 2.4.3 任意矩阵 A 都可以经过一系列适当的初等变换化成如下形式的矩阵

$$C=\begin{pmatrix}1 & 0 & \cdots & 0 & 0 & \cdots & 0\\ 0 & 1 & \cdots & 0 & 0 & \cdots & 0\\ \cdots & \cdots & \cdots & \cdots & \cdots & \cdots & \cdots\\ 0 & 0 & \cdots & 1 & 0 & \cdots & 0\\ 0 & 0 & \cdots & 0 & 0 & \cdots & 0\\ \cdots & \cdots & \cdots & \cdots & \cdots & \cdots & \cdots\\ 0 & 0 & \cdots & 0 & 0 & \cdots & 0\end{pmatrix},$$

其中矩阵 C 中 1 的个数可以等于零, 可以没有零行或零列.

称矩阵 A 与 B (行, 列)等价, 如果 B 可以由 A 经过一系列适当的初等(行, 列)变换得到. 容易看到, 矩阵的(行, 列)等价满足自反性、对称性和传递性. 推论 2.4.3 中的矩阵 C 称为矩阵 A 的等价标准形. 在下一节中将证明 r 是由矩阵 A 唯一确定的(称为 A 的秩), 因此矩阵的等价标准形是唯一的.

称对线性方程组的如下变换

(1) 交换两个方程的位置,

(2) 用一个非零数乘某一个方程,

(3) 把一个方程的倍数加到另一个方程上去

为线性方程组的初等变换.

容易看出, 对一个线性方程组做初等变换得到一个新的线性方程组等价于对原方程组的增广矩阵做初等行变换得到新方程组的增广矩阵. 对一个线性方程组做初等变换得到一个新的线性方程组, 这两个方程组之间有什么关系? 显然对线性方程组做前两类初等变换得到的新方程组与原方程组同解. 接下来我们考察第 3 类初等变换.

对线性方程组

$$\begin{cases} a_{11}x_1+a_{12}x_2+\cdots+a_{1n}x_n=b_1\\ a_{21}x_1+a_{22}x_2+\cdots+a_{2n}x_n=b_2\\ \cdots\cdots\cdots\cdots\\ a_{m1}x_1+a_{m2}x_2+\cdots+a_{mn}x_n=b_m\end{cases} \tag{2.11}$$

做一次第 3 类初等变换, 不妨设把第一个方程的 k 倍加到第二个方程上去, 得

到方程组

$$\begin{cases} a_{11}x_1 + a_{12}x_2 + \cdots + a_{1n}x_n = b_1 \\ (a_{21} + ka_{11})x_1 + (a_{22} + ka_{12})x_2 + \cdots + (a_{2n} + ka_{1n})x_n = b_2 + kb_1 \\ \cdots\cdots\cdots\cdots \\ a_{m1}x_1 + a_{m2}x_2 + \cdots + a_{mn}x_n = b_m \end{cases} \tag{2.12}$$

容易看到 (2.11) 的解都是 (2.12) 的解. 把方程组 (2.12) 的第一个方程的 $-k$ 倍加到第二个方程上去就得到了方程组 (2.11), 因此 (2.12) 的解都是 (2.11) 的解, 于是这两个方程组同解. 从而我们有初等变换把线性方程组变为同解方程组. 这样我们就得到了

定理 2.4.4 若两个线性方程组的增广矩阵行等价, 则这两个方程组同解.

作为定理 2.4.4 的推论, 我们有

推论 2.4.5 设 $\alpha_1, \alpha_2, \cdots, \alpha_m$ 是 n 维列向量, 以 $\alpha_1, \alpha_2, \cdots, \alpha_m$ 作为列向量的矩阵记为 A, 又设矩阵 B 是由 A 经过一系列初等行变换所得到的矩阵, $\beta_1, \beta_2, \cdots, \beta_m$ 是 B 的列向量. 则

$$k_1\alpha_1 + k_2\alpha_2 + \cdots + k_m\alpha_m = 0 \Leftrightarrow k_1\beta_1 + k_2\beta_2 + \cdots + k_m\beta_m = 0,$$

换句话说, 初等行变换不改变矩阵的列向量间的线性关系.

证明 据定理 2.4.4 知, 以 A 为系数矩阵的齐次线性方程组与以 B 为系数矩阵的齐次线性方程组同解. 而

$$x_1\alpha_1 + x_2\alpha_2 + \cdots + x_m\alpha_m = 0 \quad 和 \quad x_1\beta_1 + x_2\beta_2 + \cdots + x_m\beta_m = 0$$

分别为这两个齐次线性方程组的向量表示形式, 它们同解, 从而结论成立.

推论 2.4.5 告诉我们, 向量组 $\alpha_1, \alpha_2, \cdots, \alpha_m$ 与 $\beta_1, \beta_2, \cdots, \beta_m$ 具有完全相同的线性关系, 例如它们同时线性相关或线性无关; $\alpha_{i1}, \alpha_{i2}, \cdots, \alpha_{ir}$ 是 $\alpha_1, \alpha_2, \cdots, \alpha_m$ 的极大线性无关组当且仅当 $\beta_{i1}, \beta_{i2}, \cdots, \beta_{ir}$ 是 $\beta_1, \beta_2, \cdots, \beta_m$ 的极大线性无关组; $\cdots$. 如果矩阵 B 具有比较简单的形式, 使得我们很容易知道 $\beta_1, \beta_2, \cdots, \beta_m$ 的线性关系的话, 那么就可以得到 $\alpha_1, \alpha_2, \cdots, \alpha_m$ 的线性关系. 这里阶梯形矩阵或行简化阶梯形矩阵为我们提供了一个简单的模型. 作为其应用, 求 n 维向量组的一个极大线性无关组的步骤可以归结为

(1) 以给定的向量 $\alpha_1, \alpha_2, \cdots, \alpha_m$ 作为列向量构作矩阵 A;

(2) 用行初等变换把 A 化为行简化阶梯形矩阵B;

(3) B 的主元所在的列 $j_1, j_2, \cdots, j_r$ 对应的部分组 $\alpha_{j_1}, \alpha_{j_2}, \cdots, \alpha_{j_r}$ 就是 $\alpha_1, \alpha_2, \cdots, \alpha_m$ 的一个极大线性无关组.

进一步, B 的第 j 列给出了 α_j 被 $\alpha_{j_1}, \alpha_{j_2}, \cdots, \alpha_{j_r}$ 线性表出的系数. 也就是说矩阵 B 还同时给出了向量组中每一个向量被这个极大线性无关组线性表出的(唯一的)关系式.

例 2.4.1 求给定向量组的一个极大线性无关组, 并把其余的向量用这个极大线性无关组线性表出.

$$\alpha_1 = (1, -1, 0, 2, 1)^{\mathrm{T}}, \qquad \alpha_2 = (2, 1, -2, 0, 0)^{\mathrm{T}},$$
$$\alpha_3 = (0, -3, 2, 4, 2)^{\mathrm{T}}, \qquad \alpha_4 = (3, 3, -4, -2, -1)^{\mathrm{T}},$$
$$\alpha_5 = (2, 4, 1, 0, 1)^{\mathrm{T}}, \qquad \alpha_6 = (5, 7, -3, -2, 0)^{\mathrm{T}}.$$

解 首先以这些向量作为列向量构作矩阵

$$A = \begin{pmatrix} 1 & 2 & 0 & 3 & 2 & 5 \\ -1 & 1 & -3 & 3 & 4 & 7 \\ 0 & -2 & 2 & -4 & 1 & -3 \\ 2 & 0 & 4 & -2 & 0 & -2 \\ 1 & 0 & 2 & -1 & 1 & 0 \end{pmatrix}.$$

对矩阵 A 进行初等行变换, 化为行简化阶梯形矩阵.

$$A = \begin{pmatrix} 1 & 2 & 0 & 3 & 2 & 5 \\ -1 & 1 & -3 & 3 & 4 & 7 \\ 0 & -2 & 2 & -4 & 1 & -3 \\ 2 & 0 & 4 & -2 & 0 & -2 \\ 1 & 0 & 2 & -1 & 1 & 0 \end{pmatrix} \to \begin{pmatrix} 1 & 2 & 0 & 3 & 2 & 5 \\ 0 & 3 & -3 & 6 & 6 & 12 \\ 0 & -2 & 2 & -4 & 1 & -3 \\ 0 & -4 & 4 & -8 & -4 & -12 \\ 0 & -2 & 2 & -4 & -1 & -5 \end{pmatrix}$$
$$\to \begin{pmatrix} 1 & 2 & 0 & 3 & 2 & 5 \\ 0 & 1 & -1 & 2 & 2 & 4 \\ 0 & 0 & 0 & 0 & 5 & 5 \\ 0 & 0 & 0 & 0 & 4 & 4 \\ 0 & 0 & 0 & 0 & 3 & 3 \end{pmatrix} \to \begin{pmatrix} 1 & 2 & 0 & 3 & 2 & 5 \\ 0 & 1 & -1 & 2 & 2 & 4 \\ 0 & 0 & 0 & 0 & 1 & 1 \\ 0 & 0 & 0 & 0 & 0 & 0 \\ 0 & 0 & 0 & 0 & 0 & 0 \end{pmatrix}$$

$$
\to\begin{pmatrix}1&2&0&3&0&3\\0&1&-1&2&0&2\\0&0&0&0&1&1\\0&0&0&0&0&0\\0&0&0&0&0&0\end{pmatrix}\to\begin{pmatrix}1&0&2&-1&0&-1\\0&1&-1&2&0&2\\0&0&0&0&1&1\\0&0&0&0&0&0\\0&0&0&0&0&0\end{pmatrix}.
$$

因此 $\alpha_1,\alpha_2,\alpha_5$ 就是向量组的一个极大线性无关组, 所以向量组的秩等于 3, 从而是线性相关的, 并且

$$
\begin{aligned}
\alpha_3 &= 2\alpha_1-\alpha_2,\\
\alpha_4 &= -\alpha_1+2\alpha_2,\\
\alpha_6 &= -\alpha_1+2\alpha_2+\alpha_5.
\end{aligned}
$$

习 题 2.4

1. 求下列矩阵的等价标准形.

(1) $\begin{pmatrix}1&2&1\\3&4&2\\1&2&2\end{pmatrix}$; (2) $\begin{pmatrix}2&2&1&0\\0&3&0&1\\1&2&3&4\end{pmatrix}$;

(3) $\begin{pmatrix}2&0&1\\1&2&3\\2&1&1\\1&-1&2\end{pmatrix}$; (4) $\begin{pmatrix}1&1&1&1\\1&1&-1&-1\\1&-1&1&-1\\1&-1&-1&1\end{pmatrix}$.

2. 求下列向量组的一个极大线性无关组.

(1) $\alpha_1=(1,-2,5)$, $\alpha_2=(3,2,-1)$, $\alpha_3=(3,10,-17)$;

(2) $\alpha_1=(1,-1,2,1,0)$, $\alpha_2=(2,-2,4,-2,0)$, $\alpha_3=(3,0,6,-1,1)$, $\alpha_4=(0,3,0,0,1)$;

(3) $\alpha_1=(1,6,-2,5),\alpha_2=(4,0,4,-2),\alpha_3=(7,6,4,2),\alpha_4=(3,6,0,4)$;

(4) $\alpha_1=(1,-1,2,4)$, $\alpha_2=(2,1,5,10)$, $\alpha_3=(1,-2,2,0)$, $\alpha_4=(3,0,7,14)$.

§2.5 矩阵的秩

在第 2 节中我们引入了向量组的秩, 矩阵可以看作由它的行向量组成, 也可以看作是由它的列向量组成. 因此借助于向量组的秩, 我们可以引入矩阵的秩的概念. 为此我们首先引入矩阵的行秩与列秩.

定义 2.5.1 称矩阵的行向量组的秩为矩阵的行秩, 列向量组的秩为矩阵的列秩.

例 2.5.1 矩阵

$$A=\begin{pmatrix}1&0&-1&0&2\\0&1&3&0&4\\0&0&0&1&5\\0&0&0&0&0\end{pmatrix}$$

的行向量为

$$\alpha_1=(1,0,-1,0,2),\quad \alpha_2=(0,1,3,0,4),$$
$$\alpha_3=(0,0,0,1,5),\qquad \alpha_4=(0,0,0,0,0).$$

由于 $\alpha_1,\alpha_2,\alpha_3$ 可以看作是分别由 3 维基本单位向量

$$e_1=(1,0,0),\quad e_2=(0,1,0),\quad e_3=(0,0,1)$$

添加两个分量所得到, 因此 $\alpha_1,\alpha_2,\alpha_3$ 线性无关, 从而 $\alpha_1,\alpha_2,\alpha_3$ 就是矩阵 A 的行向量组的一个极大线性无关组, 所以矩阵 A 的行秩等于 3.

矩阵 A 的列向量为

$$\beta_1=(1,0,0,0)^{\mathrm T},\quad \beta_2=(0,1,0,0)^{\mathrm T},\quad \beta_3=(-1,3,0,0)^{\mathrm T},$$
$$\beta_4=(0,0,1,0)^{\mathrm T},\quad \beta_5=(2,4,5,0)^{\mathrm T}.$$

容易证明 β_1,β_2,β_4 为 $\beta_1,\beta_2,\beta_3,\beta_4,\beta_5$ 的一个极大线性无关组. 于是 A 的列秩也等于 3.

从上例可以看到, 上述行简化阶梯形矩阵的行秩等于它的列秩. 这一现象对任意矩阵都是普遍成立的.

定理 2.5.2 矩阵的行秩等于列秩.

证明 (i) 首先证明初等变换不改变矩阵的行秩与列秩.

由推论 2.4.5, 我们知道初等行变换不改变矩阵的列秩. 下面证明初等行变换也不改变矩阵的行秩. 为此, 只需证明一次初等行变换不改变矩阵的行秩即可.

设矩阵 A 的行向量组为

$$\alpha_1, \alpha_2, \cdots, \alpha_m. \tag{2.13}$$

显然交换 A 的两行的位置以及用一个非零数乘以 A 的某一行都不改变矩阵的行秩. 假设把 A 的第 i 行的 k 倍加到的第 j 行上去, 得到矩阵 B , 则 B 的行向量组为

$$\alpha_1, \alpha_2, \cdots, \alpha_{j-1}, \alpha_j + k\alpha_i, \alpha_{j+1}, \cdots, \alpha_m. \tag{2.14}$$

显然向量组 (2.14) 可以被 (2.13) 线性表出. 要证明它们有相同的秩, 只需证明 (2.13) 可以被 (2.14) 线性表出即可. 注意到 (2.13) 与 (2.14) 只有一个向量不同, 因此只需证明 α_j 可以被 (2.14) 线性表出, 这是显然的, 因为 $\alpha_j = (\alpha_j + k\alpha_i) - k\alpha_i$. 这样就证明了第 3 类初等行变换不改变矩阵的行秩.

综上所述, 我们证明了行初等变换不改变矩阵的行秩与列秩. 同理可以证明列初等变换也不改变矩阵的行秩与列秩. 所以初等变换不改变矩阵的行秩与列秩.

(ii) 其次证明行简化阶梯形矩阵的行秩与列秩相等, 等于它的非零行的个数. 不妨设简化阶梯形矩阵为

$$A = \begin{pmatrix} 1 & 0 & \cdots & 0 & a_{1r+1} & \cdots & a_{1n} \\ 0 & 1 & \cdots & 0 & a_{2r+1} & \cdots & a_{2n} \\ \cdots & \cdots & \cdots & \cdots & \cdots & \cdots & \cdots \\ 0 & 0 & \cdots & 1 & a_{rr+1} & \cdots & a_{rn} \\ 0 & 0 & \cdots & 0 & 0 & \cdots & 0 \\ \cdots & \cdots & \cdots & \cdots & \cdots & \cdots & \cdots \\ 0 & 0 & \cdots & 0 & 0 & \cdots & 0 \end{pmatrix}.$$

显然 A 的 r 个非零行向量组成它的行向量组的一个极大线性无关组, 因而 A 的行秩等于 r. A 的前 r 个列(主元所在的列)组成它的列向量组的一个极大线性无关组, 因而 A 的列秩也等于 r . 于是A的行秩与列秩相等.

(iii) 根据定理 2.4.2 知, 矩阵 A 可以经过适当的初等行变换化为行简化阶梯形矩阵B. 由 (i) 知 A 行秩等于 B 的行秩, A 的列秩也等于 B 的列秩. 又由 (ii) 知 B 的行秩与列秩相等, 所以 A 的行秩等于列秩.

矩阵的行秩和列秩通称为矩阵的秩. 用 $r(A)$ 表示矩阵 A 的秩.

从矩阵秩的定义立即可得: 若 A 是一个 $m\times n$ 矩阵, 则 $r(A)\le \min\{m,n\}$.

从定理 2.5.2 的证明及矩阵秩的定义立即可得

推论 2.5.3 若矩阵 A 的等价标准形为 C, 则 C 中 1 的个数 $r=r(A)$.

定理 2.5.2 及其证明告诉我们: 用初等行变换化矩阵为阶梯形矩阵, 所得阶梯形矩阵的非零行数与所做的初等行变换无关, 因为它就等于矩阵的秩. 换一种说法, 用初等变换化一个方程组为阶梯形或行简化阶梯形方程组时, 最后留下的方程的个数与变换过程无关, 它等于方程组增广矩阵的秩. 同时定理 2.5.2 的证明也提供了一种计算矩阵秩的方法, 这一方法也正是上一节求 n 维向量组的极大线性无关组所用过的方法. 如果单是求矩阵的秩, 只需把矩阵化为阶梯形矩阵,

例 2.5.2 求矩阵 A 的秩.

$$A=\begin{pmatrix}1&1&-1&0&1\\2&0&-1&2&1\\3&8&-2&-1&2\\0&3&2&1&-2\end{pmatrix}.$$

解 因为

$$A=\begin{pmatrix}1&1&-1&0&1\\2&0&-1&2&1\\3&8&-2&-1&2\\0&3&2&1&-2\end{pmatrix}\to\begin{pmatrix}1&1&-1&0&1\\0&-2&1&2&-1\\0&5&1&-1&-1\\0&3&2&1&-2\end{pmatrix}$$
$$\to\begin{pmatrix}1&1&-1&0&1\\0&-2&1&2&-1\\0&3&2&1&-2\\0&3&2&1&-2\end{pmatrix}\to\begin{pmatrix}1&1&-1&0&1\\0&1&3&3&-3\\0&3&2&1&-2\\0&0&0&0&0\end{pmatrix}$$

$$\rightarrow\begin{pmatrix}1&1&-1&0&1\\0&1&3&3&-3\\0&0&-7&-8&7\\0&0&0&0&0\end{pmatrix},$$

所以$r(A)=3$.

接下来我们讨论矩阵的秩与行列式的关系, 也就是讨论如何用行列式刻画或计算矩阵的秩. 首先看 n 阶方阵的情形.

定理 2.5.4 设 n 阶方阵

$$A=\begin{pmatrix}a_{11}&a_{12}&\cdots&a_{1n}\\a_{21}&a_{22}&\cdots&a_{2n}\\\cdots&\cdots&\cdots&\cdots\\a_{n1}&a_{n2}&\cdots&a_{nn}\end{pmatrix}.$$

用$\alpha_1,\alpha_2,\cdots,\alpha_n$ 表示 A 的 n 个列向量, 则下列陈述等价

(1) $|A|\neq 0$;

(2) $\alpha_1,\alpha_2,\cdots,\alpha_n$ 线性无关;

(3) $r(A)=n$.

证明 (1) $\Rightarrow$ (2). 若 $|A|\neq 0$, 则由第一章推论 1.8.2 知, 以 A 为系数矩阵的齐次线性方程组只有零解, 即

$$x_1\alpha_1+x_2\alpha_2+\cdots+x_n\alpha_n=0$$

只有零解, 从而 $\alpha_1,\alpha_2,\cdots,\alpha_n$ 线性无关.

(2) $\Rightarrow$ (3). 显然成立.

(3) $\Rightarrow$ (1). 设矩阵 A 的等价标准形为 C. 则 $|A|=c|C|$, 其中 c 是一个非零常数. 若 $r(A)=n$, 则 $C=E_n$. 因此 $|A|=c\neq 0$.

注意定理 2.5.4 的逆否命题也是非常重要的. 即 $|A|=0$ 当且仅当 $\alpha_1,\alpha_2,\cdots,\alpha_n$ 线性相关当且仅当 $r(A)<n$. 注意到线性相关的定义, 定理 2.5.4 的逆否命题给出了齐次线性方程组的一个重要结论, 这一结论说明了对于齐次线性方程组, 克莱姆法则的逆命题也成立. 即有

推论 2.5.5 若 A 是 n 阶方阵, 则 $|A|=0$ 当且仅当齐次线性方程组 $AX=0$ 有非零解.

为研究一般矩阵的秩与行列式的关系, 我们需要引入矩阵的子式的概念.

定义 2.5.6 设 A 是一个$m \times n$ 矩阵, k 是一个正整数满足 $1 \leq k \leq \min\{m,n\}$. 任取 A 的 k 行和 k 列, 位于这 k 行和 k 列交点处的 k^2 个元素保持它们在 A 中的相对位置不变构成的 k 阶行列式称为 A 的一个 k 阶子式.

例 2.5.3 在矩阵

$$A = \begin{pmatrix} 1 & 2 & 0 & 1 \\ -1 & 0 & 2 & 4 \\ 3 & 5 & 2 & 1 \end{pmatrix}$$

中, 取第 1, 3 行和第 2, 4 列, 它们交点处的 4 个元素组成的 2 阶行列式

$$\begin{vmatrix} 2 & 1 \\ 5 & 1 \end{vmatrix} = -3$$

是 A 的一个 2 阶子式. A 的 2 阶子式共有 $C_3^2 \cdot C_4^2 = 18$ 个.

取 A 的第 1,2,3 行和第 1,3,4 列, 它们交点处的 9 个元素组成的 3 阶行列式

$$\begin{vmatrix} 1 & 0 & 1 \\ -1 & 2 & 4 \\ 3 & 2 & 1 \end{vmatrix} = -14$$

是 A 的一个 3 阶子式. A 的 3 阶子式共有 $C_3^3 \cdot C_4^3 = 4$ 个.

一般来讲, 一个 $m \times n$ 矩阵的 k 阶子式共有 $C_m^k \cdot C_n^k$ 个. 下面的定理给出了矩阵的秩与矩阵的子式的关系.

定理 2.5.7 矩阵 A 的秩等于 r 的充分必要条件是 A 有 r 阶子式不等于零, 且所有可能的 $r+1$ 阶子式全为零.

证明 必要性. 设 A 的秩等于 r. 则 A 的任意 $r+1$ 个行向量都是线性相关的. 因此 A 的任意 $r+1$ 阶子式(如果存在)的行向量也是线性相关的, 从而由定理 2.5.4 的逆否命题知 A 的所有 $r+1$ 阶子式(如果存在)都等于零. 下面我们证明 A 存在一个不等于零的 r 阶子式. 由于 A 的秩等于 r, 因此 A 的行向量组的极大线性无关组含有 r 个向量, 不妨设它的前 r 个行线性无关. 设

$A=(a_{ij})_{m\times n}$. 令 A_1 是由 A 的前 r 个行构成的矩阵, 即

$$A_1=\begin{pmatrix} a_{11} & a_{12} & \cdots & a_{1n} \\ a_{21} & a_{22} & \cdots & a_{2n} \\ \cdots & \cdots & \cdots & \cdots \\ a_{r1} & a_{r2} & \cdots & a_{rn} \end{pmatrix}.$$

则 A_1 的行秩等于 r, 于是 A_1 的列秩也等于 r, 从而 A_1 的列向量组的极大线性无关组含有 r 个向量, 不妨设它的前 r 列线性无关. 由定理 2.5.4 知行列式

$$\begin{vmatrix} a_{11} & a_{12} & \cdots & a_{1r} \\ a_{21} & a_{22} & \cdots & a_{2r} \\ \cdots & \cdots & \cdots & \cdots \\ a_{r1} & a_{r2} & \cdots & a_{rr} \end{vmatrix} \neq 0.$$

此即为 A 的一个不等于零的 r 阶子式.

充分性. 设 A 存在 r 阶子式不等于零, 而所有可能的 $r+1$ 阶子式都等于零. 根据行列式的按行展开定理可以证明: A 的所有可能高于 r 阶的子式都等于零. 假设 A 的秩等于 s . 则 $s\leq r$, 否则, A 存在 $s>r$阶的子式不等于零, 这是一个矛盾; 同样的 $s\geq r$, 否则, 由必要性知 A 的所有 $r\ (\geq s+1)$阶子式都等于零, 这也是一个矛盾. 因此 $s=r$, 也就是说 A 的秩等于 r.

从证明可以看出, 定理 2.5.7 实际上分为两部分

(1) $r(A)\geq r \Leftrightarrow A$有一个$r$阶子式不等于零;

(2) $r(A)\leq r \Leftrightarrow A$的所有可能的$r+1$阶子式全为零.

以上两个结果可以单独使用.

定理的证明还告诉我们, 如果矩阵 A 的秩等于 r, 那么 A 的不为零的 r 阶子式所在的行是它的行向量组的一个极大线性无关组, 所在的列是它的列向量组的一个极大线性无关组.

本节的最后我们研究乘积矩阵的秩与乘积因子的秩的关系. 首先我们给出乘积矩阵的行列式与因子矩阵行列式的关系, 也就是用矩阵形式表示的行列式的乘法法则.

定理 2.5.8 设 A,B 都是 n 阶矩阵. 则

$$|AB|=|A||B|,$$

即同阶矩阵乘积的行列式等于它们行列式的乘积.

证明 这就是第一章的定理 1.6.6.

利用数学归纳法, 定理 2.5.8可以推广到多个乘积因子的情形, 即有

推论 2.5.9 设 $A_1, A_2, \cdots, A_m$ 都是 n 阶矩阵. 则

$$|A_1A_2\cdots A_m| = |A_1||A_2|\cdots|A_m|.$$

n 阶矩阵 A 称为非退化的, 如果 $|A| \neq 0$. 否则, 称为退化的.

由定理 2.5.4 知, n 阶矩阵 A 非退化的充要条件是 $r(A) = n$.

据定理 2.5.8, 我们有

推论 2.5.10 设 A, B 都是 n 阶矩阵. 则 AB 非退化的充要条件是 A 和 B 都非退化.

关于乘积矩阵的秩, 我们有

定理 2.5.11 设 A 是 $m \times n$ 矩阵, B 是 $n \times s$ 矩阵. 则

$$r(AB) \leq \min\{r(A), r(B)\},$$

即乘积矩阵的秩不超过乘积因子的秩.

证明 设 $A = (a_{ij})$, $B = (b_{ij})$. 则对任意 $i = 1, 2, \cdots, m$, $j = 1, 2, \cdots, s$ 有

$$\begin{aligned}\mathrm{Row}_i(AB) &= \begin{pmatrix} \sum_{k=1}^{n} a_{ik}b_{k1} & \sum_{k=1}^{n} a_{ik}b_{k2} & \cdots \sum_{k=1}^{n} a_{ik}b_{ks} \end{pmatrix} \\ &= \sum_{k=1}^{n} a_{ik} \begin{pmatrix} b_{k1} & b_{k2} & \cdots b_{ks} \end{pmatrix}\end{aligned}$$

和

$$\begin{aligned}\mathrm{Col}_j(AB) &= \begin{pmatrix} a_{11}b_{1j} + a_{12}b_{2j} + \cdots + a_{1n}b_{nj} \\ a_{21}b_{1j} + a_{22}b_{2j} + \cdots + a_{2n}b_{nj} \\ \cdots\cdots\cdots \\ a_{m1}b_{1j} + a_{m2}b_{2j} + \cdots + a_{mn}b_{nj} \end{pmatrix} \\ &= b_{1j} \begin{pmatrix} a_{11} \\ a_{21} \\ \cdots \\ a_{m1} \end{pmatrix} + b_{2j} \begin{pmatrix} a_{12} \\ a_{22} \\ \cdots \\ a_{m2} \end{pmatrix} + \cdots + b_{nj} \begin{pmatrix} a_{1n} \\ a_{2n} \\ \cdots \\ a_{mn} \end{pmatrix}.\end{aligned}$$

因此 AB 的行向量组可以被矩阵 B 的行向量组线性表出, AB 的列向量组可以被 A 的列向量组线性表出. 根据推论 2.2.16(1)

$$r(AB) \leq r(A), \quad r(AB) \leq r(B),$$

于是

$$r(AB) \leq \min\{r(A), r(B)\}.$$

利用数学归纳法, 定理 2.5.11 的结果可以推广到多个矩阵乘积的情形.

推论 2.5.12 设 $A_1, A_2, \cdots, A_m$ 都是矩阵, 且 $A_1A_2\cdots A_m$ 有意义. 则

$$r(A_1A_2\cdots A_m) \leq \min\{r(A_1), r(A_2), \cdots, r(A_m)\}.$$

习　题 2.5

1. 求下列矩阵的秩.

(1) $\begin{pmatrix} 1 & -1 & 3 \\ 3 & 0 & 4 \\ 2 & -5 & 11 \end{pmatrix}$; (2) $\begin{pmatrix} 2 & 1 & 11 & 2 \\ 1 & 0 & 4 & -1 \\ 11 & 4 & 56 & 5 \\ 2 & -1 & 5 & -6 \end{pmatrix}$; (3) $\begin{pmatrix} 1 & 0 & 1 & 0 & 0 \\ 1 & 1 & 0 & 0 & 0 \\ 0 & 1 & 1 & 0 & 0 \\ 0 & 0 & 1 & 1 & 0 \\ 0 & 1 & 0 & 1 & 1 \end{pmatrix}$;

(4) $\begin{pmatrix} 1 & x & \cdots & x \\ x & 1 & \cdots & x \\ & & \ddots & \\ x & x & \cdots & 1 \end{pmatrix}$; (5) $\begin{pmatrix} 1 & 1 & \cdots & 1 \\ x_1 & x_2 & \cdots & x_n \\ \cdots & \cdots & \cdots & \cdots \\ x_1^{n-1} & x_2^{n-1} & \cdots & x_n^{n-1} \end{pmatrix}$.

2. 在秩为 r 的矩阵 A 中, 有没有

(1) 等于零的 $r-1$ 阶子式?

(2) 等于零的 r 阶子式?

(3) 不等于零的 $r+1$ 阶子式?

3. 设 A 是 $m \times n$ 矩阵, $m < n$. 证明: $|A^{\mathrm{T}}A| = 0$.

4. 证明: $r(A+B) \leq r(A) + r(B)$.

5. 设 α, β 为 3 维列向量, 矩阵 $A = \alpha\alpha^{\mathrm{T}} + \beta\beta^{\mathrm{T}}$, 其中 $\alpha^{\mathrm{T}}, \beta^{\mathrm{T}}$ 分别是 α, β 的转置. 证明:

(1) 秩 $r(A) \le 2$;

(2) 若 α, β 线性相关, 则秩 $r(A) < 2$.

§ 2.6 可逆矩阵

给定矩阵方程

$$AX = B, \tag{2.15}$$

其中 A 是一个 n 阶方阵, X 是一个 $n \times p$ 矩阵, B 是一个 $n \times p$ 矩阵. 在 A, B 给定情况下, 如何求 X? 我们知道类似的代数方程

$$ax = b, \tag{2.16}$$

当 $a \neq 0$ 时, 我们可以解出x, 只需在 (2.16) 两端同时乘以 $\dfrac{1}{a}$, 就可以解出 $x = \dfrac{b}{a}$. 这里的关键在于: 对于 $a \neq 0$, 存在 $\dfrac{1}{a}$ 使得 $a\dfrac{1}{a} = \dfrac{1}{a}a = 1$.

当$A \neq 0$时, 是否可以采用类似于求解代数方程 (2.16) 的方法求解矩阵方程 (2.15) 呢? 我们知道矩阵乘法满足结合律, 单位矩阵在矩阵乘法中的作用相当于 1 在数的乘法中的作用. 因此关键在于能否找到 n 阶矩阵 C, 使得 $CA = AC = E_n$? 如果这样的矩阵 C 存在, 那么就有 $X = (CA)X = C(AX) = CB$ 且 $A(CB) = (AC)B = B$, 因此 $X = CB$ 就是矩阵方程 (2.15) 的解.

我们说并不是对每一个非零的 n 阶矩阵 A, 都存在 n 阶矩阵 C, 使得 $CA = AC = E$.

例如 对矩阵

$$A = \begin{pmatrix} 1 & 0 \\ 2 & 0 \end{pmatrix}$$

以及任意 2 阶矩阵 C 都有 $CA \neq E$, 因为 CA 的第 2 列的元素都等于零, 不可能等于单位阵.

但是对于许多重要的方阵A, 确实存在矩阵 C 使得 $CA = AC = E$. 在引入可逆矩阵的概念前, 我们先证明如果这样的矩阵存在, 那么必然是唯一的, 即有

定理 2.6.1 设 A 是 n 阶矩阵, 若矩阵 C 和 D 满足 $AC = DA = E$, 则 $C = D$. 特别地, 满足 $CA = AC = E$ 的矩阵 C 是唯一的.

证明 设矩阵 C 和 D 满足 $AC = DA = E$. 则

$$D = D(AC) = (DA)C = EC = C.$$

现在我们引入可逆矩阵的概念.

定义 2.6.2 称 n 阶矩阵 A 是可逆的(或非奇异的), 如果存在 n 阶矩阵 B 使得

$$AB = BA = E.$$

此时称 B 为 A 的逆矩阵, 记作 $B = A^{-1}$. 否则, 称 A 是不可逆(或奇异的).

注意在代数中, 常用 $\dfrac{1}{a}$ 表示 a^{-1}, 但对于可逆矩阵 A, 我们从不用 $\dfrac{1}{A}$ 表示 A^{-1}.

在§2.4中, 我们定义了方阵的非负整数幂, 对于可逆矩阵 A, 可以定义 A 的任意整数幂, 即有

$$A^m = \begin{cases} \overbrace{A\cdots A}^{m}, & m > 0, \\ E, & m = 0, \\ (A^{-1})^{-m}, & m < 0. \end{cases}$$

容易证明: 对于可逆矩阵 A 及任意的整数 p, q 有

$$A^p A^q = A^{p+q}, \quad (A^p)^q = A^{pq}.$$

显然单位矩阵 E 是可逆矩阵, 它的逆矩阵就是它自己, 即 $E^{-1} = E$. 在进一步研究可逆矩阵前, 我们先给出可逆矩阵的一些基本性质.

定理 2.6.3 设 A, B 都是 n 阶方阵, C, D 都是 $n \times m$ 矩阵.

(1) 若 A 可逆, 则 A^{-1} 可逆, 并且 $(A^{-1})^{-1} = A$;

(2) 若 A, B 可逆, 则 AB 可逆, 并且 $(AB)^{-1} = B^{-1}A^{-1}$;

(3) 若 A 可逆, 则 A^{T} 可逆, 并且 $(A^{\mathrm{T}})^{-1} = (A^{-1})^{\mathrm{T}}$;

(4) 若 A 可逆且 $AC = AD$, 则 $C = D$.

证明 (1) 由定义易知矩阵 A 与 A^{-1} 互为逆矩阵.

(2) 若 A, B 可逆, 则 A^{-1}, B^{-1} 存在, 并且有

$$(B^{-1}A^{-1})AB = B^{-1}(A^{-1}A)B = B^{-1}EB = B^{-1}B = E.$$

同理 $AB(B^{-1}A^{-1}) = E$. 所以 AB 可逆, 并且 $(AB)^{-1} = B^{-1}A^{-1}$.

(3) 若 A 可逆, 则 A^{-1} 存在, 并且

$$(A^{-1})^{\mathrm{T}}(A^{\mathrm{T}}) = (AA^{-1})^{\mathrm{T}} = (A^{-1}A)^{\mathrm{T}} = E^{\mathrm{T}} = E = A^{\mathrm{T}}(A^{-1})^{\mathrm{T}}.$$

所以 A^{T} 可逆, 并且 $(A^{\mathrm{T}})^{-1} = (A^{-1})^{\mathrm{T}}$.

(4) 若 A 可逆, 则 A^{-1} 存在. 于是

$$C = (A^{-1}A)C = A^{-1}(AC) = A^{-1}(AD) = (A^{-1}A)D = D.$$

接下来我们讨论如何判断一个矩阵是可逆的.

设 A_{ij}, $i, j = 1, 2, \cdots, n$ 是矩阵

$$A = \begin{pmatrix} a_{11} & a_{12} & \cdots & a_{1n} \\ a_{21} & a_{22} & \cdots & a_{2n} \\ \cdots & \cdots & \cdots & \cdots \\ a_{n1} & a_{n2} & \cdots & a_{nn} \end{pmatrix}$$

的元素 a_{ij} 的代数余子式. 称矩阵

$$A^* = \begin{pmatrix} A_{11} & A_{21} & \cdots & A_{n1} \\ A_{12} & A_{22} & \cdots & A_{n2} \\ \cdots & \cdots & \cdots & \cdots \\ A_{1n} & A_{2n} & \cdots & A_{nn} \end{pmatrix}$$

为矩阵 A 的伴随矩阵.

据行列式的定义及性质, 不难得到

$$AA^* = A^*A = \begin{pmatrix} |A| & & & O \\ & |A| & & \\ & & \ddots & \\ O & & & |A| \end{pmatrix} = |A|E.$$

若 $|A| \neq 0$, 则

$$A(\frac{1}{|A|}A^*) = (\frac{1}{|A|}A^*)A = E. \tag{2.17}$$

于是, 我们有

定理 2.6.4 方阵 A 可逆的充分必要条件是 A 非退化, 即 $|A| \neq 0$. 此时

$$A^{-1} = \frac{1}{|A|} A^*.$$

证明 若 A 可逆, 则 A^{-1} 存在, 且

$$AA^{-1} = A^{-1}A = E.$$

两边取行列式得

$$|A||A^{-1}| = |E| = 1.$$

所以 $|A| \neq 0$, 即 A 非退化.

若 A 非退化, 则 $|A| \neq 0$. 由(2.17)知A可逆, 且

$$A(\frac{1}{|A|}A^*) = (\frac{1}{|A|}A^*)A = E.$$

所以 A 可逆且 $A^{-1} = \dfrac{1}{|A|}A^*$.

作为定理 2.6.4 的推论, 我们有

推论 2.6.5 若 A, B 都是 n 阶矩阵, 并且 $AB = E$, 则 $BA = E$. 特别的, A 与 B 互为逆矩阵.

证明 若 $AB = E$, 则 $|A||B| = |E| = 1$, 从而 $|A| \neq 0$. 据定理 2.6.4 知 A 可逆, 即 A^{-1} 存在. 于是 $B = (A^{-1}A)B = A^{-1}$, 因此 $BA = E$.

定理 2.6.4 不仅给出了一个矩阵可逆的条件, 同时也给出了求逆矩阵的方法. 不过按这一方法求逆矩阵, 计算量比较大, 特别是在矩阵的阶数较大时. 下一节我们将给出可逆矩阵的若干等价刻画以及求逆矩阵的初等变换法.

例 2.6.1 判断矩阵

$$A = \begin{pmatrix} 1 & 0 & 3 \\ 2 & 1 & 2 \\ 3 & 2 & 1 \end{pmatrix}, \quad B = \begin{pmatrix} 2 & 2 & 3 \\ 1 & -1 & 0 \\ -1 & 2 & 1 \end{pmatrix}$$

是否可逆? 可逆时, 求出其逆矩阵.

解 因为 $|A|=0$, $|B|=-1$, 所以由定理 2.6.4 知 A 不可逆, B 可逆. 经过计算得

$$B^*=\begin{pmatrix}-1 & 4 & 3\\ -1 & 5 & 3\\ 1 & -6 & -4\end{pmatrix}.$$

所以 $B^{-1}=\dfrac{1}{|B|}B^*=\begin{pmatrix}1 & -4 & -3\\ 1 & -5 & -3\\ -1 & 6 & 4\end{pmatrix}$.

接下来, 我们给出可逆矩阵的一个重要的性质.

定理 2.6.6 设 A 是一个 $m\times n$ 阶矩阵. 则对于任意 m 阶可逆矩阵 P 和 n 阶可逆矩阵 Q 有

$$r(PA)=r(A)=r(AQ).$$

证明 记 $B=PA$. 由定理 2.5.11 得 $r(B)\le r(A)$. 另一方面, 由于 P 可逆, $A=P^{-1}B$, 于是 $r(A)\le r(B)$, 所以$r(A)=r(B)=r(PA)$.

同理可证 $r(A)=r(AQ)$.

实际上定理 2.6.6 是初等变换不改变矩阵的秩的矩阵陈述, 这一点我们将在 §2.8 中证明.

最后, 作为可逆矩阵的应用, 我们给出克莱姆法则的矩阵形式证明.

设线性方程组

$$AX=b, \tag{2.18}$$

其中 A 为 n 阶矩阵, X 为未知数列向量, b 为常数项列向量.

若 $|A|\ne 0$, 则 A 可逆. 用 $X=A^{-1}b$ 代入到 (2.18) 得到恒等式

$$A(A^{-1}b)=(AA^{-1})b=b.$$

因此, $A^{-1}b$ 是 (2.18) 的一个解.

设 $X=X_0$ 是 (2.18) 的任意一个解, 即 $AX_0=b$. 则 $X_0=(A^{-1}A)X_0=A^{-1}b$. 这就是说, $A^{-1}b$ 是方程组 (2.18) 的唯一解. 用 $\dfrac{1}{|A|}A^*$ 替换 A^{-1} 即得克莱姆法则所给出的求解公式.

习 题 2.6

1. 判断下列矩阵是否可逆, 如果可逆, 求其逆矩阵.

(1) $\begin{pmatrix} a & b \\ c & d \end{pmatrix}, (ad-bc=1)$; (2) $\begin{pmatrix} 1 & 0 & 0 \\ 1 & 2 & 0 \\ 1 & 2 & 3 \end{pmatrix}$; (3) $\begin{pmatrix} 1 & 2 & 3 \\ 2 & 2 & 1 \\ 3 & 1 & 3 \end{pmatrix}$;

(4) $\begin{pmatrix} 1 & 2 & 3 \\ -1 & 0 & 2 \\ 3 & 4 & 4 \end{pmatrix}$; (5) $\begin{pmatrix} 2 & -3 & 2 \\ 1 & -3 & 3 \\ -1 & 2 & -3 \end{pmatrix}$;

(6) $\begin{pmatrix} a_1 & & & \\ & a_2 & & \\ & & \ddots & \\ & & & a_n \end{pmatrix}, (a_i \neq 0, i=1,2,3,\cdots,n)$.

2. 设 A 是 n 阶矩阵, 满足 $A^k=0$. 证明: $E-A$ 可逆, 且 $(E-A)^{-1}=E+A+A^2+\cdots+A^{k-1}$.

3. 已知 $A^2+A=3E$, 求 $(A-E)^{-1}$.

4. 已知 A,B 和 $A+B$ 均为可逆矩阵, 试证: $A^{-1}+B^{-1}$ 也可逆, 且 $(A^{-1}+B^{-1})^{-1}=A(A+B)^{-1}B=B(A+B)^{-1}A$.

5. 设 A 是 n 阶矩阵, A^* 是 A 的伴随矩阵. 证明: $|A^*|=|A|^{n-1}$.

6. 已知实矩阵 $A=(a_{ij})_{3\times 3}, a_{ij}=A_{ij}$, 且 $a_{11}\neq 0$, 求 $|A|$.

7. 如果 A 可逆, 试证: A^* 也可逆, 且 $(A^*)^{-1}=(A^{-1})^*=\dfrac{A}{|A|}$.

8. 设 A,B 为同阶可逆矩阵. 证明: $(AB)^*=B^*A^*$.

§ 2.7 分块矩阵及其应用

这一节我们介绍一种处理高阶数矩阵的常用方法—矩阵的分块.

一般地, 由矩阵 A 的若干行、若干列交点位置的元素保持它们在 A 中的相对位置不变组成的矩阵称为矩阵 A 的子矩阵.

把矩阵 A 的行与列分别分成若干组, 这样矩阵 A 就被分成若干个子矩阵, 就像矩阵是由数组成一样, 把矩阵 A 看作由这些子矩阵组成, 称为矩阵的分块. 这种由子矩阵组成的矩阵称为分块矩阵.

例如 设

$$A=\begin{pmatrix}1&0&0&1&-1&0&0&0\\0&1&0&3&-2&0&0&0\\0&0&1&2&-3&0&0&0\\0&0&0&2&0&-4&6&3\\0&0&0&0&2&2&0&2\end{pmatrix},$$

把 A 的行分为两组, 前三行为第一组, 后两行为第二组; 把 A 的列分为三组, $1,2,3$ 列为第一组, $4,5$ 列为第二组, $6,7,8$ 列为第三组. 则 A 被分成 6 个子矩阵, 对应的分块矩阵为

$$A=\begin{pmatrix}E_3&A_{12}&0_3\\0_{2\times 3}&2E_2&A_{23}\end{pmatrix},$$

其中 E_3 和 E_2 分别为 3 阶和 2 阶单位阵, 0_3 为 3 阶零矩阵, $0_{2\times 3}$ 为 2×3 零矩阵,

$$A_{12}=\begin{pmatrix}1&-1\\3&-2\\2&-3\end{pmatrix},\quad A_{23}=\begin{pmatrix}-4&6&3\\2&0&2\end{pmatrix}.$$

矩阵分块的好处不仅仅使得矩阵的结构更加直观、清晰, 更重要的是, 在进行矩阵运算时, 可以把子矩阵当作数, 按通常的矩阵运算处理.

从矩阵加法和数量乘法的定义容易看出: 两个同型的、具有相同分块方式的分块矩阵相加就等于对应的子矩阵相加; 数 k 与分块矩阵的数乘就等于用 k 与每一个子矩阵做数乘. 而分块矩阵的转置是把行块列块的位置互换的同时每一个子矩阵也要作转置. 即若 $A=(A_{ij})$ 是分块矩阵, 则 $A^{\mathrm{T}}=(A_{ji}^{\mathrm{T}})$.

对于分块矩阵的乘法, 我们有

定理 2.7.1 设 $A=(a_{ij})_{m\times n}$, $B=(b_{ij})_{n\times s}$. 对 A,B 进行如下分块

$$A=\begin{pmatrix}A_{11}&A_{12}&\cdots&A_{1l}\\A_{21}&A_{22}&\cdots&A_{2l}\\\cdots&\cdots&\cdots&\cdots\\A_{t1}&A_{t2}&\cdots&A_{tl}\end{pmatrix},\quad B=\begin{pmatrix}B_{11}&B_{12}&\cdots&B_{1r}\\B_{21}&B_{22}&\cdots&B_{2r}\\\cdots&\cdots&\cdots&\cdots\\B_{l1}&B_{l2}&\cdots&B_{lr}\end{pmatrix},$$

其中每个 A_{ij} 是 $m_i \times n_j$ 矩阵, 每个 B_{ij} 是 $n_i \times s_j$ 矩阵, 并且 $m = m_1 + m_2 + \cdots + m_t$, $n = n_1 + n_2 + \cdots + n_l$, $s = s_1 + s_2 + \cdots + s_r$. 则

$$AB = \begin{pmatrix} C_{11} & C_{12} & \cdots & C_{1r} \\ C_{21} & C_{22} & \cdots & C_{2r} \\ \cdots & \cdots & \cdots & \cdots \\ C_{t1} & C_{t2} & \cdots & C_{tr} \end{pmatrix},$$

其中, 对于 $u = 1, 2, \cdots, t$, $v = 1, 2, \cdots, r$,

$$C_{uv} = \sum_{k=1}^{l} A_{uk}B_{kv} = A_{u1}B_{1v} + A_{u2}B_{2v} + \cdots + A_{ul}B_{lv}.$$

*证明 令

$$C = \begin{pmatrix} C_{11} & C_{12} & \cdots & C_{1r} \\ C_{21} & C_{22} & \cdots & C_{2r} \\ \cdots & \cdots & \cdots & \cdots \\ C_{t1} & C_{t2} & \cdots & C_{tr} \end{pmatrix}.$$

显然 C 是 $m \times s$ 矩阵, 与 AB 为同型矩阵.

对于 $i = 1, 2, \cdots, m$, $j = 1, 2, \cdots, s$, 设

$$i = m_1 + m_2 + \cdots + m_{x-1} + p, \quad j = s_1 + s_2 + \cdots + s_{y-1} + q.$$

则(令$n_0 = 0$)

$$\begin{aligned}(C)_{ij} &= (\sum_{z=1}^{l} A_{xz}B_{zy})_{pq} = \sum_{z=1}^{l}(A_{xz}B_{zy})_{pq} \\ &= \sum_{z=1}^{l}\sum_{k=n_{z-1}+1}^{n_z}(A_{xz})_{pk}(B_{zy})_{kq} = \sum_{z=1}^{l}\sum_{k=n_{z-1}+1}^{n_z}(A)_{ik}(B)_{kj} \\ &= \sum_{z=1}^{l}\sum_{k=n_{z-1}+1}^{n_z} a_{ik}b_{kj} = \sum_{k=1}^{n} a_{ik}b_{kj} \\ &= (AB)_{ij}.\end{aligned}$$

所以 $C = AB$.

从定理 2.7.1 可以看出, 对于 $m\times n$ 矩阵 A 和 $n\times s$ 矩阵 B 的分块乘积, 只要对 A 的列分组方式与对 B 的行分组方式一致, 即满足

(i) A 的列组数等于 B 的行组数;

(ii) A 的每个列组所含列数等于 B 的相应行组所含行数.

分块乘法就可以把子矩阵当作数处理, 按通常矩阵的乘法进行. 需要注意的是, 由于矩阵乘法不满足交换律, 在进行分块乘法时, A 的子矩阵总在前面, B 的子矩阵总在后面.

例 2.7.1 设 $A=(a_{ij})$ 是 $m\times n$ 矩阵. 则

$$A=(\mathrm{Col}_1(A),\mathrm{Col}_2(A),\cdots,\mathrm{Col}_n(A))=\begin{pmatrix}\mathrm{Row}_1(A)\\ \mathrm{Row}_2(A)\\ \vdots\\ \mathrm{Row}_m(A)\end{pmatrix},$$

分别称为矩阵 A 的按列分块和按行分块.

又设 $B=(b_{ij})$ 是 $n\times s$ 矩阵. 则

$$\begin{aligned}AB&=(A\mathrm{Col}_1(B),A\mathrm{Col}_2(B),\cdots,A\mathrm{Col}_s(B))\\&=\begin{pmatrix}\mathrm{Row}_1(A)B\\ \mathrm{Row}_2(A)B\\ \vdots\\ \mathrm{Row}_m(A)B\end{pmatrix}\\&=(\sum_{k=1}^{n}b_{k1}\mathrm{Col}_k(A),\sum_{k=1}^{n}b_{k2}\mathrm{Col}_k(A),\cdots,\sum_{k=1}^{n}b_{ks}\mathrm{Col}_k(A))\\&=\begin{pmatrix}a_{11}\mathrm{Row}_1(B)+a_{12}\mathrm{Row}_2(B)+\cdots+a_{1n}\mathrm{Row}_n(B)\\ a_{21}\mathrm{Row}_1(B)+a_{22}\mathrm{Row}_2(B)+\cdots+a_{2n}\mathrm{Row}_n(B)\\ \vdots\\ a_{m1}\mathrm{Row}_1(B)+a_{m2}\mathrm{Row}_2(B)+\cdots+a_{mn}\mathrm{Row}_n(B)\end{pmatrix}\\&=\mathrm{Col}_1(A)\mathrm{Row}_1(B)+\mathrm{Col}_2(A)\mathrm{Row}_2(B)+\cdots+\mathrm{Col}_n(A)\mathrm{Row}_n(B)\end{aligned}$$

$$
= \begin{pmatrix} \mathrm{Row}_1(A)\mathrm{Col}_1(B) & \mathrm{Row}_1(A)\mathrm{Col}_2(B) & \cdots & \mathrm{Row}_1(A)\mathrm{Col}_s(B) \\ \mathrm{Row}_2(A)\mathrm{Col}_1(B) & \mathrm{Row}_2(A)\mathrm{Col}_2(B) & \cdots & \mathrm{Row}_2(A)\mathrm{Col}_s(B) \\ \cdots & \cdots & \cdots & \cdots \\ \mathrm{Row}_m(A)\mathrm{Col}_1(B) & \mathrm{Row}_m(A)\mathrm{Col}_2(B) & \cdots & \mathrm{Row}_m(A)\mathrm{Col}_s(B) \end{pmatrix}.
$$

上面第 3, 4 个等式再次给出了我们在定理 2.5.11 的证明中已经证明的结果: AB的行向量组可以被矩阵 B 的行向量组线性表出, AB 的列向量组可以被 A 的列向量组线性表出.

设 e'_i, $i=1,2,\cdots,m$, 是第 i 个 m 维基本单位行向量, e_j, $j=1,2,\cdots,n$ 是第 j 个 n 维基本单位列向量. 则

$$
e'_iA = \mathrm{Row}_i(A), \quad Ae_j = \mathrm{Col}_j(A), \quad e'_iAe_j = a_{ij}.
$$

例 2.7.2 设 A, B 分别是 m 阶和 n 阶可逆矩阵, C 是$n\times m$矩阵, 0 是 $m\times n$ 零矩阵. 证明矩阵

$$
D = \begin{pmatrix} A & 0 \\ C & B \end{pmatrix}
$$

是可逆矩阵, 并求 D 的逆矩阵.

解 因为 A, B 都是可逆矩阵, 所以 $|A| \neq 0$, $|B| \neq 0$. 于是$|D| = |A||B| \neq 0$, 从而 D 可逆. 设

$$
D^{-1} = \begin{pmatrix} X_{11} & X_{12} \\ X_{21} & X_{22} \end{pmatrix}.
$$

则

$$
\begin{pmatrix} A & 0 \\ C & B \end{pmatrix}\begin{pmatrix} X_{11} & X_{12} \\ X_{21} & X_{22} \end{pmatrix} = \begin{pmatrix} E_m & 0 \\ 0 & E_n \end{pmatrix},
$$

于是矩阵 X_{11}, X_{12}, X_{21} 和 X_{22} 满足

$$
\begin{cases} AX_{11} = E_m, \\ AX_{12} = 0, \\ CX_{11} + BX_{21} = 0, \\ CX_{12} + BX_{22} = E_n. \end{cases}
$$

解得

$$X_{11}=A^{-1},\quad X_{12}=0,\quad X_{21}=-B^{-1}CA^{-1},\quad X_{22}=B^{-1}.$$

所以

$$D^{-1}=\begin{pmatrix}A^{-1} & 0\\ -B^{-1}CA^{-1} & B^{-1}\end{pmatrix}.$$

特别地, 当 $C=0$ 时, 有

$$\begin{pmatrix}A & 0\\ 0 & B\end{pmatrix}^{-1}=\begin{pmatrix}A^{-1} & 0\\ 0 & B^{-1}\end{pmatrix}.$$

形如

$$\begin{pmatrix}A_1 & & & \\ & A_2 & & \\ & & \ddots & \\ & & & A_t\end{pmatrix} \tag{2.19}$$

的矩阵, 其中 $A_i\ (i=1,2,\cdots,t)$ 是方阵, 称为分块对角矩阵(或准对角矩阵). 显然, 对角矩阵是分块对角矩阵. 分块对角矩阵 (2.19) 可以简记为

$$\mathrm{diag}\{A_1,A_2,\cdots,A_t\}.$$

设

$$A=\begin{pmatrix}A_1 & & & \\ & A_2 & & \\ & & \ddots & \\ & & & A_t\end{pmatrix},\quad B=\begin{pmatrix}B_1 & & & \\ & B_2 & & \\ & & \ddots & \\ & & & B_t\end{pmatrix}$$

是两个阶数相同、并且具有相同分块方式的分块对角矩阵. 则

$$A+B=\begin{pmatrix}A_1+B_1 & & & \\ & A_2+B_2 & & \\ & & \ddots & \\ & & & A_t+B_t\end{pmatrix},$$

$$AB=\begin{pmatrix} A_1B_1 & & & 0 \\ & A_2B_2 & & \\ & & \ddots & \\ 0 & & & A_tB_t \end{pmatrix}.$$

若 $A_i(i=1,2,\cdots,t)$ 是可逆矩阵, 则

$$\begin{pmatrix} A_1 & & & 0 \\ & A_2 & & \\ & & \ddots & \\ 0 & & & A_t \end{pmatrix}^{-1}=\begin{pmatrix} A_1^{-1} & & & 0 \\ & A_2^{-1} & & \\ & & \ddots & \\ 0 & & & A_t^{-1} \end{pmatrix}.$$

形如

$$\begin{pmatrix} A_{11} & A_{12} & \cdots & A_{1t} \\ 0 & A_{22} & \cdots & A_{2t} \\ \cdots & \cdots & \cdots & \cdots \\ 0 & 0 & \cdots & A_{tt} \end{pmatrix}$$

的矩阵, 其中 A_{ii} $(i=1,2,\cdots,t)$ 是方阵, 称为分块上三角矩阵.

对偶地, 可以定义分块下三角矩阵. 容易看出, 分块上(下)三角矩阵一定是方阵. 显然, 分块对角矩阵既是分块上三角矩阵, 也是分块下三角矩阵. 上(下)三角矩阵是分块上(下)三角矩阵. 与上(下)三角矩阵类似, 可以证明: 两个具有相同分块方式的分块上(下)三角矩阵的和与乘积仍为分块上(下)三角矩阵, 并且主对角线上的子矩阵等于对应位置的子矩阵的和与乘积.

习　题　2.7

1. 设

$$A=\begin{pmatrix} a & 1 & 0 & 0 \\ 0 & a & 0 & 0 \\ 0 & 0 & b & 1 \\ 0 & 0 & 1 & b \end{pmatrix},\qquad B=\begin{pmatrix} a & 0 & 0 & 0 \\ 1 & a & 0 & 0 \\ 0 & 0 & b & 0 \\ 0 & 0 & 1 & b \end{pmatrix}.$$

求 $A+B, A^2, ABA$.

2. 设 A, B 都是 n 阶可逆阵. 试证: $D = \begin{pmatrix} A & C \\ 0 & B \end{pmatrix}$ 必为可逆阵, 并求出 D^{-1}.

3. 设 A, B, C, D 均为 n 阶阵, E 为 n 阶单位阵, A 为可逆阵. 如果分块矩阵

$$P = \begin{pmatrix} E & 0 \\ -CA^{-1} & E \end{pmatrix}, \quad Q = \begin{pmatrix} A & B \\ C & D \end{pmatrix}, \quad R = \begin{pmatrix} E & -A^{-1}B \\ 0 & E \end{pmatrix},$$

试计算 PQR.

4. 设 $A = \begin{pmatrix} 0 & A_1 \\ A_2 & 0 \end{pmatrix}$, 其中 A_1, A_2 都是 n 阶可逆方阵.

(1) 试用 A_1^{-1}, A_2^{-1} 表示 A^{-1}.

(2) 求 $\begin{pmatrix} 0 & a_1 & 0 & \cdots & 0 \\ 0 & 0 & a_2 & \cdots & 0 \\ & \cdots & \cdots & \cdots & \\ 0 & 0 & 0 & \cdots & a_{n-1} \\ a_n & 0 & 0 & \cdots & 0 \end{pmatrix}$ 的逆矩阵, 其中 $a_i \neq 0\ (1 \leq i \leq n)$.

§ 2.8 初等变换与初等矩阵

本节主要讨论矩阵的初等变换与矩阵乘法之间的关系. 我们将证明对矩阵 A 施行一次初等行(列)变换可以用左(右)乘一个所谓的初等矩阵来实现.

定义 2.8.1 单位矩阵 E 经过一次初等变换所得到的矩阵称为初等矩阵.

显然初等矩阵都是方阵. 由于初等行变换有三类, 因此对应的初等矩阵也有三种类型.

用 $P(i,j)$ 表示互换 E 的第 i 行与第 j 行的位置所得到的初等矩阵, 则

$$P(i,j)=\begin{pmatrix}
1 &&&&&&&&&& \\
& \ddots &&&&&&&&& \\
&& 1 &&&&&&&& \\
&&& 0 && \cdots && 1 &&& \\
&&&& 1 &&&&&& \\
&&& \vdots && \ddots && \vdots &&& \\
&&&&&& 1 &&&& \\
&&& 1 && \cdots && 0 &&& \\
&&&&&&&& 1 && \\
&&&&&&&&& \ddots & \\
&&&&&&&&&& 1
\end{pmatrix}\begin{matrix} \\ \\ \\ i\text{行} \\ \\ \\ \\ j\text{行} \\ \\ \\ \\ \end{matrix}.$$

用 $P(i(c))$ 表示单位矩阵 E 的第 i 行乘以非零数 c 所得到的初等矩阵, 则

$$P(i(c))=\begin{pmatrix}
1 &&&&&& \\
& \ddots &&&&& \\
&& 1 &&&& \\
&&& c &&& \\
&&&& 1 && \\
&&&&& \ddots & \\
&&&&&& 1
\end{pmatrix}.\ \begin{matrix} \\ \\ \\ i\text{行} \\ \\ \\ \\ \end{matrix}$$

用 $P(i,j(k))$ 表示把 E 的第 j 行的 k 倍加到第 i 行所得到的初等矩阵, 则

$$P(i,j(k))=\begin{pmatrix}
1 &&&&&& \\
& \ddots &&&&& \\
&& 1 & \cdots & k && \\
&&& \ddots & \vdots && \\
&&&& 1 && \\
&&&&& \ddots & \\
&&&&&& 1
\end{pmatrix}.\begin{matrix} \\ \\ i\text{行} \\ \\ j\text{行} \\ \\ \\ \end{matrix}$$

同样可以得到与初等列变换相对应的初等矩阵. 通过计算我们知道, 对单位矩阵施行一次初等列变换所得到的初等矩阵包括在上面所列举的三类初等矩阵中. 因此以上三类矩阵就是全部的初等矩阵. 下面的定理给出了初等变换与初等矩阵的关系.

定理 2.8.2 对 $m \times n$ 矩阵 A 作一次初等行变换相当于用相应的 m 阶初等矩阵左乘以 A; 对 A 作一次初等列变换相当于用相应的 n 阶初等矩阵右乘以 A.

证明 我们只证明初等行变换的情形, 初等列变换的情形同样可以证明. 设 $B=(b_{ij})$ 是一个 m 阶矩阵. 则

$$BA=\begin{pmatrix} b_{11}\mathrm{Row}_1(A)+b_{12}\mathrm{Row}_2(A)+\cdots+b_{1m}\mathrm{Row}_m(A) \\ b_{21}\mathrm{Row}_1(A)+b_{22}\mathrm{Row}_2(A)+\cdots+b_{2m}\mathrm{Row}_m(A) \\ \cdots\cdots\cdots\cdots \\ b_{m1}\mathrm{Row}_1(A)+b_{m2}\mathrm{Row}_2(A)+\cdots+b_{mm}\mathrm{Row}_m(A) \end{pmatrix}.$$

令 $B=P(i,j)$, 则

$$P(i,j)A=\begin{pmatrix} \mathrm{Row}_1(A) \\ \cdots \\ \mathrm{Row}_j(A) \\ \cdots \\ \mathrm{Row}_i(A) \\ \cdots \\ \mathrm{Row}_m(A) \end{pmatrix} \begin{matrix} \\ \\ i\text{行} \\ \\ j\text{行} \\ \\ \\ \end{matrix},$$

因此交换 A 的第 i 行与第 j 行的位置所得到的矩阵等于 $P(i,j)A$.

令$B=P(i(c))$, 则

$$P(i(c))A=\begin{pmatrix} \mathrm{Row}_1(A) \\ \cdots \\ c\mathrm{Row}_i(A) \\ \cdots \\ \mathrm{Row}_m(A) \end{pmatrix} \quad i\text{行} ,$$

因此用 c 乘 A 的第 i 行所得的矩阵就等于 $P(i(c))A$.

令$B = P(i, j(k))$, 则

$$P(i, j(k))A = \begin{pmatrix} \mathrm{Row}_1(A) \\ \cdots \\ \mathrm{Row}_i(A) + k\mathrm{Row}_j(A) \\ \cdots \\ \mathrm{Row}_j(A) \\ \cdots \\ \mathrm{Row}_m(A) \end{pmatrix} \begin{matrix} \\ \\ i\text{行} \\ \\ j\text{行} \\ \\ \\ \end{matrix},$$

因此把 A 的第 j 行的 k 倍加到第 i 行所得到的矩阵就等于 $P(i, j(k))A$.

值得注意的是, 在初等列变换的情形中, $AP(i, j(k))$ 相当于把 A 的第 i 列的 k 倍加到第 j 列上去.

作为定理 2.8.2 的推论(当然也可以直接证明), 我们得到初等矩阵的下述性质.

推论 2.8.3 初等矩阵都是可逆的, 并且每一类初等矩阵的逆矩阵仍为同一类型的初等矩阵.

(1) $P^{-1}(i, j) = P(i, j)$;

(2) $P^{-1}(i(c)) = P(i(c^{-1}))$;

(3) $P^{-1}(i, j(k)) = P(i, j(-k))$.

证明 由定理 2.8.2 知, $P(i, j)P(i, j)$ 就相当于交换 $P(i, j)$ 的第 i 行与第 j 行. 因此 $P(i, j)P(i, j) = E$, 于是 $P(i, j)$ 可逆, 并且 $P^{-1}(i, j) = P(i, j)$. 同理可以证明 $P(i(c))$ 及 $P(i, j(k))$ 可逆, 并且 (2), (3) 成立.

现在我们给出可逆矩阵的若干等价刻画, 并由此导出求逆矩阵的初等变换法.

定理 2.8.4 设 A 是 n 阶矩阵. 则下列条件等价

(1) A 是可逆矩阵;

(2) $r(A) = n$;

(3) A 的行(列)向量线性无关;

(4) $|A| \neq 0$;

(5) 存在 n 阶矩阵 B 使得 $BA = E$;

(6) 齐次线性方程组 $Ax = 0$ 只有零解;

(7) 线性方程组 $Ax = b$ 对任意 n 维列向量 b 都有解;

(8) A 等价于单位矩阵;

(9) A 可以经过一系列适当的行(列)初等变换化为单位矩阵;

(10) A 可以表示为一些初等矩阵的乘积.

证明 根据定理 2.5.4, 2.6.4 以及推论 2.5.5, 2.6.5 我们知道 (1), (2), (3), (4), (5), (6) 是等价的. 以下我们只需证明 (1), (7), (8), (9), (10) 的等价性.

(1) $\Rightarrow$ (7) 设 A 是可逆矩阵. 则对任意 n 维列向量 b, $A^{-1}b$ 为 $Ax = b$ 的解, (7)成立.

(7) $\Rightarrow$ (1) 令$b = e_i$, $i = 1, 2, \cdots, n$, 为 n 维基本单位列向量. 由 (7) 知 $Ax = e_i$ 有解, 设 β_i 是它的一个解. 令 $B = (\beta_1, \beta_2, \cdots, \beta_n)$, 则 $AB = E$, 因此 A 可逆.

(1) $\Rightarrow$ (8) 设 A 是可逆矩阵. 则 $r(A) = n$. 由推论 2.5.3 知 A 的等价标准形是一个 n 阶单位矩阵, 因此 A 等价于单位矩阵.

(8) $\Rightarrow$ (9) 设 A 等价于单位矩阵. 则由定理 2.8.2 知存在初等矩阵 $P_1, \cdots, P_s, Q_1, \cdots, Q_t$ 使得

$$P_s \cdots P_1 A Q_1 \cdots Q_t = E.$$

于是由推论 2.6.5 得 $Q_1 \cdots Q_t P_s \cdots P_1 A = E$. 所以 A 可以经过一系列适当的初等行变换化为单位矩阵.

(9) $\Rightarrow$ (10) 设 A 可以经过一系列适当的初等行变换化为单位矩阵. 则存在初等矩阵 $P_1, \cdots, P_s$ 使得 $P_s \cdots P_1 A = E$. 因此 $A = P_1^{-1} \cdots P_s^{-1}$. 由于初等矩阵的逆矩阵仍为初等矩阵, 所以 A 可以表示为初等矩阵的乘积.

(10) $\Rightarrow$ (1) 设 A 可以表示为初等矩阵的乘积. 因为初等矩阵是可逆矩阵, 可逆矩阵的乘积仍为可逆矩阵, 所以 A 是可逆矩阵.

推论 2.4.3 用分块矩阵以及矩阵的语言可以表述为

推论 2.8.5 任意 $m \times n$ 矩阵 A 都等价于如下形式的矩阵

$$\begin{pmatrix} E_r & 0 \\ 0 & 0 \end{pmatrix}.$$

等价地, 存在 m 阶可逆矩阵 P 和 n 阶可逆矩阵 Q 使得

$$PAQ = \begin{pmatrix} E_r & 0 \\ 0 & 0 \end{pmatrix}.$$

设 A 是可逆矩阵. 由定理 2.8.4 知 A 可以经过适当的初等行变换化为单位矩阵, 即存在初等矩阵 $P_1, \cdots, P_s$ 使得

$$P_s \cdots P_1 A = E,$$

此时

$$A^{-1} = P_s \cdots P_1 E.$$

于是

$$P_s \cdots P_1 (A\ E) = (P_s \cdots P_1 A\ P_s \cdots P_1 E) = (E\ A^{-1}).$$

用初等变换的语言上式可以表述为: 对矩阵 $(A\ E)$ 作初等行变换, 把 A 化成单位矩阵的同时, 原来的单位矩阵相应地就化为 A^{-1}.

我们知道, 任何矩阵 A 可以经过适当的初等行变换化为行简化阶梯形矩阵, 并且行简化阶梯形矩阵的非零行数就是矩阵 A 的秩. 因此 A 可逆当且仅当这个行简化阶梯形矩阵是单位阵. 等价地, A 不可逆当且仅当它对应的行简化阶梯形矩阵不是单位阵当且仅当对应的行简化阶梯形矩阵含有零行.

这样我们就可以通过下面的步骤判断矩阵是否可逆? 在可逆时, 求出相应的逆矩阵.

第一步 作$n \times 2n$矩阵(AE);

第二步 对 (AE) 进行初等行变换, 把 A 化成行简化阶梯形矩阵. 设所得到的矩阵为 (BC), 其中 B 是由 A 所化成的行简化阶梯形矩阵. 若 $B = E$, 则 $A^{-1} = C$, 否则 A 不可逆.

例 2.8.1 判断下列矩阵是否可逆, 可逆时求出其逆矩阵.

$$A = \begin{pmatrix} 1 & 1 & -1 \\ 2 & 3 & 2 \\ 4 & 5 & 0 \end{pmatrix}.$$

解 因为

$$
\begin{pmatrix} 1 & 1 & -1 & 1 & 0 & 0 \\ 2 & 3 & 2 & 0 & 1 & 0 \\ 4 & 5 & 0 & 0 & 0 & 1 \end{pmatrix} \to \begin{pmatrix} 1 & 1 & -1 & 1 & 0 & 0 \\ 0 & 1 & 4 & -2 & 1 & 0 \\ 0 & 1 & 4 & -4 & 0 & 1 \end{pmatrix}
$$

$$
\to \begin{pmatrix} 1 & 1 & -1 & 1 & 0 & 0 \\ 0 & 1 & 4 & -2 & 1 & 0 \\ 0 & 0 & 0 & -2 & -1 & 1 \end{pmatrix},
$$

所以 A 不可逆.

例 2.8.2 判断矩阵

$$
A = \begin{pmatrix} 1 & 2 & -2 \\ 2 & 5 & -3 \\ 3 & 7 & -4 \end{pmatrix}
$$

是否可逆, 可逆时, 求出其逆矩阵.

解 因为

$$
\begin{pmatrix} 1 & 2 & -2 & 1 & 0 & 0 \\ 2 & 5 & -3 & 0 & 1 & 0 \\ 3 & 7 & -4 & 0 & 0 & 1 \end{pmatrix} \to \begin{pmatrix} 1 & 2 & -2 & 1 & 0 & 0 \\ 0 & 1 & 1 & -2 & 1 & 0 \\ 0 & 1 & 2 & -3 & 0 & 1 \end{pmatrix}
$$

$$
\to \begin{pmatrix} 1 & 2 & -2 & 1 & 0 & 0 \\ 0 & 1 & 1 & -2 & 1 & 0 \\ 0 & 0 & 1 & -1 & -1 & 1 \end{pmatrix} \to \begin{pmatrix} 1 & 2 & 0 & -1 & -2 & 2 \\ 0 & 1 & 0 & -1 & 2 & -1 \\ 0 & 0 & 1 & -1 & -1 & 1 \end{pmatrix}
$$

$$
\to \begin{pmatrix} 1 & 0 & 0 & 1 & -6 & 4 \\ 0 & 1 & 0 & -1 & 2 & -1 \\ 0 & 0 & 1 & -1 & -1 & 1 \end{pmatrix},
$$

所以 A 可逆, 且

$$
A^{-1} = \begin{pmatrix} 1 & -6 & 4 \\ -1 & 2 & -1 \\ -1 & -1 & 1 \end{pmatrix}.
$$

基于行与列的对偶性, 同样可以证明, 可逆矩阵也能用初等列变换化成单位矩阵, 这样也就可以给出用初等列变换求逆矩阵的方法.

最后, 我们以推论 2.8.5 的一个应用结束本节的内容.

例 2.8.3 设 A 是 $m\times n$ 矩阵, B 是 $n\times m$ 矩阵. 证明: $|E_m-AB|=|E_n-BA|$.

证明 若 $A=0$, 则结论显然成立. 以下假定 $A\neq 0$.

设 $r(A)=r$. 则由推论 2.8.5 知, 存在 m 阶可逆矩阵 P 和 n 阶可逆矩阵 Q 使得

$$PAQ=\begin{pmatrix} E_r & 0\\ 0 & 0\end{pmatrix}.$$

令

$$Q^{-1}BP^{-1}=\begin{pmatrix} C_{11} & C_{12}\\ C_{21} & C_{22}\end{pmatrix},$$

其中 C_{11}, C_{22} 分别是 r阶, $m-r$ 阶矩阵; C_{12}, C_{21} 分别是 $r\times(m-r)$, $(n-r)\times r$ 矩阵. 我们有

$$\begin{aligned} P(E_m-AB)P^{-1}&=E_m-PABP^{-1}=E_m-(PAQ)(Q^{-1}BP^{-1})\\ &=\begin{pmatrix} E_r & 0\\ 0 & E_{m-r}\end{pmatrix}-\begin{pmatrix} E_r & 0\\ 0 & 0\end{pmatrix}\begin{pmatrix} C_{11} & C_{12}\\ C_{21} & C_{22}\end{pmatrix}\\ &=\begin{pmatrix} E_r & 0\\ 0 & E_{m-r}\end{pmatrix}-\begin{pmatrix} C_{11} & C_{12}\\ 0 & 0\end{pmatrix}\\ &=\begin{pmatrix} E_r-C_{11} & -C_{12}\\ 0 & E_{m-r}\end{pmatrix}\end{aligned}$$

和

$$\begin{aligned} Q^{-1}(E_n-BA)Q&=E_n-Q^{-1}BAQ=E_n-(Q^{-1}BP^{-1})(PAQ)\\ &=\begin{pmatrix} E_r & 0\\ 0 & E_{n-r}\end{pmatrix}-\begin{pmatrix} C_{11} & C_{12}\\ C_{21} & C_{22}\end{pmatrix}\begin{pmatrix} E_r & 0\\ 0 & 0\end{pmatrix}\\ &=\begin{pmatrix} E_r & 0\\ 0 & E_{n-r}\end{pmatrix}-\begin{pmatrix} C_{11} & 0\\ C_{21} & 0\end{pmatrix}\\ &=\begin{pmatrix} E_r-C_{11} & 0\\ -C_{21} & E_{m-r}\end{pmatrix}.\end{aligned}$$

所以

$$\begin{aligned}|E_m - AB| &= |P(E_m - AB)P^{-1}| \\ &= \begin{vmatrix} E_r - C_{11} & -C_{12} \\ 0 & E_{m-r} \end{vmatrix} = \begin{vmatrix} E_r - C_{11} & 0 \\ -C_{21} & E_{n-r} \end{vmatrix} \\ &= |Q^{-1}(E_n - BA)Q| = |E_n - BA|.\end{aligned}$$

习 题 2.8

1. 用初等变换法求下列矩阵的逆矩阵.

(1) $\begin{pmatrix} 2 & 2 & 3 \\ 1 & -1 & 0 \\ -1 & 2 & 1 \end{pmatrix}$; (2) $\begin{pmatrix} 1 & 0 & 0 \\ 3 & 2 & 0 \\ 5 & 4 & 3 \end{pmatrix}$; (3) $\begin{pmatrix} 1 & 1 & 1 & 1 \\ 1 & 1 & -1 & -1 \\ 1 & -1 & 1 & -1 \\ 1 & -1 & -1 & 1 \end{pmatrix}$.

2. 解下列矩阵方程.

(1) $\begin{pmatrix} 3 & 5 \\ 1 & 2 \end{pmatrix} X = \begin{pmatrix} 4 & -1 & 2 \\ 3 & 0 & -1 \end{pmatrix}$; (2) $X \begin{pmatrix} 1 & 0 & 5 \\ 1 & 1 & 2 \\ 1 & 2 & 5 \end{pmatrix} = \begin{pmatrix} 1 & 1 & 2 \\ 0 & 0 & -6 \end{pmatrix}$;

(3) $AX + B = X$, 其中 $A = \begin{pmatrix} 0 & 1 & 0 \\ -1 & 1 & 1 \\ -1 & 0 & -1 \end{pmatrix}, B = \begin{pmatrix} 1 & -1 \\ 2 & 0 \\ 5 & 3 \end{pmatrix}$.

3. 设 n 阶矩阵 A 和 B 满足 $A + B = AB$.

(1) 证明: $A - E$ 为可逆阵, 并由此证明 $AB = BA$.

(2) 已知 $B = \begin{pmatrix} 1 & -3 & 0 \\ 2 & 1 & 0 \\ 0 & 0 & 2 \end{pmatrix}$, 求矩阵 A.

4. 设矩阵 A 满足 $AB + E = A^2 + B$. 试求矩阵 B.

$$A = \begin{pmatrix} 1 & 0 & 1 \\ 0 & 2 & 0 \\ -1 & 0 & 1 \end{pmatrix}.$$

5. 设矩阵 A,B 满足关系式 $A^{-1}BA=6A+BA$. 试求矩阵 B.

$$A=\begin{pmatrix}\frac{1}{3}&0&0\\0&\frac{1}{4}&0\\0&0&\frac{1}{7}\end{pmatrix}.$$

6. 已知矩阵 $B=\begin{pmatrix}1&2&-3&-2\\0&1&2&-3\\0&0&1&2\\0&0&0&1\end{pmatrix}$, $C=\begin{pmatrix}1&2&0&1\\0&1&2&0\\0&0&1&2\\0&0&0&1\end{pmatrix}$, 矩阵 A 满足 $(2E-C^{-1}B)A^{\mathrm{T}}=C^{-1}$, 求 A.

7. 已知 $\begin{vmatrix}a_1&a_2&a_3\\b_1&b_2&b_3\\c_1&c_2&c_3\end{vmatrix}=m$, 求 $\begin{vmatrix}a_1+2b_1&a_2+2b_2&a_3+2b_3\\b_1+2c_1&b_2+2c_2&b_3+2c_3\\c_1+2a_1&c_2+2a_2&c_3+2a_3\end{vmatrix}$.

总复习题二

1. 判断题.

(1) 若方阵 A 满足 $A^k=0$ ($k>1$ 的整数), 则必有 $A=0$.

(2) 若方阵 A 满足 $AB=BA$, 则必有 $A^2-B^2=(A-B)(A+B)$.

(3) 若矩阵 A,B,C 满足 $AC=AB$, 且 A 为可逆阵, 则必有 $B=C$.

(4) 若矩阵 A,B 都是对称阵, 则 AB 也是对称阵.

(5) 若方阵 A,B 都不可逆, 则 $A+B$ 也不可逆.

(6) 初等矩阵的转置矩阵都是同它自身一样的初等矩阵.

(7) 若方阵 A 满足 $A^k=0$ ($k>1$ 的整数), 则必有 $|A|=0$.

(8) 若 A 为奇数阶的反对称矩阵, 则 A 必不可逆.

2. 填空题.

(1)设 A,B,C 都为 n 阶方阵, 且 $AB=BC=CA=E$. 则 $A^2+B^2+C^2=$ ______.

(2)若 A 为 n 阶方阵, 则在矩阵 $A+A^{\mathrm{T}}, A-A^{\mathrm{T}}, AA^{\mathrm{T}}, A^{\mathrm{T}}A, AA^{\mathrm{T}}-A^{\mathrm{T}}A$ 中, 反对称矩阵有__________, 对称矩阵有__________.

(3) 已知 $\alpha,\gamma,\beta_1,\beta_2,\beta_3\in \mathrm{R}^4, |A|=|\alpha\beta_1\beta_2\beta_3|=2, |B|=|\gamma\beta_1\beta_2\beta_3|=-3$, 则 $|A+B|=$ ______.

(4) 已知 $|A_{3\times3}|=-1, |B_{4\times4}|=2$, 则 $\begin{vmatrix}2A & 0\\ 0 & 3B\end{vmatrix}=$ ______.

(5) 设 n 维向量 $\alpha=(\frac{1}{2},0,\cdots,0,\frac{1}{2})^{\mathrm{T}}$. 若 $A=E-\alpha\alpha^{\mathrm{T}}, B=E+2\alpha\alpha^{\mathrm{T}}$, 则 $AB=$ ______.

(6) 若 $A=\begin{pmatrix}0 & -1 & 0\\ 1 & 0 & 0\\ 0 & 0 & -1\end{pmatrix}, B=P^{-1}AP$, 则 $B^{2008}-2A^2=$ ______.

(7) 若可逆阵 A 的每一行元素之和均为 $a\ (a\neq 0)$, 则 A^{-1} 的每行元素之和为 ______.

(8) 已知 A 为 3 阶阵, 将 A 的第 1 列与第 2 列交换得 B, 再将 B 的第 2 列加到第 3 列得 C. 若 $AQ=C$, 则 $Q=$ ______.

(9) 已知 A,B 分别为 n 阶和 m 阶可逆阵, 则分块阵 $\begin{pmatrix}0 & A\\ B & 0\end{pmatrix}$ 的伴随矩阵为 ______.

(10) 3 阶方阵 A 的伴随矩阵为 $A^*, |A|=\frac{1}{2}$, 则 $|(3A)^{-1}-2A^*|=$ ______.

(11) 设矩阵 $A=\begin{pmatrix}2 & 1\\ -1 & 2\end{pmatrix}$, E 为2阶单位阵, 矩阵 B 满足 $BA=B+2E$. 则 $|B|=$ ______.

(12)设矩阵 $A=\begin{pmatrix}0 & 1 & 0 & 0\\ 0 & 0 & 1 & 0\\ 0 & 0 & 0 & 1\\ 0 & 0 & 0 & 0\end{pmatrix}$. 则 A^3 的秩为 ______.

(13)设 A,B 均为三阶矩阵, E 为3阶单位阵. 已知 $AB=2A+B$, $B=\begin{pmatrix}2 & 0 & 2\\ 0 & 4 & 0\\ 2 & 0 & 2\end{pmatrix}$, 则 $(A-E)^{-1}=$ ______.

(14) 设 n 维向量 $\alpha=(a,0,\cdots,0,a)^{\mathrm{T}}, a<0$, E 为 n 阶单位阵. 若 $A=E-\alpha\alpha^{\mathrm{T}}, B=E+\frac{1}{a}\alpha\alpha^{\mathrm{T}}$, 其中 A 的逆矩阵为 B, 则 $a=$ ______.

(15) 已知 A_1, A_2, A_3 分别为 l, m, n 阶矩阵, 则 $\begin{vmatrix} 0 & 0 & A_1 \\ 0 & A_2 & 0 \\ A_3 & 0 & 0 \end{vmatrix} =$____.

3. 选择题.

(1) 设 A 是 n 阶方阵, 且 $|A| = 0$. 则 A 中(　　)

(A) 必有一行元素全为零;

(B) 必有一行元素是其余行向量的线性组合;

(C) 必有两行元素对应成比例;

(D) 任一行元素是其余行向量的线性组合.

(2) 设 n 维向量 $\alpha_1, \alpha_2, \cdots, \alpha_s$ 线性无关. 则下列与它不等价的是(　　)

(A) 对任意不全为 0 的常数 $k_1, \cdots, k_s$, 必有 $k_1\alpha_1 + \cdots + k_s\alpha_s \neq 0$;

(B) $\alpha_1, \alpha_2, \cdots, \alpha_s$ 中任意向量都不能由其余向量线性表示;

(C) $\alpha_1 \neq 0$, 且对于任意 $i(2 \leq i \leq s), \alpha_i$ 都不能由 $\alpha_1, \alpha_2, \cdots, \alpha_{i-1}$ 线性表示;

(D) 任意 n 维向量都可由 $\alpha_1, \alpha_2, \cdots, \alpha_s$ 线性表示.

(3) 设 α, β, γ 线性相关, α, γ, δ 线性无关. 下列结论成立的是(　　)

(A) β, γ, δ 线性相关;　　(B) β, γ, δ 线性无关;

(C) β 可由 α, γ, δ 线性表示;　　(D) α 可由 β, γ 线性表示.

(4) 已知 $\beta_1 = (1, a_1, 0, 0)^{\mathrm{T}}, \beta_2 = (1, a_2, 2, 0)^{\mathrm{T}}, \beta_3 = (1, a_3, 2, 3)^{\mathrm{T}}, \beta_4 = (1, a_4, 0, 3)^{\mathrm{T}}$, 对任意 a_1, a_2, a_3, a_4, 下列表述正确的是(　　)

(A) $\beta_1, \beta_2, \beta_3$ 必线性相关;　　(B) $\beta_1, \beta_2, \beta_3$ 必线性无关;

(C) β_1, β_4 必线性相关;　　(D) $\beta_1, \beta_2, \beta_3, \beta_4$ 必线性无关.

(5) 设 A, B 为 n 阶方阵. 则必有(　　)

(A) $|A^{\mathrm{T}} + B^{\mathrm{T}}| = |A + B|$;　　(B) 若 $AB = AC$ 且 $A \neq 0$,则 $B = C$;

(C) $(A + B)^{-1} = A^{-1} + B^{-1}$;　(D) 若 $(AB)^2 = E$, 则 $A^{-1} = B$.

(6) 已知 A 为 3 阶阵. 将 A 的第 2 行加到第 1 行后得 B, 再将 B 的第 1 列的 -1 倍加到第 2 列上得 C. 记 $P = \begin{pmatrix} 1 & 1 & 0 \\ 0 & 1 & 0 \\ 0 & 0 & 1 \end{pmatrix}$, 则 $C =$(　　)

(A) $P^{-1}AP$;　　(B) PAP^{-1};　　(C) $P^{\mathrm{T}}AP$;　　(D) PAP^{T}.

(7) 设 A 为 n 阶可逆阵. 若 B 是交换 A 的第 i 行和第 j 行 $(j\neq i)$ 后所得到的矩阵, 则下面表述不正确的是(　　)

(A) B 必是可逆阵;

(B) $AB^{-1}=P(i,j)$;

(C) 交换 A^{-1} 的第 i,j 两列后得 B^{-1};

(D) 交换 A^* 的第 i,j 两列后得 B^*.

(8) 设有向量组 $\alpha_1=(1,-1,2,4),\alpha_2=(0,3,1,2),\alpha_3=(3,0,7,14),\alpha_4=(1,-2,2,0),\alpha_5=(2,1,5,10)$. 则下列向量组中不是该向量组的极大线性无关组的是(　　)

(A) $\alpha_1,\alpha_2,\alpha_4$;　(B) $\alpha_1,\alpha_2,\alpha_5$;　(C) $\alpha_1,\alpha_3,\alpha_4$;　(D) $\alpha_1,\alpha_4,\alpha_5$.

(9) 设 $\alpha_1,\alpha_2,\cdots,\alpha_s$ 均为 n 维向量. 则下列结论不正确的是(　　)

(A) 若对于任意一组不全为零的数 $k_1,k_2,\cdots,k_s$, 都有 $k_1\alpha_1+k_2\alpha_2+\cdots+k_s\alpha_s\neq 0$, 则 $\alpha_1,\alpha_2,\cdots,\alpha_s$ 线性无关;

(B) 若 $\alpha_1,\alpha_2,\cdots,\alpha_s$ 线性相关, 则对于任意一组不全为零的数 $k_1,k_2,\cdots,k_s$, 有 $k_1\alpha_1+k_2\alpha_2+\cdots+k_s\alpha_s=0$;

(C) $\alpha_1,\alpha_2,\cdots,\alpha_s$ 线性无关的充要条件是此向量的秩为 s;

(D) $\alpha_1,\alpha_2,\cdots,\alpha_s$ 线性无关的必要条件是其中任意两个向量都线性无关.

(10) 设 $\alpha_1,\alpha_2,\cdots,\alpha_s$ 均为 n 维列向量, A 是 $m\times n$ 矩阵. 则下列选项正确的是(　　)

(A) 若 $\alpha_1,\alpha_2,\cdots,\alpha_s$ 线性相关, 则 $A\alpha_1,A\alpha_2,\cdots,A\alpha_s$ 线性相关;

(B) 若 $\alpha_1,\alpha_2,\cdots,\alpha_s$ 线性相关, 则 $A\alpha_1,A\alpha_2,\cdots,A\alpha_s$ 线性无关;

(C) 若 $\alpha_1,\alpha_2,\cdots,\alpha_s$ 线性无关, 则 $A\alpha_1,A\alpha_2,\cdots,A\alpha_s$ 线性相关;

(D) 若 $\alpha_1,\alpha_2,\cdots,\alpha_s$ 线性无关, 则 $A\alpha_1,A\alpha_2,\cdots,A\alpha_s$ 线性无关.

(11) 设 $\alpha_1,\alpha_2,\alpha_3$ 线性无关. 则下列向量组线性相关的是(　　)

(A) $\alpha_1-\alpha_2,\ \alpha_2-\alpha_3,\ \alpha_3-\alpha_1$;　(B) $\alpha_1+\alpha_2,\ \alpha_2+\alpha_3,\ \alpha_3+\alpha_1$;

(C) $\alpha_1-2\alpha_2,\ \alpha_2-2\alpha_3,\ \alpha_3-2\alpha_1$;　(D) $\alpha_1+2\alpha_2,\ \alpha_2+2\alpha_3,\ \alpha_3+2\alpha_1$.

(12) 设 A 为 n 阶非零矩阵, E 为 n 阶单位矩阵. 若 $A^3=0$, 则( )

(A) $E-A$ 不可逆, $E+A$ 可逆; (B) $E-A$ 不可逆, $E+A$ 不可逆;

(C) $E-A$ 可逆, $E+A$ 可逆;　(D) $E-A$ 可逆, $E+A$ 不可逆.

4. 已知向量 β 可被向量组 $\alpha_1,\alpha_2,\cdots,\alpha_n$ 线性表出, 证明：表示方式唯一当且仅当向量组 $\alpha_1,\alpha_2,\cdots,\alpha_n$ 线性无关.

5. 已知 n 维向量 $\alpha_1,\alpha_2,\cdots,\alpha_m$ 是线性无关的, β_1 可由 $\alpha_1,\alpha_2,\cdots,\alpha_m$ 线性表出, β_2 不能由 $\alpha_1,\alpha_2,\cdots,\alpha_m$ 线性表出, 证明: $\alpha_1,\alpha_2,\cdots,\alpha_m,l\beta_1+\beta_2$ 线性无关 (其中 l 为常数).

6. 设 A 为 n 阶矩阵, α 是 n 维列向量. 若 $A^{n-1}\alpha\neq 0$, 而 $A^n\alpha=0$. 证明: $\alpha,A\alpha,A^2\alpha,\cdots,A^{n-1}\alpha$ 线性无关.

7. 设 α,β,γ 线性无关, $\delta\neq 0$, α,γ,δ 线性相关, β,γ,δ 也线性相关. 证明: $\delta=k\gamma$, 其中 $k\neq 0$, 且为常数.

8. 已知在 R^4 中, $\alpha_1,\alpha_2,\alpha_3$ 线性无关, β_1,β_2,β_3 也线性无关,试证:

(1) 若 $\gamma\in\mathrm{R}^4$ 不能由 $\alpha_1,\alpha_2,\alpha_3$ 线性表示, 则 $\alpha_1,\alpha_2,\alpha_3,\gamma$ 线性无关;

(2) 存在 $\delta\in\mathrm{R}^4$ 使得 $\alpha_1,\alpha_2,\alpha_3,\delta$ 与 $\beta_1,\beta_2,\beta_3,\delta$ 均线性无关.

9. 已知 $\alpha_1,\alpha_2,\cdots,\alpha_n$ 是线性无关, 判断下列向量组的线性相关性并给出证明.

(1) $\alpha_1,\alpha_1+\alpha_2,\alpha_1+\alpha_2+\alpha_3,\cdots,\alpha_1+\alpha_2+\alpha_3+\cdots+\alpha_n$;

(2) $\alpha_1-\alpha_2,\alpha_2-\alpha_3,\alpha_3-\alpha_4,\cdots,\alpha_{n-1}-\alpha_n,\alpha_n-\alpha_1$;

(3) $\alpha_1+\alpha_2,\alpha_2+\alpha_3,\alpha_3+\alpha_4,\cdots,\alpha_{n-1}+\alpha_n,\alpha_n+\alpha_1$.

10. 设向量 β 可由向量组 $\alpha_1,\alpha_2,\cdots,\alpha_m$ 线性表示, 但不能由向量组 $\alpha_1,\alpha_2,\cdots,\alpha_{m-1}$ 线性表示. 试证明 α_m 不能由 $\alpha_1,\alpha_2,\cdots,\alpha_{m-1}$ 线性表示, 但可由 $\alpha_1,\alpha_2,\cdots,\alpha_{m-1},\beta$ 线性表示.

11. 已知 $A^3=2E,B=A^2-2A+2E$, 求 B^{-1}.

12. 设 $\alpha_1=(t,-1,-1)^{\mathrm{T}},\alpha_2=(-1,t,-1)^{\mathrm{T}},\alpha_3=(-1,-1,t)^{\mathrm{T}}$. 问 t 取什么值时, $\alpha_1,\alpha_2,\alpha_3$ 线性相关?

13. 设在 $\alpha_1,\alpha_2,\cdots,\alpha_s$ 中 α_s 不能由 $\alpha_1,\alpha_2,\cdots,\alpha_{s-1}$ 线性表示, 而α_1 是 $\alpha_2,\alpha_3,\cdots,\alpha_s$ 的线性组合. 证明: α_1 可以由 $\alpha_2,\alpha_3,\cdots,\alpha_{s-1}$ 线性表示.

14. 证明: n 维向量 $\alpha_1,\alpha_2,\cdots,\alpha_n$ 线性无关的充要条件是它们可以表示任意一个 n 维向量.

15. 设矩阵 A 的伴随矩阵 $A^*=\begin{pmatrix}1&0&0&0\\0&1&0&0\\1&0&1&0\\0&-3&0&8\end{pmatrix}$, 且 $ABA^{-1}=BA^{-1}+3E$. 求 B.

16. 证明：若同阶方阵 A,B 满足条件 $AA^{\mathrm{T}}=BB^{\mathrm{T}}=E$ 且 $|A|=-|B|$,

则 $|A+B|=0$.

17. 设 A 为 n 阶可逆阵, α 为 n 维列向量, b 为常数, 分块矩阵

$$P=\begin{pmatrix} E & 0 \\ -\alpha^{\mathrm{T}}A^* & |A| \end{pmatrix}, \quad Q=\begin{pmatrix} A & \alpha \\ \alpha^{\mathrm{T}} & b \end{pmatrix}.$$

(1) 计算并化简 PQ;

(2) 证明: Q 可逆的充要条件是 $b-\alpha^{\mathrm{T}}A^{-1}\alpha\neq 0$.

18. 设 $\alpha_1=(1,4,0,2)^{\mathrm{T}},\alpha_2=(2,7,1,3)^{\mathrm{T}},\alpha_3=(0,1,-1,2)^{\mathrm{T}},\beta=(3,10,a,4)^{\mathrm{T}}$. 问 a 取什么值时, β 可以由$\alpha_1,\alpha_2,\alpha_3$ 线性表示? 并写出表示式.

19. 已知向量组 $\alpha_1=(1,2,1)^{\mathrm{T}},\alpha_2=(0,1,1)^{\mathrm{T}},\alpha_3=(-1,-1,t)^{\mathrm{T}},\beta=(1,0,-1)^{\mathrm{T}}$, 问 t 取什么值时, β 可以由 $\alpha_1,\alpha_2,\alpha_3$ 唯一线性表示? 写出表示式.

20. 设 4 维向量组 $\alpha_1=(1+a,1,1,1)^{\mathrm{T}},\alpha_2=(2,2+a,2,2)^{\mathrm{T}},\alpha_3=(3,3,3+a,3)^{\mathrm{T}},\alpha_4=(4,4,4,4+a)^{\mathrm{T}}$. 问 a 取什么值时, $\alpha_1,\alpha_2,\alpha_3,\alpha_4$ 线性无关? 求其一个极大线性无关组, 并将其余向量用该极大线性无关组线性表出.

21. 设向量组 $\alpha_1=(1,1,1,3)^{\mathrm{T}},\alpha_2=(-1,-3,5,1)^{\mathrm{T}},\alpha_3=(3,2,-1,p+2)^{\mathrm{T}},\alpha_4=(-2,-6,10,p)^{\mathrm{T}}$.

(1) 问 p 取什么值时, 该向量组线性无关? 并在此时将 $\alpha=(4,1,6,10)^{\mathrm{T}}$ 用 $\alpha_1,\alpha_2,\alpha_3,\alpha_4$ 线性表示;

(2) 问 p 取什么值时,该向量组线性相关?并在此时求出它的秩和一个极大线性无关组.

22. 设有 $n+1$个人及供他们读的 n 种书. 假定每人至少读一本, 证明: 这 $n+1$ 个人中必有甲乙两组人, 甲组人读过的书与乙组人读过的书种类相同.

第三章　线性方程组

§3.1　消元法

在第一章第 8 节我们已经介绍了用行列式解线性方程组的克莱姆法则, 但是这种方法只能适用于方程个数与未知量个数相等, 并且系数矩阵的行列式不等于零的线性方程组. 本章我们将讨论一般线性方程组

$$\begin{cases} a_{11}x_1 + a_{12}x_2 + \cdots + a_{1n}x_n = b_1 \\ a_{21}x_1 + a_{22}x_2 + \cdots + a_{2n}x_n = b_2 \\ \cdots\cdots\cdots\cdots \\ a_{m1}x_1 + a_{m2}x_2 + \cdots + a_{mn}x_n = b_m \end{cases}, \tag{3.1}$$

研究 (3.1) 的解的存在性、解的个数及解的结构等问题.

在中学数学中已经学过用消元法求解二元、三元一次方程组, 其基本思想就是, 从已知方程中通过加、减消元法得到含有较少未知量的方程组, 直至最后得到一个一元一次方程,然后再用代入消元法, 最终求出线性方程组的解. 这种方法也适合于一般的线性方程组, 下面就介绍如何用消元法求解一般线性方程组.

首先看一个具体的例子.

例 3.1.1 解方程组

$$\begin{cases} 2x_1 + 2x_2 - 3x_3 = 2 \\ 2x_1 + 3x_2 - x_3 = 3 \\ 2x_1 + x_2 - x_3 = 5 \end{cases}.$$

解 把第一个方程的-1倍依次加到第二、第三个方程上得

$$\begin{cases} 2x_1 + 2x_2 - 3x_3 = 2 \\ \qquad\quad x_2 + 2x_3 = 1 \\ \quad\ \ -x_2 + 2x_3 = 3 \end{cases}.$$

在新方程组中, 把第二个方程加到第三个方程上, 再用 $\dfrac{1}{4}$ 乘以第三个方程的两

端得

$$\begin{cases} 2x_1+2x_2-3x_3=2 \\ \qquad\quad x_2+2x_3=1 \\ \qquad\qquad\quad x_3=1 \end{cases}.$$

在新方程组中, 把第三个方程的 -2 倍、3 倍依次加到第二、第一个方程上得

$$\begin{cases} 2x_1+2x_2 \quad =5 \\ \qquad\quad x_2 \quad =-1 \\ \qquad\qquad x_3=1 \end{cases}.$$

在新方程组中, 把第二个方程的 -2 倍加到第一个方程上, 再用 $\dfrac{1}{2}$ 乘以第一个方程得

$$\begin{cases} x_1 \qquad =7/2 \\ \quad x_2 \quad =-1 \\ \qquad x_3=1 \end{cases}.$$

这样就得到方程组的解 $(7/2,-1,1)^{\mathrm{T}}$.

为方便起见, 称增广矩阵是阶梯形(行简化阶梯形)矩阵的线性方程组为阶梯形(简化阶梯形)方程组.

从上述解题过程可以看出, 用消元法解线性方程组就是对方程组进行初等变换, 把原方程组变成简化阶梯形方程组, 求得的解就是原方程组的解.

正如在第二章第 5 节看到的那样, 初等变换把线性方程组变成同解线性方程组; 对方程组进行初等变换, 相当于对方程组的增广矩阵进行初等行变换. 因此, 用消元法解线性方程组的过程就是对方程组的增广矩阵进行初等行变换化成行简化阶梯形矩阵的过程. 例 3.1.1 的求解过程用矩阵形式可以表示为

$$\begin{pmatrix} 2 & 2 & -3 & 2 \\ 2 & 3 & -1 & 3 \\ 2 & 1 & -1 & 5 \end{pmatrix} \to \begin{pmatrix} 2 & 2 & -3 & 2 \\ 0 & 1 & 2 & 1 \\ 0 & -1 & 2 & 3 \end{pmatrix} \to \begin{pmatrix} 2 & 2 & -3 & 2 \\ 0 & 1 & 2 & 1 \\ 0 & 0 & 4 & 4 \end{pmatrix}$$

$$\to \begin{pmatrix} 2 & 2 & -3 & 2 \\ 0 & 1 & 2 & 1 \\ 0 & 0 & 1 & 1 \end{pmatrix} \to \begin{pmatrix} 2 & 2 & 0 & 5 \\ 0 & 1 & 0 & -1 \\ 0 & 0 & 1 & 1 \end{pmatrix}$$

$$\to \begin{pmatrix} 2 & 0 & 0 & 7 \\ 0 & 1 & 0 & -1 \\ 0 & 0 & 1 & 1 \end{pmatrix} \to \begin{pmatrix} 1 & 0 & 0 & 7/2 \\ 0 & 1 & 0 & -1 \\ 0 & 0 & 1 & 1 \end{pmatrix}.$$

任意方程组都可以通过适当的初等变换化成简化阶梯形方程组. 因此, 消元法可以适用于一般的线性方程组, 其具体过程为: 首先, 写出原方程组的增广矩阵; 其次, 用初等行变换把增广矩阵化成阶梯形矩阵(消元过程), 继续施行初等行变换把阶梯形矩阵化成行简化阶梯形矩阵(回代过程); 最后写出方程组的解.

下面我们介绍如何用消元法求解一般的线性方程组.

为讨论方便起见, 不妨设方程组 (3.1) 经过初等变换所得到的阶梯形方程组为

$$\begin{cases} c_{11}x_1 + c_{12}x_2 + \cdots + c_{1r}x_r + \cdots + c_{1n}x_n = d_1 \\ \qquad\quad c_{22}x_2 + \cdots + c_{2r}x_r + \cdots + c_{2n}x_n = d_2 \\ \qquad\qquad\qquad \cdots\cdots\cdots\cdots \\ \qquad\qquad\qquad c_{rr}x_r + \cdots + c_{rn}x_n = d_r \\ \qquad\qquad\qquad\qquad\qquad\qquad 0 = d_{r+1} \\ \qquad\qquad\qquad\qquad\qquad\qquad 0 = 0 \\ \qquad\qquad\qquad\qquad\qquad\qquad \cdots \\ \qquad\qquad\qquad\qquad\qquad\qquad 0 = 0 \end{cases}, \tag{3.2}$$

其中 $c_{ii} \neq 0,\ i = 1, 2, \cdots, r$. (3.2) 中的 “$0 = 0$” 这样的恒等式可能出现, 也可能不出现, 去掉或加上它们不影响 (3.2) 的解.

下面分两种情形讨论 (3.2) 的解的情况.

情形1. (3.2) 中出现 “$0 = d_{r+1}$”, 且 $d_{r+1} \neq 0$. 此时 (3.2) 无解, 从而原方程组 (3.1) 无解.

情形2. (3.2) 中不出现“$0=d_{r+1}$” 这样的方程, 其中 $d_{r+1}\neq 0$. 此时 r 等于方程组 (3.1) 的系数矩阵的秩, 因此 $r\leq n$. 分两种情况讨论.

(1) $r=n$, 这时 (3.2) 具有形式

$$\begin{cases} c_{11}x_1+c_{12}x_2+\cdots+c_{1n}x_n=d_1 \\ \qquad\quad c_{22}x_2+\cdots+c_{2n}x_n=d_2 \\ \qquad\qquad \cdots\cdots\cdots\cdots \\ \qquad\qquad\qquad\quad c_{nn}x_n=d_n \end{cases},$$

其中 $c_{ii}\neq 0,\ i=1,2,\cdots,n$. 根据克莱姆法则, 方程组 (3.2), 也就是方程组 (3.1) 有唯一的解. 此时, 继续对上述方程组进行初等变换, 直到化成一个简化阶梯形方程组, 求出其唯一解(也可以用克莱姆法则求解).

(2) $r<n$, 这时 (3.2) 具有形式

$$\begin{cases} c_{11}x_1+c_{12}x_2+\cdots+c_{1r}x_r+c_{1,r+1}x_{r+1}+\cdots+c_{1n}x_n=d_1 \\ \qquad\quad c_{22}x_2+\cdots+c_{2r}x_r+c_{2,r+1}x_{r+1}+\cdots+c_{2n}x_n=d_2 \\ \qquad\qquad\qquad\qquad \cdots\cdots\cdots\cdots \\ \qquad\qquad\qquad c_{rr}x_r+c_{r,r+1}x_{r+1}+\cdots+c_{rn}x_n=d_r \end{cases},$$

其中 $c_{ii}\neq 0,\ i=1,2,\cdots,r$. 把含 $x_{r+1},\cdots,x_n$ 的项移到等式右端得

$$\begin{cases} c_{11}x_1+c_{12}x_2+\cdots+c_{1r}x_r=d_1-c_{1,r+1}x_{r+1}-\cdots-c_{1n}x_n \\ \qquad\quad c_{22}x_2+\cdots+c_{2r}x_r=d_2-c_{2,r+1}x_{r+1}-\cdots-c_{2n}x_n \\ \qquad\qquad \cdots\cdots\cdots\cdots \\ \qquad\qquad\qquad\quad c_{rr}x_r=d_r-c_{r,r+1}x_{r+1}-\cdots-c_{rn}x_n \end{cases}. \tag{3.3}$$

因 $c_{ii}\neq 0,\ i=1,2,\cdots,r$, 根据克莱姆法则, 任意给定 $x_{r+1},\cdots,x_n$ 的一组取值, 由 (3.3) 可以唯一的求得一组 $x_1,\cdots,x_r$ 的值, 这样得到了 (3.2), 也是 (3.1) 的一组解. 把方程组 (3.3) 的对应系数矩阵主元的未知量 $x_1,\cdots,x_r$ 称为它的主未知量, 亦称为原方程组 (3.1) 的一组主未知量, 其余的未知量 $x_{r+1},\cdots,x_n$ 称为 (3.3) 的自由未知量, 亦称为原方程组 (3.1) 的一组自由未知量. 由于自由未知量 $x_{r+1},\cdots,x_n$ 可以有无穷多组取值, 因此方程组有无穷多解. 一般地, 由

方程组 (3.3) 可以把 $x_1,\cdots,x_r$ 表示成 $x_{r+1},\cdots,x_n$ 的表达式:

$$\begin{cases} x_1 = c_1 + b_{1,r+1}x_{r+1} + \cdots + b_{1n}x_n \\ x_2 = c_2 + b_{2,r+1}x_{r+1} + \cdots + b_{1n}x_n \\ \quad\cdots\cdots\cdots\cdots \\ x_r = c_n + b_{r,r+1}x_{r+1} + \cdots + b_{rn}x_n \end{cases}, \tag{3.4}$$

其中 $x_{r+1},\cdots,x_n$ 为自由未知量.

称 (3.4) 为方程组 (3.1) 或 (3.3) 的一般解.

以上就是用消元法解线性方程组的全过程, 综合起来我们有

定理 3.1.1 设线性方程组 (3.1) 经过初等变换化成阶梯形方程组 (3.2). 如果 $d_{r+1}\neq 0$, 那么方程组 (3.1) 无解. 如果 $d_{r+1}=0$, 那么方程组 (3.1) 有解, 此时, 若 $r=n$, 则方程组有唯一解; 若 $r<n$, 则方程组有无穷多解, 这无穷多解可以用一般解 (3.4) 的形式表示, 其中 $x_{r+1},\cdots,x_n$ 为自由未知量.

习 题 3.1

1. 用消元法解下列线性方程组:

(1) $\begin{cases} x_1 - x_2 + 2x_3 = 1 \\ x_1 - 2x_2 - x_3 = 2 \\ 3x_1 - x_2 + 5x_3 = 3 \\ -x_1 + 2x_3 = -2 \end{cases}$;

(2) $\begin{cases} x_1 + 2x_2 + 3x_3 = 4 \\ 3x_1 + 5x_2 + 7x_3 = 9 \\ 2x_1 + 3x_2 + 4x_3 = 5 \end{cases}$;

(3) $\begin{cases} x_1 - 2x_2 + 3x_3 - x_4 + 2x_5 = 2 \\ 3x_1 - x_2 + 5x_3 - 3x_4 + x_5 = 6 \\ 2x_1 + x_2 + 2x_3 - 2x_4 - x_5 = 8 \end{cases}$;

(4) $\begin{cases} x_1 + x_2 + 2x_3 + 3x_4 = 1 \\ 2x_1 + 3x_2 + 5x_3 + 2x_4 = -3 \\ 3x_1 - x_2 - x_3 - 2x_4 = -4 \\ 3x_1 + 5x_2 + 2x_3 - 2x_4 = -10 \end{cases}$;

$$(5)\begin{cases}2x_1-2x_2+x_3-x_4+x_5=2\\x_1-4x_2+2x_3-2x_4+3x_5=3\\3x_1-6x_2+x_3-3x_4+4x_5=5\\x_1-2x_2-x_3+x_4-2x_5=-1\end{cases};$$

$$(6)\begin{cases}2x_1-4x_2+5x_3+3x_4=0\\3x_1-6x_2+4x_3+2x_4=0\\4x_1-8x_2+17x_3+11x_4=0\end{cases}.$$

2. 问 k 取什么值时, 线性方程组 $\begin{cases}2x_1-x_2+3x_3=0\\3x_1-4x_2+7x_3=0\\-x_1+2x_2+kx_3=0\end{cases}$ 有非零解? 并求出此非零解.

3. 问 k 取什么值时,方程组 $\begin{cases}3x_1+x_2+kx_3=0\\x_1+x_2=0\\x_1+kx_2-3x_3=0\\-2x_1-x_2+x_3=0\end{cases}$ 只有零解?

§3.2 线性方程组有解判定定理

上一节介绍了解线性方程组的消元法, 并导出了线性方程组有解的判定定理 3.1.1. 本节我们将借助于矩阵与向量的方法, 揭示线性方程组解的存在性以及解的个数与方程组的系数矩阵及增广矩阵的内在关系, 给定理 3.1.1 一个简洁的表示形式.

对于线性方程组 (3.1), 记

$$A=\begin{pmatrix}a_{11}&a_{12}&\cdots&a_{1n}\\a_{21}&a_{22}&\cdots&a_{2n}\\\cdots&\cdots&\cdots&\cdots\\a_{m1}&a_{m2}&\cdots&a_{mn}\end{pmatrix},\quad \bar{A}=\begin{pmatrix}a_{11}&a_{12}&\cdots&a_{1n}&b_1\\a_{21}&a_{22}&\cdots&a_{2n}&b_2\\\cdots&\cdots&\cdots&\cdots&\cdots\\a_{m1}&a_{m2}&\cdots&a_{mn}&b_m\end{pmatrix},$$

以及

$$\alpha_1=\begin{pmatrix}a_{11}\\a_{21}\\\vdots\\a_{m1}\end{pmatrix},\alpha_2=\begin{pmatrix}a_{12}\\a_{22}\\\vdots\\a_{m2}\end{pmatrix},\cdots,\alpha_n=\begin{pmatrix}a_{1n}\\a_{2n}\\\vdots\\a_{mn}\end{pmatrix},\beta=\begin{pmatrix}b_1\\b_2\\\vdots\\b_m\end{pmatrix}.$$

这样方程组 (3.1) 可以改写成向量方程

$$x_1\alpha_1+x_2\alpha_2+\cdots+x_n\alpha_n=\beta. \tag{3.5}$$

线性方程组 (3.1) 有解的充分必要条件是向量 β 可以表示成向量组 $\alpha_1,\alpha_2,\ldots,\alpha_n$ 的线性组合. 用矩阵秩的语言, 方程组 (3.1) 有解的条件可以叙述为：

定理 3.2.1 线性方程组 (3.1) 有解的充分必要条件是它的系数矩阵的秩等于增广矩阵的秩, 即 $r(A)=r(\bar{A})$.

证明 必要性. 设方程组 (3.1) 有解, 也就是说, 向量 β 可以被向量组 $\alpha_1,\alpha_2,\ldots,\alpha_n$ 线性表出. 因此向量组 $\alpha_1,\alpha_2,\ldots,\alpha_n$ 与向量组 $\alpha_1,\alpha_2,\ldots,\alpha_n,\beta$ 等价, 从而有相同的秩. 所以矩阵 A 与 $\bar{A}$ 有相同的秩.

充分性. 设 $r(A)=r(\bar{A})$, 也就是说, 它们的列向量组 $\alpha_1,\alpha_2,\ldots,\alpha_n$ 与 $\alpha_1,\alpha_2,\ldots,\alpha_n,\beta$ 有相同的秩, 令其为 r, 则向量组 $\alpha_1,\alpha_2,\ldots,\alpha_n$ 的极大线性无关组含 r 个向量, 不妨设 $\alpha_1,\alpha_2,\ldots,\alpha_r$ 是它的一个极大线性无关组. 显然 $\alpha_1,\alpha_2,\ldots,\alpha_r$ 也是向量组 $\alpha_1,\alpha_2,\ldots,\alpha_n,\beta$ 的极大线性无关组, 因此向量 β 可以被$\alpha_1,\alpha_2,\ldots,\alpha_r$ 线性表出, 进而也可以被$\alpha_1,\alpha_2,\ldots,\alpha_n$ 线性表出. 所以方程组 (3.1) 有解.

如果线性方程组 (3.1) 有解, 也就是说向量 β 可以被 $\alpha_1,\alpha_2,\ldots,\alpha_n$ 线性表出, 那么

$$\begin{aligned}(3.1)\text{ 有唯一解} &\Leftrightarrow \beta \text{ 可以被 } \alpha_1,\alpha_2,\ldots,\alpha_n \text{ 唯一地线性表出}\\ &\Leftrightarrow \alpha_1,\alpha_2,\ldots,\alpha_n \text{ 线性无关}\\ &\Leftrightarrow r(A)=n.\end{aligned}$$

于是我们有

定理 3.2.2 设线性方程组 (3.1) 有解. 则

(1) (3.1) 有唯一解的充分必要条件是 $r(A)=n$;

(2) (3.1) 有无穷多解的充分必要条件是 $r(A) < n$.

定理 3.1.1 和定理 3.2.1 及 3.2.2 所给出的方程组有解的条件是一致的. 事实上, 用消元法解线性方程组 (3.1) 的第一步就是用初等行变换把增广矩阵 $\bar{A}$ 化成阶梯形矩阵. 这个阶梯形矩阵在适当调整前 n 列的顺序之后具有形式(可能有零行, 也可能没有零行):

$$\begin{pmatrix} c_{11} & c_{12} & \cdots & c_{1r} & \cdots & c_{1n} & d_1 \\ 0 & c_{22} & \cdots & c_{2r} & \cdots & c_{2n} & d_2 \\ \cdots & \cdots & \cdots & \cdots & \cdots & \cdots & \cdots \\ 0 & 0 & \cdots & c_{rr} & \cdots & c_{rn} & d_r \\ 0 & 0 & \cdots & 0 & \cdots & 0 & d_{r+1} \\ 0 & 0 & \cdots & 0 & \cdots & 0 & 0 \\ \cdots & \cdots & \cdots & \cdots & \cdots & \cdots & \cdots \\ 0 & 0 & \cdots & 0 & \cdots & 0 & 0 \end{pmatrix}$$

其中 $c_{ii} \neq 0, i = 1, 2, \ldots, r$. 因为把这个阶梯形矩阵的最后一列去掉所得到的矩阵, 就是线性方程组 (3.1) 的系数矩阵 A 经过初等变换所化成的阶梯形矩阵, 因此 $r(A) = r(\bar{A})$ 的充分必要条件是 $d_{r+1} = 0$.

例 3.2.1 a 取何值时, 方程组

$$\begin{cases} 2x_1 - 3x_2 + 5x_3 + 7x_4 = 1 \\ 4x_1 - 6x_2 + 2x_3 + 3x_4 = a \\ 2x_1 - 3x_2 - 11x_3 - 15x_4 = 1 \end{cases}$$

有解?

解 因为

$$\begin{pmatrix} 2 & -3 & 5 & 7 & 1 \\ 4 & -6 & 2 & 3 & a \\ 2 & -3 & -11 & -15 & 1 \end{pmatrix} \to \begin{pmatrix} 2 & -3 & 5 & 7 & 1 \\ 0 & 0 & -8 & -11 & a-2 \\ 0 & 0 & -16 & -22 & 0 \end{pmatrix}$$

$$\to \begin{pmatrix} 2 & -3 & 5 & 7 & 1 \\ 0 & 0 & -8 & -11 & a-2 \\ 0 & 0 & 0 & 0 & 4-2a \end{pmatrix},$$

所以, 当且仅当 $4-2a=0$, 即 $a=2$ 时, 方程组的系数矩阵的秩等于增广矩阵的秩. 此时, 由于系数矩阵的秩等于 $2<4$, 所以方程组有无穷多解. 当且仅当 $4-2a\neq 0$, 即 $a\neq 2$ 时, 系数矩阵的秩与增广矩阵的秩不相等, 方程组无解.

上一节介绍了求解线性方程组的消元法(实际上是初等变换法), 它是求解线性方程组, 特别是数字线性方程组的有效方法. 然而我们在处理文字型线性方程组时, 消元法并不总是有效. 根据克莱姆法则, 我们可以给出求解线性方程组的一个更具一般性的解法, 这个解法具有重要的理论价值.

设线性方程组 (3.1) 有解, 并且 $r(A)=r(\bar{A})=r$. 则矩阵 A 存在 r 阶子式(当然也是 $\bar{A}$ 的 r 阶子式)不等于零. 不妨设 A 的左上角的 r 阶子式不等于零. 此时 $\bar{A}$ 的前 r 行就构成行向量组的一个极大无关组, 第$r+1,\cdots,m$ 行都可以被前 r 行线性表出. 因此方程组 (3.1) 与方程组

$$\begin{cases} a_{11}x_1+\cdots+a_{1r}x_r+\cdots+a_{1n}x_n=b_1 \\ a_{21}x_1+\cdots+a_{2r}x_r+\cdots+a_{2n}x_n=b_2 \\ \cdots\cdots\cdots\cdots \\ a_{r1}x_1+\cdots+a_{rr}x_r+\cdots+a_{rn}x_n=b_r \end{cases} \tag{3.6}$$

同解.

当 $r=n$ 时, 方程组 (3.6) 有唯一解, 也就是 (3.1) 有唯一解. 用克莱姆法则可以求出唯一的解.

当 $r<n$ 时, 将方程组 (3.6) 改写为

$$\begin{cases} a_{11}x_1+\cdots+a_{1r}x_r=b_1-a_{1,r+1}x_{r+1}-\cdots-a_{1n}x_n, \\ a_{21}x_1+\cdots+a_{2r}x_r=b_2-a_{2,r+1}x_{r+1}-\cdots-a_{2n}x_n, \\ \cdots\cdots\cdots\cdots \\ a_{r1}x_1+\cdots+a_{rr}x_r=b_r-a_{r,r+1}x_{r+1}-\cdots-a_{rn}x_n, \end{cases},$$

并把它视为 $x_1,\cdots,x_r$ 的一个方程组, 它的系数行列式不等于零. 根据克莱姆法则, 可以解出$x_1,\ldots,x_r$ 为

$$\begin{cases} x_1=d_1'+c_{1,r+1}'x_{r+1}+\cdots+c_{1n}'x_n \\ \cdots\cdots\cdots\cdots \\ x_r=d_r'+c_{r,r+1}'x_{r+1}+\cdots+c_{rn}'x_n \end{cases},$$

其中 $x_{r+1},\cdots,x_n$ 是自由未知量. 这就是方程组 (3.1) 的一般解.

习 题 3.2

1. 设线性方程组 $\begin{cases} ax_1+x_2+x_3=1 \\ x_1+ax_2+x_3=1 \\ x_1+x_2+ax_3=-2 \end{cases}$ 有无穷多解. 求 a.

2. 当 a 取什么值时, 线性方程组 $\begin{cases} x_1+x_2-x_3=1 \\ 2x_1+3x_2+ax_3=3 \\ x_1+ax_2+3x_3=2 \end{cases}$ 无解? 有唯一解? 有无穷解? 在方程组有解时, 求出它的解.

3. k 取何值时, 齐次线性方程组 $\begin{cases} kx_1+x_4=0 \\ x_1+2x_2-x_4=0 \\ (k+2)x_1-x_2+4x_4=0 \\ 2x_1+x_2+3x_3+kx_4=0 \end{cases}$ 有非零解?

§ 3.3 线性方程组解的结构

在解决了线性方程组解的存在性和解的个数问题之后, 本节我们进一步讨论线性方程组解的结构问题. 在方程组的解是唯一的情况下, 只需要把唯一解给出来即可, 当然没有什么结构问题. 但在有无穷多个解的情况下, 所谓解的结构问题就是解与解的关系问题以及如何表示这无穷多个解的问题. 以下除特别说明, 总假设所讨论的方程组都是有解的.

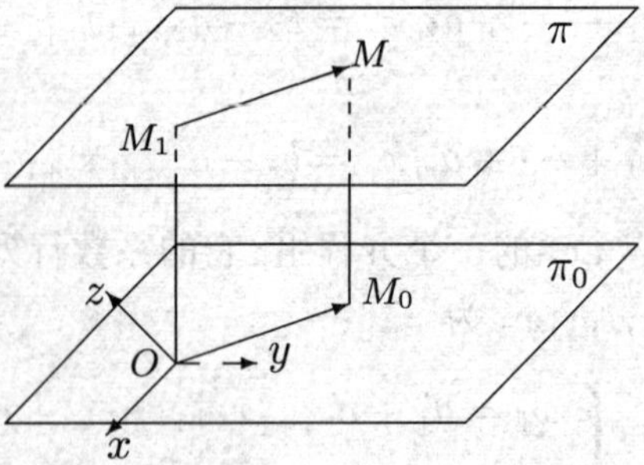

图 1

为了刻画一般线性方程组解的结构, 我们需要讨论它的解之间的关系, 为

此先考虑最简单的情况. 我们知道一个平面 π 的方程

$$Ax + By + Cz = D \tag{3.7}$$

是最简单的三元线性方程组, 平面 π 上的点的坐标就是方程组 (3.7) 的解. 反之, 以方程组 (3.7) 的解为坐标的点都在平面 π 上. 因此, 平面 π 上的所有点(坐标)构成了方程组 (3.7) 的解集合. 设方程组 (3.7) 的导出组

$$Ax + By + Cz = 0 \tag{3.8}$$

对应的平面为 π_0. 则 π_0 过原点且与平面 π 平行(如图 1). 从图 1 可以看出: 若 $M_1(x_1, y_1, z_1)$ 为 π 上一点, 则

(1) 对于 π_0 上任意一点 $M_0(x_0, y_0, z_0)$, 点 $M(x_1 + x_0, y_1 + y_0, z_1 + z_0)$ 在 π 上;

(2) 对于 π 上任意一点 $M(x, y, z)$, 存在 π_0 上一点 $M_0(x_0, y_0, z_0)$ 使得 $(x, y, z) = (x_1, y_1, z_1) + (x_0, y_0, z_0)$.

简言之, $\pi = (x_1, y_1, z_1) + \pi_0$.

用方程组的语言表述上面的结论就是: 方程组 (3.7) 的一个解与它的导出组 (3.8) 的任意解之和都是方程组 (3.7) 的解. 反之, (3.7) 的任意解都等于它的一个特解与其导出组 (3.8) 的某一个解之和.

对于直线(二元线性方程组)有类似的结果. 因此, 我们有理由期望这一结果对一般线性方程组也成立, 事实正是如此.

给定线性方程组

$$AX = b, \tag{3.9}$$

它的导出组为

$$AX = 0. \tag{3.10}$$

下面的定理给出了方程组的解与其导出组的解之间的关系.

定理 3.3.1 (1) 方程组 (3.9) 的两个解 γ_1, γ_2 的差 $\gamma_2 - \gamma_1$ 是它的导出组 (3.10) 的解.

(2) 方程组 (3.9) 的一个解 γ_0 与它的导出组 (3.10) 的一个解 η 之和 $\gamma_0 + \eta$ 仍是 (3.9) 的解.

(3) 如果 γ_0 是方程组 (3.9) 的一个特解, 那么方程组 (3.9) 的任意一个解 γ 都可以表示成

$$\gamma = \gamma_0 + \eta, \tag{3.11}$$

其中, η 是导出组 (3.10) 的一个解. 也就是说, 对于方程组 (3.9) 的特解 γ_0, 当 η 取遍它的导出组的所有解时, (3.11) 就给出了方程组 (3.9) 的全部解.

证明 (1) 设γ_1, γ_2 是 (3.9) 的任意两个解, 即

$$A\gamma_1 = b,\ A\gamma_2 = b.$$

则

$$A(\gamma_2 - \gamma_1) = A\gamma_2 - A\gamma_1 = b - b = 0.$$

因此 $\gamma_2 - \gamma_1$ 是 (3.10) 的解.

(2) 设 γ_0 是 (3.9) 的一个解, η 是 (3.10) 的一个解, 即

$$A\gamma_0 = b,\ A\eta = 0.$$

则

$$A(\gamma_0 + \eta) = A\gamma_0 + A\eta = b + 0 = b,$$

因此 $\gamma_0 + \eta$ 是 (3.9) 的解.

(3) 设 γ_0 是 (3.9) 的一个特解, γ 是 (3.9) 的任意一个解. 则由 (1) 知 $\eta = \gamma - \gamma_0$ 是 (3.10) 的解, 并且

$$\gamma = \gamma_0 + \eta.$$

据 (2) 得出, 当 η 取遍 (3.10) 的所有解时, (3.11) 就给出了 (3.9) 的全部解.

推论 3.3.1 设方程组 (3.9) 有解. 则 (3.9) 有唯一解的充分必要条件是它的导出组 (3.10) 只有零解.

证明 必要性. 设 γ 是 (3.9) 的一个解, η 是 (3.10) 的任意一个解. 则由定理 3.3.1 知 $\gamma + \eta$ 是 (3.9) 的一个解. 由于 (3.9) 的解是唯一的, 所以 $\gamma + \eta = \gamma$, 即 $\eta = 0$, 从而 (3.10) 只有零解.

充分性. 设 γ_1, γ_2 是 (3.9) 的任意两个解. 则由定理 3.3.1知 $\gamma_2 - \gamma_1$ 是 (3.10)的解. 因为 (3.10) 只有零解, 所以 $\gamma_2 - \gamma_1 = 0$, 即 $\gamma_2 = \gamma_1$, 从而 (3.9) 的解唯一.

定理 3.3.1 告诉我们, 为了求出方程组 (3.9) 的所有解, 只需要求出它的一个特解以及它的导出组 (3.10) 的所有解. 因此, 要给出一般线性方程组的解的结构表示, 只需要给出它的一个特解以及它的导出组的解的结构表示. 接下来我们就考虑齐次线性方程组的解的结构问题.

受几何的启发, 对于齐次线性方程组 (3.10), 我们有

定理 3.3.2 设 η_1, η_2 是方程组 (3.10) 的任意两个解, k_1, k_2 是任意两个数. 则$k_1\eta_1 + k_2\eta_2$ 仍是方程组 (3.10) 的解, 即齐次线性方程组的任意两个解的任意线性组合仍是它的解.

证明 设 η_1, η_2 是 (3.10) 的任意两个解, 即

$$A\eta_1 = 0,\ A\eta_2 = 0.$$

则对任意数 k_1, k_2 有

$$A(k_1\eta_1 + k_2\eta_2) = k_1 A\eta_1 + k_2 A\eta_2 = 0.$$

因此 $k_1\eta_1 + k_2\eta_2$ 是 (3.10) 的解.

定理 3.3.2 说明, 齐次线性方程组解的线性组合仍是它的解. 设 A 是数域 F 上的 $m \times n$ 矩阵. 则齐次线性方程组 (3.10) 的解向量是 F^n 的一个子集合 W, W 关于向量的线性运算封闭. 如果 W 存在极大线性无关组, 那么这个极大线性无关组的所有线性组合就给出了齐次方程组的全部解. 现在的问题是 W 是否存在极大线性无关组? 如果 W 存在极大线性无关组, 我们只要找到它的一个极大线性无关组, 齐次线性方程组的解的结构问题也就完全解决了. 为此, 我们引入下面的定义.

定义 3.3.1 齐次线性方程组 (3.10) 的一组解 $\eta_1, \eta_2, \cdots, \eta_s$ 称为它的一个基础解系, 如果

(1) $\eta_1, \eta_2, \cdots, \eta_s$ 线性无关;

(2) (3.10) 的任意一个解都能被 $\eta_1, \eta_2, \cdots, \eta_s$ 线性表出.

由定义可以看出, 齐次线性方程组的一个基础解系就是它的解集合的一个极大线性无关组, 因此任何一个与某一个基础解系等价的线性无关(解)向量组都是它的基础解系. 下面的定理及其证明给出齐次线性方程组的基础解系存在的一个构造方法.

定理 3.3.3 设齐次线性方程组 (3.10) 有非零解. 则它有基础解系, 并且基础解系所含解的个数等于 $n-r$, 其中, n 等于矩阵 A 的列数, $r=r(A)$. (以下将看到, $n-r$ 也就是自由未知量的个数).

证明 设 $A=(a_{ij})$ 是一个 $m\times n$ 矩阵且 $r(A)=r$. 不失一般性假设 A 的左上角的 r 阶子式不等于零, 于是方程组 (3.10) 与方程组

$$\begin{cases} a_{11}x_1+\cdots+a_{1r}x_r=-a_{1,r+1}x_{r+1}-\cdots-a_{1n}x_n \\ a_{21}x_1+\cdots+a_{2r}x_r=-a_{2,r+1}x_{r+1}-\cdots-a_{2n}x_n \\ \cdots\cdots\cdots\cdots \\ a_{r1}x_1+\cdots+a_{rr}x_r=-a_{r,r+1}x_{r+1}-\cdots-a_{rn}x_n \end{cases} \tag{3.12}$$

同解.

如果 $r=n$, 那么方程组没有自由未知量, 方程组 (3.12) 的右端全为零. 这时方程组只有零解, 当然不存在基础解系. 以下设 $r<n$.

在方程组 (3.12) 中, $x_1,\cdots,x_r$ 是一组主未知量, $x_{r+1},\cdots,x_n$ 是一组自由未知量. 根据克莱姆法则, 对于自由未知量 $x_{r+1},\cdots,x_n$ 的任意一组取值 $c_{r+1},\cdots,c_n$, 代入到 (3.12) 中, 就唯一的决定了方程组 (3.12) 的一个解. 反之, (3.12) 的任一解都可以如此得到. 因此, 方程组 (3.10) 的任意两个解, 只要自由未知量的值完全相同, 这两个解就完全相等. 特别地, 如果 (3.12) 的一个解对应的自由未知量 $x_{r+1},\cdots,x_n$ 的值都等于零, 那么这个解一定就是零解.

在 (3.12) 中我们分别用 $n-r$ 组数

$$(1,0,\cdots,0),\ (0,1,\cdots,0),\ \cdots,\ (0,0,\cdots,1)$$

替换自由未知量 $x_{r+1},x_{r+2},\cdots,x_n$, 就得到方程组 (3.10) 的 $n-r$ 个解:

$$\begin{cases} \eta_1=(c_{11},\cdots,c_{1r},1,0,\cdots,0)^{\mathrm{T}} \\ \eta_2=(c_{21},\cdots,c_{2r},0,1,\cdots,0)^{\mathrm{T}} \\ \cdots\cdots\cdots\cdots \\ \eta_{n-r}=(c_{n-r,1},\cdots,c_{n-r,r},0,0,\cdots,1)^{\mathrm{T}} \end{cases}. \tag{3.13}$$

下面我们证明 (3.13) 就是 (3.12) 一个基础解系. 首先证明 $\eta_1,\eta_2,\cdots,\eta_{n-r}$ 线性无关. 事实上, 如果

$$k_1\eta_1+k_2\eta_2+\cdots+k_{n-r}\eta_{n-r}=0,$$

即

$$\begin{aligned} k_1\eta_1 + k_2\eta_2 + \cdots + k_{n-r}\eta_{n-r} &= (*, \cdots, *, k_1, k_2, \cdots, k_{n-r})^{\mathrm{T}} \\ &= (0, \cdots, 0, 0, 0, \cdots, 0)^{\mathrm{T}} \end{aligned},$$

比较最后 $n-r$ 个分量, 得

$$k_1 = k_2 = \cdots = k_{n-r} = 0.$$

因此, $\eta_1, \eta_2, \cdots, \eta_{n-r}$ 线性无关.

再证方程组 (3.12) 的任一个解都可以被 $\eta_1, \eta_2, \cdots, \eta_{n-r}$ 线性表出. 设

$$\eta = (c_1, \cdots, c_r, c_{r+1}, \cdots, c_n)^{\mathrm{T}} \tag{3.14}$$

是 (3.12) 一个解. 由于 $\eta_1, \eta_2, \cdots, \eta_{n-r}$ 是 (3.12) 的解, 所以线性组合

$$c_{r+1}\eta_1 + c_{r+2}\eta_2 + \cdots + c_n\eta_{n-r} = (*, \cdots, *, c_{r+1}, \cdots, c_n)^{\mathrm{T}} \tag{3.15}$$

也是 (3.12) 的一个解. 比较 (3.15) 和 (3.14) 最后的 $n-r$ 个分量得知, 它们对应的自由未知量有完全相同的值, 从而这两个解相等, 即

$$\eta = c_{r+1}\eta_1 + c_{r+2}\eta_2 + \cdots + c_n\eta_{n-r},$$

这就是说, 任意一个解 η 都能表示成 $\eta_1, \eta_2, \cdots, \eta_{n-r}$ 的线性组合.

综上所述, 我们就证明了 $\eta_1, \eta_2, \ldots, \eta_{n-r}$ 确为方程组 (3.12) 的一个基础解系, 从而也是方程组 (3.10) 的一个基础解系. 于是方程组 (3.10) 存在基础解系含有 $n-r$ 个解. 因为 (3.10) 的基础解系就是它的解集合的极大线性无关组, 所以 (3.10) 的任意基础解系都含有 $n-r$ 个解.

从定理 3.3.3 的证明可以看出, 齐次线性方程组的基础解系含向量的个数等于该方程组的自由未知量的个数. 根据定理 3.3.3, 如果一个齐次线性方程组存在非零解, 那么它就存在基础解系, 并且它的任意解都可以用基础解系的线性组合来给出. 这样我们就完全解决了齐次线性方程组的解的结构问题. 由此, 根据定理 3.3.1 我们就可以给出一般方程组的解的结构表示.

定理 3.3.4 设方程组 (3.9) 有解. 如果 γ_0 是 (3.9)的一个特解, $\eta_1, \eta_2, \cdots,$ η_{n-r} 是它的导出组 (3.10) 的一个基础解系, 那么 (3.10) 的通解可以表示成

$$\gamma = \gamma_0 + k_1\eta_1 + k_2\eta_2 + \ldots + k_{n-r}\eta_{n-r}$$

的形式, 其中 $k_1,\cdots,k_{n-r}$ 是常数.

在定理 3.3.3 的证明中, 我们是利用系数矩阵 A 的不等于零的 r 阶子式得到了与方程组 (3.10) 同解的方程组 (3.12), 然后根据克莱姆法则求解 (3.12) 得到方程组 (3.10) 的一个基础解系. 在实际求解线性方程组时, 利用初等变换可以简化上述过程, 并且可以把求非齐次方程组的特解与求齐次方程组的基础解系合并进行. 具体过程是:(假设方程组 $AX=b$ 有解)

(1) 利用初等行变换把矩阵 $\overline{A}=(Ab)$ 化成行简化阶梯形矩阵 $\overline{B}=(Bc)$,

(2) 求出 $BX=c$ 的一个特解 γ_0 及 $BX=0$ 的一个基础解系 $\eta_1,\cdots,\eta_s$,

(3) $\gamma_0+k_1\eta_1+\cdots+k_s\eta_s$, 其中 $k_1,\cdots,k_s$ 是任意常数, 就是方程组 $AX=b$ 的全部解.

下面通过几个例子介绍线性方程组的求解方法.

例 3.3.1 求齐次线性方程组

$$\begin{cases} x_1-2x_2+5x_3+3x_4-4x_5=0\\ 3x_1-3x_2+13x_3+10x_4-7x_5=0\\ x_1+x_2+3x_3+4x_4+x_5=0\\ 2x_1+2x_2+6x_3+8x_4+2x_5=0 \end{cases}$$

的一个基础解系.

解 因为

$$\begin{pmatrix} 1 & -2 & 5 & 3 & -4\\ 3 & -3 & 13 & 10 & -7\\ 1 & 1 & 3 & 4 & 1\\ 2 & 2 & 6 & 8 & 2 \end{pmatrix} \to \begin{pmatrix} 1 & 0 & 11/3 & 11/3 & -2/3\\ 0 & 1 & -2/3 & 1/3 & 5/3\\ 0 & 0 & 0 & 0 & 0\\ 0 & 0 & 0 & 0 & 0 \end{pmatrix},$$

所以方程组的一般解为

$$\begin{cases} x_1=-\dfrac{11}{3}x_3-\dfrac{11}{3}x_4+\dfrac{2}{3}x_5,\\ x_2=\dfrac{2}{3}x_3-\dfrac{1}{3}x_4-\dfrac{5}{3}x_5. \end{cases}$$

其中 x_3,x_4,x_5 为自由未知量.

由于方程组系数矩阵的秩等于 2, 因此其基础解系含 3 个解向量. 令 (x_3,x_4,x_5) 分别取 $(3,0,0)$, $(0,3,0)$, $(0,0,3)$ 代入到一般解中可得到方程组的

三个解:

$$\eta_1=\begin{pmatrix}-11\\2\\3\\0\\0\end{pmatrix},\ \eta_2=\begin{pmatrix}-11\\-1\\0\\3\\0\end{pmatrix},\ \eta_3=\begin{pmatrix}2\\-5\\0\\0\\3\end{pmatrix},$$

η_1,η_2,η_3 就是方程组的一个基础解系. 因此方程组的通解为:

$$\eta=k_1\eta_1+k_2\eta_2+k_3\eta_3,$$

其中 k_1,k_2,k_3 是任意常数. 容易看出方程组的通解与一般解是等价的.

例 3.3.2 求线性方程组

$$\begin{cases}2x_1-x_2+x_3+2x_4+3x_5=2\\6x_1-3x_2+2x_3+4x_4+5x_5=3\\6x_1-3x_2+4x_3+8x_4+13x_5=9\\4x_1-2x_2+x_3+x_4+2x_5=1\end{cases}$$

的通解.

解 因为

$$\overline{A}=\begin{pmatrix}2&-1&1&2&3&2\\6&-3&2&4&5&3\\6&-3&4&8&13&9\\4&-2&1&1&2&1\end{pmatrix}\to\begin{pmatrix}1&-1/2&0&0&-1/2&-1/2\\0&0&1&0&4&3\\0&0&0&1&0&0\\0&0&0&0&0&0\end{pmatrix},$$

所以方程组的系数矩阵的秩等于增广矩阵的秩等于 3, 方程组有解, 并且原方程组与方程组

$$\begin{cases}x_1-\dfrac{1}{2}x_2 & & & -\dfrac{1}{2}x_5 & =-\dfrac{1}{2}\\ & x_3 & & +4x_5 & =3\\ & & x_4 & & =0\end{cases}$$

同解. 在上面的方程组中, 令自由未知量 $x_2=0,x_5=0$ 解得它的一个特解 $\gamma_0=(-1/2,0,3,0,0)^{\mathrm{T}}$. 方程组的导出组的基础解系含有 2 个向量, 解得它的

一个基础解系为

$$\eta_1=(1,2,0,0,0)^{\mathrm{T}},\ \ \eta_2=(1,0,-8,0,2)^{\mathrm{T}}.$$

于是方程组的通解为

$$(-1/2,0,3,0,0)^{\mathrm{T}}+k_1(1,2,0,0,0)^{\mathrm{T}}+k_2(1,0,-8,0,2)^{\mathrm{T}},$$

其中 k_1,k_2 为任意常数.

例 3.3.3 讨论 λ 取什么值时, 下述方程组无解? 有解? 有唯一解? 在有解的情况下求出其全部解.

$$\begin{cases}\lambda x_1+x_2+x_3=1\\ x_1+\lambda x_2+x_3=1\\ x_1+x_2+\lambda x_3=1\end{cases}. \tag{3.16}$$

解 方程组(3.16)的方程的个数等于未知量的个数, 可以用两种方法求解. 分别用 $A,\overline{A}$ 表示方程组的系数矩阵和增广矩阵.

方法一: 因为

$$\overline{A}=\begin{pmatrix}\lambda&1&1&1\\1&\lambda&1&1\\1&1&\lambda&1\end{pmatrix}\longrightarrow\begin{pmatrix}1&1&\lambda&1\\0&\lambda-1&1-\lambda&0\\0&0&(\lambda-1)(\lambda+2)&\lambda-1\end{pmatrix}$$

$$\xrightarrow{\text{当}\lambda\neq 1,-2\text{时}}\begin{pmatrix}1&0&0&\dfrac{1}{\lambda+2}\\0&1&0&\dfrac{1}{\lambda+2}\\0&0&1&\dfrac{1}{\lambda+2}\end{pmatrix},$$

所以 (1) 当 $\lambda\neq 1$ 且 $\lambda\neq -2$ 时, $r(A)=r(\overline{A})=3$, 方程组有唯一解

$$\begin{cases}x_1=\dfrac{1}{\lambda+2}\\ x_2=\dfrac{1}{\lambda+2}\\ x_3=\dfrac{1}{\lambda+2}\end{cases}.$$

(2) 当 $\lambda=-2$ 时, $r(A)=2\neq 3=r(\overline{A})$, 方程组无解.

(3) 当 $\lambda=1$ 时, $r(A)=r(\overline{A})=1$, 方程组有无穷多解, 一般解为

$$x_1=1-x_2-x_3,$$

其中 x_2,x_3 为自由未知量.

方法二: 因为

$$|A|=\begin{vmatrix}\lambda & 1 & 1\\ 1 & \lambda & 1\\ 1 & 1 & \lambda\end{vmatrix}=\begin{vmatrix}\lambda+2 & 1 & 1\\ \lambda+2 & \lambda & 1\\ \lambda+2 & 1 & \lambda\end{vmatrix}=(\lambda+2)(\lambda-1)^2,$$

所以(1) 当 $\lambda\neq 1$ 且 $\lambda\neq -2$ 时, 方程组有唯一解, 其解见方法一;

(2) 当 $\lambda=-2$ 时, 利用矩阵的初等变换可以求得 $r(A)=2$, $r(\overline{A})=3$, 方程组无解;

(3) 当 $\lambda=1$ 时, 容易看出 $r(A)=r(\overline{A})=1$, 方程组有无穷多解, 此时原方程组与方程组

$$x_1+x_2+x_3=1$$

同解, 后者的一个特解 $\gamma_0=(1,0,0)$, 导出组的一个基础解系为

$$\eta_1=(-1,1,0)^{\mathrm{T}},\quad \eta_2=(-1,0,1)^{\mathrm{T}}.$$

因此原方程组的通解为

$$\gamma=(1,0,0)^{\mathrm{T}}+k_1(-1,1,0)^{\mathrm{T}}+k_2(-1,0,1)^{\mathrm{T}},$$

其中 k_1,k_2 为任意常数.

可以用几何的观点解读例 3.3.3. 我们知道一个三元一次方程可以表示空间一个平面, 因此方程组(3.16)的解集就是对应三平面的交集. 于是我们有

(1) 当 $\lambda\neq 1$ 且 $\lambda\neq -2$ 时, 三平面交于唯一的一点 $(\frac{1}{\lambda+2},\frac{1}{\lambda+2},\frac{1}{\lambda+2})$;

(2) 当 $\lambda=-2$ 时, 三平面没有公共点. 由于任意两个平面都不平行(为什么?)并且 $r(A)=2\neq 3=r(\overline{A})$, 因此三平面两两相交于一条直线, 并且三条交线相互平行;

(3) 当 $\lambda=1$ 时, 三平面重合为一个平面.

最后我们利用方程组的理论解决一个关于向量的线性表出的问题.

例 3.3.4 设有三维列向量

$$\alpha_1=(a,1,1)^{\mathrm{T}},\alpha_2=(1,a,1)^{\mathrm{T}},\alpha_3=(1,2,2)^{\mathrm{T}},\beta=(1,a,2)^{\mathrm{T}}.$$

问 a 取何值时, β 可以被 $\alpha_1,\alpha_2,\alpha_3$ 线性表出? 可以被唯一线性表出? 不能被 $\alpha_1,\alpha_2,\alpha_3$ 线性表出?

解 β 能否被 $\alpha_1,\alpha_2,\alpha_3$ 线性表出等价于方程组

$$x_1\alpha_1+x_2\alpha_2+x_3\alpha_3=\beta \tag{3.17}$$

是否有解. 因为

$$\begin{pmatrix}a&1&1&1\\1&a&2&a\\1&1&2&2\end{pmatrix}\to\begin{pmatrix}1&1&2&2\\1&a&2&a\\a&1&1&1\end{pmatrix}\to\begin{pmatrix}1&1&2&2\\0&a-1&0&a-2\\0&0&1-2a&-1-a\end{pmatrix},$$

所以当 $a\neq 1$ 且 $a\neq\dfrac{1}{2}$ 时, 方程组 (3.17) 有唯一的解, 因此 β 可以被 $\alpha_1,\alpha_2,\alpha_3$ 唯一地线性表出.

当 $a=1$ 或 $a=\dfrac{1}{2}$ 时, 方程组 (3.17) 的系数矩阵的秩等于 2, 增广矩阵的秩等于 3, 方程组无解, 所以 β 不能被 $\alpha_1,\alpha_2,\alpha_3$ 线性表出.

习 题 3.3

1. 求下列齐次线性方程组的一个基础解系, 并用此基础解系表示方程组的一般解(全部解).

(1) $\begin{cases}x_1+x_2-x_3+x_4=0\\x_1-x_2+2x_3-x_4=0\\3x_1+x_2+x_4=0\end{cases}$;

(2) $\begin{cases}x_1-2x_2-x_3-x_4=0\\2x_1-4x_2+5x_3+3x_4=0\\4x_1-8x_2+17x_3+11x_4=0\end{cases}$;

$$(3)\ \begin{cases} 2x_1+x_2-x_3-x_4+x_5=0 \\ x_1-x_2+x_3+x_4-2x_5=0 \\ 3x_1+3x_2-3x_3-3x_4+4x_5=0 \\ 4x_1+5x_2-5x_3-5x_4-7x_5=0 \end{cases}.$$

2. 判断下列线性方程组是否有解. 若方程组有解, 试求其解(在有无穷解时用基础解系表示其全部解).

$$(1)\ \begin{cases} 2x_1-4x_2-x_3=4 \\ -x_1-2x_2-x_4=4 \\ 3x_2+x_3+2x_4=1 \\ 3x_1+x_2+3x_4=-3 \end{cases};$$

$$(2)\ \begin{cases} 2x_1-x_2+4x_3-3x_4=-4 \\ x_1+x_3-x_4=-3 \\ 3x_1+x_2+x_3=1 \\ 7x_1+7x_3-3x_4=3 \end{cases};$$

$$(3)\ \begin{cases} x_1+x_2+x_3+x_4+x_5=-1 \\ 3x_1+2x_2+x_3+x_4-3x_5=-5 \\ x_2+2x_3+2x_4+6x_5=2 \\ 5x_1+4x_2+3x_3+3x_4-x_5=-7 \end{cases};$$

$$(4)\ \begin{cases} 2x_1+3x_2-x_3-5x_4=-2 \\ x_1+2x_2-x_3+x_4=-2 \\ x_1+x_2+x_3+x_4=5 \\ 3x_1+x_2+2x_3+3x_4=4 \end{cases}.$$

3. λ 取何值时, 方程组 $\begin{cases} (1+\lambda)x_1+x_2+x_3=0 \\ x_1+(1+\lambda)x_2+x_3=3 \\ x_1+x_2+(1+\lambda)x_3=\lambda \end{cases}$ 有解? 无解? 并在有解时求解.

4. p,q 取何值时, 下列方程组有解? 无解? 并在有解时求解.

$$\begin{cases} x_1+px_2+x_3=2 \\ x_1+x_2+2x_3=3 \\ x_1+x_2+qx_3=4 \end{cases}$$

5. 已知方程组 (I) $\begin{cases} x_1+x_2+x_3=1 \\ 3x_1+5x_2+x_3=7 \end{cases}$

和 (II) $\begin{cases} 2x_1+3x_2+ax_3=4 \\ 2x_1+4x_2+(a-1)x_3=b+4 \end{cases}$, 问方程组中 a,b 为何值时, 方程组 (I) 和 (II) 同解? 并求解.

6. 求一个齐次线性方程组, 使它的基础解系为 $\xi_1=(0,1,2,3)^{\mathrm{T}},\xi_2=(3,2,1,0)^{\mathrm{T}}$.

7. 求证 $r(A)=r(A^{\mathrm{T}}A)=r(AA^{\mathrm{T}})$. 其中 A 为 n 阶实矩阵.

8. 设 A,B 分别为 $m\times n, n\times p$ 矩阵, 且 $AB=0$. 证明 : $r(A)+r(B)\leq n$.

9. 设 n 阶阵 A 满足 $A^2=E$. 证明: $r(A+E)+r(A-E)=n$.

10. 如果 A 是 n 阶矩阵($n\geq 2$), 则

$$r(A^*)=\begin{cases} n, & 若\ r(A)=n, \\ 1, & 若\ r(A)=n-1, \\ 0, & 若\ r(A)<n-1. \end{cases}$$

总复习题三

1. 填空题.

(1) 已知方程组 $\begin{pmatrix} 1 & 2 & 1 \\ 2 & 3 & a+2 \\ 1 & a & -2 \end{pmatrix}\begin{pmatrix} x_1 \\ x_2 \\ x_3 \end{pmatrix}=\begin{pmatrix} 1 \\ 3 \\ 4 \end{pmatrix}$ 无解, 则 $a=$_____.

(2) 设 n 阶矩阵 A 的各行元素之和为零, 且 A 的秩为 $n-1$. 则齐次线性方程 $Ax=0$ 的通解为_____.

(3) 若齐次线性方程组 $Ax=0$ 的解都是 $Bx=0$ 的解, 则 A,B 的秩满足关系_____.

(4) 设四元非齐次线性方程组系数矩阵的秩为 3. 已知 y_1,y_2,y_3 是它的三个解向量, 其中 $y_1=(2,0,5,-1)^{\mathrm{T}}, y_2+y_3=(1,9,9,9)^{\mathrm{T}}$, 则该线性方程组的通解是_____.

(5)设 A 为4阶方阵, 且 $r(A)=2$. 则 $r(A^*)=$_____.

2. 选择题

(1) 齐次线性方程组 $Ax=0$ 仅有零解的充要条件是(　　)

(A) A 的行向量线性无关; (B) A 的行向量线性相关;

(C) A 的列向量线性无关; (D) A 的行向量线性相关.

(2) 要使 $\xi_1=(1,0,2)^{\mathrm{T}}$ 和 $\xi_2=(0,1,-1)^{\mathrm{T}}$ 是齐次线性方程组 $Ax=0$ 的解, 则矩阵 A 为(　　)

(A) $(-2,1,1)$; (B) $\begin{pmatrix}2 & 0 & -1\\ 0 & 1 & 1\end{pmatrix}$;

(C) $\begin{pmatrix}-1 & 0 & 2\\ 0 & 1 & 1\end{pmatrix}$; (D) $\begin{pmatrix}0 & 1 & -1\\ 4 & -2 & -2\\ 0 & 1 & 1\end{pmatrix}$.

(3) 设 A 为 n 阶方阵. 若 α 是非齐次线性方程组 $Ax=b$ 的解, $\beta_1,\beta_2,\cdots,\beta_r$ 是导出组 $Ax=0$ 的基础解系, 则(　　)

(A) $r(A)<r$; (B) $r(A)\geq r$;

(C) $r(\alpha,\beta_1,\beta_2,\cdots,\beta_r)=r$; (D) $r(\alpha,\beta_1,\beta_2,\cdots,\beta_r)=r+1$.

(4)设在非齐次线性方程组 $Ax=b$ 中, A 是一个 $m\times n$ 矩阵, $r(A)=r$. 则(　　)

(A) $r=m$ 时, $Ax=b$ 有解; (B) $r=n$ 时, $Ax=b$ 有唯一解;

(C) $m=n$ 时, $Ax=b$ 有唯一解; (D) $r<n$ 时, $Ax=b$ 有无穷多解.

(5) 设 A 是 $m\times n$ 矩阵. 以下命题正确的是(　　)

(A) 如果 $m<n$, 则方程组 $Ax=b$ 有无穷多解;

(B) 若 $Ax=0$ 只有零解, 则 $Ax=b$ 有唯一解;

(C) 若 A 有一个 n 阶子式不为 0, 则 $Ax=0$ 只有零解;

(D) $Ax=b$ 有唯一解的充要条件是 $r(A)=n$.

(6) 设 β_1,β_2 是非齐次线性方程组 $Ax=b$ 两个不同的解, α_1,α_2 是导出组 $Ax=0$ 的基础解系, k_1,k_2 是任意常数. 则 $Ax=b$ 的通解可表示为(　　)

(A) $\dfrac{\beta_1-\beta_2}{2}+k_1\alpha_1+k_2(\alpha_1+\alpha_2)$; (B) $\dfrac{\beta_1+\beta_2}{2}+k_1\alpha_1+k_2(\alpha_1-\alpha_2)$;

(C) $\dfrac{\beta_1-\beta_2}{2}+k_1\alpha_1+k_2(\beta_1+\beta_2)$; (D) $\dfrac{\beta_1+\beta_2}{2}+k_1\alpha_1+k_2(\beta_1-\beta_2)$.

(7) 设A是4×5矩阵, A的行向量线性无关. 则下面错误的是(　)

(A) $A^{\mathrm{T}}x=0$ 只有零解; (B) $A^{\mathrm{T}}Ax=0$ 必有无穷多解;

(C) $\forall b, A^{\mathrm{T}}x=b$ 有唯一解; (D) $\forall b, Ax=b$ 总有无穷多解.

(8) 已知 $Q=\begin{pmatrix}1&2&3\\2&4&t\\3&6&9\end{pmatrix}$, P 为 3 阶非零解, 且 $PQ=0$, 则下面结论正确的是(　　)

(A) $t=6$ 时, P 的秩必为 1;　　(B) $t=6$ 时, P 的秩必为 2;

(C) $t\neq 6$ 时, P 的秩必为 1;　　(D) $t\neq 6$ 时, P 的秩必为 2.

(9) 设三阶矩阵$A=\begin{pmatrix}a&b&b\\b&a&b\\b&b&a\end{pmatrix}$, A的伴随矩阵的秩等于1. 则必有(　　)

(A) $a=b$ 或 $a+2b=0$;　　(B) $a=b$ 或 $a+2b\neq 0$;

(C) $a\neq b$ 且 $a+2b=0$;　　(D) $a\neq b$ 且 $a+2b\neq 0$.

3. 证明线性方程组 $\begin{cases}x_1-x_2=a_1\\x_2-x_3=a_2\\x_3-x_4=a_3\\x_4-x_5=a_4\\x_5-x_1=a_5\end{cases}$ 有解的充分必要条件是 $\sum_{i=1}^{5}a_i=0$. 在有解的情况下, 求出它的一般解.

4. 已知 $\begin{cases}x_1+x_2+ax_3=4\\-x_1+ax_2+x_3=a^2\\x_1-x_2+2x_3=-4\end{cases}$ 有无穷多个解, 求 a 的值及通解.

5. 设 A 是 $m\times n$ 矩阵, B 是 $n\times m$ 矩阵, 且 $r(A)=n, r(B)=m$. 试证明:对于任意 m 维向量 b, $ABx=b$ 总有唯一解.

6. 设 A 是 n 阶矩阵. 若 α 是方程组 $Ax=b$ 的解, $\beta_1,\beta_2,\cdots,\beta_r$ 是 $Ax=0$ 的基础解系, 试证明: $\alpha,\beta_1,\beta_2,\cdots,\beta_r$ 线性无关.

7. 对齐次线性方程组 $Ax=0$, 其中 $A=(a_{ij})_{n\times n}$, A 的秩为 $n-1$. 证明:此方程组的一般解(全部解)为 $y=c(A_{i1},A_{i2},\cdots,A_{in})^{\mathrm{T}}$ (c 为任意常数), 其中 $A_{ij}(1\leq j\leq n)$ 是 a_{ij} 的代数余子式, 且至少一个 $A_{ij}\neq 0$.

8. 设 $\alpha_1,\alpha_2,\alpha_3$ 是齐次线性方程组 $Ax=0$ 的一个基础解系. 证明: $\alpha_1+\alpha_2,\alpha_2+\alpha_3,\alpha_3+\alpha_1$ 也是该方程组的一个基础解系.

9. 设向量 $\alpha_1,\alpha_2,\cdots,\alpha_t$ 是齐次线性方程组 $Ax=0$ 的一个基础解系, 向量 β 不是方程组 $Ax=0$ 的解. 证明: 向量组 $\beta,\beta+\alpha_1,\beta+\alpha_2,\cdots,\beta+\alpha_t$ 线

性无关.

10. 设 η_0 是非齐次线性方程组 $Ax=b$ 的一个解, $\eta_1,\eta_2,\cdots,\eta_t$ 是它的导出组 $Ax=0$ 的一个基础解系. 令 $\gamma_1=\eta_0,\gamma_2=\eta_0+\eta_1,\cdots,\gamma_{t+1}=\eta_0+\eta_t$. 证明:

(1) $\gamma_1,\gamma_2,\cdots,\gamma_{t+1}$ 线性无关;

(2) 方程组 $Ax=b$ 的任一解 γ 都可表示成

$$\gamma=u_1\gamma_1+u_2\gamma_2+\cdots+u_{t+1}\gamma_{t+1},$$

其中 $u_1+u_2+\cdots+u_{t+1}=1$.

11. 设向量组 $\alpha_1=(1,2,0)^{\mathrm{T}},\alpha_2=(1,a+2,-3a)^{\mathrm{T}},\alpha_3=(-1,-b-2,a+2b)^{\mathrm{T}},\beta=(1,3,-3)^{\mathrm{T}}$. 试讨论 a,b 取什么值时,

(1) β 不能由 $\alpha_1,\alpha_2,\alpha_3$ 线性表示?

(2) β 可由 $\alpha_1,\alpha_2,\alpha_3$ 唯一线性表示? 并写出表示式.

(3) β 可由 $\alpha_1,\alpha_2,\alpha_3$ 线性表示, 但表示方法不唯一? 并写出一般表示式.

12. 已知非齐次线性方程组 (I) $\begin{cases}x_1+x_2-2x_4=-6\\4x_1-x_2-x_3-x_4=1\\3x_1-x_2-x_3=3\end{cases}$

和 (II) $\begin{cases}x_1+mx_2-x_3-x_4=-5\\nx_1-x_3-2x_4=-11\\x_3-2x_4=-t+1\end{cases}$,

(1) 求解方程组 (I), 用导出组的基础解系表示通解;

(2) 当方程组 (II) 中的参数 m,n,t 为何值时, 方程组 (I) 与 (II) 同解?

13. 设有向量组$\alpha_1=(1,0,2)^{\mathrm{T}},\alpha_2=(1,1,3)^{\mathrm{T}},\alpha_3=(1,-1,a+2)^{\mathrm{T}}$ 和向量组$\beta_1=(1,2,a+3)^{\mathrm{T}},\beta_2=(2,1,a+6)^{\mathrm{T}},\beta_3=(2,1,a+4)^{\mathrm{T}}$. 当 a 为何值时, 两个向量组等价? 当 a 为何值时, 两个向量组不等价?

14. 已知线性方程组 $\begin{cases}x_1+x_2+x_3=0\\ax_1+bx_2+cx_3=0\\a^2x_1+b^2x_2+c^2x_3=0\end{cases}$.

(1) a,b,c 满足何关系时, 方程组仅有零解?

(2) a,b,c 满足何关系时, 方程组有无穷多解? 并用基础解系表示全部解.

15. 已知线性方程组 $\begin{cases} x_1+x_2+2x_3+3x_4=1 \\ x_1+3x_2+6x_3+x_4=3 \\ 3x_1-x_2-k_1x_3+15x_4=3 \\ x_1-5x_2-10x_3+12x_4=k_2 \end{cases}$. 当 k_1,k_2 取何值时, 方程组无解? 有唯一解? 有无穷多解? 在方程组有无穷多解的情况下, 试求其一般解.

16. 设线性方程组为 $\begin{cases} x_1+a_1x_2+a_1^2x_3=a_1^3 \\ x_1+a_2x_2+a_2^2x_3=a_2^3 \\ x_1+a_3x_2+a_3^2x_3=a_3^3 \\ x_1+a_4x_2+a_4^2x_3=a_4^3 \end{cases}$.

(1) 证明: 若 a_1,a_2,a_3,a_4 两两不等, 则此线性方程组无解.

(2) 设 $a_1=a_3=k, a_2=a_4=-k(k\neq 0)$, 且 $\beta_1=(-1,1,1)^{\mathrm{T}}$ 和 $\beta_2=(1,1,-1)^{\mathrm{T}}$ 是该方程组的两个解, 试写出方程组的通解.

17. 已知方程组 (I) $\begin{cases} x_1+2x_2+3x_3=0 \\ 2x_1+3x_2+5x_3=0 \\ x_1+x_2+ax_3=0 \end{cases}$

和 (II) $\begin{cases} x_1+bx_2+cx_3=0 \\ 2x_1+b^2x_2+(c+1)x_3=0 \end{cases}$ 同解, 求 a,b,c.

18. 已知方程组 $\begin{cases} x_1+\lambda x_2+\mu x_3+x_4=0 \\ 2x_1+x_2+x_3+2x_4=0 \\ 3x_1+(2+\lambda)x_2+(4+\mu)x_3+4x_4=1 \end{cases}$ 的一个解 $(1,-1,1,-1)^{\mathrm{T}}$.

(1) 试求方程组全部的解, 并用对应的齐次线性方程组的基础解系表示全部的解.

(2) 求该方程组满足 $x_2=x_3$ 的全部的解.

19.已知齐次线性方程组 $\begin{cases} (a_1+b)x_1+a_2x_2+\cdots+a_nx_n=0 \\ a_1x_1+(a_2+b)x_2+\cdots+a_nx_n=0 \\ \cdots\cdots\cdots\cdots \\ a_1x_1+a_2x_2+\cdots+(a_n+b)x_n=0 \end{cases}$, 其中 $\sum\limits_{i=1}^{n} a_i\neq 0$, 试讨论 $a_1,a_2,\cdots,a_n$ 和 b 满足什么条件时,

(1)方程组仅有零解?

(2)方程组有非零解? 在有非零解时, 求其一个基础解系.

20. 设 n 元线性方程组 $Ax=b$, 其中

$$A=\begin{pmatrix}2a & 1 & & & \\ a^2 & 2a & 1 & & \\ & \ddots & \ddots & \ddots & \\ & & a^2 & 2a & 1 \\ & & & a^2 & 2a\end{pmatrix}, x=\begin{pmatrix}x_1\\ x_2\\ \vdots\\ x_n\end{pmatrix}, b=\begin{pmatrix}1\\ 0\\ \vdots\\ 0\end{pmatrix}.$$

(1) 证明: $|A|=(n+1)a^n$.

(2) 当 a 为何值时, 该方程组有唯一解? 并求 x_1.

(3) 当 a 为何值时, 该方程组有无穷多解? 并求通解.

21. 若关于 $x_1, x_2, \cdots, x_{n-1}$ 的线性方程组

$$\begin{cases} a_{11}x_1+a_{12}x_2+\cdots+a_{1,n-1}x_{n-1}+a_{1n}=0\\ a_{21}x_1+a_{22}x_2+\cdots+a_{2,n-1}x_{n-1}+a_{2n}=0\\ \cdots\cdots\cdots\cdots\\ a_{n1}x_1+a_{n2}x_2+\cdots+a_{n,n-1}x_{n-1}+a_{nn}=0\end{cases}$$

有解, 则

$$\begin{vmatrix}a_{11} & a_{12} & \cdots & a_{1n}\\ a_{21} & a_{22} & \cdots & a_{2n}\\ \cdots & \cdots & \cdots & \cdots\\ a_{n1} & a_{n2} & \cdots & a_{nn}\end{vmatrix}=0.$$

第四章　线性空间与线性变换

线性空间和线性变换是最基本的数学概念之一，它不仅是线性代数的核心内容，在数学的诸多内部学科有广泛的应用和发展，而且它的理论和方法已经逐步渗透到自然科学、工程技术和管理科学等诸多领域. 本章我们将介绍线性空间和线性变换的基本理论和方法.

§ 4.1　集合与映射

为了更好地学习和研究线性空间，我们介绍集合与映射的概念，熟悉和掌握这些概念对于数学知识的学习是必不可少的.

所谓集合，简单地讲就是指具有某种共同属性事物的收集，其中的事物称为集合的元素. 集合是数学中最基本的概念之一. 通常用某种大写字母表示集合，用相应的小写字母表示集合中的元素. 记作

$$a \in S$$

表示 a 是集合 S 的元素，读作"a 属于 S". 而

$$a \notin S$$

表示 a 不是集合 S 的元素，读作"a 不属于 S".

所谓给出一个集合就是规定这个集合是由哪些元素组成. 给出集合的常用的方法有两种：一是列举出集合的全部元素，二是给出集合中元素所具有的性质. 例如

$$S = \{a, b, c, d\}$$

表示 S 是由 a, b, c, d 四个元素组成的集合，而

$$M = \{m \in \mathrm{Z} \,|2|m\}$$

表示所有能被 2 整除的整数的集合.

称两个集合 A 与 B 相等，如果 A 与 B 含有完全相同的元素，即 $a \in A$ 当且仅当 $a \in B$. 此时记 $A = B$. 例

$$\{m \in \mathrm{Z} |\, 2|m\} = \{m \in \mathrm{Z} |\, m = 2n, n \in \mathrm{Z}\}.$$

称集合 A 是集合 B 的子集合, 如果 A 的每一个元素都是 B 的元素, 记作 $A \subseteq B$, 读作“A 包含在 B 中”. 显然 $A = B$ 当且仅当 $A \subseteq B$ 并且 $B \subseteq A$. 不含任何元素的集合称为空集合, 记作 $\emptyset$. 规定空集合是任意集合 A 的子集合, 即 $\emptyset \subseteq A$. 由定义知每一个集合 A 都是它自己的子集合. 因此任意集合 A 都有两个平凡的子集合 : $\emptyset$ 与 A. 称 A 是 B 的真子集合, 如果 $A \subseteq B$ 且 $A \neq B$.

两个集合 A 与 B 的交集合是指集合

$$\{x | x \in A \text{ 并且 } x \in B\},$$

记作 $A \cap B$. 两个集合 A 与 B 的交集 $A \cap B$ 可能是空集合, 此时称 A 与 B 是不相交的. 容易证明对任意集合 A, B, C 有

$$A \cap B = B \cap A, \quad A \cap (B \cap C) = (A \cap B) \cap C.$$

两个集合 A 与 B 的并集合是指集合

$$\{x | x \in A \text{ 或者 } x \in B\},$$

记作 $A \cup B$. 容易证明对任意集合 A, B, C 有

$$A \cup B = B \cup A, \quad A \cup (B \cup C) = (A \cup B) \cup C.$$

进一步有

$$A \cap (B \cup C) = (A \cap B) \cup (A \cap C), \quad A \cup (B \cap C) = (A \cup B) \cap (A \cup C).$$

以上我们介绍了有关集合的概念及基本运算, 接下来讨论集合的映射. 映射是函数概念的推广, 它描述了两个集合元素之间的关系, 也是数学中最基本的概念之一.

给定集合 A 与 B, 称 A 与 B 之间的一种对应法则 f 为 A 到 B 的映射, 如果 A 中每一个元素 a 在法则 f 下, 都有 B 中唯一的元素, 记为 $f(a)$, 与之相对应, 称之为 a 在 f 下的像. 集合 A 到 B 的映射 f 通常可以表示为

$$f : A \to B.$$

有时为了清楚地给出对应法则 f, 映射也表示为

$$f : A \to B$$

$$a \mapsto f(a).$$

设

$$f: A \to B$$

是集合 A 到 B 的映射. 称集合

$$\mathrm{Im}(f) = f(A) = \{f(x)|x \in A\}$$

为映射 f 的像, 它是集合 B 的子集合; 称

$$f^{-1}(y) = \{x \in A|f(x) = y\}$$

为元素$y \in B$的原像, 它是集合 A 的子集合. 如果 $y \in B\backslash\mathrm{Im}(f)$, 则显然有 $f^{-1}(y) = \emptyset$. 一般地, 对于 $C \subseteq B$, 我们用 $f^{-1}(C)$ 表示集合

$$\{x \in A|f(x) \in C\}.$$

显然 $f^{-1}(C) = \bigcup\limits_{y \in C} f^{-1}(y)$.

如果映射 $f: A \to B$ 满足 $\mathrm{Im}(f) = B$, 则称 f 为满射(或到上的映射); 如果 f 满足蕴含

$$x \neq x' \Rightarrow f(x) \neq f(x'),$$

则称 f 为单射或 $1-1$ 映射. 如果 f 既是满射又是单射, 则称它是双射或一一对应.

称映射 $f: A \to B$ 与映射 $g: C \to D$ 相等, 如果

(1) $A = C, B = D$,

(2) $\forall x \in A, f(x) = g(x)$.

集合 A 到自身的映射亦称为 A 上的变换. 当 A, B 都是数集时, A 到 B 的映射就是通常的函数.

例 4.1.1 设 $A = \{1,2,3,4,5\}$, $B = \{a,b,c,d\}$, 对应的法则 f 规定为 : $1 \mapsto a$, $2 \mapsto c$, $3 \mapsto c$, $4 \mapsto b$, $5 \mapsto b$. 则 f 是 A 到 B 的映射, f 既不是单射也不是满射.

例 4.1.2 设 $A = \mathrm{Z}$, 所有整数组成的集合, B 是全体偶数的集合, 定义对应关系如下:

$$f: n \mapsto 2n, n \in \mathrm{Z},$$

则 f 是 A 到 A 的单射, 但不是满射; f 是 A 到 B 的双射.

例 4.1.3 设$A=B=\mathrm{R}$. 对应法则 f 定义为：$x\mapsto x^3$, 则 f 为 R 到 R 的双射. 这是我们所熟知的初等函数 $y=x^3$.

例 4.1.4 设 A,B 是两个非空集合, $b_0\in B$ 为 B 中的一个固定的元素, 对应法则f定义为:

$$f:a\mapsto b_0,\quad a\in A,$$

则 f 是 A 到 B 的映射, 称之为 A 到 B 的常值映射.

例 4.1.5 设 A 是集合. 定义

$$f:a\mapsto a,\ a\in A,$$

则 f 是一个映射, 它把每个元素都映到自身, 称为 A 的恒等映射(变换)或单位映射(变换), 通常记作 1_A.

类似于函数的合成(复合), 我们引入映射的"合成"运算.

设 A,B,C 是三个集合, $f:A\to B$ 和 $g:B\to C$ 都是映射. 则由 f 和 g 可确定一个 A 到 C 的映射:

$$\begin{aligned}h:A&\to C\\ x&\mapsto g(f(x)).\end{aligned}$$

称 h 为 f 与 g 的合成映射, 记作 $h=gf$. 映射的合成可以用下面的"交换图"直观表示:

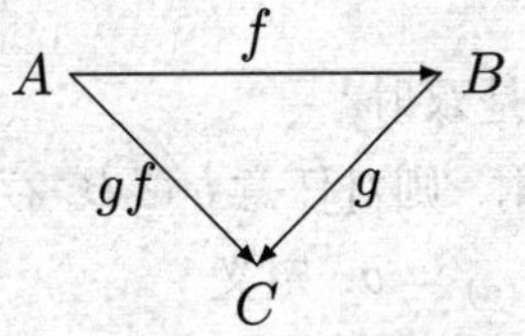

所谓"交换图"是指 A 到 C 的映射不依赖于是直接从 A 到 C (gf) 还是由 A 经 B (f) 再到 C (g).

关于映射的合成有如下的性质:

定理 4.1.1 设 A,B,C,D 均为非空集合, $f:A\to B$, $g:B\to C$, $h:C\to D$ 均为映射. 则

(1) $h(gf)=(hg)f$;

(2) $1_B f = f 1_A = f$.

证明 根据映射相等的定义, 要证两个映射相等, 只需证明它们有相同的定义域, 并且对应法则相同, 即两个映射对定义域中每个元素的作用相同.

显然 $h(gf)$, $(hg)f$ 均是 A 到 D 的映射. 对任意 $x \in A$,

$$h(gf)(x) = h[(gf)(x)] = h[g(f(x))] = (hg)(f(x)) = [(hg)f](x).$$

所以 (1) 成立.

同理可证(2)成立.

类似于函数的反函数, 我们有逆映射的概念.

设 $f : A \to B$ 是映射. 若存在映射 $g : B \to A$ 使得$gf = 1_A$, $fg = 1_B$, 则称 f 是可逆映射, 并称 g 是 f 的逆映射. 可以证明, 若 f 是可逆映射, 则满足条件的映射 g 是唯一的, 记作 $g = f^{-1}$.

定理 4.1.2 设A, B是集合, $f : A \to B$是映射. 则 f 是可逆映射当且仅当 f 是双射.

证明 必要性. 设 f 是可逆映射. 则存在映射 $g : B \to A$ 使得$gf = 1_A$, $fg = 1_B$. 若对于任意 $a, b \in A$, $f(a) = f(b)$, 则

$$a = 1_A(a) = (gf)(a) = g(f(a)) = g(f(b)) = 1_A(b) = b.$$

所以 f 是单射. 对于任意 $b \in B$ 有

$$b = 1_B(b) = (fg)(b) = f(g(b)).$$

所以 f 是满射, 从而 f 是双射.

充分性. 设 f 是双射. 则对任意 $b \in B$, 存在唯一的 $a_b \in A$ 使得 $f(a_b) = b$. 因此, 对任意 $a \in A$, $a_{f(a)} = a$. 定义

$$\begin{aligned} g :& B \to A \\ & b \mapsto a_b \end{aligned},$$

则 g 是 B 到 A 的映射, 且对任意 $a \in A$, $b \in B$,

$$(fg)(b) = f(g(b)) = f(a_b) = b = 1_A(b),$$

$$(gf)(a) = g(f(a)) = a_{f(a)} = a = 1_A(a).$$

因此 $fg=1_B$, $gf=1_A$, 所以 f 是可逆映射.

推论 4.1.3 (1) 若 $f:A\to B$ 是双射, 则 f^{-1} 也是双射, 并且 $(f^{-1})^{-1}=f$.

(2) 若 $f:A\to B$ 和 $g:B\to C$ 都是双射, 则合成映射 gf 也是双射, 并且 $(gf)^{-1}=f^{-1}g^{-1}$.

证明 (1) 由定理 4.1.2, 若 f 是双射, 则 f^{-1} 存在, 并且

$$ff^{-1}=1_B,\quad f^{-1}f=1_A.$$

即 f 是 f^{-1} 的逆映射, 因此 f^{-1} 是双射, 并且$(f^{-1})^{-1}=f$.

(2) 若 $f:A\to B$ 和 $g:B\to C$ 都是双射, 由定理 4.1.2, f^{-1}, g^{-1} 都存在, 因此 $f^{-1}g^{-1}$ 是 C 到 A 的映射, 并且

$$(gf)(f^{-1}g^{-1})=g(ff^{-1})g^{-1}=g1_Bg^{-1}=gg^{-1}=1_C,$$

$$(f^{-1}g^{-1})(gf)=f^{-1}(g^{-1}g)f=f^{-1}1_Bf=f^{-1}f=1_A.$$

所以 $f^{-1}g^{-1}$ 是 gf 的逆映射, 即 $(gf)^{-1}=f^{-1}g^{-1}$, 从而 gf 是双射.

习 题 4.1

1. 证明:

$$M\cap(N\cup L)=(M\cap N)\cup(M\cap L),$$
$$M\cup(N\cap L)=(M\cup N)\cap(M\cup L).$$

2. 判断下列对应法则是否为映射? 若是, 判断是满射, 单射还是双射:

(1) $f:\mathrm{Q}\to\mathrm{Z}, n\mapsto 2n$;

(2) $f:\mathrm{C}\to\mathrm{R}, x\mapsto |x|$;

(3) $f:\mathrm{R}\to\mathrm{R}, x\mapsto \sin x$;

(4) $f:K^{n\times n}\to K^{n\times n}, A\mapsto A^{\mathrm{T}}$;

(5) $f:K^{n\times n}\to K, A\mapsto |A|$;

(6) $f:K^{n\times n}\to K, A\mapsto a_{11}+a_{22}+\cdots+a_{nn}$.

3. 设 $f:U\to V$. 证明:

(1) 对于 $U'\subseteq U, f^{-1}(f(U'))\supseteq U'$;

(2) 对于 $V'\subseteq V, f(f^{-1}(V'))\subseteq V'$;

(3) 对于 $V'\subseteq \mathrm{Im}(f), f(f^{-1}(V'))=V'$.

§ 4.2 线性空间的定义及基本性质

线性空间是线性代数最基本的概念之一，它是我们已经熟悉的诸如数域、平面、几何空间以及数域上的 n 维向量空间等具体对象的抽象概括.

在第二章第 1 节我们看到，数域 F 上的 n 维向量空间 F^n (F_n)关于加法和数量乘法满足定理 2.1.4 中的 8 条运算规律.

同样在第二章第 3 节我们看到，数域 F 上的所有 $m\times n$ 矩阵，关于矩阵的加法和数量乘法满足定理 2.3.4 中的 8 条运算规律.

平面或几何空间的向量关于向量的加法运算(三角形法则或平行四边形法则) 和数与向量的数乘运算满足类似于定理 2.1.4 或定理 2.3.4 中的 8 条运算规律.

数域 F 关于数的加法和乘法也满足类似的 8 条运算规律.

上面提到的例子，尽管从形式和内容上看它们属于不同的代数系统，但是它们又具有一共同点：都是一个非空集合 V，V 上的一个称之为加法的二元代数运算；一个数域 F，数域 F 中的数与 V 中元素之间的乘积称之为数乘的运算，加法和数乘运算满足(相同的)八条运算规律. 为了把这些不同的对象统一起来研究它们的有关运算的性质，我们就概括抽象出线性空间的概念.

定义 4.2.1 设 V 是一个非空集合，其中的元素用 $\alpha,\beta,\gamma,\cdots$ 表示，F 是一个数域. 在集合 V 上定义一个称为加法的二元代数运算($V\times V$ 到 V 的一个映射)，即对于 V 中的任意元素 α 与 β，在V中存在唯一确定的元素 γ 与它们相对应，称为 α 与 β 的和，记为 $\gamma=\alpha+\beta$. 在数域 F 与集合 V 之间定义一个称为数量乘法 (简称为数乘) 的运算($F\times V$ 到 V 的映射)，即对于数域 F 中的任意数 k 与 V 中的任一元素 α，在 V 中都有唯一确定的元素 η 与它们相对应，称为 k 与 α 的数量乘积，记为 $\eta=k\alpha$. 如果加法和数乘满足下述条件：($\forall\alpha,\beta,\gamma\in V$, $\forall k,l\in F$)

(1) $\alpha+\beta=\beta+\alpha$；(加法的交换律)

(2) $(\alpha+\beta)+\gamma=\alpha+(\beta+\gamma)$；(加法的结合律)

(3) 在 V 中存在一个元素，记为0，使得对于 V 中的任一元素 α 都有 $\alpha+0=\alpha=0+\alpha$；(零元的存在性)

(4) 对于 V 中的任一元素 α，都存在一个元素 $\beta\in V$，使得 $\alpha+\beta=0=\beta+\alpha$；(负元的存在性)

(5) $1\alpha=\alpha$;

(6) $(kl)\alpha=k(l\alpha)$;

(7) $k(\alpha+\beta)=k\alpha+k\beta$; (数乘对加法的分配律)

(8) $(k+l)\alpha=k\alpha+l\alpha$. (数的加法对数乘的分配律)

那么称 V 是数域 F 上的线性空间(向量空间). V 中的元素称为向量, 满足 (3) 的元素 0 称为零向量, (4) 中的元素 β 称为向量 α 的负向量, 记为 $\beta=-\alpha$.

根据上述定义, 平面或几何空间中所有向量组成的集合关于通常向量的加法和乘法构成实数域上的一个线性空间; F^n (F_n) 关于 n 维向量的加法和数乘构成数域 F 上的一个线性空间; 数域 F 上的所有 $m\times n$ 矩阵组成的集合 $F^{m\times n}$ 关于矩阵的加法和数乘构成数域 F 上的一个线性空间; 数域 F 关于数的加法和乘法构成数域 F 上的一个线性空间.

下面我们再给出几个线性空间的例子.

例 4.2.1 设 F 是一个数域, x 是一个符号(也称为文字). 称形式表达式

$$a_nx^n+a_{n-1}x^{n-1}+\cdots+a_1x+a_0,$$

其中 n 是一非负整数, $a_0,a_1,\cdots,a_n\in F$, 为数域 F 上的一元多项式. 用 $F[x]$ 表示数域 F 上的所有一元多项式组成的集合. 在 $F[x]$ 上定义加法和数乘运算, 对于任意 $f(x),g(x)\in F[x]$, 设

$$f(x)=a_nx^n+a_{n-1}x^{n-1}+\cdots+a_1x+a_0,$$
$$g(x)=b_mx^m+b_{m-1}x^{m-1}+\cdots+b_1x+b_0.$$

为方便起见, 不妨设 $m=n$ (否则, 若 $n>m$, 则在 $g(x)$ 中令 $b_n=b_{n-1}=\cdots=b_{m+1}=0$. 反之亦然). 定义

$$f(x)+g(x)\overset{\text{def}}{=}(a_n+b_n)x^n+(a_{n-1}+b_{n-1})x^{n-1}+\cdots+(a_1+b_1)x+(a_0+b_0),$$

称 $f(x)+g(x)$ 为 $f(x)$ 与 $g(x)$ 的和. 对于数域 F 中任一数 k, 定义

$$kf(x)\overset{\text{def}}{=}(ka_n)x^n+(ka_{n-1})x^{n-1}+\cdots+(ka_1)x+(ka_0),$$

并称 $kf(x)$ 为 k 与 $f(x)$ 的数乘多项式.

可以证明 $F[x]$ 关于上述加法和数乘满足定义 4.2.1 中的 8 条性质, 因此构成数域 F 上的线性空间. 如果用 $F[x]_n$ 表示数域 F 上的所有次数(与中学多项

式次数定义相同)小于 n 的多项式以及零多项式组成的集合, 那么 $F[x]_n$ 关于上述运算也构成数域 F 上的线性空间.

例 4.2.2 定义在闭区间 $[a,b]$ 上的所有连续实函数组成的集合, 记为 $C[a,b]$, 关于函数的加法和实数与函数的数乘构成实数域 R 上的一个线性空间. 类似地, 区间 $[a,b]$ 上的所有 n 次可微实函数组成的集合, 记为 $C^{(n)}[a,b]$, 构成实数域 R 上的一个线性空间.

从定义以及上述例子表明, 线性空间可以视为一个系统, 这个系统是由一个非空集合 V 和一个数域 F 组成, 其中 V 上定义了一种二元代数运算—加法, F 与 V 之间定义了一种数乘运算, 加法和数乘运算满足 8 条性质. 线性空间的概念适用性很广, 很多我们熟悉的研究对象可以纳入其中. 下面我们直接从定义出发证明线性空间的一些基本性质.

定理 4.2.2 设 V 是数域 F 上的线性空间. 则

(1) V 的零向量是唯一的;

(2) V 中一个向量的负向量是唯一的;

(3) 对于任意 $\alpha \in V$, $k \in F$, 有

$$0\alpha = 0, \quad k0 = 0, \quad (-1)\alpha = -\alpha;$$

(4) 设 $\alpha \in V$, $k \in F$. 若 $k\alpha = 0$, 则 $k = 0$ 或者 $\alpha = 0$.

证明 (1) 设 $0_1, 0_2$ 是 V 的两个零向量. 因为 0_1 是零向量, 所以 $0_1 + 0_2 = 0_2$. 又因为 0_2 也是零向量, 所以 $0_1 + 0_2 = 0_1$. 于是 $0_1 = 0_2$. 因此零向量是唯一的.

(2) 设 $\alpha, \beta, \gamma \in V$, β 和 γ 都是 α 的负向量. 则

$$\alpha + \beta = 0,\ \alpha + \gamma = 0.$$

从而

$$\beta = \beta + 0 = \beta + (\alpha + \gamma) = (\beta + \alpha) + \gamma = 0 + \gamma = \gamma.$$

于是负向量是唯一的.

(3) 首先证明 $0\alpha = 0$ (注意等式两端的 “0” 的含义是不同的). 因为

$$0\alpha = (0 + 0)\alpha = 0\alpha + 0\alpha,$$

两边同时加上 0α 的负向量, 据定义 4.2.1 (3), (4) 得 $0\alpha = 0$.

其次证明 $k0=0$. 因为

$$k0=k(0+0)=k0+k0,$$

两边同时加上 $k0$ 的负向量, 据定义 4.2.1 (3),(4) 得 $k0=0$.

最后证明 $(-1)\alpha=-\alpha$. 因为

$$\alpha+(-1)\alpha=1\alpha+(-1)\alpha=(1-1)\alpha=0\alpha=0,$$

据负向量的唯一性得 $(-1)\alpha=-\alpha$.

(4) 若 $k\alpha=0$, 假设 $k\neq 0$, 则

$$\alpha=1\alpha=(k^{-1}k)\alpha=k^{-1}(k\alpha)=k^{-1}0=0.$$

根据定义 4.2.1 (6) 及定理 4.2.2 (3), 不难推得

$$\forall\alpha\in V,\forall k\in F,(-k)\alpha=k(-\alpha)=-(k\alpha).$$

由向量的加法运算和负向量可以导出向量的减法运算

$$\alpha-\beta\overset{\text{def}}{=}\alpha+(-\beta).$$

今后我们习惯上用 $k\alpha-l\beta$ 表示 $k\alpha+(-l\beta)$.

习　题　4.2

1. 检验下列集合对指定运算是否构成实数域 R 上的线性空间.

(1) 全体 n 阶对称(反对称)矩阵所组成的集合, 对于矩阵的加法和矩阵的数量乘法;

(2) 次数等于 $n(n\geq 1)$ 的实系数多项式的全体, 对于多项式的加法和数量乘法;

(3) 平面上不平行于某一向量的全部向量所组成的集合, 对于向量的加法和数量乘法;

(4) 平面上的全体向量, 对于通常的加法和如下定义的数量乘法:

$$k\cdot\alpha=\alpha;$$

(5) 全体正实数 R^+, 对于加法和数量乘法定义为:

$$a \oplus b = ab, \quad k \cdot a = a^k, (k \in \mathrm{R}).$$

2. 在线性空间中, 证明:
(1) $k(\alpha - \beta) = k\alpha - k\beta$;
(2) $(-k)(\alpha - \beta) = k\beta - k\alpha$.
3. 证明: 定义4.2.1中的(1)可以由其余几条推出.

§4.3 维数、基与坐标

为了研究线性空间中向量的线性运算和线性关系, 像讨论数域上的 n 维向量空间一样, 我们需要引入向量的线性组合、线性表出、向量组的等价、向量的线性相关与线性无关、向量组的极大线性无关组以及向量组的秩等概念, 这些概念完全是数域上 n 维向量空间相应概念的重复, 我们罗列如下:

定义 4.3.1 设$\alpha_1, \alpha_2, \cdots, \alpha_m$ 是数域 F 上的线性空间 V 的一组向量, $k_1, k_2, \cdots, k_m$ 是数域 F 中的数. 称向量

$$\alpha = k_1\alpha_1 + k_2\alpha_2 + \cdots + k_m\alpha_m$$

为向量(组) $\alpha_1, \alpha_2, \cdots, \alpha_m$ 的一个线性组合, $k_1, k_2, \cdots, k_m$ 称为组合系数. 此时我们也称向量 α 可以被(由)向量(组) $\alpha_1, \alpha_2, \cdots, \alpha_m$ 线性表出(示).

如果向量组 $\alpha_1, \alpha_2, \cdots, \alpha_m$ 中每一个向量 α_i $(i = 1, 2, \cdots, m)$ 都可以被向量组 $\beta_1, \beta_2, \cdots, \beta_r$ 线性表出, 那么称向量组 $\alpha_1, \alpha_2, \cdots, \alpha_m$ 可以被向量组 $\beta_1, \beta_2, \cdots, \beta_r$ 线性表出. 如果两个向量组可以互相线性表出, 那么就称它们是等价的.

定义 4.3.2 设 $\alpha_1, \alpha_2, \cdots, \alpha_m$ 是数域 F 上的线性空间 V 的一组向量. 称向量组 $\alpha_1, \alpha_2, \cdots, \alpha_m$ 线性相关, 如果存在数域 F 中一组不全为零的数 $k_1, \cdots, k_m$ 使得

$$k_1\alpha_1 + k_2\alpha_2 + \cdots + k_m\alpha_m = 0,$$

此时也称向量组 $\alpha_1, \alpha_2, \cdots, \alpha_m$ 具有线性关系. 否则, 称向量组 $\alpha_1, \alpha_2, \cdots, \alpha_m$ 线性无关. 也就是说, 称向量组 $\alpha_1, \alpha_2, \cdots, \alpha_m$ 线性无关, 如果由

$$k_1\alpha_1 + k_2\alpha_2 + \cdots + k_m\alpha_m = 0$$

可以推出

$$k_1 = k_2 = \cdots = k_m = 0.$$

与在数域 F 上的 n 维向量空间中一样, 可以证明向量组的等价具有所谓的自反性、对称性和传递性. 同样地, 在第二章第 2 节中, 我们得到的那些与向量的具体形式没有关系的结论都可以完全平行的搬到抽象的线性空间中并建立相同的结论. 在这里我们只罗列一些常用的结论, 不再重复它们的证明.

命题 4.3.3 在数域 F 上的线性空间 V 中, 我们有

(1) 向量 α 线性相关当且仅当 $\alpha = 0$;

(2) 如果一个向量组存在部分向量组线性相关, 则整个向量组线性相关;

(3) 向量组 $\alpha_1, \alpha_2, \cdots, \alpha_m (m \geq 2)$ 线性相关的充分必要条件是 $\alpha_1, \alpha_2, \cdots, \alpha_m$ 中至少有一个向量可以被其余的向量线性表出;

(4) 如果 $\alpha_1, \alpha_2, \cdots, \alpha_m$ 线性无关, $\alpha_1, \alpha_2, \cdots, \alpha_m, \beta$ 线性相关, 那么 β 可以被 $\alpha_1, \alpha_2, \cdots, \alpha_m$ 唯一地线性表出;

(5) 若向量组 $\alpha_1, \alpha_2, \cdots, \alpha_r$ 可以被向量组 $\beta_1, \beta_2, \cdots, \beta_s$ 线性表出, 且 $\alpha_1, \alpha_2, \cdots, \alpha_r$ 线性无关, 则 $r \leq s$;

(6) 两个等价的线性无关向量组必含有相同个数的向量.

像在数域上的 n 维向量空间中一样, 我们也可以定义一般线性空间中向量组的极大线性无关组和向量组的秩.

定义 4.3.4 一个向量组的一个部分组称为向量组的一个极大线性无关组, 如果这个部分组本身线性无关, 并且从这个向量组中任意添加一个向量(如果存在)到这个部分组, 所得到的部分向量组都线性相关 (或等价地, 并且向量组中的任何一个向量都可以被这个部分组线性表出). 向量组的一个极大线性无关组含向量的个数称为这个向量组的秩.

显然由有限多个不全为零的向量组成的向量组必然存在极大线性无关组. 在第三章讨论齐次线性方程组的解的结构时, 我们证明了: 如果一个齐次线性方程组存在非零解, 那么它必有无穷多解, 它的解集合作为一个向量组存在有限的极大线性无关组, 我们称其为齐次线性方程组的基础解系. 另一方面, 回忆在平面解析几何中, 当在平面上建立直角坐标系 $[O, \varepsilon_1, \varepsilon_2]$ 后, 其中 $\varepsilon_1 = (1, 0), \varepsilon_2 = (0, 1)$ 分别为 x 轴和 y 轴正向的单位向量, 平面上任意向量 α

都可以唯一的表示成

$$\alpha = x\varepsilon_1 + y\varepsilon_2,$$

并且称 (x, y) 为向量 α 在这个坐标系下的坐标. 显然 $\varepsilon_1, \varepsilon_2$ 是线性无关的, 因此构成了 R^2 的一个有限极大线性无关组.

把线性空间 V 看作一个向量组, 考察 V 的极大线性无关组是很自然的事情. 一般来讲, V 或者存在有限极大线性无关组或者不存在有限极大线性无关组. 例如, 在数域 F 上的所有一元多项式构成的线性空间 $F[x]$ 中, 对于任意的正整数 n, 向量组

$$1, x, x^2, \cdots, x^n$$

都是线性无关的. 因此 $F[x]$ 中存在任意多线性无关的向量, 也就是说 $F[x]$ 不存在有限的极大线性无关组. 如果线性空间 V 存在有限的极大线性无关组, 那么根据命题 4.3.3 (5), (6), V 的极大线性无关组都是有限的, 并且含有相同个数的向量. 这个数是线性空间 V 的一个重要属性, 我们引入

定义 4.3.5 如果线性空间 V 的极大线性无关组含有 n 个向量, 换句话说, V 中存在 n 个线性无关的向量, 而任意 $n+1$ 个向量都线性相关, 那么就称 V 是 n 维的, 或者说 V 的维数是 n, 通常用 $\dim V$ 表示 V 的维数, 此时我们也称 V 是有限维的. 否则, 称 V 是无限维的. 也就是说, 称线性空间是无限维的, 如果 V 中存在任意多个线性无关的向量.

根据定义容易得到, $\dim \mathrm{R}^2 = 2$, $\dim \mathrm{R}^3 = 3$, $\dim F^n = n$. $F[x]$ 是数域 F 上的无限维线性空间. 规定零空间(只有零向量构成的空间)的维数等于 0. 因此 $\dim V = 0$ 当且仅当 $V = \{0\}$.

无限维线性空间是另一个数学分支—泛函分析的研究对象, 线性代数主要研究有限维线性空间.

在数域 F 上的有限维线性空间 V 中, 如果 $\alpha_1, \alpha_2, \cdots, \alpha_n$ 是 V 的一个极大线性无关组, 那么 V 中每一个向量 α 都可以被 $\alpha_1, \alpha_2, \cdots, \alpha_n$ 唯一地线性表出, 于是向量 α 被这个极大线性无关组和一个数域 F 上的 n 维向量唯一确定. 受解析几何的启发, 我们引入

定义 4.3.6 设 V 是数域 F 上的一个线性空间, V 中的向量 $\varepsilon_1, \varepsilon_2, \cdots, \varepsilon_n$ 称为 V 的一组基, 如果

(1) $\varepsilon_1, \varepsilon_2, \cdots, \varepsilon_n$ 线性无关;

(2) V 中的每一个向量都可被 $\varepsilon_1, \varepsilon_2, \cdots, \varepsilon_n$ 线性表出.

此时, 对于 V 中任意向量 α, α 可以被基 $\varepsilon_1, \varepsilon_2, \cdots, \varepsilon_n$ 唯一地线性表出, 即

$$\alpha = a_1\varepsilon_1 + a_2\varepsilon_2 + \cdots + a_n\varepsilon_n,$$

其中 $a_1, a_2, \cdots, a_n$ 是被 α 和基 $\varepsilon_1, \varepsilon_2, \cdots, \varepsilon_n$ 唯一确定的. 称这组数为向量 α 在基 $\varepsilon_1, \varepsilon_2, \cdots, \varepsilon_n$ 下的坐标, 记为 $(a_1, a_2, \cdots, a_n)^{\mathrm{T}}$.

从定义可以看出, 线性空间的一组基就是它的一个极大线性无关组, 反之亦然. 因此线性空间的任意两组基都是等价的. 反之, 与一组基等价的任意线性无关向量组必然是线性空间的一组基. 所以在 n 维线性空间中, 任意 n 个线性无关的向量都是空间的一组基. 如果知道了线性空间 V 的一组基, 那么这组基含向量的个数就是 V 的维数. 因此要确定 V 的维数, 就需要找到 V 的一组基.

例 4.3.1 在 R^2 中, $\varepsilon_1 = (1, 0)^{\mathrm{T}}, \varepsilon_2 = (0, 1)^{\mathrm{T}}$ 构成 R^2 的一组基, 一个向量的直角坐标就是这个向量在这组基下的坐标.

同样地, 在 R^3 中, $\varepsilon_1 = (1, 0, 0)^{\mathrm{T}}, \varepsilon_2 = (0, 1, 0)^{\mathrm{T}}, \varepsilon_3 = (0, 0, 1)^{\mathrm{T}}$ 构成 R^3 的一组基, 一个向量的直角坐标就是这个向量在这组基下的坐标.

例 4.3.2 在线性空间 $F[x]_n$ 中,

$$1, x, x^2, \cdots, x^{n-1}$$

是 n 个线性无关的向量, 且 $F[x]_n$ 中每一个(次数小于 n 的)多项式都可以被 $1, x, x^2, \cdots, x^{n-1}$ 线性表出, 所以 $1, x, x^2, \cdots, x^{n-1}$就是 $F[x]_n$ 的一组基, 且 $\dim F[x]_n = n$. 在这组基下, 多项式 $f(x) = a_0 + a_1x + \cdots + a_{n-1}x^{n-1}$ 的坐标等于 $(a_0, a_1, \cdots, a_{n-1})^{\mathrm{T}}$.

例 4.3.3 在 n 维向量空间 F^n 中, 显然

$$\varepsilon_1 = (1, 0, \cdots, 0)^{\mathrm{T}}, \quad \varepsilon_2 = (0, 1, \cdots, 0)^{\mathrm{T}}, \quad \cdots, \quad \varepsilon_n = (0, 0, \cdots, 1)^{\mathrm{T}}$$

是一组基. 对每一个向量 $\alpha = (a_1, a_2, \cdots, a_n)^{\mathrm{T}}$, 都有

$$\alpha = a_1\varepsilon_1 + a_2\varepsilon_2 + \cdots + a_n\varepsilon_n.$$

所以 $(a_1, a_2, \cdots, a_n)^{\mathrm{T}}$ 就是向量 α 在这组基下的坐标.

容易证明

$$\varepsilon_1' = (1, 1, \cdots, 1)^{\mathrm{T}}, \quad \varepsilon_2' = (0, 1, \cdots, 1)^{\mathrm{T}}, \quad \cdots, \quad \varepsilon_n' = (0, 0, \cdots, 1)^{\mathrm{T}}$$

是 F^n 中 n 个线性无关的向量, 因此也构成 F^n 的一组基. 对于 F^n 中的向量 $\alpha=(a_1,a_2,\cdots,a_n)^{\mathrm{T}}$, 有

$$\alpha=a_1\varepsilon_1'+(a_2-a_1)\varepsilon_2'+\cdots+(a_n-a_{n-1})\varepsilon_n'.$$

因此, α 在基 $\varepsilon_1',\varepsilon_2',\cdots,\varepsilon_n'$ 下的坐标为 $(a_1,a_2-a_1,\cdots,a_n-a_{n-1})^{\mathrm{T}}$.

例 4.3.4 复数域 C 既可以看作 C 上的线性空间, 也可以看作实数域 R 上的线性空间. 若把 C 看作是自身上的线性空间, 则它是一维的, 1 就是它的一组基; 若看作是实数域上的线性空间, 则它是二维的, $1,i$ 就是一组基.

从例 4.3.4 我们看到数域 F 上的线性空间 V 的维数不仅与集合 V 有关, 而且也与数域 F 有关.

从定义可以看出, 数域 F 上的 n 维线性空间 V 中的一个向量在一组基下的坐标就是 F^n 中的一个向量. 借助于坐标, 我们可以判定线性空间 V 中的向量组的线性关系.

为了讨论方便起见, 我们引入一种形式表达式. 设 $\alpha_1,\alpha_2,\cdots,\alpha_n$ 是数域 F 上的线性空间 V 中的 n 个向量, $a_1,a_2,\cdots,a_n$ 是数域 F 中的 n 个数, 把线性组合

$$\alpha=a_1\alpha_1+a_2\alpha_2+\cdots+a_n\alpha_n$$

表示成

$$\alpha=(\alpha_1,\alpha_2,\cdots,\alpha_n)\begin{pmatrix}a_1\\a_2\\\vdots\\a_n\end{pmatrix}$$

的形式.

这里是把 $(\alpha_1,\alpha_2,\cdots,\alpha_n)$ 看作一个 $1\times n$ 矩阵, 把 α 表示成两个矩阵的乘积. 之所以说是形式表达式, 主要是因为"形式矩阵"$(\alpha_1,\alpha_2,\cdots,\alpha_n)$ 的元素不是数, 而是向量, 这一般来讲是没有意义的. 我们之所以采用这种形式表达式不仅因为这种表示简单明了, 而且利用这种形式表达式进行相关运算时满足矩阵的运算规律. 这里我们列举一些常用的运算规律, 其证明都比较容易, 留给读者完成.

设 V 是数域 F 上的线性空间, $\alpha_1,\alpha_2,\cdots,\alpha_n$ 和 $\beta_1,\beta_2,\cdots,\beta_n$ 都是 V 中的向量, A,B 都是数域 F 上的 $n\times m$ 矩阵, C 是 F 上的 $m\times p$ 矩阵. 则有

$$((\alpha_1,\alpha_2,\cdots,\alpha_n)A)C=(\alpha_1,\alpha_2,\cdots,\alpha_n)(AC),$$
$$(\alpha_1,\alpha_2,\cdots,\alpha_n)A+(\alpha_1,\alpha_2,\cdots,\alpha_n)B=(\alpha_1,\alpha_2,\cdots,\alpha_n)(A+B),$$
$$(\alpha_1,\alpha_2,\cdots,\alpha_n)A+(\beta_1,\beta_2,\cdots,\beta_n)A=(\alpha_1+\beta_1,\alpha_2+\beta_2,\cdots,\alpha_n+\beta_n)A.$$

定理 4.3.7 设 V 是数域 F 上的 n 维线性空间, $\varepsilon_1,\varepsilon_2,\cdots,\varepsilon_n$ 是 V 的一组基, $\alpha_1,\alpha_2,\cdots,\alpha_m$ 是 V 中一组向量, 它们在基 $\varepsilon_1,\varepsilon_2,\cdots,\varepsilon_n$ 下的坐标分别为

$$\begin{aligned}\eta_1&=(a_{11},a_{21},\cdots,a_{n1})^{\mathrm{T}},\\ \eta_2&=(a_{12},a_{22},\cdots,a_{n2})^{\mathrm{T}},\\ &\cdots\cdots\cdots\\ \eta_m&=(a_{1m},a_{2m},\cdots,a_{nm})^{\mathrm{T}}.\end{aligned}$$

令 A 是以 η_i $(i=1,2,\cdots,m)$ 作为第 i 个列向量的矩阵, 即 $A=(\eta_1,\eta_2,\cdots,\eta_m)$. 则

$$x_1\alpha_1+x_2\alpha_2+\cdots+x_m\alpha_m=0 \ \Leftrightarrow\ x_1\eta_1+x_2\eta_2+\cdots+x_m\eta_m=0.$$

特别地,

(1) $\alpha_1,\alpha_2,\cdots,\alpha_m$ 线性相关当且仅当 $r(A)<m$;

(2) $\alpha_1,\alpha_2,\cdots,\alpha_m$ 线性无关当且仅当 $r(A)=m$;

(3) 向量组 $\alpha_1,\alpha_2,\cdots,\alpha_m$ 的秩等于 $r(A)$.

证明 因为 α_i, $i=1,2,\cdots,m$ 在基 $\varepsilon_1,\varepsilon_2,\cdots,\varepsilon_n$ 下的坐标为 η_i, $i=1,2,\cdots,m$, 即有

$$\alpha_i=(\varepsilon_1,\varepsilon_2,\cdots,\varepsilon_n)\eta_i,\quad i=1,2,\cdots,m,$$

所以

$$x_1\alpha_1+x_2\alpha_2+\cdots+x_m\alpha_m=(\varepsilon_1,\varepsilon_2,\cdots,\varepsilon_n)(x_1\eta_1+x_2\eta_2+\cdots+x_m\eta_m).$$

注意到 $\varepsilon_1,\varepsilon_2,\cdots,\varepsilon_n$ 是 V 的一组基, 于是

$$x_1\alpha_1+x_2\alpha_2+\cdots+x_m\alpha_m=0 \ \Leftrightarrow\ x_1\eta_1+x_2\eta_2+\cdots+x_m\eta_m=0.$$

定理的其余结论是显然的.

作为定理 4.3.7 的直接推论, 我们有

推论 4.3.8 在 n 维线性空间中, 任意 $n+1$ 个向量必线性相关.

从例 4.3.3 可以看出, 在 n 维线性空间中, 一个向量在不同基下的坐标是不同的. 接下来我们就讨论向量的坐标是如何随基的变换而变化的. 为此目的, 我们首先引入两组基的过渡矩阵的概念.

定义 4.3.9 设 $\varepsilon_1, \varepsilon_2, \cdots, \varepsilon_n$ 和 $\varepsilon'_1, \varepsilon'_2, \cdots, \varepsilon'_n$ 是 n 维线性空间 V 的两组基, 并设

$$\begin{cases} \varepsilon'_1 = a_{11}\varepsilon_1 + a_{21}\varepsilon_2 + \cdots + a_{n1}\varepsilon_n \\ \varepsilon'_2 = a_{12}\varepsilon_1 + a_{22}\varepsilon_2 + \cdots + a_{n2}\varepsilon_n \\ \qquad \cdots\cdots\cdots\cdots \\ \varepsilon'_n = a_{1n}\varepsilon_1 + a_{2n}\varepsilon_2 + \cdots + a_{nn}\varepsilon_n \end{cases}.$$

称矩阵

$$A = \begin{pmatrix} a_{11} & a_{12} & \cdots & a_{1n} \\ a_{21} & a_{22} & \cdots & a_{2n} \\ \cdots & \cdots & \cdots & \cdots \\ a_{n1} & a_{n2} & \cdots & a_{nn} \end{pmatrix}$$

为基 $\varepsilon_1, \varepsilon_2, \cdots, \varepsilon_n$ 到基 $\varepsilon'_1, \varepsilon'_2, \cdots, \varepsilon'_n$ 的过渡矩阵.

根据定理 4.3.7, 任意两组基之间的过渡矩阵是可逆矩阵. 在 n 维线性空间 V 中, 如果基 $\varepsilon_1, \varepsilon_2, \cdots, \varepsilon_n$ 到基 $\varepsilon'_1, \varepsilon'_2, \cdots, \varepsilon'_n$ 的过渡矩阵为 A, 那么有

$$(\varepsilon'_1, \varepsilon'_2, \cdots, \varepsilon'_n) = (\varepsilon_1, \varepsilon_2, \cdots, \varepsilon_n)A. \tag{4.1}$$

下面的定理给出了向量的坐标在基变换下的坐标变换公式.

定理 4.3.10 设 $\varepsilon_1, \varepsilon_2, \cdots, \varepsilon_n$ 和 $\varepsilon'_1, \varepsilon'_2, \cdots, \varepsilon'_n$ 是 n 维线性空间 V 的两组基, A 是基 $\varepsilon_1, \varepsilon_2, \cdots, \varepsilon_n$ 到基 $\varepsilon'_1, \varepsilon'_2, \cdots, \varepsilon'_n$ 的过渡矩阵, α 是 V 中的一个向量, 它在基 $\varepsilon_1, \varepsilon_2, \cdots, \varepsilon_n$ 和基 $\varepsilon'_1, \varepsilon'_2, \cdots, \varepsilon'_n$ 下的坐标分别为

$$X = (x_1, x_2, \cdots, x_n)^{\mathrm{T}}, \qquad X' = (x'_1, x'_2, \cdots, x'_n)^{\mathrm{T}}.$$

则

$$X = AX' \quad 或 \quad X' = A^{-1}X. \tag{4.2}$$

证明 根据假设条件我们有

$$(\varepsilon_1', \varepsilon_2', \cdots, \varepsilon_n') = (\varepsilon_1, \varepsilon_2, \cdots, \varepsilon_n)A$$

和

$$\alpha = (\varepsilon_1', \varepsilon_2', \cdots, \varepsilon_n')X' = (\varepsilon_1, \varepsilon_2, \cdots, \varepsilon_n)X.$$

于是

$$\alpha = (\varepsilon_1', \varepsilon_2', \cdots, \varepsilon_n')X' = (\varepsilon_1, \varepsilon_2, \cdots, \varepsilon_n)AX'.$$

因此 AX' 也是向量 α 在基 $\varepsilon_1, \varepsilon_2, \cdots, \varepsilon_n$ 下的坐标, 从而 $X = AX'$. 由于 A 是可逆的, 所以 $X' = A^{-1}X$.

通常我们称 (4.1) 为基变换公式, 称 (4.2) 为向量(在基变换 (4.1) 下)的坐标变换公式.

例 4.3.5 在例 4.3.3 中, 我们有

$$(\varepsilon_1', \varepsilon_2', \cdots, \varepsilon_n') = (\varepsilon_1, \varepsilon_2, \cdots, \varepsilon_n)\begin{pmatrix} 1 & 0 & \cdots & 0 \\ 1 & 1 & \cdots & 0 \\ \cdots & \cdots & \cdots & \cdots \\ 1 & 1 & \cdots & 1 \end{pmatrix},$$

因此由基 $\varepsilon_1, \varepsilon_2, \cdots, \varepsilon_n$ 到基 $\varepsilon_1', \varepsilon_2', \cdots, \varepsilon_n'$ 的过渡矩阵为

$$A = \begin{pmatrix} 1 & 0 & \cdots & 0 \\ 1 & 1 & \cdots & 0 \\ \cdots & \cdots & \cdots & \cdots \\ 1 & 1 & \cdots & 1 \end{pmatrix}.$$

因此,

$$\begin{pmatrix} x_1' \\ x_2' \\ \vdots \\ x_n' \end{pmatrix} = A^{-1}\begin{pmatrix} x_1 \\ x_2 \\ \vdots \\ x_n \end{pmatrix} = \begin{pmatrix} 1 & 0 & 0 & \cdots & 0 \\ -1 & 1 & 0 & \cdots & 0 \\ 0 & -1 & 1 & \cdots & 0 \\ \cdots & \cdots & \cdots & \cdots & \cdots \\ 0 & 0 & 0 & \cdots & 1 \end{pmatrix}\begin{pmatrix} x_1 \\ x_2 \\ \vdots \\ x_n \end{pmatrix} = \begin{pmatrix} x_1 \\ x_2 - x_1 \\ \vdots \\ x_n - x_{n-1} \end{pmatrix}.$$

即 $(x_1,x_2,\cdots,x_n)^{\mathrm{T}}$ 在基 $\varepsilon_1',\varepsilon_2',\cdots,\varepsilon_n'$ 下的坐标等于 $(x_1,x_2-x_1,\cdots,x_n-x_{n-1})^{\mathrm{T}}$.

例 4.3.6 设在 F^3 (F 是一数域)中,

$$\begin{cases}\varepsilon_1=(1,1,1)^{\mathrm{T}},\\ \varepsilon_2=(0,1,1)^{\mathrm{T}},\\ \varepsilon_3=(0,0,1)^{\mathrm{T}},\end{cases}\qquad \begin{cases}\varepsilon_1'=(1,1,-1)^{\mathrm{T}},\\ \varepsilon_2'=(1,-1,1)^{\mathrm{T}},\\ \varepsilon_3'=(-1,1,1)^{\mathrm{T}}.\end{cases}$$

(1) 证明: $\varepsilon_1,\varepsilon_2,\varepsilon_3$ 和 $\varepsilon_1',\varepsilon_2',\varepsilon_3'$ 都是 F^3 的基, 并求基 $\varepsilon_1,\varepsilon_2,\varepsilon_3$ 到基 $\varepsilon_1',\varepsilon_2',\varepsilon_3'$ 的过渡矩阵.

(2) 设向量 α 在基 $\varepsilon_1,\varepsilon_2,\varepsilon_3$ 下的坐标为 $X=(1,1,1)^{\mathrm{T}}$. 求 α 在基 $\varepsilon_1',\varepsilon_2',\varepsilon_3'$ 下的坐标.

解 (1) 因为

$$\begin{vmatrix}1&0&0\\1&1&0\\1&1&1\end{vmatrix}=1,\qquad \begin{vmatrix}1&1&-1\\1&-1&1\\-1&1&1\end{vmatrix}=-4,$$

据定理 4.3.7 知, $\varepsilon_1,\varepsilon_2,\varepsilon_3$ 和 $\varepsilon_1',\varepsilon_2',\varepsilon_3'$ 都是线性无关的, 从而构成 F^3 的基.

设基 $\varepsilon_1,\varepsilon_2,\varepsilon_3$ 到基 $\varepsilon_1',\varepsilon_2',\varepsilon_3'$ 的过渡矩阵为 A. 则

$$(\varepsilon_1',\varepsilon_2',\varepsilon_3')=(\varepsilon_1,\varepsilon_2,\varepsilon_3)A.$$

因为 $(\varepsilon_1,\varepsilon_2,\varepsilon_3)$ 和 $(\varepsilon_1',\varepsilon_2',\varepsilon_3')$ 都是矩阵, 且 $(\varepsilon_1,\varepsilon_2,\varepsilon_3)$ 可逆, 所以

$$A=(\varepsilon_1,\varepsilon_2,\varepsilon_3)^{-1}(\varepsilon_1',\varepsilon_2',\varepsilon_3').$$

由于

$$\begin{pmatrix}1&0&0&1&1&-1\\1&1&0&1&-1&1\\1&1&1&-1&1&1\end{pmatrix}\to\begin{pmatrix}1&0&0&1&1&-1\\0&1&0&0&-2&2\\0&0&1&-2&2&0\end{pmatrix},$$

所以 $A=\begin{pmatrix}1&1&-1\\0&-2&2\\-2&2&0\end{pmatrix}$, 即为所求的过渡矩阵.

(2) 设 α 在基 $\varepsilon_1',\varepsilon_2',\varepsilon_3'$ 下的坐标为 X'. 则据定理 4.3.10 知 $X'=A^{-1}X$. 因为

$$(AX)=\begin{pmatrix}1&1&-1&1\\0&-2&2&1\\-2&2&0&1\end{pmatrix}\to\begin{pmatrix}1&0&0&3/2\\0&1&0&2\\0&0&1&5/2\end{pmatrix},$$

所以 $X'=A^{-1}X=(3/2,2,5/2)^{\mathrm{T}}$.

习　题　4.3

1. 求下列线性空间的维数与一组基.

(1) $P^{n\times n}$ 中全体反对称矩阵作为数域 P 上的向量空间;

(2) 习题§4.2中第 1 题 (5) 的空间;

(3) R 上的向量空间 $\mathrm{R}^{n\times n}$;

(4) R 上的向量空间 $\mathrm{C}^{n\times n}$.

2.设 ξ_1,ξ_2,ξ_3 是 R^3 的一组基, R^3 中向量 α 关于该基的坐标为 $(a_1,a_2,a_3)^{\mathrm{T}}$.

(1) 求 α 关于基 ξ_3,ξ_1,ξ_2 的坐标;

(2) 求 α 关于基 $\xi_1,\xi_2,k\xi_3$ 的坐标, $k\neq 0$;

(3) 求 α 关于基 $\xi_1+k\xi_2,\xi_2,\xi_3$ 的坐标.

3. 设 $\xi_1,\xi_2,\cdots,\xi_n$ 是 R^n 的一组基. 求由这个基到基 $\xi_2,\xi_3,\cdots,\xi_n,\xi_1$ 的过渡矩阵.

4. 已知 R^3 的两个基

$$\alpha_1=\begin{pmatrix}1\\0\\1\end{pmatrix},\quad \alpha_2=\begin{pmatrix}1\\1\\1\end{pmatrix},\quad \alpha_3=\begin{pmatrix}1\\0\\0\end{pmatrix};$$

$$\beta_1=\begin{pmatrix}1\\2\\0\end{pmatrix},\quad \beta_2=\begin{pmatrix}1\\-1\\2\end{pmatrix},\quad \beta_3=\begin{pmatrix}0\\1\\-1\end{pmatrix}.$$

若向量 γ 在基$\alpha_1,\alpha_2,\alpha_3$下的坐标是 $(1,0,-1)^{\mathrm{T}}$, 求 γ 在基β_1,β_2,β_3下的坐标.

5. 已知 $1,x,x^2,x^3$ 为 $F[x]_4$ 的一组基.

(1) 证明: $1,1+x,(1+x)^2,(1+x)^3$ 也是 $F[x]_4$ 的一组基;

(2) 求由基 $1, x, x^2, x^3$ 到基 $1, 1+x, (1+x)^2, (1+x)^3$ 的过渡矩阵;

(3) 求由基 $1, 1+x, (1+x)^2, (1+x)^3$ 到基 $1, x, x^2, x^3$ 的过渡矩阵;

(4) 求 $a_3x^3 + a_2x^2 + a_1x + a_0$ 在基 $1, 1+x, (1+x)^2, (1+x)^3$ 下的坐标.

§4.4 线性子空间

在平面 R^2 中, 取定过坐标原点的一条直线 l, 容易看出直线 l 上的所有向量作为 R^2 的子集合关于 R^2 的加法和数乘构成实数域 R 上的线性空间. 在几何空间 R^3 中, 过坐标原点的平面 (直线) 也具有类似的性质. 在一般的线性空间 V 中, 关于 V 的加法和数乘也构成线性空间的子集合也是我们特别关注的对象. 为此, 我们引入

定义 4.4.1 设 V 是数域 F 上的线性空间, W 是 V 的一个非空子集合. 称 W 为 V 的一个线性子空间(简称为子空间), 如果 W 关于 V 的两种运算也构成数域 F 上的线性空间.

R^2 中过坐标原点的直线是 R^2 的子空间. $\mathrm{R}^{\mathbf{3}}$ 中过原点的直线和平面也都是 $\mathrm{R}^{\mathbf{3}}$ 的子空间.

既然线性子空间本身也是一个线性空间, 因此上一节我们引入的概念, 如维数、基和坐标等, 当然也可以应用到线性子空间上, 我们也就可以讨论子空间的维数和基. 因为子空间是整个空间的一部分, 所以子空间不可能比整个空间有更多数目的线性无关的向量, 从而任何一个线性子空间的维数不能超过整个空间的维数.

线性空间 V 的一个非空子集合满足什么条件时才能成为 V 的子空间呢? 下面的定理给出了一个简明的判别方法.

定理 4.4.2 数域 F 上的线性空间 V 的非空子集合 W 成为 V 的一个子空间的充分必要条件是 W 对于 V 的两种运算是封闭的, 即对于任意 $\alpha, \beta \in W$ 以及任意 $k \in F$, $\alpha + \beta$, $k\alpha \in W$.

证明 定理的必要性是显然的, 下面证充分性. 设 W 是 V 的非空子集合, 关于 V 的加法和数乘封闭. 因此 V 的加法限制在 W 上就构成 W 的加法运算, F 与 V 的数乘限制在 W 上也就构成了 F 与 W 的数乘运算. 由于 $W \subseteq V$, 因此 W 关于加法和数乘满足线性空间定义中除涉及存在性条件外的其余全部条件, 即满足 (1)、(2)、(5)、(6)、(7)、(8). 由于 W 非空且关于加法和数乘运

算封闭, 因此对于任意 $\alpha \in W$, $-\alpha = (-1)\alpha \in W$ 并且 $0 = \alpha - \alpha \in W$. 所以 W 也满足 (3) 和 (4), 从而 W 构成数域 F 上的线性空间.

利用定理 4.4.2, 可以很方便地判断一个线性空间的非空子集合是否构成子空间.

例 4.4.1 在任意线性空间 V 中, 由零向量组成的子集合是 V 的一个线性子空间, 称为 V 的零子空间. V 本身也是 V 的一个子空间. 这两个子空间称为 V 的平凡子空间, 而其他的子空间称为非平凡子空间或真子空间.

例 4.4.2 $F[x]_n$ 是 $F[x]$ 的子空间. 当 $0 \leq n \leq m$ 时, $F[x]_n$ 是 $F[x]_m$ 的子空间.

例 4.4.3 在线性空间 $F^{n\times n}$ 中, 令

$$V_1 = \{A \in F^{n\times n} | A \text{ 是上三角矩阵}\}, \quad V_2 = \{A \in F^{n\times n} | A \text{ 是下三角矩阵}\},$$
$$V_3 = \{A \in F^{n\times n} | A^{\mathrm{T}} = A\}, \qquad V_4 = \{A \in F^{n\times n} | A^{\mathrm{T}} = -A\}.$$

因为两个上(下)三角矩阵的和仍为上(下)三角矩阵, 一个数与上(下)三角矩阵的数乘矩阵仍为上(下)三角矩阵, 所以 V_1 (V_2) 形成 $F^{n\times n}$ 的子空间. 同理可证 V_3 (V_4) 也是 $F^{n\times n}$ 的子空间.

例 4.4.4 设 A 是数域 F 上的 $m \times n$ 矩阵, 记齐次线性方程组 $AX = 0$ 的解集合为 W. 据定理 3.3.2 和 4.3.1 知, W 是 F^n 的子空间, 称为齐次线性方程组 $AX = 0$ 的解空间. 当 $AX = 0$ 存在非零解时, 它的一个基础解系就是解空间的一组基, 解空间的维数等于 $n - r(A)$.

设 V 是数域 F 上的线性空间, $\alpha_1, \alpha_2, \cdots, \alpha_s$ 是 V 中的一组向量, 令

$$L(\alpha_1, \alpha_2, \cdots, \alpha_s) = \{k_1\alpha_1 + k_2\alpha_2 + \cdots + k_s\alpha_s | k_1, k_2, \cdots, k_s \in F\}.$$

容易验证 $L(\alpha_1, \alpha_2, \cdots, \alpha_s)$ 是非空的且关于 V 的两种运算封闭, 因而是 V 的子空间. 如果 V 的一个子空间 W 包含向量 $\alpha_1, \alpha_2, \cdots, \alpha_s$, 那么 W 就一定包含它们的所有线性组合, 也就是说, 一定包含 $L(\alpha_1, \alpha_2, \cdots, \alpha_s)$ 作为其子空间. 因此 $L(\alpha_1, \alpha_2, \cdots, \alpha_s)$ 是 V 的包含 $\alpha_1, \alpha_2, \cdots, \alpha_s$ 的最小的子空间, 称为由 $\alpha_1, \alpha_2, \cdots, \alpha_s$ 生成的子空间.

若 V 是 n 维线性空间, $\varepsilon_1, \varepsilon_2, \cdots, \varepsilon_n$ 是它的一组基, 则 $V = L(\varepsilon_1, \varepsilon_2, \cdots, \varepsilon_n)$. V 的任意子空间都是有限生成的. 事实上, 设 W 是 V 的一个子空间. 则 W 也是有限维的. 若 $\alpha_1, \alpha_2, \cdots, \alpha_s$ 是 W 的一组基, 则 $W = L(\alpha_1, \alpha_2, \cdots, \alpha_s)$.

关于有限生成子空间, 我们有

定理 4.4.3 设 $\alpha_1,\alpha_2,\cdots,\alpha_s,\beta_1,\beta_2,\cdots,\beta_t$ 都是线性空间 V 中的向量, 则

(1) $L(\alpha_1,\alpha_2,\cdots,\alpha_s)=L(\beta_1,\beta_2,\cdots,\beta_t)$ 当且仅当向量组 $\alpha_1,\alpha_2,\cdots,\alpha_s$ 与 $\beta_1,\beta_2,\cdots,\beta_t$ 等价.

(2) $\dim L(\alpha_1,\alpha_2,\cdots,\alpha_s)=$ 秩 $\{\alpha_1,\alpha_2,\cdots,\alpha_s\}$, 并且 $\alpha_1,\alpha_2,\cdots,\alpha_s$ 的任意一个极大线性无关组就是 $L(\alpha_1,\alpha_2,\cdots,\alpha_s)$ 的一组基.

证明 (1) 设 $L(\alpha_1,\alpha_2,\cdots,\alpha_s)=L(\beta_1,\beta_2,\cdots,\beta_t)$. 则对于 $i=1,2,\cdots,s$, $\alpha_i\in L(\beta_1,\beta_2,\cdots,\beta_t)$, α_i 可以被向量组 $\beta_1,\beta_2,\cdots,\beta_t$ 线性表出. 同理可证, 每一个 $\beta_j\ (j=1,2,\cdots,t)$可以被向量组 $\alpha_1,\alpha_2,\cdots,\alpha_s$ 线性表出. 所以向量组 $\alpha_1,\alpha_2,\cdots,\alpha_s$ 与 $\beta_1,\beta_2,\cdots,\beta_t$ 等价.

反过来, 如果这两个向量组等价, 那么根据线性表出的传递性知, 凡是可以被 $\alpha_1,\alpha_2,\cdots,\alpha_s$ 线性表出的向量都可以被 $\beta_1,\beta_2,\cdots,\beta_t$ 线性表出, 反之亦然, 所以 $L(\alpha_1,\alpha_2,\cdots,\alpha_s)=L(\beta_1,\beta_2,\cdots,\beta_t)$.

(2) 设向量组 $\alpha_1,\alpha_2,\cdots,\alpha_s$ 的秩等于 $r(r\le s)$, 不妨假设 $\alpha_1,\alpha_2,\cdots,\alpha_r$ 是它的一个极大线性无关组. 因为向量组 $\alpha_1,\alpha_2,\cdots,\alpha_s$ 与 $\alpha_1,\alpha_2,\cdots,\alpha_r$ 等价, 所以据 (1) 知 $L(\alpha_1,\alpha_2,\cdots,\alpha_s)=L(\alpha_1,\alpha_2,\cdots,\alpha_r)$. 由于 $\alpha_1,\alpha_2,\cdots,\alpha_r$ 线性无关, 据定义 4.3.6 知, $\alpha_1,\alpha_2,\cdots,\alpha_r$ 就是$L(\alpha_1,\alpha_2,\cdots,\alpha_s)=L(\alpha_1,\alpha_2,\cdots,\alpha_r)$ 的一组基, 因而 $L(\alpha_1,\alpha_2,\cdots,\alpha_s)$ 的维数就等于 r.

例 4.4.5 设在线性空间 F^5 中,

$$\begin{aligned}
&\alpha_1=(1,-1,0,2,1)^{\mathrm T}, && \alpha_2=(2,1,-2,0,0)^{\mathrm T},\\
&\alpha_3=(0,-3,2,4,2)^{\mathrm T}, && \alpha_4=(3,3,-4,-2,-1)^{\mathrm T},\\
&\alpha_5=(2,4,1,0,1)^{\mathrm T}, && \alpha_6=(5,7,-3,-2,0)^{\mathrm T}.
\end{aligned}$$

求子空间 $L(\alpha_1,\alpha_2,\alpha_3,\alpha_4,\alpha_5,\alpha_6)$ 的维数和一组基.

解 根据第二章例 2.4.1 知, $\alpha_1,\alpha_2,\alpha_5$ 是向量组 $\alpha_1,\alpha_2,\alpha_3,\alpha_4,\alpha_5,\alpha_6$ 的一个极大线性无关组. 所以 $L(\alpha_1,\alpha_2,\alpha_3,\alpha_4,\alpha_5,\alpha_6)$ 的维数等于 3, 并且 $\alpha_1,\alpha_2,\alpha_5$ 就是它的一组基.

例 4.4.6 根据例 3.3.1 知齐次线性方程组

$$\begin{cases} x_1 - 2x_2 + 5x_3 + 3x_4 - 4x_5 = 0 \\ 3x_1 - 3x_2 + 13x_3 + 10x_4 - 7x_5 = 0 \\ x_1 + x_2 + 3x_3 + 4x_4 + x_5 = 0 \\ 2x_1 + 2x_2 + 6x_3 + 8x_4 + 2x_5 = 0 \end{cases}$$

的解空间的维数等于 3, 并且

$$\eta_1 = (-11, 2, 3, 0, 0)^{\mathrm{T}}, \quad \eta_2 = (-11, -1, 0, 3, 0)^{\mathrm{T}}, \quad \eta_3 = (2, -5, 0, 0, 3)^{\mathrm{T}}$$

就是它的一组基.

下面的定理给出了线性空间的子空间的基与整个空间的基之间的关系.

定理 4.4.4 设 W 是数域 F 上的 n 维线性空间 V 的一个 m 维子空间, $\alpha_1, \alpha_2, \cdots, \alpha_m$ 是 W 的一组基. 则 $\alpha_1, \alpha_2, \cdots, \alpha_m$ 必定可以扩充为整个空间的基. 也就是说, 在 V 中必定可以找到 $n-m$ 个向量 $\alpha_{m+1}, \alpha_{m+2}, \cdots, \alpha_n$, 使得 $\alpha_1, \alpha_2, \cdots, \alpha_n$ 是 V 的一组基.

证明 对 $n-m$ 进行归纳证明. 当 $n-m=0$ 时, $\alpha_1, \alpha_2, \cdots, \alpha_m$ 就是 V 的一组基, 定理成立. 假设定理在 $n-m=k$ 时也成立, 我们考察 $n-m=k+1$ 的情形.

因为 $n-m=k+1 \geq 1$, 且 $\dim V = n$, 所以V 中必定存在一个向量 α_{m+1} 不能被 $\alpha_1, \alpha_2, \cdots, \alpha_m$ 线性表出. 我们断言向量组 $\alpha_1, \alpha_2, \cdots, \alpha_m, \alpha_{m+1}$ 必然线性无关. 事实上, 设

$$k_1\alpha_1 + k_2\alpha_2 + \cdots + k_{m+1}\alpha_{m+1} = 0.$$

由于 α_{m+1} 不能被 $\alpha_1, \alpha_2, \cdots, \alpha_m$ 线性表出, 所以 $k_{m+1} = 0$, 于是

$$k_1\alpha_1 + k_2\alpha_2 + \cdots + k_m\alpha_m = 0.$$

因为 $\alpha_1, \alpha_2, \cdots, \alpha_m$ 线性无关, 所以 $k_1 = k_2 = \cdots = k_m = 0$, 从而 $\alpha_1, \alpha_2, \cdots, \alpha_m, \alpha_{m+1}$ 线性无关. 现在 $L(\alpha_1, \alpha_2, \cdots, \alpha_m, \alpha_{m+1})$ 是 $m+1$ 维的, 且 $n-(m+1) = (n-m)-1 = k+1-1 = k$. 由归纳假设知, $L(\alpha_1, \alpha_2, \cdots, \alpha_m, \alpha_{m+1})$ 的基 $\alpha_1, \alpha_2, \cdots, \alpha_m, \alpha_{m+1}$可以扩充为 V 的基, 即存在 $\alpha_{m+2}, \cdots, \alpha_n \in V$ 使得 $\alpha_1, \alpha_2, \cdots, \alpha_n$ 是 V 的一组基.

根据归纳法原理, 定理结论成立.

最后我们讨论子空间的交与和.

定理 4.4.5 如果 V_1, V_2 都是线性空间 V 的子空间, 那么它们的交 $V_1 \cap V_2 = \{\alpha \in V | \alpha \in V_1 \text{ 且 } \alpha \in V_2\}$ 也是 V 的子空间.

证明 因为 V_1, V_2 都是线性空间 V 的子空间, 所以 $0 \in V_1$, $0 \in V_2$, 从而 $0 \in V_1 \cap V_2$, $V_1 \cap V_2$ 非空. 若 $\alpha, \beta \in V_1 \cap V_2$, 则 $\alpha, \beta \in V_1$ 且 $\alpha, \beta \in V_2$, 因此 $\alpha + \beta \in V_1$ 且 $\alpha + \beta \in V_2$, 从而 $\alpha + \beta \in V_1 \cap V_2$. $V_1 \cap V_2$ 对加法运算封闭. 同理可证它对数乘运算封闭. 所以 $V_1 \cap V_2$ 是 V 的子空间.

由交的定义可以看出, 子空间的交满足下列运算规律:

$$V_1 \cap V_2 = V_2 \cap V_1, \quad (V_1 \cap V_2) \cap V_3 = V_1 \cap (V_2 \cap V_3).$$

据此, 我们可以定义多个子空间的交. 设 V_i, $i = 1, 2, \cdots, m$ 是线性空间 V 的子空间. 则

$$\bigcap_{i=1}^{m} V_i = V_1 \cap V_2 \cap \cdots \cap V_m = \{\alpha \in V | \ \alpha \in V_i, i = 1, 2, \cdots, m\}$$

也是 V 的一个子空间.

设 V_1, V_2 都是线性空间 V 的子空间. 令

$$V_1 + V_2 = \{\alpha + \beta \in V | \ \alpha \in V_1, \beta \in V_2\}.$$

称 $V_1 + V_2$ 为子空间 V_1 与 V_2 的和.

定理 4.4.6 如果 V_1, V_2 都是线性空间 V 的子空间, 那么它们的和 $V_1 + V_2$ 也是 V 的子空间.

证明 显然 $V_1 + V_2$ 非空. 若 $\alpha, \beta \in V_1 + V_2$, 则存在 $\alpha_1, \beta_1 \in V_1$, $\alpha_2, \beta_2 \in V_2$, 使得

$$\alpha = \alpha_1 + \alpha_2, \ \ \beta = \beta_1 + \beta_2.$$

由于 V_1, V_2 是子空间, 因而

$$\alpha + \beta = (\alpha_1 + \beta_1) + (\alpha_2 + \beta_2) \in V_1 + V_2.$$

另一方面, 对任意的数 k,

$$k\alpha = k\alpha_1 + k\alpha_2 \in V_1 + V_2.$$

所以 $V_1 + V_2$ 是 V 的子空间.

容易看出, 子空间的和满足下列运算规律:

$$V_1 + V_2 = V_2 + V_1, \quad (V_1 + V_2) + V_3 = V_1 + (V_2 + V_3).$$

据此, 我们可以定义多个子空间的和. 设 $V_i, i = 1, 2, \cdots, m$ 是线性空间 V 的子空间. 则

$$\sum_{i=1}^{m} V_i = V_1 + V_2 + \cdots + V_m = \{\alpha_1 + \alpha_2 + \cdots + \alpha_m | \ \alpha_i \in V_i, i = 1, 2, \cdots, m\}$$

也是 V 的子空间.

例 4.4.7 在平面 R^2 中, 用 V_1, V_2 分别表示两条互相垂直的过原点的两条直线, 则 V_1 和 V_2 都是 R^2 的子空间, 并且

$$V_1 \cap V_2 = \{0\}, \quad V_1 + V_2 = \mathrm{R}^2.$$

例 4.4.8 在几何空间 R^3 中, 用 V_1 表示一条通过原点的直线, V_2 表示一张通过原点而且与 V_1 垂直的平面, 则 $V_1 \cap V_2 = \{0\}$, $V_1 + V_2 = \mathrm{R}^3$, V_1 与 V_2 的和是整个空间. 若用 W_1, W_2, W_3 分别表示三条过原点且互相垂直的直线, 则 $W_1 + W_2 + W_3 = \mathrm{R}^3$.

例 4.4.9 设 A, B 分别为数域 F 上的 $m \times n$, $r \times n$ 矩阵, V_1, V_2 分别表示齐次线性方程组 $AX = 0$ 和 $BX = 0$ 的解空间. 则 $V_1 \cap V_2$ 就是齐次线性方程组

$$\begin{pmatrix} A \\ B \end{pmatrix} X = 0$$

的解空间.

例 4.4.10 设 $\alpha_1, \alpha_2, \cdots, \alpha_r$, $\beta_1, \beta_2, \cdots, \beta_s$ 都是线性空间 V 中的向量. 则

$$L(\alpha_1, \alpha_2, \cdots, \alpha_r) + L(\beta_1, \beta_2, \cdots, \beta_s) = L(\alpha_1, \alpha_2, \cdots, \alpha_r, \beta_1, \beta_2, \cdots, \beta_s).$$

关于两个线性子空间的交与和的维数, 我们有

定理 4.4.7 (维数公式) 如果 V_1, V_2 是线性空间 V 的两个子空间, 那么

$$\dim V_1 + \dim V_2 = \dim (V_1 + V_2) + \dim (V_1 \cap V_2).$$

证明 设 V_1, V_2 的维数分别是 r, s, $V_1 \cap V_2$ 的维数是 t. 取 $V_1 \cap V_2$ 的一组基

$$\alpha_1, \alpha_2, \cdots, \alpha_t.$$

据定理 4.4.4 知, 它可以扩充成 V_1 的一组基

$$\alpha_1, \alpha_2, \cdots, \alpha_t, \beta_1, \cdots, \beta_{r-t},$$

也可以扩充成 V_2 的一组基

$$\alpha_1, \alpha_2, \cdots, \alpha_t, \gamma_1, \cdots, \gamma_{s-t}.$$

接下来我们证明: 向量组

$$\alpha_1, \alpha_2, \cdots, \alpha_t, \beta_1, \cdots, \beta_{r-t}, \gamma_1, \cdots, \gamma_{s-t}$$

是 $V_1 + V_2$ 的一组基. 因为

$$V_1 = L(\alpha_1, \alpha_2, \cdots, \alpha_t, \beta_1, \cdots, \beta_{r-t}),$$

$$V_2 = L(\alpha_1, \alpha_2, \cdots, \alpha_t, \gamma_1, \cdots, \gamma_{s-t}),$$

所以

$$V_1 + V_2 = L(\alpha_1, \alpha_2, \cdots, \alpha_t, \beta_1, \cdots, \beta_{r-t}, \gamma_1, \cdots, \gamma_{s-t}).$$

设

$$k_1\alpha_1 + \cdots + k_t\alpha_t + p_1\beta_1 + \cdots + p_{r-t}\beta_{r-t} + q_1\gamma_1 + \cdots + q_{s-t}\gamma_{s-t} = 0.$$

令

$$\alpha = k_1\alpha_1 + \cdots + k_m\alpha_t + p_1\beta_1 + \cdots + p_{r-t}\beta_{r-t} = -q_1\gamma_1 - \cdots - q_{s-t}\gamma_{s-t}.$$

则 $\alpha \in V_1 \cap V_2$. 因而 α 可以被 $\alpha_1, \alpha_2, \cdots, \alpha_t$ 线性表出. 设 $\alpha = l_1\alpha_1 + l_2\alpha_2 + \cdots + l_t\alpha_t$. 则

$$l_1\alpha_1 + l_2\alpha_2 + \cdots + l_t\alpha_t + q_1\gamma_1 + \cdots + q_{s-t}\gamma_{s-t} = 0.$$

由 $\alpha_1,\alpha_2,\cdots,\alpha_t,\gamma_1,\cdots,\gamma_{s-t}$ 是 V_2 的基得 $l_1=\cdots=l_t=q_1=\cdots=q_{s-t}=0$, 因而 $\alpha=0$, 于是

$$k_1\alpha_1+\cdots+k_t\alpha_t+p_1\beta_1+\cdots+p_{r-t}\beta_{r-t}=0.$$

由 $\alpha_1,\alpha_2,\cdots,\alpha_t,\beta_1,\cdots,\beta_{r-t}$ 是 V_1 的基得 $k_1=\cdots=k_m=p_1=\cdots=p_{r-t}=0$. 所以 $\alpha_1,\alpha_2,\cdots,\alpha_t,\beta_1,\cdots,\beta_{r-t},\gamma_1,\cdots,\gamma_{s-t}$ 线性无关, 因而是 V_1+V_2 的一组基, 定理结论成立.

习 题 4.4

1. 对于如下给定的向量空间 V, 列出的 W_1,W_2,W_3,W_4 中哪些是 V 的子空间? 若是, 求出其维数和一组基.

(1) $V=\mathrm{R}^n$;

$W_1=\{(x_1,x_2,\cdots,x_n)^{\mathrm{T}}|x_1+x_2+\cdots+x_n=0\}$;

$W_2=\{(x_1,x_2,\cdots,x_n)^{\mathrm{T}}|x_n=0\}$;

$W_3=\{(x_1,x_2,\cdots,x_n)^{\mathrm{T}}|x_1=x_2\}$;

$W_4=\{(x_1,x_2,\cdots,x_n)^{\mathrm{T}}|x_1+x_2+\cdots+x_n=1\}$.

(2) $V=\mathrm{R}^{n\times n}$;

$W_1=\{n$ 阶对角矩阵的全体$\}$;

$W_2=\{A\in\mathrm{R}^{n\times n}|\sum\limits_{i=1}^{n}a_{ii}=0\}$;

$W_3=\{n$ 阶可逆矩阵的全体$\}$;

$W_4=\{n$ 阶数量矩阵的全体$\}$.

(3) $V=P[t]_4$;

$W_1=\{f\in V|f(0)=0\}$;

$W_2=\{f\in V|f(0)=f(1)\}$.

2. 设 $A\in P^{n\times n}$.

(1) 证明: 全体与 A 可交换的矩阵组成 $P^{n\times n}$ 的一子空间, 记 $C(A)$;

(2) 当 $A=E$ 时, 求 $C(A)$;

(3) 当

$$A=\begin{pmatrix}1 & & & & \\ & 2 & & & \\ & & 3 & & \\ & & & \ddots & \\ & & & & n\end{pmatrix}$$

时, 求 $C(A)$ 的维数和一组基.

3. 在 R^4 中, 求由向量 $\alpha_i(i=1,2,3,4)$ 生成的子空间的基与维数. 设

(1) $\begin{cases}\alpha_1=(2,1,3,1)^{\mathrm{T}}\\ \alpha_2=(1,2,0,1)^{\mathrm{T}}\\ \alpha_3=(-1,1,-3,0)^{\mathrm{T}}\\ \alpha_4=(1,1,1,1)^{\mathrm{T}}\end{cases}$, (2) $\begin{cases}\alpha_1=(2,1,3,-1)^{\mathrm{T}}\\ \alpha_2=(-1,1,-3,1)^{\mathrm{T}}\\ \alpha_3=(4,5,3,-1)^{\mathrm{T}}\\ \alpha_4=(1,5,-3,1)^{\mathrm{T}}\end{cases}$.

4. 在 R^4 中, 求由齐次线性方程组

$$\begin{cases}3x_1+2x_2-5x_3+4x_4=0\\ 3x_1-x_2+3x_3-3x_4=0\\ 3x_1+5x_2-13x_3+11x_4=0\end{cases}$$

确定的解空间的基与维数.

5. 求由向量 α_i 生成的子空间与向量 β_i 生成的子空间的交的基和维数.

(1) $\begin{cases}\alpha_1=(1,2,1,0)\\ \alpha_2=(-1,1,1,1)\end{cases}$, $\begin{cases}\beta_1=(2,-1,0,1)\\ \beta_2=(1,-1,3,7)\end{cases}$;

(2) $\begin{cases}\alpha_1=(1,1,0,0)\\ \alpha_2=(1,0,1,1)\end{cases}$, $\begin{cases}\beta_1=(0,0,1,1)\\ \beta_2=(0,1,1,0)\end{cases}$;

(3) $\begin{cases}\alpha_1=(1,2,-1,-2)\\ \alpha_2=(3,1,1,1)\\ \alpha_3=(-1,0,1,-1)\end{cases}$, $\begin{cases}\beta_1=(2,5,-6,-5)\\ \beta_2=(-1,2,-7,3)\end{cases}$.

§ 4.5 线性空间的同构

线性空间是一个带有满足 8 条性质的两个运算的系统, 如果两个线性空间的元素之间存在一一对应, 并且这种对应还保持对应的运算, 即两个向量的和

对应它们像的和, 一个数与一个向量的数乘对应这个数与像的数乘, 那么这两个线性空间除元素可能不同外, 其结构是相同的. 若把对应的向量等同, 则它们就是完全相同的. 我们称这样的两个线性空间是同构的. 一般地, 我们有

定义 4.5.1 数域 F 上两个线性空间 V 与 V' 称为同构的, 如果存在 V 到 V' 的双射 σ 满足下列条件: 对于任意 $\alpha, \beta \in V$, $k \in F$,

(1) $\sigma(\alpha+\beta) = \sigma(\alpha) + \sigma(\beta)$;

(2) $\sigma(k\alpha) = k\sigma(\alpha)$.

此时, 称映射 σ 为线性空间 V 到 V' 的同构映射.

作为定义 4.5.1 的推论, 我们有

推论 4.5.2 同构映射的逆映射是同构映射. 两个同构映射的合成仍为同构映射.

证明 设 σ 是数域 F 上的线性空间 V 到 V' 的同构映射. 则 σ^{-1} 是 V' 到 V 的双射. 对于任意 $\alpha', \beta' \in V'$ 有

$$\begin{aligned}\alpha' + \beta' &= (\sigma\sigma^{-1})(\alpha') + (\sigma\sigma^{-1})(\beta') = \sigma(\sigma^{-1}(\alpha')) + \sigma(\sigma^{-1}(\beta')) \\ &= \sigma(\sigma^{-1}(\alpha') + \sigma^{-1}(\beta')),\end{aligned}$$

因此

$$\sigma^{-1}(\alpha' + \beta') = \sigma^{-1}(\sigma(\sigma^{-1}(\alpha') + \sigma^{-1}(\beta'))) = \sigma^{-1}(\alpha') + \sigma^{-1}(\beta').$$

同理可证对任意 $\alpha' \in V'$ 以及任意 $k \in F$,

$$\sigma^{-1}(k\alpha') = k\sigma^{-1}(\alpha').$$

所以 σ^{-1} 是同构映射.

设 σ 和 τ 分别是数域 F 上的线性空间 V 到 V' 和 V' 到 V'' 的同构映射. 则 $\tau\sigma$ 是 V 到 V'' 的双射. 对于任意 $\alpha, \beta \in V$ 以及任意 $k \in F$,

$$\begin{aligned}(\tau\sigma)(\alpha+\beta) &= \tau(\sigma(\alpha) + \sigma(\beta)) = (\tau\sigma)(\alpha) + (\tau\sigma)(\beta), \\ (\tau\sigma)(k\alpha) &= \tau(\sigma(k\alpha)) = \tau(k\sigma(\alpha)) = k(\tau\sigma)(\alpha).\end{aligned}$$

所以 $\tau\sigma$ 是 V 到 V'' 的同构映射.

由定义及推论 4.5.2 可以看出线性空间的同构关系具有自反性、对称性和传递性. 下面的定理给出了同构映射的其它的一些基本性质.

定理 4.5.3 设 V 和 V' 都是数域 F 上的线性空间, σ 是 V 到 V' 的同构映射. 则

(1) σ 保持零向量和负向量, 即 $\sigma(0)=0'$, 对任意 $\alpha\in V$, $\sigma(-\alpha)=-\sigma(\alpha)$.

(2) σ 保持线性组合, 即对任意$\alpha_1,\alpha_2,\cdots,\alpha_m\in V$及$k_1,k_2,\cdots,k_m\in F$, $\sigma(k_1\alpha_1+k_2\alpha_2+\cdots+k_m\alpha_m)=k_1\sigma(\alpha_1)+k_2\sigma(\alpha_2)+\cdots+k_m\sigma(\alpha_m)$.

(3) σ 保持线性相关性, 即对任意 $\alpha_1,\alpha_2,\cdots,\alpha_m\in V$,

$$\alpha_1,\alpha_2,\cdots,\alpha_m \text{ 线性相关 } \Leftrightarrow \sigma(\alpha_1),\sigma(\alpha_2),\cdots,\sigma(\alpha_m) \text{ 线性相关}.$$

(4) σ 保持线性无关性, 即对任意 $\alpha_1,\alpha_2,\cdots,\alpha_m\in V$,

$$\alpha_1,\alpha_2,\cdots,\alpha_m \text{ 线性无关 } \Leftrightarrow \sigma(\alpha_1),\sigma(\alpha_2),\cdots,\sigma(\alpha_m) \text{ 线性无关}.$$

(5) σ 保持基, 即 $\alpha_1,\alpha_2,\cdots,\alpha_n$ 是 V 的一组基当且仅当 $\sigma(\alpha_1),\sigma(\alpha_2),\cdots,\sigma(\alpha_n)$ 是 V' 的一组基.

(6) σ 保持子空间及维数, 即若 W 是 V 的子空间, 则 $\sigma(W)$ 是 V' 的子空间, 并且 $\dim\sigma(W)=\dim W$.

证明 (1), (2) 由定义可以直接验证. 对任意 $\alpha_1,\alpha_2,\cdots,\alpha_m\in V$ 有

$$k_1\sigma(\alpha_1)+k_2\sigma(\alpha_2)+\cdots+k_m\sigma(\alpha_m)=\sigma(k_1\alpha_1+k_2\alpha_2+\cdots+k_m\alpha_m).$$

据 σ 是单射得

$$k_1\sigma(\alpha_1)+k_2\sigma(\alpha_2)+\cdots+k_m\sigma(\alpha_m)=0 \Leftrightarrow k_1\alpha_1+k_2\alpha_2+\cdots+k_m\alpha_m=0.$$

所以 (3), (4) 成立. 据 (4) 知, 若 $\alpha_1,\alpha_2,\cdots,\alpha_n$ 是 V 的一组基, 则 $\sigma(\alpha_1),\sigma(\alpha_2),\cdots,\sigma(\alpha_n)$ 是 V' 的一个线性无关组. 据 σ 是满射, 对任意 $\alpha'\in V'$, 存在 $\alpha\in V$ 使得 $\sigma(\alpha)=\alpha'$. 由于 $\alpha_1,\alpha_2,\cdots,\alpha_n$ 是 V 的一组基, 因此存在 $k_1,k_2,\cdots,k_n\in F$ 使得 $\alpha=k_1\alpha_1+k_2\alpha_2+\cdots+k_n\alpha_n$, 从而

$$\alpha'=\sigma(\alpha)=k_1\sigma(\alpha_1)+k_2\sigma(\alpha_2)+\cdots+k_n\sigma(\alpha_n),$$

所以 $\sigma(\alpha_1),\sigma(\alpha_2),\cdots,\sigma(\alpha_n)$ 是 V' 的一组基. 根据 σ^{-1} 是 V' 到 V 的同构映射, 反过来也成立. 于是 (5) 成立. (6) 由定义及 (5) 的证明立即可得.

现在我们证明数域 F 上任意一个 n 维线性空间都与 F^n 同构.

定理 4.5.4 数域 F 上的任意一个 n 维线性空间都同构于 F^n.

证明 设 V 是数域 F 上的 n 维线性空间, $\varepsilon_1,\varepsilon_2,\cdots,\varepsilon_n$ 是V 的一组基. 对于 V 中任意向量 α, 用 X_α 表示 α 在基 $\varepsilon_1,\varepsilon_2,\cdots,\varepsilon_n$ 下的坐标, 则 X_α 是由 α 和这组基唯一确定的. 令

$$\sigma: V \to F^n$$
$$\alpha \mapsto X_\alpha.$$

则 σ 是双射. 对任意 $\alpha,\beta\in V$, 因为

$$\alpha=(\varepsilon_1,\varepsilon_2,\cdots,\varepsilon_n)X_\alpha, \beta=(\varepsilon_1,\varepsilon_2,\cdots,\varepsilon_n)X_\beta,$$

所以

$$\alpha+\beta=(\varepsilon_1,\varepsilon_2,\cdots,\varepsilon_n)(X_\alpha+X_\beta).$$

于是

$$\sigma(\alpha+\beta)=X_\alpha+X_\beta=\sigma(\alpha)+\sigma(\beta).$$

另一方面, 对任意 $k\in F$,

$$k\alpha=(\varepsilon_1,\varepsilon_2,\cdots,\varepsilon_n)(kX_\alpha),$$

因此 $\sigma(k\alpha)=kX_\alpha=k\sigma(\alpha)$. 这样我们就证明了 σ 是 V 到 F^n 的同构映射, 因而 V 与 F^n 同构.

作为定理 4.5.4 的推论, 我们有

推论 4.5.5 数域 F 上两个有限维线性空间同构的充分必要条件是它们有相同的维数.

证明 若数域 F 上两个有限维线性空间 V 与 V' 同构, 则存在 V 到 V' 的同构映射, 从而由定理 4.5.3 (6) 知 $\dim V=\dim V'$.

反过来, 若数域 F 上两个有限维线性空间 V 与 V' 有相同的维数, 不妨设维数等于 n. 据定理 4.5.4 知, V 和V' 都与 F^n 同构, 从而 V 与 V' 同构.

推论 4.5.5 说明, 维数是有限维线性空间的唯一的本质特征, 它唯一确定了空间的结构.

因为数域 F 上的每一个 n 维线性空间都与 F^n 同构, 而同构的空间有完全相同的结构和性质, 因此 F^n 就可以作为数域 F 上的 n 维线性空间的具体模型, 我们以前所得到的关于 F^n 的有关结论, 在数域 F 上的 n 维线性空间中都

有一个对应结论. 特别地, 我们在 F^n 中得到的判断向量组的线性相关性和无关性的方法、求向量组的极大线性无关组的方法等, 都可以借助于定理 4.5.4 证明中建立的同构映射(即向量对应它在一组固定基下的坐标) 应用到数域 F 上的 n 维线性空间中.

例 4.5.1 设在线性空间 $F[x]_4$ 中, $f_1=1+x-2x^2+x^3$, $f_2=1-x+2x^2+2x^3$, $f_3=1+2x-3x^2-x^3$, $f_4=3+2x-3x^2+2x^3$. 判断 f_1,f_2,f_3,f_4 是线性无关还是线性相关? 求子空间 $L(f_1,f_2,f_3,f_4)$ 的维数和一组基.

解 取定 $F[x]_4$ 的一组基 $1,x,x^2,x^3$, 则 f_1,f_2,f_3,f_4 在这组基下的坐标分别为

$$\begin{aligned}X_{f_1}&=(1,1,-2,1)^{\mathrm T}, &X_{f_2}&=(1,-1,2,2)^{\mathrm T},\\ X_{f_3}&=(1,2,-3,-1)^{\mathrm T}, &X_{f_4}&=(3,2,-3,2)^{\mathrm T}.\end{aligned}$$

因为

$$\begin{pmatrix}1&1&1&3\\1&-1&2&2\\-2&2&-3&-3\\1&2&-1&2\end{pmatrix}\to\begin{pmatrix}1&1&1&3\\0&1&0&1\\0&0&1&1\\0&0&0&0\end{pmatrix},$$

所以 $X_{f_1},X_{f_2},X_{f_3},X_{f_4}$ 线性相关, 且 X_{f_1},X_{f_2},X_{f_3} 是它的一个极大线性无关组, 从而 f_1,f_2,f_3,f_4 线性相关, 且 f_1,f_2,f_3 是它的一个极大线性无关组. 于是 $L(f_1,f_2,f_3,f_4)$ 的维数等于 3, 且 f_1,f_2,f_3 是它的一组基.

习 题 4.5

1. 设 V_1 和 V_2 都是数域 P 上的 n 维线性空间. 试给出 V_1 到 V_2 的一个同构映射.

2. 设在线性空间 $F[x]_3$ 中, $f_1=1+3x-2x^2$, $f_2=1-x+2x^2$, $f_3=1+2x-3x^2$. 判断 f_1,f_2,f_3 是线性无关还是线性相关? 求子空间 $L(f_1,f_2,f_3)$ 的维数和一组基.

3. 设 V_1 为实数域 R 上由矩阵 A 的所有实系数多项式构成的线性空间, V_2 为 R 上由所有复数构成的线性空间, 其中 $A=\begin{pmatrix}0&-1\\1&0\end{pmatrix}$. 证明 V_1 与 V_2 同构.

§ 4.6 欧氏空间

前几节我们讨论了抽象的线性空间, 在线性空间中, 我们仅仅是讨论了向量的线性关系. 然而我们知道无论是在平面 R^2 还是在几何空间 R^3 中, 向量的长度、夹角等度量性质都占有非常重要的地位, 而以 R^2 和 R^3 作为具体模型的线性空间并没有体现向量的度量性质, 因此在一般线性空间中引入度量的概念是自然和必要的.

我们知道, 在解析几何中向量的长度与夹角等度量性质都是通过向量的内积来表示的. 因此这里我们也是以内积作为基本概念来讨论一般线性空间中向量的度量性质.

定义 4.6.1 设 V 是实数域 R 上的线性空间. 在 V 上定义一个二元实函数

$$(\ ,\ ):\ V \times V \to \mathrm{R},$$

它具有下列性质: 对任意 $\alpha, \beta, \gamma \in V$, $k \in \mathrm{R}$,

(1) $(\alpha, \beta) = (\beta, \alpha)$;

(2) $(k\alpha, \beta) = k(\alpha, \beta)$;

(3) $(\alpha + \beta, \gamma) = (\alpha, \gamma) + (\beta, \gamma)$;

(4) $(\alpha, \alpha) \geq 0$, 且 $(\alpha, \alpha) = 0 \Longleftrightarrow \alpha = 0$.

这样的一个二元实函数称为 V 上的内积, 并称 (α, β) 为向量 α 与 β 的内积. 具有内积的实线性空间 V 称为欧几里德 (Euclid) 空间, 简称为欧氏空间.

作为定义的推论我们有

推论 4.6.2 设 V 是欧氏空间, $\alpha, \beta, \gamma, \alpha_i, \beta_j \in V$, $k, r_i, t_j \in \mathrm{R}$, $i = 1, 2, \cdots, m$, $j = 1, 2, \cdots, n$. 则

(i) $(0, \beta) = 0$;

(ii) $(\alpha, k\beta) = k(\alpha, \beta)$;

(iii) $(\alpha, \beta + \gamma) = (\alpha, \beta) + (\alpha, \gamma)$;

(iv) $(\sum_{i=1}^m r_i\alpha_i, \sum_{j=1}^n t_j\beta_j) = \sum_{i=1}^m \sum_{j=1}^n r_i t_j (\alpha_i, \beta_j)$.

证明 这些证明都很容易, 留给读者完成.

定义 4.6.1 (1) 表明内积作为二元函数具有对称性. 定义 4.6.1 (2), (3) 以及推论 4.6.2 (ii), (iii) 表明内积对于两个变元都是线性的, 即内积具有双线性性.

定义 4.6.1 中性质 (4) 称为内积的正定性. 这样我们习惯上称欧氏空间的内积具有对称性、双线性性和正定性.

下面给出一些欧氏空间的例子.

例 4.6.1 在平面或几何空间(R^2 或 R^3)中, 定义内积(解析几何中向量的数量积)为

$$(\alpha,\beta)=|\alpha||\beta|\cos\theta,$$

其中 $|\alpha|, |\beta|$ 分别表示向量 α,β 的长度, θ 表示 α 与 β 的夹角. 这样定义的内积满足定义 4.6.1 中的 4 条性质, 因此平面和几何空间关于上述内积构成欧氏空间.

例 4.6.2 在实线性空间 R^n 中, 定义内积

$$(\alpha,\beta)=a_1b_1+a_2b_2+\cdots+a_nb_n,$$

其中, $\alpha=(a_1,a_2,\cdots,a_n)^{\mathrm{T}}$, $\beta=(b_1,b_2,\cdots,b_n)^{\mathrm{T}}$ 是 R^n 中的向量. 显然它满足定义 4.6.1 中的条件, 因此R^n 关于上述内积构成欧氏空间. 称这个内积为 R^n 的标准内积.

在$n=2$ 或 3 时, 例 4.6.2 中的内积就是平面或几何空间中向量的内积在直角坐标系中坐标的表达式.

例 4.6.3 在实线性空间 $C[a,b]$ 中, 定义内积: $f(x),g(x)\in C[a,b]$,

$$(f,g)=\int_a^b f(x)g(x)\mathrm{d}x.$$

由定积分的性质不难证明这样定义的内积满足定义中的条件, 因此 $C[a,b]$ 关于上述内积是一个欧氏空间.

例 4.6.4 在实线性空间 $\mathrm{R}^{m\times n}$ 中, 定义内积: $A=(a_{ij})_{m\times n}, B=(b_{ij})_{m\times n}\in\mathrm{R}^{m\times n}$,

$$(A,B)=\sum_{i=1}^m\sum_{j=1}^n a_{ij}b_{ij}.$$

容易证明它满足定义 4.6.1 中的条件, 因此 $\mathrm{R}^{m\times n}$ 关于上述内积是一个欧氏空间.

例 4.6.5 设 V 是实数域 $\mathbf{R}$ 上的 n 维线性空间, $\varepsilon_1,\varepsilon_2,\cdots,\varepsilon_n$ 是 V 的一组基. 在 V 中定义内积:

$$(\alpha,\beta)=a_1b_1+a_2b_2+\cdots+a_nb_n=X^{\mathrm{T}}Y,$$

其中

$$\alpha=a_1\varepsilon_1+a_2\varepsilon_2+\cdots+a_n\varepsilon_n,\beta=b_1\varepsilon_1+b_2\varepsilon_2+\cdots+b_n\varepsilon_n,$$

X,Y 分别为 α,β 在这组基下的坐标. 容易证明这样定义的内积满足定义 4.6.1 中的条件, 因此 V 关于上述内积是一个欧氏空间.

欧氏空间是一个具有内积的实线性空间, 因此关于线性空间的有关概念, 诸如向量的线性相关、线性无关、基、维数、坐标和子空间等, 自然适用于欧氏空间, 有关的结论自然在欧氏空间中也是成立的. 特别地, 对于欧氏空间 V 的任意子空间 W, W 关于 V 的内积显然也是一个欧氏空间.

类似于平面和几何空间中有关度量的定义, 接下来我们在一般欧氏空间中引入向量的长度和夹角等概念. 设 V 是一个欧氏空间, 由定义 4.6.1 (4) 知, 对于 V 中任意的向量 α, 总有 $(\alpha,\alpha)\geq 0$, $\sqrt{(\alpha,\alpha)}$ 是有意义的. 因此我们有

定义 4.6.3 设 V 是一个欧氏空间, $\alpha\in V$. 称非负实数 $\sqrt{(\alpha,\alpha)}$ 为向量 α 的长度, 记为 $|\alpha|$.

从定义可以看出, 对任意向量 α, 总有 $|\alpha|\geq 0$, $|\alpha|=0$ 当且仅当 $\alpha=0$. 进一步, 对任意的实数 k, 有

$$|k\alpha|=|k||\alpha|.$$

事实上,

$$|k\alpha|=\sqrt{(k\alpha,k\alpha)}=\sqrt{k^2(\alpha,\alpha)}=|k||\alpha|.$$

长度为 1 的向量称为单位向量. 如果 $\alpha\in V$, $\alpha\neq 0$, 那么向量

$$\frac{1}{|\alpha|}\alpha$$

就是一个单位向量. 用非零向量 α 的长度的倒数数乘向量 α, 得到一个与 α 同向的单位向量, 这样的过程称为把向量 α 单位化(或标准化). 非零向量都可以单位化.

下面的定理给出了欧氏空间中一个重要的不等式, 我们正是借助于这个不等式才引出了两个向量的夹角.

定理 4.6.4 设 V 是一个欧氏空间, $\alpha,\beta\in V$. 则

$$|(\alpha,\beta)|\leq|\alpha||\beta|,\tag{4.3}$$

且等号成立当且仅当 α,β 线性相关.

证明 (1) 若 α,β 线性相关, 不妨设 $\beta=k\alpha$. 则 $|(\alpha,\beta)|=|(\alpha,k\alpha)|=|k||\alpha|^2=|\alpha||\beta|$, 因此 (4.3) 式等号成立.

(2) 若 α,β 线性无关, 则$\alpha,\beta\neq 0$, 且对任意实数 t, $t\alpha+\beta\neq 0$. 于是

$$(t\alpha+\beta,t\alpha+\beta)>0,$$

即

$$(\alpha,\alpha)t^2+2(\alpha,\beta)t+(\beta,\beta)>0.$$

上式左端是 t 的二次三项式, 它对任意的实数 t 都取正值, 因此它的判别式小于零, 即

$$(\alpha,\beta)^2-(\alpha,\alpha)(\beta,\beta)<0,$$

也就是

$$|(\alpha,\beta)|<|\alpha||\beta|.$$

这样我们证明了若 α,β 线性无关, 则 $|(\alpha,\beta)|<|\alpha||\beta|$. 等价地, 若 (4.3) 式等号成立, 则 α,β 线性相关.

综合 (1) 和 (2), 我们就证明了定理结论成立.

(4.3) 式就是着名的柯西–布涅柯夫斯基不等式. 对于例 4.6.2 中的欧氏空间 R^n, (4.3) 式就是

$$|a_1b_1+a_2b_2+\cdots+a_nb_n|\leq\sqrt{a_1^2+a_2^2+\cdots+a_n^2}\sqrt{b_1^2+b_2^2+\cdots+b_n^2}.$$

对于例 4.6.3 中的欧氏空间 $C[a,b]$, (4.3) 式就是

$$\left|\int_a^b f(x)g(x)\mathrm{d}x\right|\leq\left(\int_a^b f^2(x)\mathrm{d}x\right)^{\frac{1}{2}}\left(\int_a^b g^2(x)\mathrm{d}x\right)^{\frac{1}{2}}.$$

以上这两个不等式也都是历史上着名的不等式.

据 (4.3) 知, 对于欧氏空间 V 中的任意两个非零向量 α,β, 总有

$$-1 \leq \frac{(\alpha,\beta)}{|\alpha||\beta|} \leq 1.$$

因此, 我们有

定义 4.6.5 设 α,β 是欧氏空间 V 中的两个非零向量. α 与 β的夹角 $\langle\alpha,\beta\rangle$ 定义为:

$$\langle\alpha,\beta\rangle = \arccos\frac{(\alpha,\beta)}{|\alpha||\beta|},\ \ 0 \leq \langle\alpha,\beta\rangle \leq \pi.$$

定义 4.6.6 如果欧氏空间中的两个向量 α 与 β 的内积等于零, 即 $(\alpha,\beta)=0$, 那么称 α 与 β 正交 (或互相垂直), 记为 $\alpha\perp\beta$.

显然零向量 0 与任意向量正交. 由内积的正定性知, $\alpha\perp\alpha$ 当且仅当 $\alpha=0$, 也就是说, 只有零向量才与自身正交. 当 α,β 都是非零向量时, 我们有

$$\alpha\perp\beta \ \Leftrightarrow\ \langle\alpha,\beta\rangle = \frac{\pi}{2}.$$

这表明欧氏空间中正交的定义与解析几何中正交的定义是一致的.

在平面和几何空间中, 有三角形不等式和勾股定理, 这些结论在一般欧氏空间中同样成立.

定理 4.6.7 设 V 是欧氏空间, $\alpha,\beta\in V$. 则有

(1) $|\alpha+\beta| \leq |\alpha|+|\beta|$; (三角形不等式)

(2) 若 $\alpha\perp\beta$, 则 $|\alpha+\beta|^2 = |\alpha|^2+|\beta|^2$. (勾股定理)

证明 (1) 因为

$$\begin{aligned}|\alpha+\beta|^2 &= (\alpha+\beta,\alpha+\beta) = (\alpha,\alpha)+2(\alpha,\beta)+(\beta,\beta)\\ &\leq |\alpha|^2+2|\alpha||\beta|+|\beta|^2 = (|\alpha|+|\beta|)^2.\end{aligned}$$

所以

$$|\alpha+\beta| \leq |\alpha|+|\beta|.$$

(2) 若 $\alpha\perp\beta$, 则 $(\alpha,\beta)=0$, 从而

$$|\alpha+\beta|^2 = (\alpha+\beta,\alpha+\beta) = (\alpha,\alpha)+(\beta,\beta) = |\alpha|^2+|\beta|^2.$$

注意到若 α 与 β,γ 正交, 则 α 与 $\beta+\gamma$ 也正交. 不难把勾股定理推广到多个向量的情形, 即如果向量 $\alpha_1,\alpha_2,\cdots,\alpha_m$ 两两正交, 那么

$$|\alpha_1+\alpha_2+\cdots+\alpha_m|^2=|\alpha_1|^2+|\alpha_2|^2+\cdots+|\alpha_m|^2.$$

到目前为止, 我们的讨论对欧氏空间的维数没有作任何限制. 下面的讨论我们总限定在有限维欧氏空间中.

设 V 是一个 n 维欧氏空间, $\varepsilon_1,\varepsilon_2,\cdots,\varepsilon_n$ 是 V 的一组基. 对 V 中任意两个向量

$$\alpha=x_1\varepsilon_1+x_2\varepsilon_2+\cdots+x_n\varepsilon_n,\quad \beta=y_1\varepsilon_1+y_2\varepsilon_2+\cdots+y_n\varepsilon_n,$$

我们有

$$(\alpha,\beta)=(\sum_{i=1}^n x_i\varepsilon_i,\sum_{j=1}^n y_j\varepsilon_j)=\sum_{i=1}^n\sum_{j=1}^n x_iy_j(\varepsilon_i,\varepsilon_j),$$

即

$$(\alpha,\beta)=(x_1,x_2,\cdots,x_n)\begin{pmatrix}(\varepsilon_1,\varepsilon_1) & (\varepsilon_1,\varepsilon_2) & \cdots & (\varepsilon_1,\varepsilon_n)\\ (\varepsilon_2,\varepsilon_1) & (\varepsilon_2,\varepsilon_2) & \cdots & (\varepsilon_2,\varepsilon_n)\\ \cdots & \cdots & \cdots & \cdots\\ (\varepsilon_n,\varepsilon_1) & (\varepsilon_n,\varepsilon_2) & \cdots & (\varepsilon_n,\varepsilon_n)\end{pmatrix}\begin{pmatrix}y_1\\ y_2\\ \vdots\\ y_n\end{pmatrix}.\quad(4.4)$$

令

$$A=\begin{pmatrix}(\varepsilon_1,\varepsilon_1) & (\varepsilon_1,\varepsilon_2) & \cdots & (\varepsilon_1,\varepsilon_n)\\ (\varepsilon_2,\varepsilon_1) & (\varepsilon_2,\varepsilon_2) & \cdots & (\varepsilon_2,\varepsilon_n)\\ \cdots & \cdots & \cdots & \cdots\\ (\varepsilon_n,\varepsilon_1) & (\varepsilon_n,\varepsilon_2) & \cdots & (\varepsilon_n,\varepsilon_n)\end{pmatrix}.$$

则 A 是一个实对称矩阵. 分别用 X,Y 表示向量 α,β 在基 $\varepsilon_1,\varepsilon_2,\cdots,\varepsilon_n$ 下的坐标, (4.4) 式可以表示为

$$(\alpha,\beta)=X^{\mathrm{T}}AY.\quad(4.5)$$

矩阵

$$A=\begin{pmatrix}(\varepsilon_1,\varepsilon_1) & (\varepsilon_1,\varepsilon_2) & \cdots & (\varepsilon_1,\varepsilon_n)\\ (\varepsilon_2,\varepsilon_1) & (\varepsilon_2,\varepsilon_2) & \cdots & (\varepsilon_2,\varepsilon_n)\\ \cdots & \cdots & \cdots & \cdots\\ (\varepsilon_n,\varepsilon_1) & (\varepsilon_n,\varepsilon_2) & \cdots & (\varepsilon_n,\varepsilon_n)\end{pmatrix}$$

称为基 $\varepsilon_1,\varepsilon_2,\cdots,\varepsilon_n$ 的度量矩阵. 基于内积的正定性, 由 (4.5) 知, 基的度量矩阵具有下列性质:

$$\forall X \in \mathrm{R}^n,\ X \neq 0,\ X^{\mathrm{T}}AX > 0. \tag{4.6}$$

这样的实对称矩阵称为正定矩阵(见第六章第 4 节).

上面的讨论表明, 在知道了一组基的度量矩阵后, 任意两个向量的内积就可以通过坐标按 (4.4) 或 (4.5) 来计算, 因而度量矩阵完全确定了内积.

设 V 是一个实线性空间, $\varepsilon_1,\varepsilon_2,\cdots,\varepsilon_n$ 是它的一组基, A 是一个正定矩阵. 令

$$\begin{aligned}(\ ,\ ):\ & V\times V \to \mathrm{R}\\ & (\alpha,\beta)\mapsto X^{\mathrm{T}}AY,\end{aligned}$$

其中 X,Y 分别为向量 α,β 在基 $\varepsilon_1,\varepsilon_2,\cdots,\varepsilon_n$ 下的坐标. 则可以证明 $(\ ,\ )$ 满足定义 4.6.1 中的条件, 因而是 V 上的内积, 于是 V 关于该内积成为一个欧氏空间, 且基 $\varepsilon_1,\varepsilon_2,\cdots,\varepsilon_n$ 的度量矩阵就等于 A.

综上所述, 我们有

定理 4.6.8 (1) 在欧氏空间中, 任意一组基的度量矩阵都是正定矩阵.

(2) 设 V 是一个实线性空间, $\varepsilon_1,\varepsilon_2,\cdots,\varepsilon_n$ 是它的一组基, A 是一个正定矩阵. 令

$$\begin{aligned}(\ ,\ ):\ & V\times V \to \mathrm{R}\\ & (\alpha,\beta)\mapsto X^{\mathrm{T}}AY,\end{aligned}$$

其中 X,Y 分别为向量 α,β 在基 $\varepsilon_1,\varepsilon_2,\cdots,\varepsilon_n$ 下的坐标. 则 $(\ ,\ )$ 是 V 上的内积, V 关于该内积成为一个欧氏空间. 反之, V 上的内积都可以如此定义.

定理 4.6.8 表明, 任意有限维实线性空间 V 都可以定义内积使之成为一个欧氏空间, 并且内积的定义方式不唯一.

我们已经证明了欧氏空间的内积由它的一组基的度量矩阵唯一确定, 接下来我们考察欧氏空间中不同基的度量矩阵之间的关系. 设 $\eta_1,\eta_2,\cdots,\eta_n$ 是欧氏空间 V 的另外一组基, A 是基 $\varepsilon_1,\varepsilon_2,\cdots,\varepsilon_n$ 的度量矩阵, 而由基 $\varepsilon_1,\varepsilon_2,\cdots,\varepsilon_n$ 到基 $\eta_1,\eta_2,\cdots,\eta_n$ 的过渡矩阵为 C, 即

$$(\eta_1,\eta_2,\cdots,\eta_n)=(\varepsilon_1,\varepsilon_2,\cdots,\varepsilon_n)C.$$

对于 $i,j=1,2,\cdots,n$, 据 (4.5) 得

$$(\eta_i,\eta_j)=(c_{1i}\varepsilon_1+c_{2i}\varepsilon_2+\cdots+c_{ni}\varepsilon_n,\ c_{1j}\varepsilon_1+c_{2j}\varepsilon_2+\cdots+c_{nj}\varepsilon_n)$$
$$=(c_{1i},c_{2i},\cdots,c_{ni})A\begin{pmatrix}c_{1j}\\c_{2j}\\\vdots\\c_{nj}\end{pmatrix}.$$

因此基 $\eta_1,\eta_2,\cdots,\eta_n$ 的度量矩阵

$$B=((\eta_i,\eta_j))=C^{\mathrm{T}}AC.$$

满足上述条件的两个矩阵 A 与 B 称为是合同的（见定义 6.1.3）. 于是, 在欧氏空间中, 不同基的度量矩阵是合同的.

习 题 4.6

1. 在三维几何空间中, 如果任意两个向量 x,y 对应的实数依次为:

(1) $|x|\cdot|y|$;

(2) $|x|\cdot|y|\cos^3\theta$;

(3) $2|x|\cdot|y|\cos\theta$.

其中 θ 是 x,y 间的夹角, $|x|$ 与 $|y|$ 表示 x 与 y 的长, 试问: (1),(2),(3) 是否可以定义内积?

2. 设 $\varepsilon_1,\varepsilon_2,\cdots,\varepsilon_n$ 是 n 维实线性空间 V 的一组基. 对任意两向量 $x=\alpha_1\varepsilon_1+\alpha_2\varepsilon_2+\cdots+\alpha_n\varepsilon_n, y=\beta_1\varepsilon_1+\beta_2\varepsilon_2+\cdots+\beta_n\varepsilon_n$, 规定 $(x,y)=\alpha_1\beta_1+2\alpha_2\beta_2+\cdots+n\alpha_n\beta_n$. 试问: 上式能否构成 V 的一个内积?

3. 设 $A=(a_{ij})$ 是一个 n 阶正定矩阵,

$$\alpha=(x_1,x_2,\cdots,x_n),\quad \beta=(y_1,y_2,\cdots,y_n),$$

在 R_n 中定义内积 (α,β) 为:

$$(\alpha,\beta)=\alpha A\beta^{\mathrm{T}}.$$

(1) 证明: 在这个定义下, R_n 成一欧氏空间;

(2) 求基 $\varepsilon_1=(1,0,\cdots,0),\varepsilon_2=(0,1,\cdots,0),\cdots,\varepsilon_n=(0,0,\cdots,1)$ 的度量矩阵.

4. 设 $\alpha_1,\alpha_2,\cdots,\alpha_n$ 是欧氏空间 V 的一组基, 证明:

(1) 如果 $\gamma\in V$ 使 $(\gamma,\alpha_i)=0, i=1,2,\cdots,n$, 那么 $\gamma=0$;

(2) 如果 $\gamma_1,\gamma_2\in V$ 使对任一 $\alpha\in V$ 有 $(\gamma_1,\alpha)=(\gamma_2,\alpha)$, 那么 $\gamma_1=\gamma_2$.

§ 4.7 标准正交基

在解析几何中, 直角坐标系的建立使得我们在处理有关度量的问题时变得非常方便. 例如两个向量的内积就等于它们的直角坐标的对应分量的乘积之和; 一个向量的直角坐标分量就是该向量在相应坐标轴上的投影; $\cdots$. 建立直角坐标系本质上就是取定平面或几何空间的一组特殊的基— 在 R^2 中是取

$$\varepsilon_1=(1,0)^{\mathrm{T}},\quad \varepsilon_2=(0,1)^{\mathrm{T}}$$

作为一组基; 在 R^3 中是取

$$\varepsilon_1=(1,0,0)^{\mathrm{T}},\quad \varepsilon_2=(0,1,0)^{\mathrm{T}},\quad \varepsilon_3=(0,0,1)^{\mathrm{T}}$$

作为一组基. 这两组基有一个共同的特征—基中的向量两两正交(垂直), 且都是单位向量. 自然的问题是: 在一般 n 维欧氏空间中是否存在这样一组基呢? 答案是肯定的.

定义 4.7.1 欧氏空间 V 中一组两两正交的非零向量称为 V 的一个正交向量组.

依据定义, 由单个非零向量所组成的向量组是正交向量组. 因此非零欧氏空间总存在正交向量组.

定理 4.7.2 设 $\alpha_1,\alpha_2,\cdots,\alpha_m$ 是欧氏空间 V 的一个正交向量组. 则 $\alpha_1,\alpha_2,\cdots,\alpha_m$ 线性无关.

证明 设 $\alpha_1,\alpha_2,\cdots,\alpha_m$ 是正交向量组, 且满足

$$k_1\alpha_1+k_2\alpha_2+\cdots+k_m\alpha_m=0.$$

对于 $i=1,2,\cdots,m$, 用 α_i 与上述等式两边作内积得

$$k_i(\alpha_i,\alpha_i)=0.$$

因为 $\alpha_i \neq 0$, 所以 $(\alpha_i, \alpha_i) > 0$, 从而 $k_i = 0$. 这就证明了 $\alpha_1, \alpha_2, \cdots, \alpha_m$ 线性无关.

推论 4.7.3 在 n 维欧氏空间中, 两两正交的非零向量的个数不能超过 n .

推论 4.7.3 的几何意义是显然的, 即在平面上找不到三个两两垂直的非零向量; 在空间中找不到四个两两垂直的非零向量.

我们知道在平面和几何空间中, 两个不共线的向量是线性无关的, 但是它们未必正交. 因此定理 4.7.2 的逆命题不成立, 所以正交向量组是比线性无关向量组更强的概念.

定义 4.7.4 在 n 维欧氏空间 V 中, 如果 V 的一组基 $\varepsilon_1, \varepsilon_2, \cdots, \varepsilon_n$ 是正交向量组, 那么就称这组基是 V 的正交基; V 中由单位向量组成的正交基称为 V 的标准正交基.

依据定义及定理 4.7.2, n 维欧氏空间 V 的由 n 个向量组成的正交向量组是 V 的正交基. 对一组正交基进行单位化就得到一组标准正交基.

根据定义, 我们立刻有

推论 4.7.5 设 $\varepsilon_1, \varepsilon_2, \cdots, \varepsilon_n$ 是 n 维欧氏空间 V 的一组基. 则下列条件等价.

(1) $\varepsilon_1, \varepsilon_2, \cdots, \varepsilon_n$ 是 V 的标准正交基;

(2) $\varepsilon_1, \varepsilon_2, \cdots, \varepsilon_n$ 的度量矩阵是单位矩阵;

(3) 对于 $i, j = 1, 2, \cdots, n$, 有

$$(\varepsilon_i, \varepsilon_j) = \begin{cases} 1, & i = j, \\ 0, & i \neq j. \end{cases} \tag{4.7}$$

对于标准正交基, 我们有

定理 4.7.6 设 $\varepsilon_1, \varepsilon_2, \cdots, \varepsilon_n$ 是 n 维欧氏空间 V 的一组标准正交基,

$$X = (x_1, x_2, \cdots, x_n)^{\mathrm{T}}, \quad Y = (y_1, y_2, \cdots, y_n)^{\mathrm{T}}$$

分别为 V 中的向量 α, β 在这组基下的坐标. 则

(1) $x_i = (\alpha, \varepsilon_i), \quad i = 1, 2, \cdots, n.$

(2) $(\alpha, \beta) = X^{\mathrm{T}}Y = x_1y_1 + x_2y_2 + \cdots + x_ny_n.$

(3) $|\alpha| = \sqrt{X^{\mathrm{T}}X} = \sqrt{x_1^2 + x_2^2 + \cdots + x_n^2}.$

(4) $\langle \alpha, \beta \rangle = \arccos \dfrac{x_1y_1 + x_2y_2 + \cdots + x_ny_n}{\sqrt{x_1^2 + x_2^2 + \cdots + x_n^2}\sqrt{y_1^2 + y_2^2 + \cdots + y_n^2}}.$

证明 (1) 因为

$$\alpha = x_1\varepsilon_1 + x_2\varepsilon_2 + \cdots + x_n\varepsilon_n,$$

对 $i = 1, 2, \cdots, n$, 用 ε_i 与等式两边作内积, 注意到当 $i \neq j$ 时, $(\varepsilon_i, \varepsilon_j) = 0$, 即得

$$(\alpha, \varepsilon_i) = x_i.$$

(2) 因为标准正交基的度量矩阵是单位矩阵, 所以据 (4.5) 式即得结论.

(3)、(4) 由定义及 (2) 立即可得.

定理 4.7.6 中的这些表达式正是解析几何中直角坐标系下相应结果的推广, 这也表明标准正交基是直角坐标系在欧氏空间中的推广. 定理 4.7.6 (2) 中关于内积的表达式对于任一组标准正交基都是相同的. 这说明, 在欧氏空间中, 所有的标准正交基有相同的地位. 这与解析几何的情形是一致的, 在那里不再区别直角坐标系, 尽管我们可以以多种方式建立直角坐标系.

例 4.7.1 设在欧氏空间 R^4 中,

$$\alpha_1 = \frac{1}{2}(1, 1, 1, 1)^{\mathrm{T}}, \qquad \alpha_2 = \frac{1}{2}(1, -1, -1, 1)^{\mathrm{T}},$$
$$\alpha_3 = \frac{1}{2}(1, -1, 1, -1)^{\mathrm{T}}, \quad \alpha_4 = \frac{1}{2}(1, 1, -1, -1)^{\mathrm{T}}.$$

(1) 证明: $\alpha_1, \alpha_2, \alpha_3, \alpha_4$ 是 R^4 的一组标准正交基;

(2) 若 $\alpha = \alpha_1 + 2\alpha_2 - 2\alpha_3 + \alpha_4$, $\beta = (0, 1, 0, 1)^{\mathrm{T}}$, 求 $|\alpha|$, (α, β) 及 $\langle \alpha, \beta \rangle$.

解 (1) 通过计算得 $|\alpha_i| = 1$, $i = 1, 2, 3, 4$, 且对于 $i, j = 1, 2, 3, 4$, $i \neq j$, 有 $(\alpha_i, \alpha_j) = 0$. 所以 $\alpha_1, \alpha_2, \alpha_3, \alpha_4$ 是 R^4 的一组标准正交基.

(2) 由 (1) 知 $\alpha_1, \alpha_2, \alpha_3, \alpha_4$ 是 R^4 的一组标准正交基, α 在这组基下的坐标为 $(1, 2, -2, 1)^{\mathrm{T}}$, 据定理 4.7.6 (3) 得

$$|\alpha| = \sqrt{1^2 + 2^2 + (-2)^2 + 1^2} = \sqrt{10}.$$

这里计算 (α, β) 有三种方法.

方法一: 因为 $\alpha = \alpha_1 + 2\alpha_2 - 2\alpha_3 + \alpha_4 = (1, 1, -2, 2)^{\mathrm{T}}$, 所以

$$(\alpha, \beta) = (1, 1, -2, 2)(0, 1, 0, 1)^{\mathrm{T}} = 3.$$

方法二: 定理 4.7.6 (1) 得

$$\beta = (\beta, \alpha_1)\alpha_1 + (\beta, \alpha_2)\alpha_2 + (\beta, \alpha_3)\alpha_3 + (\beta, \alpha_4)\alpha_4 = \alpha_1 - \alpha_3.$$

所以定理 4.7.6 (2) 得 $(\alpha,\beta)=3$.

方法三: 据推论 4.6.2 (iv) 得

$$(\alpha,\beta)=(\alpha_1,\beta)+2(\alpha_2,\beta)-2(\alpha_3,\beta)+(\alpha_4,\beta)=3.$$

最后据定理 4.7.6 (4) 得

$$\langle\alpha,\beta\rangle=\arccos\frac{3}{\sqrt{10}\sqrt{2}}=\arccos\frac{3\sqrt{5}}{10}.$$

现在我们证明有限维非零欧氏空间 V 总存在标准正交基. 一方面, 可以把 V 的任意一个正交向量组扩充为 V 的一组正交基(定理 4.7.7), 然后对这组正交基单位化就得到 V 的一组标准正交基. 另一方面, 可以把 V 的一组基通过"正交化过程"改造成 V 的一组标准正交基(定理 4.7.8).

定理 4.7.7 n 维欧氏空间 V 的任意一个正交向量组都可以扩充成 V 的一组正交基.

证明 设 $\alpha_1,\alpha_2,\cdots,\alpha_m$ 是 V 的一个正交向量组. 我们对 $n-m$ 进行归纳, 证明定理结论成立.

当 $n-m=0$ 时, $\alpha_1,\alpha_2,\cdots,\alpha_m$ 就是 V 的一组正交基.

假设 $n-m=k$ 时定理成立, 即存在向量 $\beta_1,\beta_2,\cdots,\beta_k\in V$, 使得

$$\alpha_1,\alpha_2,\cdots,\alpha_m,\beta_1,\beta_2,\cdots,\beta_k$$

是 V 的一组正交基.

考察 $n-m=k+1$ 的情形. 因为 $m<n$, 所以一定存在向量 β 不能被 $\alpha_1,\alpha_2,\cdots,\alpha_m$ 线性表出. 我们在子空间 $L(\alpha_1,\alpha_2,\cdots,\alpha_m,\beta)$ 中寻找一个向量, 使得这个向量与 $\alpha_1,\alpha_2,\cdots,\alpha_m$ 都正交. 构作向量

$$\alpha_{m+1}=\beta-k_1\alpha_1-k_2\alpha_2-\cdots-k_m\alpha_m,$$

这里$k_1,k_2,\cdots,k_m$ 是待定系数. 因为 $\alpha_1,\alpha_2,\cdots,\alpha_m$ 是正交向量组, 所以

$$(\alpha_i,\alpha_{m+1})=(\beta,\alpha_i)-k_i(\alpha_i,\alpha_i),\quad i=1,2,\cdots,m.$$

令 $(\alpha_i,\alpha_{m+1})=0,\ i=1,2,\cdots,m$, 解得

$$k_i=\frac{(\beta,\alpha_i)}{(\alpha_i,\alpha_i)},\quad i=1,2,\cdots,m.$$

于是

$$\alpha_{m+1}=\beta-\sum_{i=1}^{m}\frac{(\beta,\alpha_i)}{(\alpha_i,\alpha_i)}\alpha_i.$$

显然 $\alpha_{m+1}\neq 0$, 且有

$$(\alpha_i,\alpha_{m+1})=0,\quad i=1,2,\cdots,m.$$

因此 $\alpha_1,\alpha_2,\cdots,\alpha_m,\alpha_{m+1}$ 是正交向量组. 由归纳法假设 $\alpha_1,\alpha_2,\cdots,\alpha_m,\alpha_{m+1}$ 可以扩充成 V 的一组正交基, 从而 $\alpha_1,\alpha_2,\cdots,\alpha_m$ 可以扩充为 V 的一组正交基. 根据归纳原理, 定理成立.

定理的证明实际上也就是一个具体的扩充正交向量组的方法. 我们可以从任一个非零向量出发, 按证明中的步骤逐个地扩充, 最后就得到一组正交基, 再单位化, 就得到一组标准正交基.

定理 4.7.8 对于 n 维欧氏空间 V 的任意一组基 $\alpha_1,\alpha_2,\cdots,\alpha_n$, 都存在 V 的一组标准正交基 $\varepsilon_1,\varepsilon_2,\cdots,\varepsilon_n$ 使得

$$L(\alpha_1,\alpha_2,\cdots,\alpha_i)=L(\varepsilon_1,\varepsilon_2,\cdots,\varepsilon_i),\quad i=1,2,\cdots,n.$$

证明 对给定的基 $\alpha_1,\alpha_2,\cdots,\alpha_n$, 我们构作满足条件的标准正交基 $\varepsilon_1,\varepsilon_2,\cdots,\varepsilon_n$.

令 $\varepsilon_1=\dfrac{\alpha_1}{|\alpha_1|}$. 则 ε_1 是单位向量, 且有 $L(\alpha_1)=L(\varepsilon_1)$. 即 $n=1$ 时, 定理成立.

假设 $n=m$ 时定理成立, 即存在 V 中的单位向量 $\varepsilon_1,\varepsilon_2,\cdots,\varepsilon_m$, 它们是两两正交的, 具有性质

$$L(\alpha_1,\alpha_2,\cdots,\alpha_i)=L(\varepsilon_1,\varepsilon_2,\cdots,\varepsilon_i),\quad i=1,2,\cdots,m.$$

进一步求 ε_{m+1}.

因为 $L(\alpha_1,\alpha_2,\cdots,\alpha_m)=L(\varepsilon_1,\varepsilon_2,\cdots,\varepsilon_m)$, 所以 α_{m+1} 不能被 $\varepsilon_1,\varepsilon_2,\cdots,\varepsilon_m$ 线性表出. 按定理 4.7.7 证明中的方法, 构作向量

$$\beta_{m+1}=\alpha_{m+1}-\sum_{i=1}^{m}(\alpha_{m+1},\varepsilon_i)\varepsilon_i.$$

则

$$\beta_{m+1} \neq 0, \quad 且 \quad (\beta_{m+1}, \varepsilon_i) = 0, \quad i = 1, 2, \cdots, m.$$

令

$$\varepsilon_{m+1} = \frac{\beta_{m+1}}{|\beta_{m+1}|}.$$

因此 $\varepsilon_1, \varepsilon_2, \cdots, \varepsilon_m, \varepsilon_{m+1}$ 是一单位正交向量组, 并且满足

$$L(\alpha_1, \alpha_2, \cdots, \alpha_{m+1}) = L(\varepsilon_1, \varepsilon_2, \cdots, \varepsilon_{m+1}).$$

由归纳法原理, 定理得证.

定理 4.7.8 的证明是构造性的, 即证明过程具体给出了把任意一组基改造成标准正交基的方法, 这一方法称为施密特(Schmidt)正交化方法.

定理中的要求

$$L(\alpha_1, \alpha_2, \cdots, \alpha_i) = L(\varepsilon_1, \varepsilon_2, \cdots, \varepsilon_i), \quad i = 1, 2, \cdots, n.$$

表明, 由基 $\alpha_1, \alpha_2, \cdots, \alpha_n$ 到基 $\varepsilon_1, \varepsilon_2, \cdots, \varepsilon_n$ 的过渡矩阵是上三角形矩阵.

例 4.7.2 在欧氏空间 R^5 中,

$$\begin{aligned} &\alpha_1 = (1, 1, 0, 0, 1)^{\mathrm{T}}, \qquad \alpha_2 = (1, 0, 1, 0, 1)^{\mathrm{T}}, \\ &\alpha_3 = (1, -1, -1, 1, 0)^{\mathrm{T}}, \quad \alpha_4 = (1, 0, -2, 1, 0)^{\mathrm{T}}. \end{aligned}$$

求 R^5 的子空间 $L(\alpha_1, \alpha_2, \alpha_3, \alpha_4)$ 的一组标准正交基, 并将此标准正交基扩充为 R^5 的标准正交基.

解 首先求出 $L(\alpha_1, \alpha_2, \alpha_3, \alpha_4)$ 的一组基. 因为

$$(\alpha_1, \alpha_2, \alpha_3, \alpha_4) = \begin{pmatrix} 1 & 1 & 1 & 1 \\ 1 & 0 & -1 & 0 \\ 0 & 1 & -1 & -2 \\ 0 & 0 & 1 & 1 \\ 1 & 1 & 0 & 0 \end{pmatrix} \to \begin{pmatrix} 1 & 1 & 1 & 1 \\ 0 & 1 & -1 & -2 \\ 0 & 0 & 1 & 1 \\ 0 & 0 & 0 & 0 \\ 0 & 0 & 0 & 0 \end{pmatrix}.$$

所以子空间 $L(\alpha_1, \alpha_2, \alpha_3, \alpha_4)$ 的维数等于 3, 并且 $\alpha_1, \alpha_2, \alpha_3$ 是它的一组基. 现

把它们正交化得

$$\beta_1=\alpha_1=(1,1,0,0,1)^{\mathrm{T}},$$
$$\beta_2=\alpha_2-\frac{(\alpha_2,\beta_1)}{(\beta_1,\beta_1)}\beta_1=(\frac{1}{3},-\frac{2}{3},1,0,\frac{1}{3})^{\mathrm{T}},$$
$$\beta_3=\alpha_3-\frac{(\alpha_3,\beta_1)}{(\beta_1,\beta_1)}\beta_1-\frac{(\alpha_3,\beta_2)}{(\beta_2,\beta_2)}\beta_2=(1,-1,-1,1,0)^{\mathrm{T}}.$$

再单位化得

$$\varepsilon_1=(\frac{1}{\sqrt{3}},\frac{1}{\sqrt{3}},0,0,\frac{1}{\sqrt{3}})^{\mathrm{T}},$$
$$\varepsilon_2=(\frac{1}{\sqrt{15}},-\frac{2}{\sqrt{15}},\frac{3}{\sqrt{15}},0,\frac{1}{\sqrt{15}})^{\mathrm{T}},$$
$$\varepsilon_3=(\frac{1}{2},-\frac{1}{2},-\frac{1}{2},\frac{1}{2},0)^{\mathrm{T}}.$$

因此, $\varepsilon_1,\varepsilon_2,\varepsilon_3$ 就是 $L(\alpha_1,\alpha_2,\alpha_3,\alpha_4)$ 的一组标准正交基.

据定理 4.7.7 知正交向量组 $\varepsilon_1,\varepsilon_2,\varepsilon_3$ 可以扩充为 R^5 的一组标准正交基, 因此存在 $\alpha\in\mathrm{R}^5$ 使得 $\alpha\perp\varepsilon_1$, $\alpha\perp\varepsilon_2$, $\alpha\perp\varepsilon_3$. 设 $\alpha=(x_1,x_2,x_3,x_4,x_5)^{\mathrm{T}}$. 则 α 的坐标满足齐次线性方程组

$$\begin{cases}x_1+x_2+x_5=0,\\ x_1-2x_2+3x_3+x_5=0,\\ x_1-x_2-x_3+x_4=0.\end{cases}$$

解得其基础解系为

$$\eta_1=(1,-1,-1,-3,0)^{\mathrm{T}},\quad \eta_2=(2,1,1,0,-3)^{\mathrm{T}}.$$

此时 η_1 与 η_2 是正交的(一般情况下, 这里还需要正交化), 把 η_1,η_2 单位化得

$$\varepsilon_4=(\frac{1}{\sqrt{12}},-\frac{1}{\sqrt{12}},-\frac{1}{\sqrt{12}},-\frac{3}{\sqrt{12}},0)^{\mathrm{T}},\quad \varepsilon_5=(\frac{2}{\sqrt{15}},\frac{1}{\sqrt{15}},\frac{1}{\sqrt{15}},0,-\frac{3}{\sqrt{15}})^{\mathrm{T}}.$$

注意到 $\varepsilon_4,\varepsilon_5$ 是齐次线性方程组的解空间的一组标准正交基, 所以 $\varepsilon_1,\varepsilon_2,\varepsilon_3,\varepsilon_4$, ε_5 就是 R^5 的一组标准正交基.

上面介绍了如何寻找标准正交基. 由于标准正交基在欧氏空间中占有特殊的地位, 接下来我们讨论两组标准正交基的基变换, 也就是标准正交基之间的过渡矩阵.

设 $\varepsilon_1,\varepsilon_2,\cdots,\varepsilon_n$ 与 $\eta_1,\eta_2,\cdots,\eta_n$ 是 n 维欧氏空间 V 的两组标准正交基, 前者到后者的过渡矩阵是 $A=(a_{ij})$, 即

$$(\eta_1,\eta_2,\cdots,\eta_n)=(\varepsilon_1,\varepsilon_2,\cdots,\varepsilon_n)\begin{pmatrix}a_{11}&a_{12}&\cdots&a_{1n}\\a_{21}&a_{22}&\cdots&a_{2n}\\\cdots&\cdots&\cdots&\cdots\\a_{n1}&a_{n2}&\cdots&a_{nn}\end{pmatrix}.$$

则矩阵 A 的各列就是 $\eta_1,\eta_2,\cdots,\eta_n$ 在标准正交基 $\varepsilon_1,\varepsilon_2,\cdots,\varepsilon_n$ 下的坐标. 因为 $\eta_1,\eta_2,\cdots,\eta_n$ 是标准正交基, 所以

$$(\eta_i,\eta_j)=\begin{cases}1, & i=j,\\0, & i\neq j,\end{cases}$$

从而

$$a_{1i}a_{1j}+a_{2i}a_{2j}+\cdots+a_{ni}a_{nj}=\begin{cases}1, & i=j,\\0, & i\neq j,\end{cases}\tag{4.8}$$

也就是

$$A^{\mathrm{T}}A=E \quad 或者 \quad A^{-1}=A^{\mathrm{T}}.$$

定义 4.7.9 n 阶实矩阵 A 称为正交矩阵, 如果 $A^{\mathrm{T}}A=E$.

定理 4.7.10 设 V 是 n 维欧氏空间, A 是 V 的基 $\varepsilon_1,\varepsilon_2,\cdots,\varepsilon_n$ 到基 $\eta_1,\eta_2,\cdots,\eta_n$ 的过渡矩阵.

(1) 若基 $\varepsilon_1,\varepsilon_2,\cdots,\varepsilon_n$ 和 $\eta_1,\eta_2,\cdots,\eta_n$ 都是标准正交基, 则 A 是正交矩阵.

(2) 若 A 是正交矩阵, 则 $\varepsilon_1,\varepsilon_2,\cdots,\varepsilon_n$ 是标准正交基当且仅当 $\eta_1,\eta_2,\cdots,\eta_n$ 是标准正交基.

证明 我们已经证明 (1) 成立. 下面证明 (2) 成立. 设 A 是正交矩阵. 因为 A 的 n 个列向量分别是 $\eta_1,\eta_2,\cdots,\eta_n$ 在基 $\varepsilon_1,\varepsilon_2,\cdots,\varepsilon_n$ 下的坐标, 若 $\varepsilon_1,\varepsilon_2,\cdots,$

ε_n 是标准正交基, 据定理 4.7.6 (2) 及 (4.8) 得

$$(\eta_i, \eta_j) = \begin{cases} 1, & i = j, \\ 0, & i \neq j, \end{cases}$$

故 $\eta_1, \eta_2, \cdots, \eta_n$ 是标准正交基. 反之, 注意到 A^{-1} 是基 $\eta_1, \eta_2, \cdots, \eta_n$ 到基 $\varepsilon_1, \varepsilon_2, \cdots, \varepsilon_n$ 的过渡矩阵, 且 $A^{-1} = A^{\mathrm{T}}$ 也是正交矩阵, 同理可证.

定理 4.7.10 表明, 标准正交基到标准正交基的过渡矩阵是正交矩阵, 而正交矩阵具有很好的性质, 关于正交矩阵的研究我们放在第10节进行.

最后我们建立欧氏空间同构的概念.

定义 4.7.11 欧氏空间 V 与 V' 称为是同构的, 如果存在 V 到 V' 的双射. σ 满足下列条件: 对任意 $\alpha, \beta \in V$, $k \in \mathrm{R}$,

(1) $\sigma(\alpha + \beta) = \sigma(\alpha) + \sigma(\beta)$,

(2) $\sigma(k\alpha) = k\sigma(\alpha)$,

(3) $(\sigma(\alpha), \sigma(\beta)) = (\alpha, \beta)$,

则称 σ 为欧氏空间 V 到 V' 的同构映射.

由定义可以看出, 如果 σ 是欧氏空间 V 到 V' 的一个同构映射, 那么 σ 也是 V 到 V' 的作为线性空间的同构映射. 因此, σ 具有线性空间同构映射的所有性质, 特别是定理 4.5.3 所列举的性质. 进一步, 我们还有:

定理 4.7.12 设 σ 是欧氏空间 V 到 V' 的同构映射. 则

(1) σ^{-1} 是 V' 到 V 的同构映射.

(2) σ 保持向量的长度, 即对任意 $\alpha \in V$, $|\sigma(\alpha)| = |\alpha|$.

(3) σ 保持向量的夹角, 即对任意 $\alpha, \beta \in V$, $\langle \sigma(\alpha), \sigma(\beta) \rangle = \langle \alpha, \beta \rangle$.

(4) σ 保持向量的正交性, 即对任意 $\alpha, \beta \in V$, $\sigma(\alpha) \perp \sigma(\beta) \Leftrightarrow \alpha \perp \beta$.

(5) σ 保持标准正交基, 即对 $\alpha_1, \alpha_2, \cdots, \alpha_n \in V$, $\sigma(\alpha_1), \sigma(\alpha_2), \cdots, \sigma(\alpha_n)$ 是 V' 的标准正交基当且仅当 $\alpha_1, \alpha_2, \cdots, \alpha_n \in V$ 是 V 的标准正交基.

证明 (1) 据推论 4.5.5, 只需证明 σ^{-1} 保持内积即可. 对于任意 $\alpha', \beta' \in V'$, 存在 $\alpha, \beta \in V$ 使得 $\alpha' = \sigma(\alpha), \beta' = \sigma(\beta)$, 因此

$$(\sigma^{-1}(\alpha'), \sigma^{-1}(\beta')) = (\alpha, \beta) = (\sigma(\alpha), \sigma(\beta)) = (\alpha', \beta').$$

(2), (3), (4) 由定义立即可得.

(5) 由同构映射的定义, (1), (2), (3) 及定理 4.5.3 (5) 可得.

设 V 是一个 n 维欧氏空间, $\varepsilon_1, \varepsilon_2, \cdots, \varepsilon_n$ 是 V 的一组标准正交基. 在这组基下, V 的每个向量 α 都可以表示成

$$\alpha = x_1\varepsilon_1 + x_2\varepsilon_2 + \cdots + x_n\varepsilon_n.$$

令

$$\begin{aligned} \sigma : & V \to \mathrm{R}^n \\ & \alpha \mapsto (x_1, x_2, \cdots, x_n)^{\mathrm{T}}. \end{aligned}$$

据定理 4.5.4 的证明知, σ 是线性空间 V 到 R^n 的同构映射. 对任意 $\alpha, \beta \in V$, 设 α, β 在基 $\varepsilon_1, \varepsilon_2, \cdots, \varepsilon_n$ 下的坐标分别为 $(x_1, x_2, \cdots, x_n)^{\mathrm{T}}$ 和 $(y_1, y_2, \cdots, y_n)^{\mathrm{T}}$. 则

$$(\alpha, \beta) = x_1y_1 + x_2y_2 + \cdots + x_ny_n = (\sigma(\alpha), \sigma(\beta)).$$

因此 σ 是 V 到 R^n 的一个同构映射. 于是我们有

定理 4.7.13 每个 n 维的欧氏空间 V 都同构于 R^n.

与线性空间的同构类似, 我们可以证明: 同构作为欧氏空间之间的关系具有自反性、对称性与传递性. 事实上, 显然每个欧氏空间到自身的恒等映射是同构映射, 因此同构关系具有自反性. 其次, 由定理 4.7.12 (1) 知同构映射的逆映射仍为同构映射, 因而同构关系是对称的. 最后, 设 σ, τ 分别是 V 到 V', V' 到 V'' 的同构映射. 由推论 4.5.2 知, $\tau\sigma$ 是线性空间 V 到 V'' 的同构映射. 对于任意 $\alpha, \beta \in V$, 有

$$((\tau\sigma)(\alpha), (\tau\sigma)(\beta)) = (\tau(\sigma(\alpha)), \tau(\sigma(\beta))) = (\sigma(\alpha), \sigma(\beta)) = (\alpha, \beta).$$

因此 $\tau\sigma$ 是 V 到 V'' 的同构映射. 所以同构关系是传递的.

由于每个 n 维欧氏空间都与 R^n 同构, 根据同构的传递性, 任意两个 n 维欧氏空间都同构. 综上所述, 我们有

定理 4.7.14 两个有限维欧氏空间同构的充要条件是它们的维数相等.

这样所有的欧氏空间可以按同构进行分类, 也就是按维数分类, 维数相同的欧氏空间恰好构成一个同构类. 所有 n 维欧氏空间构成的同构类中含有 R^n, 它是这个类的一个代表元, 任意一个 n 欧氏空间都和它有相同的结构和性质.

习 题 4.7

1. 将下列向量组单位正交化.

(1) $\alpha_1=(1,-2,2)^{\mathrm{T}}$, $\alpha_2=(-1,0,-1)^{\mathrm{T}}$, $\alpha_3=(5,-3,-7)^{\mathrm{T}}$;

(2) $\alpha_1=(1,1,1,1)^{\mathrm{T}}$, $\alpha_2=(3,3,-1,-1)^{\mathrm{T}}$, $\alpha_3=(-2,0,6,8)^{\mathrm{T}}$.

2. 在 R^4 中求一个单位向量, 使它与 $\alpha_1=(1,1,-1,1)^{\mathrm{T}},\alpha_2=(1,2,-2,2)^{\mathrm{T}}$, $\alpha_3=(2,1,-3,3)^{\mathrm{T}}$ 都正交.

3. 设 η_1,η_2,η_3 是 R^3 的一组标准正交基. 证明: $\xi_1=\dfrac{1}{3}(2\eta_1+2\eta_2-\eta_3),\xi_2=\dfrac{1}{3}(2\eta_1-\eta_2+2\eta_3),\xi_3=\dfrac{1}{3}(\eta_1-2\eta_2-2\eta_3)$ 也是一组标准正交基.

4. 求齐次线性方程组 $\begin{cases}2x_1+x_2-x_3+x_4-3x_5=0\\ x_1+x_2-x_3+x_5=0\end{cases}$ 的解空间(作为 R^5 的子空间)的一组标准正交基.

5. 设 $\varepsilon_1,\varepsilon_2,\varepsilon_3,\varepsilon_4,\varepsilon_5$ 是五维欧氏空间 V 的一组标准正交基, $V_1=L(\alpha_1,\alpha_2,\ \alpha_3)$, 其中 $\alpha_1=\varepsilon_1+\varepsilon_5,\alpha_2=\varepsilon_1-\varepsilon_2+\varepsilon_4,\alpha_3=2\varepsilon_1+\varepsilon_2+\varepsilon_3$. 求 V_1 的一组标准正交基.

6. 证明: 上三角形的正交矩阵必为对角矩阵, 且对角线元素是 1 或 -1.

7. 试确定实数 a,b,c,d 的值, 使得矩阵 $A=\begin{pmatrix}-1/3 & 2/3 & 2/3\\ 2/3 & -1/3 & a\\ b & c & d\end{pmatrix}$ 成为正交矩阵.

§ 4.8 线性变换及其运算

我们知道映射是联系两个集合的纽带, 它反映了这两个集合之间的关系. 线性空间是带有线性运算的集合, 因此研究线性空间之间的保持线性运算的映射是自然和必要的, 这样的映射称为线性映射. 本课程我们只讨论一个线性空间到自身的线性映射, 即线性变换. 线性变换也是线性代数的一个主要研究对象. 同线性空间的概念是从直观的平面和几何空间抽象出来的一样, 线性空间上的线性变换的概念也是从直观几何中的旋转和反射等变换抽象出来的.

以下除特别声明, 所考虑线性空间都是某一个固定数域 F 上的线性空间.

定义 4.8.1 线性空间 V 上的一个变换 $\mathcal{A}$ 称为线性变换, 如果对于任意 $\alpha,\beta\in V$ 以及任意 $k\in F$, 都有

$$\mathcal{A}(\alpha+\beta)=\mathcal{A}(\alpha)+\mathcal{A}(\beta),\quad \mathcal{A}(k\alpha)=k\mathcal{A}(\alpha).$$

我们一般用花体拉丁字母 $\mathcal{A},\mathcal{B},\mathcal{C},\cdots$ 表示线性变换, 用$\mathcal{A}(\alpha)$ 或 $\mathcal{A}\alpha$ 表示元素 α 在线性变换 $\mathcal{A}$ 下的像. 若 W 是 V 的非空子集合, 称集合

$$\mathcal{A}(W)\text{ 或 }\mathcal{A}W=\{\mathcal{A}(\alpha)|\alpha\in W\}$$

为 W 在 $\mathcal{A}$ 下的像. 特别地, V 在 $\mathcal{A}$ 下的像称为 $\mathcal{A}$ 的像, 有时也用 $\mathrm{Im}\,\mathcal{A}$ 表示.

简言之, 线性变换就是保持向量的加法和数量乘法的变换, 即保持线性运算的变换.

定义 4.8.2 线性空间 V 上的两个线性变换 $\mathcal{A}$, $\mathcal{B}$ 称为相等, 记作 $\mathcal{A}=\mathcal{B}$, 如果对于任意的 $\alpha\in V$ 有 $\mathcal{A}(\alpha)=\mathcal{B}(\alpha)$.

例 4.8.1 设 F 是一数域, $A\in F^{n\times n}$. 则变换

$$\begin{aligned}\mathcal{A}:F^n&\to F^n\\ X&\mapsto AX\end{aligned}$$

是 F^n 上的一线性变换. 这一线性变换的两个直观模型分别是 R^2 上绕坐标原点顺时针旋转角度 θ 的旋转变换

$$\begin{pmatrix}x\\ y\end{pmatrix}\mapsto\begin{pmatrix}\cos\theta & \sin\theta\\ -\sin\theta & \cos\theta\end{pmatrix}\begin{pmatrix}x\\ y\end{pmatrix}$$

以及关于 x 轴的反射变换

$$\begin{pmatrix}x\\ y\end{pmatrix}\mapsto\begin{pmatrix}1 & 0\\ 0 & -1\end{pmatrix}\begin{pmatrix}x\\ y\end{pmatrix}.$$

例 4.8.2 在线性空间 $F[x]$ 或者 $F[x]_n$ 中, 求导函数(微商), 即

$$\mathcal{D}:f(x)\mapsto f'(x)$$

是一个线性变换.

例 4.8.3 在实线性空间 $C[a,b]$ 中, 变换

$$\mathcal{J}: f(x) \mapsto \int_a^x f(t)\mathrm{d}t$$

是一线性变换. 而

$$\varphi: f(x) \mapsto \int f(x)\mathrm{d}x$$

不是 $C[a,b]$ 上的变换, 当然不是线性变换.

例 4.8.4 在线性空间 V 中, 变换

$$\mathcal{E}: \alpha \mapsto \alpha$$

是一线性变换, 称为 V 上的恒等变换或单位变换. 变换

$$\mathbf{0}: \alpha \mapsto 0$$

是一线性变换, 称为 V 上的零变换.

例 4.8.5 设 V 是数域 F 上的线性空间, k 是 F 中的一个数, α_0 是 V 中一非零向量. 变换

$$k: \alpha \mapsto k\alpha$$

是一线性变换, 称为由数 k 决定的数乘变换. 当 $k=1$ 时, 就得到了 V 上的恒等变换, 当 $k=0$ 时, 便得到 V 上的零变换. 而变换

$$T: \alpha \mapsto k\alpha + \alpha_0$$

不是线性变换.

从定义可以得到线性变换的一些基本性质.

定理 4.8.3 设 V 是数域 F 上的线性空间, $\mathcal{A}$ 是 V 上的线性变换, $\alpha, \alpha_1, \alpha_2, \cdots, \alpha_m \in V$, $k_1, k_2, \cdots, k_m \in F$. 则

$$\mathcal{A}(k_1\alpha_1 + k_2\alpha_2 + \cdots + k_m\alpha_m) = k_1\mathcal{A}(\alpha_1) + k_2\mathcal{A}(\alpha_2) + \cdots + k_m\mathcal{A}(\alpha_m).$$

特别地, 我们有

(1) $\mathcal{A}$ 保持零向量, 即 $\mathcal{A}(0) = 0$;

(2) $\mathcal{A}$ 保持负向量, 即 $\mathcal{A}(-\alpha) = -\mathcal{A}(\alpha)$;

(3) $\mathcal{A}$ 保持向量的线性相关性, 即若 $\alpha_1, \alpha_2, \cdots, \alpha_m$ 线性相关, 则 $\mathcal{A}(\alpha_1), \mathcal{A}(\alpha_2), \cdots, \mathcal{A}(\alpha_m)$ 线性相关;

(4) $\mathcal{A}$ 把子空间变成子空间, 即若 V_1 是 V 的子空间, 则 $\mathcal{A}(V_1)$ 是 V 的子空间.

需要注意的是线性变换不保持线性无关性, 也就是说线性变换可能把线性无关的向量组变成线性相关的向量组. 例如零变换把任意向量组变成线性相关向量组. $\mathcal{D}$ 把 $F[x]_n$ 的一组基 $1, x, \cdots, x^{n-1}$ 变成线性相关的向量组 $0, 1, \cdots, (n-1)x^{n-2}$.

接下来我们讨论线性变换的运算. 用 $L(V)$ 表示线性空间 V 上的所有线性变换组成的集合.

首先在 $L(V)$ 上定义加法运算. 设 $\mathcal{A}, \mathcal{B} \in L(V)$. 定义 V 上的变换 $\mathcal{A}+\mathcal{B}$: 对于 $\alpha \in V$,

$$(\mathcal{A}+\mathcal{B})(\alpha) = \mathcal{A}(\alpha) + \mathcal{B}(\alpha),$$

称变换 $\mathcal{A}+\mathcal{B}$ 为 $\mathcal{A}$ 与 $\mathcal{B}$ 的和.

容易证明, 线性变换的和还是线性变换. 事实上, 若 $\mathcal{A}, \mathcal{B} \in L(V)$, 则

$$\begin{aligned}(\mathcal{A}+\mathcal{B})(\alpha+\beta) &= \mathcal{A}(\alpha+\beta) + \mathcal{B}(\alpha+\beta)\\ &= (\mathcal{A}(\alpha) + \mathcal{A}(\beta)) + (\mathcal{B}(\alpha) + \mathcal{B}(\beta))\\ &= (\mathcal{A}(\alpha) + \mathcal{B}(\alpha)) + (\mathcal{A}(\beta) + \mathcal{B}(\beta))\\ &= (\mathcal{A}+\mathcal{B})(\alpha) + (\mathcal{A}+\mathcal{B})(\beta),\\ (\mathcal{A}+\mathcal{B})(k\alpha) &= \mathcal{A}(k\alpha) + \mathcal{B}(k\beta)\\ &= k\mathcal{A}(\alpha) + k\mathcal{B}(\beta)\\ &= k(\mathcal{A}(\alpha) + \mathcal{B}(\alpha))\\ &= k(\mathcal{A}+\mathcal{B})(\alpha).\end{aligned}$$

于是 $\mathcal{A}+\mathcal{B} \in L(V)$, 从而加法是 $L(V)$ 的二元运算.

容易证明线性变换的加法适合结合律与交换律, 即

$$(\mathcal{A}+\mathcal{B})+\mathcal{C} = \mathcal{A}+(\mathcal{B}+\mathcal{C}), \quad \mathcal{A}+\mathcal{B} = \mathcal{B}+\mathcal{A}.$$

零变换 $\mathbf{0}$ 是加法运算的恒等元, 即对任意 $\mathcal{A} \in L(V)$, 有

$$\mathcal{A}+\mathbf{0} = \mathcal{A}.$$

对于$\mathcal{A} \in L(V)$, 变换

$$(-\mathcal{A}) : \alpha \mapsto -\mathcal{A}(\alpha)$$

是 V 上的线性变换, 称为 $\mathcal{A}$ 的负变换, 且

$$\mathcal{A} + (-\mathcal{A}) = \mathbf{0}.$$

于是我们可以引入线性变换的减法运算: 对于任意 $\mathcal{A}, \mathcal{B} \in L(V)$,

$$\mathcal{A} - \mathcal{B} = \mathcal{A} + (-\mathcal{B}).$$

对于任意 $\mathcal{A} \in L(V)$, $k \in F$, 变换

$$k\mathcal{A} : \alpha \mapsto k\mathcal{A}(\alpha)$$

是 V 上的线性变换, 称为数 k 与 $\mathcal{A}$ 的数乘. 因此对任意 $\alpha \in V$, 有

$$(k\mathcal{A})(\alpha) = k\mathcal{A}(\alpha).$$

容易验证, 对任意 $\mathcal{A}, \mathcal{B} \in L(V)$, $k, l \in F$, 有

$$k(\mathcal{A} + \mathcal{B}) = k\mathcal{A} + k\mathcal{B}, \quad (k + l)\mathcal{A} = k\mathcal{A} + l\mathcal{A}, \quad 1\mathcal{A} = \mathcal{A}.$$

综上所述, 我们有

定理 4.8.4 设 V 是数域 F 上的线性空间. 则 $L(V)$ 关于上述加法和数乘构成数域 F 上的线性空间.

线性变换是映射, 可以利用映射的乘法引入线性变换的乘法. 设 $\mathcal{A}, \mathcal{B} \in L(V)$. 则变换 $\mathcal{AB}$:

$$\mathcal{AB}(\alpha) = \mathcal{A}(\mathcal{B}(\alpha)),\ \alpha \in V,$$

称为 $\mathcal{A}$ 与 $\mathcal{B}$ 的乘积. 容易证明: 线性变换的乘积仍是线性变换. 事实上,

$$\begin{aligned}
(\mathcal{AB})(\alpha + \beta) &= \mathcal{A}(\mathcal{B}(\alpha + \beta)) = \mathcal{A}(\mathcal{B}(\alpha) + \mathcal{B}(\beta)) \\
&= \mathcal{A}(\mathcal{B}(\alpha)) + \mathcal{A}(\mathcal{B}(\beta)) \\
&= (\mathcal{AB})(\alpha) + (\mathcal{AB})(\beta), \\
(\mathcal{AB})(k\alpha) &= \mathcal{A}(\mathcal{B}(k\alpha)) = \mathcal{A}(k\mathcal{B}(\alpha)) \\
&= k\mathcal{A}(\mathcal{B}(\alpha)) = k(\mathcal{AB})(\alpha),
\end{aligned}$$

这说明 $\mathcal{AB}$ 是 V 上的线性变换.

由于映射的乘法满足结合律, 因此线性变换的乘法当然也满足结合律, 即

$$(\mathcal{AB})\mathcal{C} = \mathcal{A}(\mathcal{BC}).$$

与映射的乘法类似, 线性变换的乘法一般不满足交换律.

容易验证恒等变换 $\mathcal{E}$ 是乘法单位元, 即对任意 $\mathcal{A} \in L(V)$, 有

$$\mathcal{EA} = \mathcal{AE} = \mathcal{A}.$$

以及乘法对加法的左右分配律成立, 即对任意 $\mathcal{A}, \mathcal{B}, \mathcal{C} \in L(V)$, 有

$$\mathcal{A}(\mathcal{B}+\mathcal{C}) = \mathcal{AB}+\mathcal{AC}, \quad (\mathcal{B}+\mathcal{C})\mathcal{A} = \mathcal{BA}+\mathcal{CA}.$$

如果 V 上的线性变换 $\mathcal{A}$ 是双射, 也就是说 $\mathcal{A}$ 作为变换可逆, 那么 $\mathcal{A}$ 的逆变换 $\mathcal{A}^{-1}$ 是线性变换. 事实上,

$$\begin{aligned}
\mathcal{A}^{-1}(\alpha+\beta) &= \mathcal{A}^{-1}[(\mathcal{AA}^{-1})(\alpha)+(\mathcal{AA}^{-1})(\beta)] \\
&= \mathcal{A}^{-1}[\mathcal{A}(\mathcal{A}^{-1}(\alpha))+\mathcal{A}(\mathcal{A}^{-1}(\beta))] \\
&= \mathcal{A}^{-1}[\mathcal{A}(\mathcal{A}^{-1}(\alpha)+\mathcal{A}^{-1}(\beta))] \\
&= (\mathcal{A}^{-1}\mathcal{A})(\mathcal{A}^{-1}(\alpha)+\mathcal{A}^{-1}(\beta)) \\
&= \mathcal{A}^{-1}(\alpha)+\mathcal{A}^{-1}(\beta), \\
\mathcal{A}^{-1}(k\alpha) &= \mathcal{A}^{-1}(k(\mathcal{AA}^{-1})(\alpha)) = \mathcal{A}^{-1}(k(\mathcal{A}(\mathcal{A}^{-1}(\alpha)))) \\
&= \mathcal{A}^{-1}(\mathcal{A}(k\mathcal{A}^{-1}(\alpha))) = (\mathcal{A}^{-1}\mathcal{A})((k\mathcal{A}^{-1})(\alpha)) \\
&= k\mathcal{A}^{-1}(\alpha).
\end{aligned}$$

此时我们称 $\mathcal{A}$ 是可逆线性变换.

如果 $\mathcal{A}$ 是线性空间 V 上的可逆线性变换, 那么据定义 4.5.1 知 $\mathcal{A}$ 是 V 到 V 的同构映射, 称为 V 的自同构映射. 因而可逆线性变换具有定理 4.5.3 中所列举的性质, 这里不再一一重复.

习 题 4.8

1. 判断下列变换中哪些是线性变换?

(1) 在线性空间 V 中, $\mathcal{A}\xi=\xi+\alpha$, 其中 $\alpha\in V$ 是一固定的向量;

(2) 在线性空间 V 中, $\mathcal{A}\xi=\alpha$, 其中 $\alpha\in V$ 是一固定的向量;

(3) 把 C 看作 R 上的向量空间, $\mathcal{A}\xi=\bar{\xi}$;

(4) 在 R^3 中, $\mathcal{A}(x_1,x_2,x_3)=(x_1^2,x_1+x_2,x_3)$;

(5) 在 $P^{n\times n}$ 中, $\mathcal{A}(X)=BXC$, 其中 $B,C\in P^{n\times n}$ 是两个固定的方阵.

2. 设 $\mathcal{A}:\mathrm{R}^2\to\mathrm{R}^2,(x_1,x_2)^{\mathrm{T}}\mapsto(x_2,-x_1)^{\mathrm{T}}$; $\mathcal{B}:\mathrm{R}^2\to\mathrm{R}^2,(x_1,x_2)^{\mathrm{T}}\mapsto(x_1,-x_2)^{\mathrm{T}}$. 证明: $\mathcal{A},\mathcal{B}$ 都是线性变换, 并求 $\mathcal{A}+\mathcal{B},\mathcal{AB},\mathcal{BA}$.

3. 设 $\varepsilon_1,\varepsilon_2,\cdots,\varepsilon_n$ 是向量空间 V 的基, $\mathcal{A}$ 是 V 上的线性变换. 证明: $\mathcal{A}$ 可逆当且仅当 $\mathcal{A}\varepsilon_1,\mathcal{A}\varepsilon_2,\cdots,\mathcal{A}\varepsilon_n$ 线性无关.

§ 4.9 线性变换的矩阵

上一节我们介绍了线性空间上的线性变换及其运算. 本节我们建立有限维线性空间上的线性变换与矩阵的关系.

引理 4.9.1 设 $\varepsilon_1,\varepsilon_2,\cdots,\varepsilon_n$ 是 n 维线性空间 V 的一组基, $\mathcal{A},\mathcal{B}\in L(V)$. 则

$$\mathcal{A}=\mathcal{B}\ \Leftrightarrow\ \mathcal{A}\varepsilon_i=\mathcal{B}\varepsilon_i,\ i=1,2,\cdots,n.$$

证明 必要性显然. 下面证充分性. 对任意 $\alpha\in V$, α 可以被基 $\varepsilon_1,\varepsilon_2,\cdots,\varepsilon_n$ 唯一线性表出, 即有

$$\alpha=x_1\varepsilon_1+x_2\varepsilon_2+\cdots+x_n\varepsilon_n.$$

因为线性变换保持线性关系不变, 因而

$$\begin{aligned}\mathcal{A}(\alpha)&=x_1\mathcal{A}(\varepsilon_1)+x_2\mathcal{A}(\varepsilon_2)+\cdots+x_n\mathcal{A}(\varepsilon_n)\\&=x_1\mathcal{B}(\varepsilon_1)+x_2\mathcal{B}(\varepsilon_2)+\cdots+x_n\mathcal{B}(\varepsilon_n)=\mathcal{B}(\alpha).\end{aligned}$$

所以 $\mathcal{A}=\mathcal{B}$.

引理 4.9.1 表明, 有限维线性空间 V 上线性变换 $\mathcal{A}$ 是由 $\mathcal{A}$ 在 V 的一组基上的作用唯一确定. 反之, 我们有

定理 4.9.2 设 $\varepsilon_1,\varepsilon_2,\cdots,\varepsilon_n$ 是 n 维线性空间 V 的一组基, $\alpha_1,\alpha_2,\cdots,\alpha_n$ 是 V 中任意 n 个向量. 则存在唯一的线性变换 $\mathcal{A}\in L(V)$ 使得

$$\mathcal{A}(\varepsilon_i)=\alpha_i,\ i=1,2,\cdots,n.$$

证明 设

$$\alpha = x_1\varepsilon_1 + x_2\varepsilon_2 + \cdots + x_n\varepsilon_n$$

是 V 中的任意向量. 定义 V 上的变换 $\mathcal{A}$ 如下:

$$\mathcal{A}(\alpha) = x_1\alpha_1 + x_2\alpha_2 + \cdots + x_n\alpha_n.$$

设 $\beta, \gamma \in V$, $k \in F$, 且 $\beta = \sum_{i=1}^n b_i\varepsilon_i$, $\gamma = \sum_{i=1}^n c_i\varepsilon_i$. 则

$$\beta + \gamma = \sum_{i=1}^n (b_i + c_i)\varepsilon_i, \quad k\beta = \sum_{i=1}^n kb_i\varepsilon_i.$$

据变换 $\mathcal{A}$ 的定义有

$$\mathcal{A}(\beta+\gamma) = \sum_{i=1}^n (b_i + c_i)\alpha_i = \sum_{i=1}^n b_i\alpha_i + \sum_{i=1}^n c_i\alpha_i = \mathcal{A}(\beta) + \mathcal{A}(\gamma),$$

$$\mathcal{A}(k\beta) = \sum_{i=1}^n kb_i\alpha_i = k\sum_{i=1}^n b_i\alpha_i = k\mathcal{A}(\beta).$$

因此 $\mathcal{A}$ 是线性变换. 显然 $\mathcal{A}$ 满足:

$$\mathcal{A}\varepsilon_i = \alpha_i,\ i = 1, 2, \cdots, n.$$

唯一性由引理 4.9.1 立即可得.

定义 4.9.3 设 V 为数域 F 上的 n 维线性空间, $\varepsilon_1, \varepsilon_2, \cdots, \varepsilon_n$是 V 的一组基, $\mathcal{A}$ 是 V 上的一个线性变换. 如果

$$\begin{cases} \mathcal{A}\varepsilon_1 = a_{11}\varepsilon_1 + a_{21}\varepsilon_2 + \cdots + a_{n1}\varepsilon_n \\ \mathcal{A}\varepsilon_2 = a_{12}\varepsilon_1 + a_{22}\varepsilon_2 + \cdots + a_{n2}\varepsilon_n \\ \quad\cdots\cdots\cdots\cdots \\ \mathcal{A}\varepsilon_n = a_{1n}\varepsilon_1 + a_{2n}\varepsilon_2 + \cdots + a_{nn}\varepsilon_n \end{cases},$$

用形式矩阵表示就是

$$(\mathcal{A}\varepsilon_1, \mathcal{A}\varepsilon_2, \cdots, \mathcal{A}\varepsilon_n) = (\varepsilon_1, \varepsilon_2, \cdots, \varepsilon_n)A,$$

其中

$$A = \begin{pmatrix} a_{11} & a_{12} & \cdots & a_{1n} \\ a_{21} & a_{22} & \cdots & a_{2n} \\ \cdots & \cdots & \cdots & \cdots \\ a_{n1} & a_{n2} & \cdots & a_{nn} \end{pmatrix},$$

那么称矩阵 A 为线性变换 $\mathcal{A}$ 在基 $\varepsilon_1,\varepsilon_2,\cdots,\varepsilon_n$ 下的矩阵.

为方便起见, 常用 $\mathcal{A}(\varepsilon_1,\varepsilon_2,\cdots,\varepsilon_n)$ 表示 $(\mathcal{A}(\varepsilon_1),\mathcal{A}(\varepsilon_2),\cdots,\mathcal{A}(\varepsilon_n))$, 即

$$\mathcal{A}(\varepsilon_1,\varepsilon_2,\cdots,\varepsilon_n)=(\mathcal{A}(\varepsilon_1),\mathcal{A}(\varepsilon_2),\cdots,\mathcal{A}(\varepsilon_n)).$$

例 4.9.1 例 4.8.1 中的线性变换 $\mathcal{A}$ 在 F^n 的基

$$e_1=(1,0,\cdots,0)^{\mathrm{T}},e_2=(0,1,\cdots,0)^{\mathrm{T}},\cdots,e_n=(0,0,\cdots,1)^{\mathrm{T}}$$

下的矩阵就是 A.

例 4.9.2 例 4.8.2 中的线性变换 $\mathcal{D}$ 在 $F[x]_n$ 的基

$$1,x,\frac{x^2}{2!},\cdots,\frac{x^{n-1}}{(n-1)!}$$

下的矩阵是

$$D=\begin{pmatrix}0&1&0&\cdots&0\\0&0&1&\cdots&0\\\cdots&\cdots&\cdots&\cdots&\cdots\\0&0&0&\cdots&1\\0&0&0&\cdots&0\end{pmatrix}.$$

例 4.9.3 n 维线性空间上的恒等变换 $\mathcal{E}$, 零变换 $\mathbf{0}$, 数乘变换 $k\mathcal{E}$ 在任意一组基下的矩阵分别为 E_n, 0_n, kE_n.

这样, 在取定一组基后, 我们就建立了由数域 F 上的 n 维线性空间 V 的线性变换到数域 F 上的 $n\times n$ 矩阵的一个一一对应.

定理 4.9.4 设 $\varepsilon_1,\varepsilon_2,\cdots,\varepsilon_n$ 是数域 F 上 n 维线性空间 V 的一组基. 则映射

$$\theta: L(V)\to F^{n\times n}$$
$$\mathcal{A}\mapsto A,$$

其中 A 是 $\mathcal{A}$ 在基 $\varepsilon_1,\varepsilon_2,\cdots,\varepsilon_n$ 下的矩阵, 是一一对应, 且具有下列性质：对任意 $\mathcal{A},\mathcal{B}\in L(V)$, $k\in F$, A,B 分别为 $\mathcal{A},\mathcal{B}$ 在基 $\varepsilon_1,\varepsilon_2,\cdots,\varepsilon_n$ 下的矩阵, 有

(1) 线性变换的和对应于矩阵的和, 即 $\theta(\mathcal{A}+\mathcal{B})=A+B$;

(2) 线性变换的数量乘积对应于矩阵的数量乘积, 即 $\theta(k\mathcal{A})=kA$;

(3) θ 是线性空间 $L(V)$ 到 $F^{n\times n}$ 的同构映射;

(4) 线性变换的乘积对应于矩阵的乘积, $\theta(\mathcal{AB}) = AB$;

(5) 可逆线性变换对应可逆矩阵, 且逆变换对应于逆矩阵, 即 $\theta(\mathcal{A})$ 可逆当且仅当 $\mathcal{A}$ 可逆, 且 $\theta(\mathcal{A}^{-1}) = A^{-1}$.

证明 据引理 4.9.1 和定理 4.9.2 知 θ 是双射. 设 $\mathcal{A},\mathcal{B}$ 是 V 上的两个线性变换, 它们在基 $\varepsilon_1,\varepsilon_2,\cdots,\varepsilon_n$ 下的矩阵分别是 A,B, 即

$$\mathcal{A}(\varepsilon_1,\varepsilon_2,\cdots,\varepsilon_n) = (\varepsilon_1,\varepsilon_2,\cdots,\varepsilon_n)A,$$
$$\mathcal{B}(\varepsilon_1,\varepsilon_2,\cdots,\varepsilon_n) = (\varepsilon_1,\varepsilon_2,\cdots,\varepsilon_n)B.$$

(1) 因为

$$\begin{aligned}(\mathcal{A}+\mathcal{B})(\varepsilon_1,\varepsilon_2,\cdots,\varepsilon_n) =&\mathcal{A}(\varepsilon_1,\varepsilon_2,\cdots,\varepsilon_n)+\mathcal{B}(\varepsilon_1,\varepsilon_2,\cdots,\varepsilon_n)\\ =&(\varepsilon_1,\varepsilon_2,\cdots,\varepsilon_n)A+(\varepsilon_1,\varepsilon_2,\cdots,\varepsilon_n)B\\ =&(\varepsilon_1,\varepsilon_2,\cdots,\varepsilon_n)(A+B),\end{aligned}$$

所以 $\mathcal{A}+\mathcal{B}$ 在基 $\varepsilon_1,\varepsilon_2,\cdots,\varepsilon_n$ 下的矩阵为 $A+B$, 从而 $\theta(\mathcal{A}+\mathcal{B}) = A+B$.

(2) 因为

$$\begin{aligned}(k\mathcal{A})(\varepsilon_1,\varepsilon_2,\cdots,\varepsilon_n)) &= k(\mathcal{A}(\varepsilon_1,\varepsilon_2,\cdots,\varepsilon_n)) = k(\varepsilon_1,\varepsilon_2,\cdots,\varepsilon_n)A\\ &= (\varepsilon_1,\varepsilon_2,\cdots,\varepsilon_n)(kA),\end{aligned}$$

所以 $k\mathcal{A}$ 在基 $\varepsilon_1,\varepsilon_2,\cdots,\varepsilon_n$ 下的矩阵为 kA, 因此 $\theta(k\mathcal{A}) = kA$.

(3) 由 (1) 和 (2) 立即可得.

(4) 由于

$$\begin{aligned}\mathcal{AB}(\varepsilon_1,\varepsilon_2,\cdots,\varepsilon_n) =&\mathcal{A}(\mathcal{B}(\varepsilon_1,\varepsilon_2,\cdots,\varepsilon_n))\\ =&\mathcal{A}((\varepsilon_1,\varepsilon_2,\cdots,\varepsilon_n)B)\\ =&(\mathcal{A}(\varepsilon_1,\varepsilon_2,\cdots,\varepsilon_n))B\\ =&(\varepsilon_1,\varepsilon_2,\cdots,\varepsilon_n)(AB),\end{aligned}$$

因此 $\mathcal{AB}$ 在基 $\varepsilon_1,\varepsilon_2,\cdots,\varepsilon_n$ 下的矩阵为 AB, 所以 $\theta(\mathcal{AB}) = AB$.

(5) 因为 $\theta(\mathcal{E}) = E$, 所以据 (4) 得

$$\mathcal{AB} = \mathcal{BA} = \mathcal{E} \Leftrightarrow AB = BA = E.$$

从而 $\theta(\mathcal{A})$ 可逆当且仅当 $\mathcal{A}$ 可逆, 并且 $\theta(\mathcal{A}^{-1})=A^{-1}$.

利用线性变换的矩阵可以很方便的确定一个向量的像.

定理 4.9.5 设 n 维线性空间 V 上的线性变换 $\mathcal{A}$ 在基 $\varepsilon_1,\varepsilon_2,\cdots,\varepsilon_n$ 下的矩阵是 A, 向量 $\alpha,\mathcal{A}(\alpha)$ 在基 $\varepsilon_1,\varepsilon_2,\cdots,\varepsilon_n$ 下的坐标分别是 $(x_1,x_2,\cdots,x_n)^{\mathrm{T}}$, $(y_1,y_2,\cdots,y_n)^{\mathrm{T}}$. 则

$$\begin{pmatrix}y_1\\y_2\\\vdots\\y_n\end{pmatrix}=A\begin{pmatrix}x_1\\x_2\\\vdots\\x_n\end{pmatrix}.$$

证明 因为

$$\alpha=(\varepsilon_1,\varepsilon_2,\cdots,\varepsilon_n)\begin{pmatrix}x_1\\x_2\\\vdots\\x_n\end{pmatrix},$$

所以

$$\mathcal{A}\alpha=(\mathcal{A}\varepsilon_1,\mathcal{A}\varepsilon_2,\cdots,\mathcal{A}\varepsilon_n)\begin{pmatrix}x_1\\x_2\\\vdots\\x_n\end{pmatrix}=(\varepsilon_1,\varepsilon_2,\cdots,\varepsilon_n)A\begin{pmatrix}x_1\\x_2\\\vdots\\x_n\end{pmatrix}.$$

另一方面,

$$\mathcal{A}\alpha=(\varepsilon_1,\varepsilon_2,\cdots,\varepsilon_n)\begin{pmatrix}y_1\\y_2\\\vdots\\y_n\end{pmatrix}.$$

据 $\varepsilon_1,\varepsilon_2,\cdots,\varepsilon_n$ 的线性无关性得

$$\begin{pmatrix}y_1\\y_2\\\vdots\\y_n\end{pmatrix}=A\begin{pmatrix}x_1\\x_2\\\vdots\\x_n\end{pmatrix}.$$

例 4.9.4 在线性空间 F^3 中取一组基

$$\alpha_1=(-1,1,1)^{\mathrm{T}},\alpha_2=(1,0,1)^{\mathrm{T}},\alpha_3=(0,1,1)^{\mathrm{T}},$$

设 $\mathcal{A}$ 是 F^3 上的线性变换满足

$$\mathcal{A}(\alpha_1)=(0,-1,0)^{\mathrm{T}},\mathcal{A}(\alpha_2)=(1,2,3)^{\mathrm{T}},\mathcal{A}(\alpha_3)=(-1,2,2)^{\mathrm{T}}.$$

(1) 求 $\mathcal{A}$ 在基 $\alpha_1,\alpha_2,\alpha_3$ 下的矩阵.

(2) 求向量 $\alpha=(0,2,3)^{\mathrm{T}}$ 的像 $\mathcal{A}(\alpha)$ 关于基 $\alpha_1,\alpha_2,\alpha_3$ 的坐标.

(3) $\mathcal{A}$ 是不是可逆线性变换? 如是可逆线性变换, 求 $\mathcal{A}^{-1}$.

解 (1) 设 $\mathcal{A}$ 在基 $\alpha_1,\alpha_2,\alpha_3$ 下的矩阵为 A, 即

$$(\mathcal{A}(\alpha_1),\mathcal{A}(\alpha_2),\mathcal{A}(\alpha_3))=(\alpha_1,\alpha_2,\alpha_3)A.$$

则

$$\begin{pmatrix}0&1&-1\\-1&2&2\\0&3&2\end{pmatrix}=\begin{pmatrix}-1&1&0\\1&0&1\\1&1&1\end{pmatrix}A.$$

从而

$$A=\begin{pmatrix}-1&1&0\\1&0&1\\1&1&1\end{pmatrix}^{-1}\begin{pmatrix}0&1&-1\\-1&2&2\\0&3&2\end{pmatrix}=\begin{pmatrix}1&0&1\\1&1&0\\-2&2&1\end{pmatrix}.$$

(2) 因为 $\alpha=\alpha_1+\alpha_2+\alpha_3$, 所以 α 关于基 $\alpha_1,\alpha_2,\alpha_3$ 的坐标为 $(1,1,1)^{\mathrm{T}}$. 据定理 4.9.5 知, $\mathcal{A}(\alpha)$ 的坐标等于

$$\begin{pmatrix}1&0&1\\1&1&0\\-2&2&1\end{pmatrix}\begin{pmatrix}1\\1\\1\end{pmatrix}=\begin{pmatrix}2\\2\\1\end{pmatrix}.$$

(3) 因为 $|A|=5$, 所以 A 是可逆矩阵, 据定理 4.9.5 知, $\mathcal{A}$ 是可逆线性变换, $\mathcal{A}^{-1}$ 在基 $\alpha_1,\alpha_2,\alpha_3$ 下的矩阵等于 A^{-1}, 经计算得

$$A^{-1}=\frac{1}{5}\begin{pmatrix}1&2&-1\\-1&3&1\\4&-2&1\end{pmatrix}.$$

所以

$$\begin{cases} \mathcal{A}^{-1}\alpha_1 = \dfrac{1}{5}\alpha_1 - \dfrac{1}{5}\alpha_2 + \dfrac{4}{5}\alpha_3 \\ \mathcal{A}^{-1}\alpha_2 = \dfrac{2}{5}\alpha_1 + \dfrac{3}{5}\alpha_2 - \dfrac{2}{5}4\alpha_3 \\ \mathcal{A}^{-1}\alpha_3 = -\dfrac{1}{5}\alpha_1 + \dfrac{1}{5}\alpha_2 + \dfrac{1}{5}4\alpha_3 \end{cases},$$

这就唯一的确定了变换 $\mathcal{A}^{-1}$.

一般地讲, 线性变换在不同基下的矩阵是不相同的, 但是它们之间有着密切的联系.

设 $\mathcal{A}$ 是数域 F 上的 n 维线性空间 V 上的线性变换, $\mathcal{A}$ 在基

$$\varepsilon_1, \varepsilon_2, \cdots, \varepsilon_n \quad \text{和} \quad \eta_1, \eta_2, \cdots, \eta_n$$

下的矩阵分别为 A 和 B, 即

$$(\mathcal{A}\varepsilon_1, \mathcal{A}\varepsilon_2, \cdots, \mathcal{A}\varepsilon_n) = (\varepsilon_1, \varepsilon_2, \cdots, \varepsilon_n)A,$$
$$(\mathcal{A}\eta_1, \mathcal{A}\eta_2, \cdots, \mathcal{A}\eta_n) = (\eta_1, \eta_2, \cdots, \eta_n)B.$$

又设由基 $\varepsilon_1, \varepsilon_2, \cdots, \varepsilon_n$ 到基 $\eta_1, \eta_2, \cdots, \eta_n$ 的过渡矩阵为 T, 即

$$(\eta_1, \eta_2, \cdots, \eta_n) = (\varepsilon_1, \varepsilon_2, \cdots, \varepsilon_n)T.$$

则 T 是可逆矩阵, 并且有

$$\begin{aligned}(\mathcal{A}\eta_1, \mathcal{A}\eta_2, \cdots, \mathcal{A}\eta_n) &= \mathcal{A}(\eta_1, \eta_2, \cdots, \eta_n) \\ &= \mathcal{A}[(\varepsilon_1, \varepsilon_2, \cdots, \varepsilon_n)T] = [\mathcal{A}(\varepsilon_1, \varepsilon_2, \cdots, \varepsilon_n)]T \\ &= (\mathcal{A}\varepsilon_1, \mathcal{A}\varepsilon_2, \cdots, \mathcal{A}\varepsilon_n)T = (\varepsilon_1, \varepsilon_2, \cdots, \varepsilon_n)AT \\ &= (\eta_1, \eta_2, \cdots, \eta_n)T^{-1}AT.\end{aligned}$$

由线性变换在一组基下的矩阵的唯一性得

$$B = T^{-1}AT.$$

定义 4.9.6 设 A, B 是数域 F 上的 n 阶矩阵. 称 A 相似于 B, 如果存在 F 上的可逆矩阵 T 使得 $B = T^{-1}AT$, 记作 $A \sim B$.

相似是矩阵之间的一种等价关系, 即相似具有自反性、对称性和传递性. 事实上, 每一个方阵总与自身相似. 若 $A \sim B$, 则存在可逆矩阵 T 使得 $B = T^{-1}AT$, 因此 $A = (T^{-1})^{-1}AT^{-1}$, 从而 $B \sim A$. 若 $A \sim B$, $B \sim C$, 则存在可逆矩阵 T, S 使得

$$B = T^{-1}AT, \quad C = S^{-1}BS,$$

因此 $C = S^{-1}T^{-1}ATS = (TS)^{-1}A(TS)$, 注意到 TS 是可逆矩阵, 所以 $A \sim C$. 关于相似矩阵的进一步讨论我们留在下一章进行.

综合上述讨论, 我们有

定理 4.9.7 设 $\mathcal{A}$ 是数域 F 上 n 维线性空间 V 上的线性变换, $\mathcal{A}$ 在 V 的两组基

$$\varepsilon_1, \varepsilon_2, \cdots, \varepsilon_n \quad 和 \quad \eta_1, \eta_2, \cdots, \eta_n$$

下的矩阵分别为 A 和 B, 由基 $\varepsilon_1, \varepsilon_2, \cdots, \varepsilon_n$ 到基 $\eta_1, \eta_2, \cdots, \eta_n$ 的过渡矩阵是T. 则 $B = T^{-1}AT$, 即 A 与 B 相似.

反过来, 数域 F 上两个相似的 n 阶矩阵可以看作同一线性变换在两组基下的矩阵.

证明 我们已经证明了定理的前一部分. 现在证明后一部分. 设数域 F 上两个 n 阶矩阵 A 与 B 相似. 则存在 F 上的可逆矩阵 T 使得 $B = T^{-1}AT$. 取定 V 的一组基 $\varepsilon_1, \varepsilon_2, \cdots, \varepsilon_n$. 据定理 4.9.4, 设 A 是 V 上线性变换 $\mathcal{A}$ 在基 $\varepsilon_1, \varepsilon_2, \cdots, \varepsilon_n$ 下的矩阵. 令

$$(\eta_1, \eta_2, \cdots, \eta_n) = (\varepsilon_1, \varepsilon_2, \cdots, \varepsilon_n)T,$$

则 $\eta_1, \eta_2, \cdots, \eta_n$ 也是 V 的一组基, 并且 $\mathcal{A}$ 在这组基下的矩阵就是 B.

例 4.9.5 设 $\mathcal{A}$ 是例 4.9.4 中的线性变换. 取 F^3 的基

$$\varepsilon_1 = (1,0,0)^{\mathrm{T}}, \varepsilon_2 = (0,1,0)^{\mathrm{T}}, \varepsilon_3 = (0,0,1)^{\mathrm{T}}.$$

则由基 $\alpha_1,\alpha_2,\alpha_3$ 到基 $\varepsilon_1,\varepsilon_2,\varepsilon_3$ 的过渡矩阵为

$$\begin{pmatrix}-1&1&0\\1&0&1\\1&1&1\end{pmatrix}^{-1}=\begin{pmatrix}-1&-1&1\\0&-1&1\\1&2&-1\end{pmatrix}.$$

据定理 4.9.7 知, $\mathcal{A}$ 关于基 $\varepsilon_1,\varepsilon_2,\varepsilon_3$ 的矩阵为

$$\begin{pmatrix}-1&1&0\\1&0&1\\1&1&1\end{pmatrix}\begin{pmatrix}1&0&1\\1&1&0\\-2&2&1\end{pmatrix}\begin{pmatrix}-1&1&0\\1&0&1\\1&1&1\end{pmatrix}^{-1}=\begin{pmatrix}-1&1&2\\3&3&-1\\2&1&1\end{pmatrix}.$$

习 题 4.9

1. 求下列线性变换在所指定基下的矩阵.

(1) $\mathcal{A}$ 是 R^3 上的线性变换, $\mathcal{A}:(x_1,x_2,x_3)^{\mathrm{T}}\to(2x_1-x_2,x_2+x_3,x_1)^{\mathrm{T}}$, 求 $\mathcal{A}$ 在基 $\varepsilon_1=(1,0,0)^{\mathrm{T}},\varepsilon_2=(0,1,0)^{\mathrm{T}},\varepsilon_3=(0,0,1)^{\mathrm{T}}$ 下的矩阵;

(2) 设 $\mathcal{A}$ 是平面 R^2 中绕原点沿反时针方向旋转 θ 角的旋转变换, $i=(1,0)^{\mathrm{T}},j=(0,1)^{\mathrm{T}}$ 是 R^2 的基. 求线性变换 $\mathcal{A}$ 在基 i,j 下的矩阵;

(3) 已知 $i=(1,0,0)^{\mathrm{T}},j=(1,1,0)^{\mathrm{T}},k=(1,1,1)^{\mathrm{T}}$ 是 R^3 的一组基, 射影变换 $\mathcal{A}:\mathrm{R}^3\to\mathrm{R}^3,(a,b,c)^{\mathrm{T}}\to(a,b,0)^{\mathrm{T}}$, 求 $\mathcal{A}$ 关于基 i,j,k 的矩阵;

(4) 已知 R^3 中线性变换 $\mathcal{A}$ 在基 $\eta_1=(-1,1,1)^{\mathrm{T}},\eta_2=(1,0,-1)^{\mathrm{T}},\eta_3=(0,1,1)^{\mathrm{T}}$ 下的矩阵是 $\begin{pmatrix}1&0&1\\1&1&0\\-1&2&1\end{pmatrix}$, 求 $\mathcal{A}$ 在基 $\varepsilon_1=(1,0,0)^{\mathrm{T}},\varepsilon_2=(0,1,0)^{\mathrm{T}},\varepsilon_3=(0,0,1)^{\mathrm{T}}$ 下的矩阵.

2. 设三维线性空间 V 上的线性变换 $\mathcal{A}$ 在基 $\varepsilon_1,\varepsilon_2,\varepsilon_3$ 下的矩阵为

$$A=\begin{pmatrix}a_{11}&a_{12}&a_{13}\\a_{21}&a_{22}&a_{23}\\a_{31}&a_{32}&a_{33}\end{pmatrix}.$$

(1) 求 $\mathcal{A}$ 在基 $\varepsilon_3,\varepsilon_2,\varepsilon_1$ 下的矩阵;

(2) 求 $\mathcal{A}$ 在基 $\varepsilon_1,k\varepsilon_2,\varepsilon_3$ 下的矩阵, 其中 $k\in P$ 且 $k\neq 0$;

(3) 求 $\mathcal{A}$ 在基 $\varepsilon_1+\varepsilon_2,\varepsilon_2,\varepsilon_3$ 下的矩阵.

3. 设 $\mathcal{A}$ 是 n 维线性空间 V 上的线性变换, $\mathcal{A}^{n-1}\xi\neq 0$, 但 $\mathcal{A}^n\xi=0$.

(1) 证明: $\xi,\mathcal{A}\xi,\cdots,\mathcal{A}^{n-1}\xi$ 是 V 的一组基;

(2) 求出 $\mathcal{A}$ 在 (1) 中基下的矩阵.

4. 给定 R^3 的两组基

$$\begin{cases}\varepsilon_1=(1,0,1)^{\mathrm{T}}\\ \varepsilon_2=(2,1,0)^{\mathrm{T}}\\ \varepsilon_3=(1,1,1)^{\mathrm{T}}\end{cases} \quad 和 \quad \begin{cases}\eta_1=(1,2,-1)^{\mathrm{T}}\\ \eta_2=(2,2,-1)^{\mathrm{T}}\\ \eta_3=(2,-1,-1)^{\mathrm{T}}\end{cases},$$

定义线性变换 $\mathcal{A}\varepsilon_i=\eta_i, i=1,2,3$.

(1) 写出由基 $\varepsilon_1,\varepsilon_2,\varepsilon_3$ 到基 η_1,η_2,η_3 的过渡矩阵;

(2) 写出 $\mathcal{A}$ 在基 $\varepsilon_1,\varepsilon_2,\varepsilon_3$ 下的矩阵;

(3) 写出 $\mathcal{A}$ 在基 η_1,η_2,η_3 下的矩阵.

5. 设 A,B 是同阶方阵且 A 可逆. 证明 AB 与 BA 相似.

6. 若 A 与 B 相似, C 与 D 相似, 证明: $\begin{pmatrix}A & 0\\ 0 & C\end{pmatrix}$ 与 $\begin{pmatrix}B & 0\\ 0 & D\end{pmatrix}$ 相似.

§ 4.10 正交变换与对称变换

前面我们讨论了线性空间上的线性变换, 而欧氏空间是带有内积的实线性空间, 因此讨论欧氏空间上与内积相关连的线性变换是自然的. 本节我们讨论欧氏空间上的两类最常见的与内积相关连的线性变换, 正交变换与对称变换.

在解析几何中, 我们有正交变换的概念. 所谓正交变换就是保持空间中点之间距离不变的变换. 在一般欧氏空间中我们有如下概念.

定义 4.10.1 欧氏空间 V 上的线性变换 $\mathcal{A}$ 称为正交变换, 如果它保持向量的内积, 即对任意 $\alpha,\beta\in V$,

$$(\mathcal{A}\alpha,\mathcal{A}\beta)=(\alpha,\beta).$$

平面 R^2 上绕坐标原点的旋转变换以及关于过原点直线的反射变换都是正交变换. 关于正交变换, 我们有如下刻画:

定理 4.10.2 设 V 是 n 维欧氏空间, $\mathcal{A}\in L(V)$. 则下列条件等价:

(1) $\mathcal{A}$ 是正交变换;

(2) $\mathcal{A}$ 把标准正交基变成标准正交基, 即若 $\varepsilon_1,\varepsilon_2,\cdots,\varepsilon_n$ 是 V 的标准正交基, 则 $\mathcal{A}\varepsilon_1,\mathcal{A}\varepsilon_2,\cdots,\mathcal{A}\varepsilon_n$ 也是 V 的标准正交基;

(3) $\mathcal{A}$ 在任意标准正交基下的矩阵为正交矩阵;

(4) $\mathcal{A}$ 在某一标准正交基下的矩阵为正交矩阵;

(5) $\mathcal{A}$ 保持向量的长度不变, 即对任意 $\alpha\in V$, $|\mathcal{A}\alpha|=|\alpha|$.

证明 (1) $\Rightarrow$ (2). 设 $\varepsilon_1,\varepsilon_2,\cdots,\varepsilon_n$ 是 V 的标准正交基. 由 $\mathcal{A}$ 是正交变换知, 对任意 $i,j=1,2,\cdots,n$,

$$(\mathcal{A}\varepsilon_i,\mathcal{A}\varepsilon_j)=(\varepsilon_i,\varepsilon_j)=\begin{cases}1, & i=j,\\ 0, & i\neq j.\end{cases}$$

因而 $\mathcal{A}\varepsilon_1,\mathcal{A}\varepsilon_2,\cdots,\mathcal{A}\varepsilon_n$ 是 V 的标准正交基.

(2) $\Rightarrow$ (3). 设 $\varepsilon_1,\varepsilon_2,\cdots,\varepsilon_n$ 是 V 的任一标准正交基, A 为 $\mathcal{A}$ 在这组标准正交基下的矩阵, 即

$$(\mathcal{A}\varepsilon_1,\mathcal{A}\varepsilon_2,\cdots,\mathcal{A}\varepsilon_n)=(\varepsilon_1,\varepsilon_2,\cdots,\varepsilon_n)A.$$

由 (2) 知 $\mathcal{A}\varepsilon_1,\mathcal{A}\varepsilon_2,\cdots,\mathcal{A}\varepsilon_n$ 也是 V 的标准正交基, 因此由定理 4.7.10 得 A 是正交矩阵.

(3) $\Rightarrow$ (4). 显然.

(4) $\Rightarrow$ (5). 设 $\varepsilon_1,\varepsilon_2,\cdots,\varepsilon_n$ 是 V 的一组标准正交基, $\mathcal{A}$ 在这组基下的矩阵 A 为正交矩阵. 对任意 $\alpha\in V$, 设 α 关于标准正交基 $\varepsilon_1,\varepsilon_2,\cdots,\varepsilon_n$ 的坐标为 X. 则据定理 4.9.5 知, $\mathcal{A}\alpha$ 关于这组标准正交基的坐标等于 AX. 于是

$$|\mathcal{A}\alpha|^2=(AX)^{\mathrm{T}}AX=X^{\mathrm{T}}A^{\mathrm{T}}AX=X^{\mathrm{T}}X=|\alpha|^2,$$

从而 $\mathcal{A}$ 保持向量的长度不变.

(5) $\Rightarrow$ (1). 对任意 $\alpha,\beta\in V$, 据 (5) 有

$$(\mathcal{A}(\alpha+\beta),\mathcal{A}(\alpha+\beta))=(\alpha+\beta,\alpha+\beta).$$

展开上式并结合 (5) 得

$$(\mathcal{A}\alpha,\mathcal{A}\beta)=(\alpha,\beta),$$

因此 $\mathcal{A}$ 是正交变换.

据定理 4.10.2 知, 正交变换也保持向量的夹角不变. 但反过来不成立, 即保持夹角不变的线性变换未必是正交变换. 例如, 当 $k \neq 0, \pm 1$ 时, 数乘变换 $k\mathcal{E}$ 保持向量的夹角不变, 但它不是正交变换.

需要注意的是, 与定理 4.10.2 相比较, 正交变换在非标准正交基下的矩阵未必是正交矩阵. 反过来, 在非标准正交基下的矩阵是正交矩阵的线性变换也未必是正交变换. 读者自己可以给出具体的反例.

结合定理 4.9.4 和 4.10.2, 由于正交矩阵是可逆矩阵, 因此正交变换都是可逆变换. 与欧氏空间的同构映射的定义比较可以看出, 正交变换恰好就是欧氏空间到自身的同构映射. 因此正交变换的乘积以及正交变换的逆变换仍为正交变换. 由于在标准正交基下正交变换对应正交矩阵, 因此正交矩阵的乘积以及正交矩阵的逆矩阵仍为正交矩阵. 归纳起来我们有

定理 4.10.3 设 A, B 都是 n 阶正交矩阵. 则

(1) $|A| = \pm 1$;

(2) A^{-1}, A^* 都是正交矩阵;

(3) AB 是正交矩阵.

定理 4.10.3 可以从定义出发直接证明, 留给读者自己完成.

欧氏空间中另一类与内积有关的线性变换是对称变换.

定义 4.10.4 欧氏空间 V 上的线性变换 $\mathcal{A}$ 称为对称变换, 如果对任意 $\alpha, \beta \in V$,

$$(\mathcal{A}\alpha, \beta) = (\alpha, \mathcal{A}\beta).$$

例如, 在平面 R^2 上建立直角坐标系, 向 x-轴的正交投影变换 $\mathcal{A}$ 就是一个对称变换. 事实上, 若分别取 x-轴正向与 y-轴正向的单位向量 $\varepsilon_1, \varepsilon_2$, 则 $\varepsilon_1, \varepsilon_2$ 构成空间 R^2 的一组标准正交基. 对于 R^2 上的任意向量

$$\alpha = x_1\varepsilon_1 + y_1\varepsilon_2, \quad \beta = x_2\varepsilon_1 + y_2\varepsilon_2,$$

有 $\mathcal{A}\alpha = x_1\varepsilon_1$, $\mathcal{A}\beta = x_2\varepsilon_1$, 因此

$$(\mathcal{A}\alpha, \beta) = x_1x_2 = (\alpha, \mathcal{A}\beta).$$

于是 $\mathcal{A}$ 是平面上的对称变换.

定理 4.10.5 设 V 是 n 维欧氏空间, $\mathcal{A} \in L(V)$. 则下列条件等价:

(1) $\mathcal{A}$ 是对称变换;

(2) $\mathcal{A}$ 在任意标准正交基下的矩阵为实对称矩阵;

(3) $\mathcal{A}$ 在某一标准正交基下的矩阵为实对称矩阵.

证明 (1) $\Rightarrow$ (2). 设 $\varepsilon_1, \varepsilon_2, \cdots, \varepsilon_n$ 是 V 的任一标准正交基, $A = (a_{ij})_{n\times n}$ 为 $\mathcal{A}$ 在这组标准正交基下的矩阵, 即

$$(\mathcal{A}\varepsilon_1, \mathcal{A}\varepsilon_2, \cdots, \mathcal{A}\varepsilon_n) = (\varepsilon_1, \varepsilon_2, \cdots, \varepsilon_n)A.$$

则

$$\mathcal{A}\varepsilon_i = a_{1i}\varepsilon_1 + a_{2i}\varepsilon_2 + \cdots + a_{ni}\varepsilon_n = \sum_{k=1}^{n} a_{ki}\varepsilon_k, \quad i = 1, 2, \cdots, n,$$

由 $\mathcal{A}$ 的对称性得, $i, j = 1, 2, \cdots, n$,

$$a_{ij} = (\varepsilon_i, \sum_{k=1}^{n} a_{kj}\varepsilon_k) = (\varepsilon_i, \mathcal{A}\varepsilon_j) = (\mathcal{A}\varepsilon_i, \varepsilon_j) = (\sum_{k=1}^{n} a_{ki}\varepsilon_k, \varepsilon_j) = a_{ji},$$

即 $A^{\mathrm{T}} = A$, 也就是说 A 是实对称矩阵.

(2) $\Rightarrow$ (3). 显然.

(3) $\Rightarrow$ (1). 设 $\varepsilon_1, \varepsilon_2, \cdots, \varepsilon_n$ 是 V 的一组标准正交基, $\mathcal{A}$ 在这组基下的矩阵 $A = (a_{ij})$ 为实对称矩阵. 对任意 $\alpha, \beta \in V$, 设 α, β 关于标准正交基 $\varepsilon_1, \varepsilon_2, \cdots, \varepsilon_n$ 的坐标分别为 $X = (x_1, x_2, \cdots, x_n)^{\mathrm{T}}$ 和 $Y = (y_1, y_2, \cdots, y_n)^{\mathrm{T}}$. 则据定理 4.9.5 知, $\mathcal{A}\alpha$, $\mathcal{A}\beta$ 关于这组标准正交基的坐标分别等于 AX, AY. 于是由定理 4.7.6 (2) 及 A 是实对称矩阵得

$$(\mathcal{A}\alpha, \beta) = (AX)^{\mathrm{T}}Y = X^{\mathrm{T}}A^{\mathrm{T}}Y = X^{\mathrm{T}}AY = (\alpha, \mathcal{A}\beta),$$

因此 $\mathcal{A}$ 是对称变换.

与正交变换相类似, 对称变换在非标准正交基下的矩阵未必是实对称矩阵. 反过来, 在非标准正交基下的矩阵是实对称矩阵的线性变换也未必是对称变换.

关于实对称矩阵的进一步讨论将在第五、六章中进行.

习　题　4.10

1. 若 $\mathcal{A}$ 是 n 维欧氏空间 V 的变换, $\varepsilon_1, \varepsilon_2, \cdots, \varepsilon_n$ 为 V 的一组标准正交基, 如果 $(\mathcal{A}\varepsilon_i, \mathcal{A}\varepsilon_j) = (\varepsilon_i, \varepsilon_j), i, j = 1, 2, \cdots, n$, 那么 $\mathcal{A}$ 是正交变换.

2. 设 η 是欧氏空间中一单位向量, 定义 $\mathcal{A}\alpha = \alpha - 2(\eta, \alpha)\eta$. 证明 $\mathcal{A}$ 是正交变换.

3. 在欧氏空间 V 中, 规定 $d(\alpha, \beta) = |\alpha - \beta|, \forall \alpha, \beta \in V$ (称 $d(\alpha, \beta)$ 为 α 与 β 的距离), 则

(1) $d(\alpha, \gamma) \leq d(\alpha, \beta) + d(\beta, \gamma)$;

(2) 若 $d(\mathcal{A}\alpha, \mathcal{A}\beta) = d(\alpha, \beta)$, 证明 $\mathcal{A}$ 是正交变换.

4. 设 $\mathcal{A}, \mathcal{B}$ 都是 n 维欧氏空间 V 上的对称变换. 问它们的和与积是否仍为对称变换? 若是, 给出证明; 若不是, 说明理由.

5. 设 $\mathcal{A}$ 是 n 维欧氏空间 V 上的线性变换, $\mathcal{A}$ 在 V 的一组基 $\varepsilon_1, \varepsilon_2, \cdots, \varepsilon_n$ 下的矩阵为 A. 证明: $\mathcal{A}$ 是对称变换的充要条件是 $A^{\mathrm{T}}G = GA$, 其中 G 为基 $\varepsilon_1, \varepsilon_2, \cdots, \varepsilon_n$ 的度量矩阵.

6. 设 $\mathcal{A}$ 是 n 维欧氏空间 V 上的线性变换. 证明: 若 $\mathcal{A}$ 满足下列三个条件中的任意两个, 则它必满足第三个:

(1) $\mathcal{A}$ 是正交变换;

(2) $\mathcal{A}$ 是对称变换;

(3) $\mathcal{A}^2 = \mathcal{E}_V$ (V 上的单位变换).

总复习题四

1. 选择题.

(1)下列变换中是线性变换的是(　　)

(A) $f: \mathrm{R}^3 \to \mathrm{R}^3, (x, y, z)^{\mathrm{T}} \to (x^2, x+y, z)^{\mathrm{T}}$;

(B) $f: V \to V, x \to a$ (a为非 0 常向量);

(C) $f: V \to V, x \to x + a$ (a为非 0 常向量);

(D) $f: V \to V, x \to kx$ ($k \in K$为常数).

(2)若 V 是 由n 维实向量空间 R^n 上的全体线性变换构成的线性空间, 则 $\dim(V)$ 等于(　　)

(A) $2n$;　　(B) n;　　(C) $2n^2$;　　(D) n^2.

(3) 线性变换 $\mathcal{A}$ 在基 $v_1, v_2, \cdots, v_n$ 和 $u_1, u_2, \cdots, u_n$ 下的矩阵分别为 A, B, 并且有 $(u_1, u_2, \cdots, u_n) = (v_1, v_2, \cdots, v_n)C$, 那么 A 等于(　　)

(A) CBC^{T};　　(B) $C^{-1}BC$;　　(C) CBC^{-1};　　(D) $C^{\mathrm{T}}BC$.

(4) 数域 K 上的 4 阶反对称矩阵的全体关于矩阵的加法和数乘构成 K 上的向量空间的维数是(　　)

(A) 6;　　(B) 8;　　(C) 10;　　(D) 12.

(5) 复数域 C 上的 3 阶上三角矩阵的全体关于矩阵的加法和数乘构成实数域 R 上的向量空间的维数是(　　)

(A) 6;　　(B) 10;　　(C) 12;　　(D) 20.

2. 求向量 $\alpha=(2,0,0)^{\mathrm{T}}$ 在三维向量空间 R^3 的一个基 $\alpha_1,\alpha_2,\alpha_3$ 下的坐标, 其中 $\alpha_1=(1,1,0)^{\mathrm{T}},\alpha_2=(1,0,1)^{\mathrm{T}},\alpha_3=(0,1,1)^{\mathrm{T}}$.

3. 已知 R^3 的两个基

$$\alpha_1=\begin{pmatrix}1\\1\\1\end{pmatrix},\quad \alpha_2=\begin{pmatrix}1\\0\\-1\end{pmatrix},\quad \alpha_3=\begin{pmatrix}1\\0\\1\end{pmatrix}$$

和

$$\beta_1=\begin{pmatrix}1\\2\\1\end{pmatrix},\quad \beta_2=\begin{pmatrix}2\\3\\4\end{pmatrix},\quad \beta_3=\begin{pmatrix}3\\4\\3\end{pmatrix},$$

求由基 $\alpha_1,\alpha_2,\alpha_3$ 到基 β_1,β_2,β_3 的过渡矩阵.

4. 定义线性变换 $\sigma: F[t]_3\to F[t]_3,\ f(t)\mapsto f(t+1)$, $S=<1,t,t^2>$ 是 $F[t]_3$ 的一组基. 写出 σ 关于 S 的矩阵.

5. 函数集合 $V=\{(a_2x^2+a_1x+a_0)\mathrm{e}^x|a_2,a_1,a_0\in\mathrm{R}\}$ 对于函数的加法和数乘构成 R 上的 3 维向量空间. 写出 V 中的求导运算这一线性变换在基 $x^2\mathrm{e}^x,x\mathrm{e}^x,\mathrm{e}^x$ 下的矩阵.

6. 已知 $\alpha_1,\alpha_2,\alpha_3,\alpha_4$ 是四维向量空间 V 的一组基, $\beta_1=\alpha_1+\alpha_2+\alpha_3+\alpha_4,\beta_2=\alpha_2+\alpha_3+\alpha_4,\beta_3=\alpha_3+\alpha_4,\beta_4=\alpha_4$.

(1) 证明: $\beta_1,\beta_2,\beta_3,\beta_4$ 是 V 的一组基;

(2) 求由基 $\beta_1,\beta_2,\beta_3,\beta_4$ 到基 $\alpha_1,\alpha_2,\alpha_3,\alpha_4$ 的过渡矩阵;

(3) 求在基 $\alpha_1,\alpha_2,\alpha_3,\alpha_4$ 和基 $\beta_1,\beta_2,\beta_3,\beta_4$ 下坐标相同的向量.

7. 设 $\varepsilon_1,\varepsilon_2,\cdots,\varepsilon_n$ 是欧氏空间 V 的一组基. 试证: 如果 $\varepsilon_1,\varepsilon_2,\cdots,\varepsilon_n$ 两两正交, 那么这组基的度量矩阵是对角矩阵.

8. 全体 2 阶有理矩阵构成的有理数域上的线性空间 $Q^{2\times2}$, 取一固定的有理矩阵 $A=\begin{pmatrix}a & b\\ c & d\end{pmatrix}$. 在 $Q^{2\times2}$ 中定义变换: $\sigma: X\mapsto AX-XA$. 则

(1) σ 是线性变换;

(2) 在 $Q^{2\times2}$ 中取一组基

$$E_{11}=\begin{pmatrix}1 & 0\\ 0 & 0\end{pmatrix},\quad E_{12}=\begin{pmatrix}0 & 1\\ 0 & 0\end{pmatrix},\quad E_{21}=\begin{pmatrix}0 & 0\\ 1 & 0\end{pmatrix},\quad E_{22}=\begin{pmatrix}0 & 0\\ 0 & 1\end{pmatrix}.$$

写出 σ 在这组基下的矩阵.

9. 证明: 若矩阵 A 是正交阵, 且 $|A|<0$. 则 $|A+E|=0$.

10. 设 α 是 n 维非零列向量, E 是 n 阶单位矩阵. 证明:

$$A=E-\frac{2}{\alpha^{\mathrm{T}}\alpha}\alpha\alpha^{\mathrm{T}}$$

为正交矩阵.

11. 用施密特正交化方法将 R^3 的基

$$\alpha_1=(1,-1,0)^{\mathrm{T}},\quad \alpha_2=(1,0,1)^{\mathrm{T}},\quad \alpha_3=(1,-1,1)^{\mathrm{T}}$$

化成标准正交基, 并求 $\alpha=(1,2,3)^{\mathrm{T}}$ 在该标准正交基下的坐标.

12. 设 B 是秩为 2 的 5×4 矩阵, $\alpha_1=(1,0,-1,2)^{\mathrm{T}},\alpha_2=(2,0,-2,1)^{\mathrm{T}}$ 是齐次线性方程组 $Bx=0$ 的解向量. 求 $Bx=0$ 的解空间的一个标准正交基.

13. 设 A 是由 0 和 1 作为元素的三阶正交矩阵. 写出所有满足这个条件的正交矩阵 A.

14. 设 A 是反对称矩阵, 且 $E+A$ 可逆. 证明: $B=(E-A)(E+A)^{-1}$ 是正交矩阵.

15. 设 α 是 n 维欧氏空间 V 中一个非零向量, 用 W 表示 V 中全部与 α 正交的向量所组成的集合. 证明: W 是 V 的一个 $n-1$ 维子空间.

16. 设 R^n 中向量 $\alpha_1,\alpha_2,\cdots,\alpha_{n-1}$ 线性无关, γ_1,γ_2 与 $\alpha_1,\alpha_2,\cdots,\alpha_{n-1}$ 都正交. 试证明 γ_1,γ_2 线性相关.

17. a,b,c 为何值时, 矩阵 A 为正交矩阵? 其中

$$A=\begin{pmatrix}\dfrac{1}{\sqrt{2}} & a & 0\\ 0 & 0 & 1\\ b & c & 0\end{pmatrix}.$$

18. 设 $\alpha_1,\alpha_2,\cdots,\alpha_m$ 是欧氏空间 V 中一组向量, 令

$$D=\begin{pmatrix}(\alpha_1,\alpha_1) & (\alpha_1,\alpha_2) & \cdots & (\alpha_1,\alpha_m)\\ (\alpha_2,\alpha_1) & (\alpha_2,\alpha_2) & \cdots & (\alpha_2,\alpha_m)\\ \cdots & \cdots & \cdots & \cdots\\ (\alpha_m,\alpha_1) & (\alpha_m,\alpha_2) & \cdots & (\alpha_m,\alpha_m)\end{pmatrix}.$$

证明: $\alpha_1,\alpha_2,\cdots,\alpha_m$ 线性无关的充要条件是 $|D|\neq 0$.

第五章　特征值与特征向量、矩阵的对角化

由上一章的讨论我们知道, 在数域 F 上的 n 维线性空间 V 中取定一组基后, V 上的线性变换可以用它在这组基下的矩阵来表示, 并且 V 上的所有线性变换的集合 $L(V)$ 与数域 F 上的所有 n 阶矩阵的集合 $F^{n\times n}$ 之间存在一一对应, 这个一一对应具有很好的性质(见定理 4.9.4). 特别地, 在取定 V 的一组基后, V 上的每一个线性变换都可以用它在这组基下的矩阵 A 在 F^n 上定义的线性变换

$$\begin{aligned}\mathcal{A}: F^n &\to F^n\\ X &\mapsto AX\end{aligned}$$

表示. 这样, 给定一个线性变换我们希望能找到一组基使得线性变换在这组基下的矩阵最为简单. 对角矩阵被认为是一类最简单的矩阵, 因此, 一个自然的问题是: 满足什么条件的线性变换, 可以找到一组基使得线性变换在这组基下的矩阵是对角矩阵? 由于线性变换在不同基下的矩阵是相似的, 因此上面的问题等价于: 满足什么条件的 n 阶矩阵 A, 可以找到一个可逆矩阵 P 使得 $P^{-1}AP$ 是对角矩阵? 这一问题被称为矩阵的对角化问题, 它是我们本章要讨论的主要内容. 为此, 我们首先需要引入并讨论矩阵的特征值与特征向量.

§ 5.1　特征值与特征向量

定义 5.1.1 设 $\mathcal{A}$ 是数域 F 上线性空间 V 的一个线性变换. 如果存在数域 F 中的数 λ_0 以及 V 中的非零向量 ξ 使得

$$\mathcal{A}\xi = \lambda_0\xi, \tag{5.1}$$

那么 λ_0 称为 $\mathcal{A}$ 的一个特征值, ξ 称为 $\mathcal{A}$ 的属于特征值 λ_0 的特征向量.

特征向量的几何意义在于: 特征向量经过线性变换后, 与原向量是共线的, 或者方向不变($\lambda_0 > 0$), 或者方向相反($\lambda_0 < 0$), 而当 $\lambda_0 = 0$时, 特征向量被线性变换变成零向量 0.

作为定义的一个直接推论, 我们有

推论 5.1.2 设 $\mathcal{A}$ 是数域 F 上线性空间 V 的一个线性变换.

(1) 若 ξ 是 $\mathcal{A}$ 的特征向量, 则存在 $\mathcal{A}$ 的唯一的特征值 λ_0 使得 ξ 是 $\mathcal{A}$ 的属于 λ_0 的特征向量, 即一个特征向量属于唯一的一个特征值.

(2) 若 λ_0 是 $\mathcal{A}$ 的特征值, 则

$$V_{\lambda_0}=\{\xi\in V|\mathcal{A}\xi=\lambda_0\xi\}$$

是 V 的一个非零子空间, 称为 $\mathcal{A}$ 的属于特征值 λ_0 的特征子空间.

证明 (1) 设 ξ 是 $\mathcal{A}$ 的既属于特征值 λ_1, 又属于特征值 λ_2 的特征向量, 即有

$$\mathcal{A}\xi=\lambda_1\xi,\quad \mathcal{A}\xi=\lambda_2\xi.$$

则 $(\lambda_1-\lambda_2)\xi=0$. 由于 $\xi\neq 0$, 因此 $\lambda_1-\lambda_2=0$, 即 $\lambda_1=\lambda_2$.

(2) 若 λ_0 是 $\mathcal{A}$ 的特征值, 则存在非零向量 $\xi\in V$ 使得 $\mathcal{A}\xi=\lambda_0\xi$, 因而 $V_{\lambda_0}\neq\{0\}$. 对任意 $\eta_1,\eta_2\in V_{\lambda_0}$ 以及 $k\in F$, 有

$$\mathcal{A}(\eta_1+\eta_2)=\mathcal{A}\eta_1+\mathcal{A}\eta_2=\lambda_0(\eta_1+\eta_2)$$

和

$$\mathcal{A}(k\eta_1)=k\mathcal{A}\eta_1=k\lambda_0\eta_1=\lambda_0(k\eta_1).$$

所以 V_{λ_0} 是 V 的非零子空间.

从推论 5.1.2 可以看出, 线性变换的属于一个特征值的特征向量有无穷多个.

例 5.1.1 设 $\mathcal{R}_\pi$ 是平面 R^2 上的绕坐标原点旋转角度 π 的旋转变换. 则对任意 $\alpha\in\mathrm{R}^2$, 都有 $\mathcal{R}_\pi\alpha=-\alpha$. 因此 -1 是 $\mathcal{R}_\pi$ 的特征值, 而 R^2 中任意非零向量都是 $\mathcal{R}_\pi$ 的属于特征值 -1 的特征向量.

如果 $\mathcal{T}_x$ 是平面 R^2 上关于 x 轴的镜面反射, 那么对于任意 $\alpha=(x,0)^{\mathrm{T}}\in\mathrm{R}^2$, 有 $\mathcal{T}_x\alpha=\alpha$, 因此 1 是 $\mathcal{T}_x$ 的特征值, $(x,0)^{\mathrm{T}}$, $x\neq 0$, 都是 $\mathcal{T}_x$ 的属于特征值 1 的特征向量; 而对于任意 $\beta=(0,y)^{\mathrm{T}}\in\mathrm{R}^2$, 有 $\mathcal{T}_x\beta=-\beta$, 因此 -1 也是 $\mathcal{T}_x$ 的特征值, $(0,y)^{\mathrm{T}}$, $y\neq 0$, 都是 $\mathcal{T}_x$ 的属于特征值 -1 的特征向量.

例 5.1.2 1 是线性空间 V 上的单位变换 $\mathcal{E}$ 的特征值, V 中任意非零向量都是 $\mathcal{E}$ 的属于特征值 1 的特征向量. 0 是零变换的特征值, 任意非零向量都是属于特征值 0 的特征向量.

现在我们讨论如何求特征值和特征向量.

设 V 是数域 F 上的 n 维线性空间, $\varepsilon_1,\varepsilon_2,\cdots,\varepsilon_n$ 是它的一组基, V 上的线性变换 $\mathcal{A}$ 在这组基下的矩阵是 A. 又设 λ_0 是 $\mathcal{A}$ 的一个特征值, ξ 是 $\mathcal{A}$ 的属于特征值 λ_0 的一个特征向量, 它在基 $\varepsilon_1,\varepsilon_2,\cdots,\varepsilon_n$ 下的坐标是$X_0=(x_1^0,x_2^0,\cdots,x_n^0)^{\mathrm{T}}$. 则 $\mathcal{A}\xi$ 的坐标是 AX_0. 此时, (5.1) 等价于

$$AX_0=\lambda_0X_0$$

或

$$(\lambda_0E-A)X_0=0.$$

这说明特征向量 ξ 的坐标 X_0 是齐次线性方程组

$$(\lambda_0E-A)x=0 \tag{5.2}$$

的解. 因为 $\xi\neq0$, 所以 $X_0\neq0$, 方程组(5.2)有非零解, 从而方程组系数矩阵的行列式等于零, 即 $|\lambda_0E-A|=0$.

反过来, 如果数域 F 中的数 λ_0 使得 $|\lambda_0E-A|=0$, 那么齐次线性方程组 (5.2) 有非零解. 对于 (5.2) 的任一非零解 X_0, 令

$$\xi=(\varepsilon_1,\varepsilon_2,\cdots,\varepsilon_n)X_0.$$

则

$$\mathcal{A}\xi=(\varepsilon_1,\varepsilon_2,\cdots,\varepsilon_n)AX_0=\lambda_0(\varepsilon_1,\varepsilon_2,\cdots,\varepsilon_n)X_0=\lambda_0\xi,$$

因而 ξ 就是 $\mathcal{A}$ 的属于特征值 λ_0 的特征向量.

定义 5.1.3 设 $A=(a_{ij})$ 是数域 F 上的 n 阶矩阵. 如果存在数域 F 中的数 λ_0 以及 F^n 中的非零向量 η 使得

$$A\eta=\lambda_0\eta, \tag{5.3}$$

那么称 λ_0 为矩阵 A 的一个特征值, 称非零向量 η 为矩阵 A 的属于特征值 λ_0 的特征向量. 设 λ 是一文字, 称多项式

$$|\lambda E-A|=\begin{vmatrix}\lambda-a_{11} & -a_{12} & \cdots & -a_{1n}\\ -a_{21} & \lambda-a_{22} & \cdots & -a_{2n}\\ \cdots & \cdots & \cdots & \cdots\\ -a_{n1} & -a_{n2} & \cdots & \lambda-a_{nn}\end{vmatrix} \tag{5.4}$$

为 A 的特征多项式, 它是数域 F 上 λ 的一个首项系数为 1 的 n 次多项式.

由定义 5.1.3 不难得到

推论 5.1.4 (1) λ_0 是矩阵 A 的特征值当且仅当 λ_0 是 A 的特征多项式的根, 即 $|\lambda_0 E - A| = 0$.

(2) 若 λ_0 是 A 的一个特征值, 则齐次线性方程组 $(\lambda_0 E - A)x = 0$ 的所有非零解就是 A 的属于特征值 λ_0 的全部特征向量.

定理 5.1.5 相似矩阵有相同的特征多项式, 进而有相同的特征值.

证明 设 A, B 是相似矩阵, 即存在可逆矩阵 T 使得 $B = T^{-1}AT$. 于是

$$|\lambda E - B| = |\lambda E - T^{-1}AT| = |T^{-1}||\lambda E - A||T| = |\lambda E - A|.$$

注意定理 5.1.5 的逆命题是不成立的, 即特征多项式相同的矩阵不一定相似. 例如

$$A = \begin{pmatrix} 1 & 0 \\ 0 & 1 \end{pmatrix}, \quad B = \begin{pmatrix} 1 & 1 \\ 0 & 1 \end{pmatrix}.$$

A 和 B 有相同的特征多项式 $(\lambda - 1)^2$, 但是 A 和 B 不相似. 因为和单位矩阵相似的矩阵只能是单位矩阵本身.

定理 5.1.5 说明, 线性变换的矩阵的特征多项式与基的选取无关, 它是被线性变换唯一决定的, 因此我们也称它是线性变换的特征多项式. 综上所述, 我们有

定理 5.1.6 设 V 是数域 F 上的 n 维线性空间, $\varepsilon_1, \varepsilon_2, \cdots, \varepsilon_n$ 是它的一组基, V 上的线性变换 $\mathcal{A}$ 在这组基下的矩阵是 A. 如果 λ_0 是 $\mathcal{A}$ 的特征值, ξ 是 $\mathcal{A}$ 的属于 λ_0 的一个特征向量, 那么 λ_0 是 A 的特征值, ξ 在基 $\varepsilon_1, \varepsilon_2, \cdots, \varepsilon_n$ 下的坐标 X_0 是 A 的属于 λ_0 的一个特征向量.

反过来, 如果 λ_0 是 A 的特征值, X_0 是 A 的属于 λ_0 的特征向量, 那么 λ_0 是 $\mathcal{A}$ 的特征值, 且

$$\xi = (\varepsilon_1, \varepsilon_2, \cdots, \varepsilon_n)X_0$$

是 $\mathcal{A}$ 的属于 λ_0 的特征向量.

设 A 是数域 F 上的矩阵, $\lambda_0 \in F$ 是 A 的一个特征值. 则

$$V_{\lambda_0} = \{\eta \in F^n | A\eta = \lambda_0 \eta\}$$

是 F^n 的子空间($(\lambda_0 E-A)x=0$ 的解空间), 亦称为 A 属于(对应于) λ_0 的特征子空间.

根据定理 5.1.5, 确定数域 F 上线性空间 V 上的线性变换 $\mathcal{A}$ 的特征值和特征向量的过程可以归结为如下步骤:

(1) 在线性空间 V 中取一组基 $\varepsilon_1,\varepsilon_2,\cdots,\varepsilon_n$, 求出 $\mathcal{A}$ 在这组基下的矩阵 A;

(2) 求出 A 的特征多项式 $|\lambda E-A|$ 在数域 F 中的全部根 $\lambda_1,\lambda_2,\cdots,\lambda_s$, 这就是 A, 也是线性变换 $\mathcal{A}$ 的全部特征值;

(3) 对于 $i=1,2,\cdots,s$, 求出齐次线性方程组

$$(\lambda_i E-A)x=0$$

的一个基础解系 $\eta_{i1},\eta_{i2},\cdots,\eta_{ir_i}$, 这就是矩阵 A 的特征子空间 V_{λ_i} 的一组基, 即 A 的属于 λ_i 的全部特征向量组成的向量组的一个极大线性无关组. 因此

$$\eta=k_1\eta_{i1}+k_2\eta_{i2}+\cdots+k_{r_i}\eta_{ir_i},$$

其中 $k_1,k_2,\cdots,k_{r_i}$ 是 F 中任意一组不全为零的常数, 就给出了 A 属于 λ_i 的全部特征向量.

(4) 对于 $i=1,2,\cdots,s$, 令

$$\xi_{ij}=(\varepsilon_1,\varepsilon_2,\cdots,\varepsilon_n)\eta_{ij},\quad j=1,2,\cdots,r_i,$$

则 $\xi_{i1},\xi_{i2},\cdots,\xi_{ir_i}$ 就是 $\mathcal{A}$ 的特征子空间 V_{λ_i} 的一组基,

$$\xi=k_1\xi_{i1}+k_2\xi_{i2}+\cdots+k_{r_i}\xi_{ir_i},$$

其中 $k_1,k_2,\cdots,k_{r_i}$ 是 F 中任意一组不全为零的常数, 就给出了 $\mathcal{A}$ 属于 λ_i 的全部特征向量.

其中 (2), (3) 两步就是求矩阵 A 的特征值和特征向量的过程.

例 5.1.3 设 $\varepsilon_1,\varepsilon_2,\varepsilon_3$ 是 3 维空间 V 的一组基, V 上的线性变换 $\mathcal{A}$ 在基 $\varepsilon_1,\varepsilon_2,\varepsilon_3$ 下的矩阵是

$$A=\begin{pmatrix}1&2&2\\2&1&2\\2&2&1\end{pmatrix}.$$

求 $\mathcal{A}$ 的特征值与特征向量.

解 因为 A 的特征多项式为

$$|\lambda E-A|=\begin{vmatrix}\lambda-1 & -2 & -2\\ -2 & \lambda-1 & -2\\ -2 & -2 & \lambda-1\end{vmatrix}=(\lambda+1)^2(\lambda-5),$$

所以 A 的特征值为$-1,-1,5$.

对于特征值 -1, 对应的齐次线性方程组为

$$\begin{cases}-2x_1-2x_2-2x_3=0\\ -2x_1-2x_2-2x_3=0\\ -2x_1-2x_2-2x_3=0\end{cases}.$$

解得它的一个基础解系

$$\eta_1=(1,0,-1)^{\mathrm{T}},\quad \eta_2=(0,1,-1)^{\mathrm{T}},$$

这是 A 的属于特征值 -1 的特征向量组的一个极大线性无关组, 因此 A 的属于特征值 -1 的全部特征向量为

$$\eta=k_1\eta_1+k_2\eta_2,$$

其中 k_1,k_2 是不全为零的任意常数. 而 $\mathcal{A}$ 属于特征值 -1 的两个线性无关的特征向量为

$$\xi_1=\varepsilon_1-\varepsilon_3,\quad \xi_2=\varepsilon_2-\varepsilon_3,$$

而属于 -1 的全部特征向量就是

$$k_1\xi_1+k_2\xi_2,$$

其中 k_1,k_2 为不全为零的任意常数.

对应特征值 5 的齐次线性方程组为

$$\begin{cases}4x_1-2x_2-2x_3=0\\ -2x_1+4x_2-2x_3=0\\ -2x_1-2x_2+4x_3=0\end{cases}.$$

解得它的一个基础解系

$$\eta_3 = (1, 1, 1)^{\mathrm{T}},$$

这是 A 的属于特征值 5 的特征向量组的一个极大线性无关组, 因此 A 的属于 5 的全部特征向量为

$$k_3\eta_3 = k_3(1, 1, 1)^{\mathrm{T}},$$

其中 k_3 是任意不等于零的数. 而线性变换 $\mathcal{A}$ 的属于特征值 5 的特征向量组的一个极大线性无关组为

$$\xi_3 = \varepsilon_1 + \varepsilon_2 + \varepsilon_3,$$

$\mathcal{A}$ 的属于 5 的全部特征向量就是

$$k_3\xi_3 = k_3\varepsilon_1 + k_3\varepsilon_2 + k_3\varepsilon_3,$$

其中 k_3 是任意不等于零的数.

矩阵的特征多项式有非常重要的应用, 下面我们研究它的一些基本性质.

设 $A = (a_{ij})$ 是数域 F 上的 n 阶矩阵. 在 A 的特征多项式

$$|\lambda E - A| = \begin{vmatrix} \lambda - a_{11} & -a_{12} & \cdots & -a_{1n} \\ -a_{21} & \lambda - a_{22} & \cdots & -a_{2n} \\ \cdots & \cdots & \cdots & \cdots \\ -a_{n1} & -a_{n2} & \cdots & \lambda - a_{nn} \end{vmatrix}$$

的展开式中, 有一项是主对角线上 n 个元素的乘积

$$(\lambda - a_{11})(\lambda - a_{22}) \cdots (\lambda - a_{nn}),$$

展开式中的其余各项, 最多包含 $n-2$ 个主对角线上的元素, λ 的次数最多是 $n-2$, 因此特征多项式的 n 次项和 $n-1$ 次项只能包含在对角线上元素的乘积中, 它们是

$$\lambda^n - (a_{11} + a_{22} + \cdots + a_{nn})\lambda^{n-1}.$$

另一方面, 在特征多项式中令 $\lambda = 0$, 即得常数项 $|-A| = (-1)^n|A|$. 因此, 如果只写出特征多项式的前两项与常数项, 就有

$$|\lambda E - A| = \lambda^n - (a_{11} + a_{22} + \cdots + a_{nn})\lambda^{n-1} + \cdots + (-1)^n|A|.$$

根据多项式根与系数的关系可知, A 的全体特征值的和为 $a_{11}+a_{22}+\cdots+a_{nn}$, 称为 A 的迹, 记作 $\operatorname{tr} A$. 而 A 的全体特征值的乘积等于 $|A|$. 因此我们有

定理 5.1.7 设 $A=(a_{ij})$ 是 n 阶矩阵, $\lambda_1,\lambda_2,\cdots,\lambda_n$ 是它的全部 n 个特征值(包括重特征值). 则

$$\operatorname{tr} A=\lambda_1+\lambda_2+\cdots+\lambda_n=a_{11}+a_{22}+\cdots+a_{nn}, \quad |A|=\lambda_1\lambda_2\cdots\lambda_n.$$

最后我们给出特征多项式的一个重要性质, 我们略去它的证明, 有兴趣的读者可以参考有关的文献给出它的证明.

设 A 是数域 F 上的 n 阶矩阵,

$$f(x)=a_m x^m+a_{m-1}x^{m-1}+\cdots+a_1 x+a_0$$

是数域 F 上的一个 m 次多项式. 则

$$f(A)=a_m A^m+a_{m-1}A^{m-1}+\cdots+a_1 A+a_0 E$$

也是数域 F 上的 n 阶矩阵, 称为矩阵 A 的多项式.

***定理 5.1.8** (哈密顿–凯莱(Hamilton-Cayley)定理) 设 $A=(a_{ij})$ 是数域 F 上的一个n 阶矩阵, $f(\lambda)=|\lambda E-A|$ 是 A 的特征多项式. 则

$$f(A)=A^n-(a_{11}+a_{22}+\cdots+a_{nn})A^{n-1}+\cdots+(-1)^n|A|E=0.$$

使得 $f(A)=0$ 的多项式 $f(x)$ 称为矩阵 A 的零化多项式. 据定理 5.1.8 知, 一个矩阵的特征多项式是它的零化多项式.

因为线性变换和矩阵的对应是保持运算的, 所以由定理 5.1.8 得

***推论 5.1.9** 设 $\mathcal{A}$ 是有限维线性空间 V 上的线性变换, $f(\lambda)$ 是 $\mathcal{A}$ 的特征多项式. 则 $f(\mathcal{A})=0$.

习 题 5.1

1. 设 $\varepsilon_1,\varepsilon_2,\varepsilon_3$ 是 3 维空间 V 的一组基, V 上的线性变换 $\mathcal{A}$ 在基 $\varepsilon_1,\varepsilon_2,\varepsilon_3$ 下的矩阵是 A. 求 $\mathcal{A}$ 的特征值和特征向量.

(1) $A=\begin{pmatrix}0&0&1\\0&1&0\\1&0&0\end{pmatrix}$; (2) $A=\begin{pmatrix}2&-2&0\\-2&1&-2\\0&-2&0\end{pmatrix}$;

(3) $A=\begin{pmatrix}-2&3&-1\\-6&7&-2\\-9&9&-2\end{pmatrix}$;　　(4) $A=\begin{pmatrix}4&2&1\\-2&0&-1\\1&1&0\end{pmatrix}$.

2. 已知 A 有特征值 λ.

(1) 求 A^{T} 的一个特征值;

(2) 求 kA 的一个特征值, k 为任意实数;

(3) 求 A^k 的一个特征值, k 为正整数;

(4) 设 A 可逆, 求 A^{-1} 的一个特征值.

3. 设 A 是正交矩阵. 试证:

(1) 若 λ 是 A 的特征值, 则 $\dfrac{1}{\lambda}$ 也是 A 的特征值;

(2) 若 λ 是 A 的实特征值, 则该特征值是 1 或 -1.

4. 求下列矩阵的特征值和特征向量:

(1) $A=\begin{pmatrix}2&1\\1&2\end{pmatrix}$;　　(2) $A=\begin{pmatrix}0&a\\-a&0\end{pmatrix}, a\neq 0$;

(3) $A=\begin{pmatrix}3&2&4\\2&0&2\\4&2&3\end{pmatrix}$;　　(4) $A=\begin{pmatrix}1&2&2\\2&1&-2\\-2&-2&1\end{pmatrix}$;

(5) $A=\begin{pmatrix}3&1&0\\-4&-1&0\\4&-8&-2\end{pmatrix}$;　　(6) $A=\begin{pmatrix}2&-1&2\\5&-3&3\\-1&0&-2\end{pmatrix}$.

5. 已知三阶可逆矩阵 A 的特征值为 $1,2,3$, 求下列矩阵 B 的特征值:

(1) $B=E+2A+A^2$;　　(2) $B=(\frac{1}{3}A^2)^{-1}$;

(3) $B=E+A^{-1}$;　　(4) $B=A^*$;

(5) $B=(A^2)^*$.

6. 设 σ 是 R_3 的一个线性变换. 已知

$$\sigma(1,0,0)=(5,6,-3),\ \sigma(0,1,0)=(-1,0,1),\ \sigma(0,0,1)=(1,2,1),$$

求 σ 的特征值及全部特征向量.

7. 设 A_1,A_2,A_3 是三个非零矩阵, 且 $A_i^2=A_i, A_iA_j=0\ (i\neq j, i,j=1,2,3)$.

(1) 证明: $A_i(i=1,2,3)$ 的特征值仅有 1 和 0.

(2) 证明: A_i 的属于特征值 1 的特征向量是 A_j 的属于特征值 0 的特征向量.

(3) 若 $\alpha_1,\alpha_2,\alpha_3$ 分别是 A_1,A_2,A_3 属于特征值 1 的特征向量, 证明: $\alpha_1,\alpha_2,\alpha_3$ 是线性无关的.

§5.2 矩阵的对角化

本节讨论矩阵的对角化问题, 即当矩阵 A 满足什么条件时, A 相似于对角矩阵, 也就是说, 存在可逆矩阵 T 使得 $T^{-1}AT$ 是对角矩阵? 以及如何确定满足条件的可逆矩阵 T. 下面我们着手解决这些问题.

我们知道,

$$\begin{aligned}&n\text{阶矩阵 } A \text{ 相似于对角矩阵 } \mathrm{diag}\{\lambda_1,\lambda_2,\cdots,\lambda_n\}\\ \Leftrightarrow\ &\text{存在可逆矩阵 } T \text{ 使得 } T^{-1}AT=\mathrm{diag}\{\lambda_1,\lambda_2,\cdots,\lambda_n\}\\ \Leftrightarrow\ &\text{存在可逆矩阵 } T \text{ 使得 } AT=T\mathrm{diag}\{\lambda_1,\lambda_2,\cdots,\lambda_n\}.\end{aligned}$$

对矩阵 T 按列向量进行分块, 即令 $T=(\alpha_1,\alpha_2,\cdots,\alpha_n)$, 则有

$$\begin{aligned}&AT=T\mathrm{diag}\{\lambda_1,\lambda_2,\cdots,\lambda_n\}\\ \Leftrightarrow\ &(A\alpha_1,A\alpha_2,\cdots,A\alpha_n)=(\lambda_1\alpha_1,\lambda_2\alpha_2,\cdots,\lambda_n\alpha_n)\\ \Leftrightarrow\ &A\alpha_i=\lambda_i\alpha_i,\ i=1,2,\cdots,n.\end{aligned}$$

由于 T 可逆当且仅当 $\alpha_1,\alpha_2,\cdots,\alpha_n$ 线性无关, 因此我们就证明了

定理 5.2.1 设 A 是 n 阶矩阵. 则 A 相似于对角矩阵的充分必要条件是 A 有 n 个线性无关的特征向量. 此时, 若 $\eta_1,\eta_2,\cdots,\eta_n$ 是 A 的 n 个线性无关的特征向量, 令

$$T=(\eta_1\ \eta_2\ \cdots\ \eta_n),$$

则 T 是可逆矩阵, 且

$$T^{-1}AT=\mathrm{diag}\{\lambda_1,\lambda_2,\cdots,\lambda_n\},$$

其中 $\lambda_1,\lambda_2,\cdots,\lambda_n$ 分别为 A 的对应于特征向量 $\eta_1,\eta_2,\cdots,\eta_n$ 的特征值.

定理 5.2.1 表明, 如果矩阵 A 相似于对角矩阵, 那么这个对角阵的主对角线上的元素就是 A 的全部特征值. 定理 5.2.1 还告诉我们 n 阶矩阵 A 能否相似于对角矩阵就看 A 是否有 n 个线性无关的特征向量, 因此讨论矩阵的线性无关的特征向量是必要的, 特别是能给出一种判断特征向量线性无关的简便方法. 为此, 我们有

定理 5.2.2 方阵 A 的属于不同特征值的特征向量是线性无关的.

证明 设 $\lambda_1, \lambda_2, \cdots, \lambda_s$ 是方阵 A 的互不相同的特征值, $\eta_1, \eta_2, \cdots, \eta_s$ 分别为它们对应的特征向量. 下面对 s 用数学归纳法证明定理结论成立.

当 $s = 1$ 时, 因为特征向量非零, 所以 η_1 线性无关.

假设结论对 $s-1$ 成立, 即 A 的属于 $s-1$ 个不同特征值的特征向量是线性无关的, 我们考察 s 个不同特征值的情况. 设有

$$k_1\eta_1 + k_2\eta_2 + \cdots + k_{s-1}\eta_{s-1} + k_s\eta_s = 0. \tag{5.5}$$

用矩阵 A 左乘上式两端并注意到 $A\eta_i = \lambda_i\eta_i$, 得

$$k_1\lambda_1\eta_1 + k_2\lambda_2\eta_2 + \cdots + k_{s-1}\lambda_{s-1}\eta_{s-1} + k_s\lambda_s\eta_s = 0. \tag{5.6}$$

用 λ_s 数乘 (5.5) 式两端得

$$k_1\lambda_s\eta_1 + k_2\lambda_s\eta_2 + \cdots + k_{s-1}\lambda_s\eta_{s-1} + k_s\lambda_s\eta_s = 0. \tag{5.7}$$

用 (5.7) 式减去 (5.6) 式得

$$k_1(\lambda_s - \lambda_1)\eta_1 + k_2(\lambda_s - \lambda_2)\eta_2 + \cdots + k_{s-1}(\lambda_s - \lambda_{s-1})\eta_{s-1} = 0.$$

根据归纳假设, $\eta_1, \eta_2, \cdots, \eta_{s-1}$ 线性无关, 因此

$$k_i(\lambda_s - \lambda_i) = 0,\ i = 1, 2, \cdots, s-1.$$

由于 $\lambda_1, \lambda_2, \cdots, \lambda_s$ 互不相同, 所以 $\lambda_s - \lambda_i \neq 0$, $i = 1, 2, \cdots, s-1$, 故 $k_1 = k_2 = \cdots = k_{s-1} = 0$. 带入到 (5.6) 式得 $k_s\eta_s = 0$. 由 $\eta_s \neq 0$ 得 $k_s = 0$. 于是 $\eta_1, \eta_2, \cdots, \eta_n$ 线性无关. 根据归纳法原理, 定理成立.

推论 5.2.3 若 n 阶方阵 A 有 n 个互不相同的特征值 $\lambda_1, \lambda_2, \cdots, \lambda_n$, 则 A 相似于对角矩阵 $\mathrm{diag}\{\lambda_1, \lambda_2, \cdots, \lambda_n\}$.

证明 设 $\eta_1,\eta_2,\cdots,\eta_n$ 分别为 A 的对应于特征值 $\lambda_1,\lambda_2,\cdots,\lambda_n$ 的特征向量. 则由定理 5.2.2 知 $\eta_1,\eta_2,\cdots,\eta_n$ 线性无关. 据定理 5.2.1 知 A 相似于对角矩阵, 若令 $T=(\eta_1,\eta_2,\cdots,\eta_n)$, 则 T 可逆, 且有

$$T^{-1}AT=\mathrm{diag}\{\lambda_1,\lambda_2,\cdots,\lambda_n\}.$$

例 5.2.1 设

$$A=\begin{pmatrix}1&1&0\\0&2&0\\2&-1&3\end{pmatrix}.$$

问 A 能否相似于对角矩阵? 若能, 求出使得 $T^{-1}AT$ 为对角阵的可逆矩阵 T.

解 因为

$$|\lambda E-A|=\begin{vmatrix}\lambda-1&-1&0\\0&\lambda-2&0\\-2&1&\lambda-3\end{vmatrix}=(\lambda-1)(\lambda-2)(\lambda-3),$$

所以 A 有 3 个互不相同的特征值 $\lambda_1=1$, $\lambda_2=2$, $\lambda_3=3$. 据推论 5.2.3 知 A 相似于对角阵.

把 $\lambda_1=1$ 带入到 $(\lambda_1E-A)x=0$, 得齐次线性方程组

$$\begin{cases}-x_2=0\\-x_2=0\\-2x_1+x_2-2x_3=0\end{cases},$$

解得它的一个基础解系 $\eta_1=(1,0,-1)^{\mathrm{T}}$. η_1 是 A 的属于特征值 1 的特征向量.

把 $\lambda_2=2$ 带入到 $(\lambda_2E-A)x=0$, 解得 A 的属于特征值 2 的一个特征向量 $\eta_2=(1,1,-1)^{\mathrm{T}}$.

把 $\lambda_3=3$ 带入到 $(\lambda_3E-A)x=0$, 解得 A 的属于特征值 3 的一个特征向量 $\eta_3=(0,0,1)^{\mathrm{T}}$.

据定理 5.2.2 知, η_1,η_2,η_3 是 A 的 3 个线性无关的特征向量. 令

$$T=\begin{pmatrix}1&1&0\\1&0&0\\-1&-1&1\end{pmatrix},$$

则 T 是可逆矩阵, 且 $T^{-1}AT = \mathrm{diag}\{2,1,3\}$.

注意推论 5.2.3 只是一个矩阵相似于对角阵的充分条件, 而不是必要条件, 这可以由例 5.2.2 说明. 为了给出进一步的判别条件, 我们需要推广定理 5.2.2.

定理 5.2.4 若 $\lambda_1, \lambda_2, \cdots, \lambda_s$ 是矩阵 A 的互不相同的特征值, $\eta_{i1}, \eta_{i2}, \cdots, \eta_{it_i}$ 是 A 的属于特征值 λ_i 的线性无关的特征向量, $i = 1, 2, \cdots, s$, 则 $\eta_{11}, \eta_{12}, \cdots, \eta_{1t_1}, \cdots, \eta_{s1}, \eta_{s2}, \cdots, \eta_{st_s}$ 线性无关.

证明 类似于定理 5.2.2 的证明, 对 s 用数学归纳法. 留给读者完成.

设 λ_0 是 n 阶矩阵 A 的特征值, $\eta_1, \eta_2, \cdots, \eta_t$ 是 A 的属于 λ_0 的线性无关的特征向量. 把 $\eta_1, \eta_2, \cdots, \eta_t$ 扩充为 C^n 的一组基 $\eta_1, \eta_2, \cdots, \eta_t, \eta_{t+1}, \cdots, \eta_n$, 并令

$$T = (\eta_1, \eta_2, \cdots, \eta_t, \eta_{t+1}, \cdots, \eta_n),$$

则 T 是可逆矩阵, 且有

$$T^{-1}AT = T^{-1}(\lambda_0\eta_1, \lambda_0\eta_2, \cdots, \lambda_0\eta_t, A\eta_{t+1}, \cdots, A\eta_n) = \begin{pmatrix} \lambda_0 E_t & B_1 \\ 0 & A_1 \end{pmatrix}.$$

因此 $|\lambda E - A| = |\lambda E - T^{-1}AT| = (\lambda - \lambda_0)^t |\lambda E_{n-t} - A_1|$, 从而 λ_0 至少是 A 的 t 重特征根.

为方便起见, 我们引入

定义 5.2.5 设 λ_0 是方阵 A 的特征值. 称 λ_0 在 A 的特征多项式 $|\lambda E - A|$ 中的重数为 λ_0 的代数重数; 称特征子空间 V_{λ_0} 的维数, 即线性方程组 $(\lambda_0 E - A)x = 0$ 的解空间的维数为 λ_0 的几何重数.

显然单特征根的代数重数等于 1. 在例 5.1.3 中, -1 的代数重数等于 2, 几何重数也等于 2.

这样我们就证明了

定理 5.2.6 特征值的几何重数不超过它的代数重数.

现在我们可以给出矩阵对角化的新的判定定理.

定理 5.2.7 设 A 是 n 阶矩阵, $\lambda_1, \lambda_2, \cdots, \lambda_s$ 是它的全部互不相同的特征值, 它们的代数重数分别为 $n_1, n_2, \cdots, n_s$, 它们的几何重数分别为 $m_1, m_2, \cdots, m_s$. 则

$$\begin{aligned} A\ \text{相似于对角阵} &\Leftrightarrow m_i = n_i, i = 1, 2, \cdots, s, \\ &\Leftrightarrow r(\lambda_i E - A) = n - n_i, i = 1, 2, \cdots, s. \end{aligned}$$

证明 注意到 $n_1+n_2+\cdots+n_s=n$, 根据定理 3.3.3 和 5.2.1, 我们有

$$\begin{aligned} A\text{ 相似于对角阵} &\Leftrightarrow A\text{ 有 } n \text{ 个线性无关的特征向量}\\ &\Leftrightarrow m_1+m_2+\cdots+m_s=n\\ &\Leftrightarrow m_i=n_i, i=1,2,\cdots,s,\\ &\Leftrightarrow r(\lambda_iE-A)=n-n_i, i=1,2,\cdots,s. \end{aligned}$$

定理 5.2.7 表明, 如果矩阵 A 的所有特征值的几何重数等于代数重数, 那么 A 相似于对角阵, 否则 A 不相似于对角阵.

例 5.2.2 判断矩阵

$$(1)\quad A=\begin{pmatrix}2&-1&2\\5&-3&3\\-1&0&-2\end{pmatrix},\qquad (2)\quad A=\begin{pmatrix}1&-1&1\\2&4&-2\\-3&-3&5\end{pmatrix}$$

能否对角化? 如能对角化, 求出相似变换矩阵 T 使得 $T^{-1}AT$ 为对角阵.

解 (1) 由

$$|\lambda E-A|=\begin{vmatrix}\lambda-2&1&-2\\-5&\lambda+3&-3\\1&0&\lambda+2\end{vmatrix}=(\lambda+1)^3$$

得 -1 是 A 的三重特征值. 因为

$$r(-E-A)=r\begin{pmatrix}-3&1&-2\\-5&2&-3\\1&0&1\end{pmatrix}=2,$$

所以 $3-r(-E-A)=1<3$, 据定理 5.2.7 知 A 不能相似于对角阵.

(2) 由

$$|\lambda E-A|=\begin{vmatrix}\lambda-1&1&-1\\-2&\lambda-4&2\\3&3&\lambda-5\end{vmatrix}=(\lambda-2)^2(\lambda-6)$$

解得 A 的特征值 $\lambda_1=\lambda_2=2$ (二重), $\lambda_3=6$.

解齐次线性方程组

$$\begin{pmatrix} 1 & 1 & -1 \\ -2 & -2 & 2 \\ 3 & 3 & -3 \end{pmatrix} x = 0$$

得 A 属于特征值 2 的线性无关的特征向量为

$$\eta_1 = (1, -1, 0)^{\mathrm{T}}, \qquad \eta_2 = (1, 0, 1)^{\mathrm{T}}.$$

解齐次线性方程组

$$\begin{pmatrix} 5 & 1 & -1 \\ -2 & 2 & 2 \\ 3 & 3 & 1 \end{pmatrix} x = 0$$

得 A 属于特征值 6 的线性无关的特征向量为

$$\eta_3 = (1, -2, 3)^{\mathrm{T}}.$$

综上可知, 矩阵 A 的所有特征值的几何重数等于代数重数, 因而 A 相似于对角阵. 令

$$T = \begin{pmatrix} 1 & 1 & 1 \\ -1 & 0 & -2 \\ 0 & 1 & 3 \end{pmatrix},$$

则 $T^{-1}AT = \mathrm{diag}\{2, 2, 6\}$.

习 题 5.2

1. 判断习题 5.1 第 1 题中各矩阵是否可对角化? 若可对角化, 求出可逆矩阵 T, 使 $T^{-1}AT$ 为对角阵.

2. 已知 $A = \begin{pmatrix} a & -2 & 0 \\ b & 1 & -2 \\ c & -2 & 0 \end{pmatrix}$ 的三个特征值为 $4, 1, -2$, 求 a, b, c.

3. 已知向量 $\alpha = (1, k, 1)^{\mathrm{T}}$ 是矩阵 $A = \begin{pmatrix} 2 & 1 & 1 \\ 1 & 2 & 1 \\ 1 & 1 & 2 \end{pmatrix}$ 的逆矩阵 A^{-1} 的特征向量, 试求常数 k 的值.

4. 设 3 阶矩阵 A 的特征值为 $2,1,-1$, 对应的特征向量分别为 $(1,0,-1)^{\mathrm{T}}$, $(1,-1,0)^{\mathrm{T}},(1,0,1)^{\mathrm{T}}$. 试求矩阵 A.

5. 已知矩阵

$$A=\begin{pmatrix}1 & -1 & 1\\ x & 4 & y\\ -3 & -3 & 5\end{pmatrix}$$

有 3 个线性无关的特征向量, $\lambda=2$是A的二重特征根, 试求可逆阵 P, 使 $P^{-1}AP$ 为对角阵.

6. 设 A 是 3 阶方阵, 三维列向量 $\alpha_1,\alpha_2,\alpha_3$ 线性无关, 且已知

$$\begin{cases}A\alpha_1=\alpha_1+4\alpha_2+\alpha_3,\\ A\alpha_2=\alpha_1-\alpha_3,\\ A\alpha_3=-2\alpha_1+4\alpha_2+4\alpha_3.\end{cases}$$

证明 A 可对角化.

7. 已知 $\xi=\begin{pmatrix}1\\1\\-1\end{pmatrix}$ 是矩阵 $A=\begin{pmatrix}2 & -1 & 2\\ 5 & a & 3\\ -1 & b & -2\end{pmatrix}$ 的一个特征向量.

(1) 试确定参数 a,b 及特征向量 ξ 所对应的特征值;

(2) 问 A 能否相似于对角阵? 说明理由.

8. 设 A,B 是 3 阶矩阵, $AB=A-B$. 若 $\lambda_1,\lambda_2,\lambda_3$ 是 A 的 3 个不同的特征值, 证明:

(1) $\lambda_i\neq-1(i=1,2,3)$;

(2) 存在可逆矩阵 P, 使得 $P^{-1}AP,P^{-1}BP$ 同时为对角阵.

9. 设矩阵

$$A=\begin{pmatrix}2 & 1 & 1\\ 1 & 2 & 1\\ 1 & 1 & a\end{pmatrix}$$

可逆, 向量

$$\alpha=\begin{pmatrix}1\\ b\\ 1\end{pmatrix}$$

是矩阵 A^* 的一个特征值向量, λ 是 α 对应的特征值, 其中 A^* 是矩阵 A 的伴随矩阵. 试求 a,b 和 λ 的值.

§ 5.3 实对称矩阵的对角化

上一节我们已经看到并不是所有的矩阵都能与对角矩阵相似. 本节我们讨论一类能与对角矩阵相似的矩阵, 即实对称矩阵.

我们首先介绍实对称矩阵的特征值和特征向量的一些基本性质.

定理 5.3.1 实对称矩阵的特征值都是实数.

证明 设 λ 是 n 阶实对称矩阵 A 的任意一个特征值, $\eta=(x_1,x_2,\cdots,x_n)^{\mathrm{T}}$ 是 A 的属于 λ 的一个特征向量. 则有

$$A\eta=\lambda\eta. \tag{5.8}$$

令

$$\overline{\eta}=(\overline{x}_1,\overline{x}_2,\cdots,\overline{x}_n)^{\mathrm{T}},$$

其中$\overline{x}_i$, $i=1,2,\cdots,n$ 表示 x_i 的共轭复数, 则

$$\overline{\eta}^{\mathrm{T}}\eta=\overline{x}_1x_1+\overline{x}_2x_2+\cdots+\overline{x}_nx_n\neq 0.$$

注意到 A 是实对称矩阵, 据 (5.8) 式得

$$\eta^{\mathrm{T}}A=(A\eta)^{\mathrm{T}}=\lambda\eta^{\mathrm{T}},\quad \overline{\lambda\eta}=\overline{A\eta}=A\overline{\eta},$$

于是

$$\lambda\eta^{\mathrm{T}}\overline{\eta}=\eta^{\mathrm{T}}A\overline{\eta}=\eta^{\mathrm{T}}\overline{A\eta}=\eta^{\mathrm{T}}(\overline{\lambda\eta})=\overline{\lambda}\eta^{\mathrm{T}}\overline{\eta}.$$

因为 $\eta^{\mathrm{T}}\overline{\eta}\neq 0$, 所以 $\lambda=\overline{\lambda}$, 故 λ 是实数.

据定理 5.3.1 知, n 阶实对称矩阵在实数域内有 n 个特征值(重特征值按重数计算). 而 A 的属于特征值 λ 的特征向量就是实系数齐次线性方程组

$$(\lambda E-A)x=0$$

的非零解, 方程组存在实向量构成的基础解系, 它构成了 A 的属于特征值 λ 的所有特征向量组的一个极大线性无关组. 因此我们约定, 实对称矩阵的特征向量都是欧氏空间 R^n 中的向量.

定理 5.3.2 设 A 是实对称矩阵. 则 A 的属于不同特征值的特征向量是正交的.

证明 设 η_1, η_2 分别是 A 的属于不同特征值 λ_1, λ_2 的特征向量. 则有

$$A\eta_1 = \lambda_1\eta_1, \quad A\eta_2 = \lambda_2\eta_2.$$

于是在 R^n 中,

$$\lambda_1(\eta_1, \eta_2) = (A\eta_1, \eta_2) = (A\eta_1)^{\mathrm{T}}\eta_2 = \eta_1^{\mathrm{T}}A^{\mathrm{T}}\eta_2 = \eta_1^{\mathrm{T}}A\eta_2 = \lambda_2(\eta_1, \eta_2),$$

也就是 $(\lambda_1 - \lambda_2)(\eta_1, \eta_2) = 0$. 因为 $\lambda_1 \neq \lambda_2$, 所以 $(\eta_1, \eta_2) = 0$, 即 η_1 与 η_2 正交.

现在可以证明本节的主要定理.

定理 5.3.3 对于任意 n 阶实对称矩阵 A, 都存在 n 阶正交矩阵 T, 使得

$$T^{-1}AT = T'AT = \mathrm{diag}\{\lambda_1, \lambda_2, \cdots, \lambda_n\},$$

其中 $\lambda_1, \lambda_2, \cdots, \lambda_n$ 为 A 的全部特征值.

证明 对矩阵的阶数 n 进行归纳证明.

当 $n = 1$ 时, 结论显然成立.

假设 $n - 1$ 时定理结论成立. 现考察 n 时的情况. 设 λ_1 是 n 阶实对称矩阵 A 的一个特征值, η_1 是 A 的属于 λ_1 的一个特征向量. 由于 $(1/|\eta_1|)\eta_1$ 也是 A 的属于 λ_1 的特征向量, 故不妨设 η_1 是单位向量. 把 η_1 扩充为 R^n 的一组标准正交基

$$\eta_1, \eta_2, \cdots, \eta_n.$$

令 $T_1 = (\eta_1, \eta_2, \cdots, \eta_n)$. 则 T_1 是正交矩阵, 且有

$$T_1^{-1}AT_1 = T_1'AT_1 = \begin{pmatrix} \lambda_1 & C \\ 0 & B \end{pmatrix}, \tag{5.9}$$

其中 B 是一个 $n-1$ 阶矩阵, C 是一个 $1 \times (n-1)$ 矩阵. 因为 T_1 是正交矩阵, A 是实对称矩阵, 所以矩阵 $T_1^{-1}AT_1$, 即

$$\begin{pmatrix} \lambda_1 & C \\ 0 & B \end{pmatrix}$$

是实对称矩阵. 于是 $C=0$, B 为 $n-1$ 阶实对称矩阵. 根据归纳法假设, 存在 $n-1$ 阶正交矩阵 S, 使得

$$S^{-1}BS=S'BS=\mathrm{diag}\{\lambda_2,\cdots,\lambda_n\},$$

其中 $\lambda_2,\cdots,\lambda_n$ 为 B 的全部特征值. 令

$$T_2=\begin{pmatrix}1&0\\0&S\end{pmatrix},$$

则 T_2 是 n 阶正交矩阵, 从而 $T=T_1T_2$ 也是 n 阶正交矩阵, 且有

$$\begin{aligned}T^{-1}AT&=T_2^{-1}(T_1^{-1}AT_1)T_2\\&=\begin{pmatrix}1&0\\0&S^{-1}\end{pmatrix}\begin{pmatrix}\lambda_1&0\\0&B\end{pmatrix}\begin{pmatrix}1&0\\0&S\end{pmatrix}=\begin{pmatrix}\lambda_1&0\\0&S^{-1}BS\end{pmatrix}\\&=\mathrm{diag}\{\lambda_1,\lambda_2,\cdots,\lambda_n\}.\end{aligned}$$

据 (5.9) 式知, $\lambda_1,\lambda_2,\cdots,\lambda_n$ 就是 A 的全部特征值. 据归纳法原理, 定理得证.

定理 5.3.3 的证明并没有给出求正交矩阵 T 的方法. 正交矩阵 T 的求法可以按如下步骤进行:

(1) 求出实对称矩阵 A 的全部互异的特征值 $\lambda_1,\lambda_2,\cdots,\lambda_s$.

(2) 对每个特征值 λ_i, $i=1,2,\cdots,s$, 求得 V_{λ_i} 的一组基, 即齐次线性方程组

$$(\lambda_iE-A)x=0$$

的一个基础解系. 对这组基施行施密特正交化得到 V_{λ_i} 的一组标准正交基

$$\eta_{i1},\eta_{i2},\cdots,\eta_{ir_i}.$$

(3) 据定理 5.2.1, 5.3.2 及 5.3.3 知

$$\eta_{11},\eta_{12},\cdots,\eta_{1r_1},\cdots,\eta_{s1},\eta_{s2},\cdots,\eta_{sr_s}$$

就构成 R^n 的一组标准正交基, 并且都是 A 的特征向量. 令

$$T=(\eta_{11},\eta_{12},\cdots,\eta_{1r_1},\cdots,\eta_{s1},\eta_{s2},\cdots,\eta_{sr_s}),$$

则 T 是 n 阶正交矩阵, 且有

$$T^{-1}AT = \mathrm{diag}\{\overbrace{\lambda_1, \cdots, \lambda_1}^{r_1}, \cdots, \overbrace{\lambda_s, \cdots, \lambda_s}^{r_s}\}.$$

例 5.3.1 设

$$A = \begin{pmatrix} 1 & 2 & 2 \\ 2 & 1 & 2 \\ 2 & 2 & 1 \end{pmatrix}.$$

求正交矩阵 T, 使得 $T^{-1}AT = T'AT$ 为对角矩阵.

解 据例 5.1.3 知, A 的特征值为 -1 (二重), 5. V_{-1} 的一组基为

$$\xi_1 = (1, 0, -1)^{\mathrm{T}}, \quad \xi_2 = (0, 1, -1)^{\mathrm{T}}.$$

用施密特正交化方法把 ξ_1, ξ_2 化为标准正交基:

$$\xi_1' = \xi_1 = (1, 0, -1)^{\mathrm{T}},$$

$$\xi_2' = \xi_2 - \frac{(\xi_2, \xi_1')}{(\xi_1', \xi_1')}\xi_1' = (0, 1, -1)^{\mathrm{T}} - \frac{1}{2}(1, 0, -1)^{\mathrm{T}} = \frac{1}{2}(-1, 2, -1)^{\mathrm{T}}.$$

把 ξ_1', ξ_2' 单位化得

$$\eta_1 = \frac{1}{\sqrt{2}}(1, 0, -1)^{\mathrm{T}}, \quad \eta_2 = \frac{1}{\sqrt{6}}(-1, 2, -1)^{\mathrm{T}}.$$

V_5 的一组基为 $\xi_3 = (1, 1, 1)^{\mathrm{T}}$, 单位化得

$$\eta_3 = \frac{1}{\sqrt{3}}(1, 1, 1)^{\mathrm{T}}.$$

则 η_1, η_2, η_3 就是 R^3 的一组标准正交基. 令

$$T = (\eta_1\ \eta_2\ \eta_3) = \begin{pmatrix} \frac{1}{\sqrt{2}} & -\frac{1}{\sqrt{6}} & \frac{1}{\sqrt{3}} \\ 0 & \frac{2}{\sqrt{6}} & \frac{1}{\sqrt{3}} \\ -\frac{1}{\sqrt{2}} & -\frac{1}{\sqrt{6}} & \frac{1}{\sqrt{3}} \end{pmatrix},$$

则 T 是正交矩阵, 且 $T^{-1}AT = T'AT = \mathrm{diag}\{-1, -1, 5\}$.

习 题 5.3

1. 求正交矩阵 Q, 使 $Q^{-1}AQ$ 为对角阵.

(1) $A=\begin{pmatrix}1&-2&0\\-2&2&-2\\0&-2&3\end{pmatrix}$; (2) $A=\begin{pmatrix}-1&2&2\\2&-1&2\\2&2&-1\end{pmatrix}$;

(3) $A=\begin{pmatrix}0&0&4&1\\0&0&1&4\\4&1&0&0\\1&4&0&0\end{pmatrix}$; (4) $A=\begin{pmatrix}0&1&1&-1\\1&0&-1&1\\1&-1&0&1\\-1&1&1&0\end{pmatrix}$.

2. 已知

$$A=\begin{pmatrix}1&0&1\\0&2&0\\1&0&1\end{pmatrix},$$

(1) 求正交矩阵 Q, 使 $Q^{-1}AQ$ 为对角阵;

(2) 求 A^{10}.

3. 设 3 阶实对称矩阵 A 特征值 $\lambda_1=-1, \lambda_2=\lambda_3=1$, 对应于 λ_1 的特征向量 $\alpha_1=(0,1,1)^{\mathrm{T}}$. 求 A.

4. 证明反对称矩阵的特征值为 0 或纯虚数.

5. 设 $x=(1,1,2)^{\mathrm{T}}$ 是 $A=\begin{pmatrix}0&1&2\\1&0&a\\2&a&b\end{pmatrix}$ 的特征向量. 求 a,b 的值, 并求正交矩阵 P 使 $P^{-1}AP$ 为对角矩阵.

6. 设实对称矩阵

$$A=\begin{pmatrix}a&1&1\\1&a&-1\\1&-1&a\end{pmatrix}.$$

求可逆矩阵 P, 使 $P^{-1}AP$ 为对角阵, 并计算 $|A-E|$ 的值.

总复习题五

1. 填空题

(1) 若 4 阶实对称矩阵 A 的特征值为 $0, 1, 2, 3$, 则 $r(A) =$ ______.

(2) 若 5 阶矩阵 A 的特征值为 $1, 1, -2, 0, 0$, 则 A 的特征多项式 $|\lambda E - A| =$ ______.

(3) 若 A 为 n 阶方阵, $Ax = 0$ 有非零解, 则 A 必有一特征值为 ______.

(4) 设 3 阶方阵 A 特征值为 $1, -1, 2$. 若 $B = 2A^3 - 3A^2$, 则 B 的特征值为 ______.

(5) 若 A 是 3 阶阵, A^{-1} 的特征值为 $1, 2, 3$, 则 $|A|$ 的代数余子式 $A_{11} + A_{22} + A_{33} =$ ______.

(6) 若 4 阶矩阵 A 与 B 相似, 矩阵 A 特征值为 $\dfrac{1}{2}, \dfrac{1}{3}, \dfrac{1}{4}, \dfrac{1}{5}$, 则 $|B^{-1} - E| =$ ______.

(7) 已知矩阵

$$A = \begin{pmatrix} 2 & 0 & 0 \\ 0 & 0 & 1 \\ 0 & 1 & x \end{pmatrix} \quad 与 \quad B = \begin{pmatrix} 2 & 0 & 0 \\ 0 & y & 0 \\ 0 & 0 & -1 \end{pmatrix}$$

相似, 则 $x =$ ______, $y =$ ______.

(8) 已知

$$A = \begin{pmatrix} 3 & 2 & -2 \\ -k & -1 & k \\ 4 & 2 & -3 \end{pmatrix},$$

则当 $k =$ ______ 时, 存在可逆阵 P, 使 $P^{-1}AP$ 为对角阵.

(9) 已知矩阵

$$A = \begin{pmatrix} 2 & 0 & 0 \\ 0 & 0 & 1 \\ 0 & 1 & x \end{pmatrix}$$

的伴随矩阵 A^* 有一特征值为 -2, 则 $x =$ ______.

(10) 设 A 是 3 阶实对称阵, 特征值为 $1, -1, -1$, 其中 1 的特征向量为 $(1, 0, 1)^{\mathrm{T}}$. 则 -1 所对应的特征子空间为 ______.

(11) 已知 4 阶矩阵 A 满足 $|3E+A|=0$ 且 $AA^{\mathrm{T}}=2E, |A|<0$, 则 A^* 必有特征值 ______.

(12)设 A 为2阶矩阵, α_1, α_2 为线性无关的2维列向量, $A\alpha_1=0, A\alpha_2=2\alpha_1+\alpha_2$. 则 A 的非零特征值为 ______.

2. 选择题

(1) 设 A 为 n 阶方阵, 且 $A^k=0$ (k 为大于 1 的正整数). 则(　　)

(A) $A=0$;　　(B) A 有一个不为零的特征值;

(C) A 的特征值全为 0;　　(D) A 存在 n 个线性无关的特征向量.

(2) 设 A 是 n 阶实对称矩阵, P 是 n 阶可逆矩阵. 已知 n 维列向量 α 是 A 的属于特征值 λ 的特征向量, 则矩阵 $(P^{-1}AP)^{\mathrm{T}}$ 的属于特征值 λ 的特征向量是(　　)

(A) $P^{-1}\alpha$;　　(B) $P^{\mathrm{T}}\alpha$;　　(C) $P\alpha$;　　(D) $(P^{-1})^{\mathrm{T}}\alpha$.

(3) 设 3 阶方阵 A 特征值为 $2,-3,6$. 下列矩阵中满秩的是(　　)

(A) $2E-A$;　　(B) $3E+A$;　　(C) $2A-6E$;　　(D) $A-6E$.

(4) 若 A, B 都是 n 阶矩阵且 A 相似于 B, 则(　　)

(A) A 与 B 有相同的特征值和特征向量;

(B) A 与 B 均与同一个对角矩阵相似;

(C) 对任意实数 t, $tE-A$ 与 $tE-B$ 都相似;

(D) $\lambda E-A=\lambda E-B$.

(5) n 阶方阵 A 与某对角阵相似, 则(　　)

(A) A 的秩等于 n;

(B) A 有 n 个不同特征值;

(C) A 一定是对称阵;

(D) A 的每个特征值的重数必与其对应的特征子空间的维数相同.

(6) n 阶矩阵 A, B 相似的充要条件是(　　)

(A) $\mathrm{tr}(A)=\mathrm{tr}(B)$;

(B) $r(A)=r(B)$;

(C) 存在可逆矩阵 P, 使得 $(P^{-1})^{\mathrm{T}}A^{\mathrm{T}}=B^{\mathrm{T}}(P^{-1})^{\mathrm{T}}$;

(D) A, B 都有 n 个线性无关的特征向量.

(7) 已知 A 是 n 阶矩阵, 则 A 与对角阵相似的充分条件是(　　)

(A) A 是可逆矩阵;

(B) $|A|=\lambda_1\lambda_2\cdots\lambda_n$, 其中 $\lambda_1,\lambda_2,\cdots,\lambda_n$ 是 A 的全部特征值;

(C) A 的 n 个特征值 $\lambda_1,\lambda_2,\cdots,\lambda_n$ 全是单根;

(D) $\lambda_1+\lambda_2+\cdots+\lambda_n=tr(A)$.

(8) 若 3 阶矩阵 A 的特征值全为 0, 则(　　).

(A) $r(A)=0$;　　(B) $r(A)=1$;　　(C) $r(A)=2$;　　(D) $r(A)<3$.

3. 已知 $A=\begin{pmatrix}a & -1 & c\\ 5 & b & 3\\ 1-c & 0 & -a\end{pmatrix}$, $|A|=-1$, A^* 的一个特征值 λ 对应的特征向量 $\alpha=(-1,-1,1)^{\mathrm{T}}$, 求 a,b,c,λ.

4. 设 $A=\begin{pmatrix}a_{11} & 1 & a_{13}\\ a_{21} & 1 & a_{23}\\ a_{31} & 1 & a_{33}\end{pmatrix}$. 已知 A 的特征值是 $2,1,-1$, 求 $A_{11}A_{23}-A_{21}A_{13}$.

5. 设 $A=\begin{pmatrix}a_{11} & 1 & a_{13}\\ a_{21} & 1 & a_{23}\\ a_{31} & 1 & a_{33}\end{pmatrix}$. 已知 A 的特征值是 $0,1,2$, 证明: $X=(1,1,1)^{\mathrm{T}}$ 是线性方程组 $A^*X=0$ 的一个解, 但不是方程组的一个基础解系.

6. 设 n 阶方阵 A 满足 $A^2-5A+6E=0$. 证明矩阵 A 和对角阵相似.

7. 设 $A=\begin{pmatrix}1 & 1 & a\\ 1 & a & 1\\ a & 1 & 1\end{pmatrix}$, $b=\begin{pmatrix}1\\ 1\\ -2\end{pmatrix}$. 如果线性方程组 $Ax=b$ 有解但不唯一, 试求:

(1) a的值;

(2) 正交矩阵 Q, 使 $Q^{\mathrm{T}}AQ$ 为对角矩阵.

8. 求 $A=\begin{pmatrix}1 & -1 & 1\\ 2 & -2 & 2\\ -1 & 1 & -1\end{pmatrix}^k$.

9. 设 $B=P^{-1}AP$, X 是矩阵 A 的属于特征值 λ 的特征向量. 证明: $P^{-1}X$ 是矩阵 B 的属于特征值 λ 的特征向量.

10. 设 $A=\begin{pmatrix}7 & 4 & -1\\ 4 & 7 & -1\\ -4 & -4 & x\end{pmatrix}$. 已知 A 的特征值是 $3,3,12$, 求 x . 并问 A

能否对角化? 若能对角化, 求可逆阵 P 和对角阵 D 使得 $P^{-1}AP=D$.

11. 已知矩阵 $A=\begin{pmatrix}-1&1&0\\-2&2&0\\4&x&1\end{pmatrix}$ 可对角化, 求 A^n.

12. 设 $X=(1,1,2)^{\mathrm{T}}$ 是 $A=\begin{pmatrix}a&b&2\\b&0&2\\2&2&3\end{pmatrix}$ 的特征向量. 求 a,b的值, 并求正交矩阵 P 使得 $P^{-1}AP$ 为对角阵.

13. 设 A 是 3 阶矩阵, A 的各行元素之和均为 2. 又设 $\alpha_1=(0,-1,1)^{\mathrm{T}}$ 和 $\alpha_2=(1,1,0)^{\mathrm{T}}$ 是方程组 $Ax=0$ 的两个解.

(1) 求 A 的特征值;

(2) 求矩阵 A.

14. 设 A 为 3 阶阵, $\alpha_1,\alpha_2,\alpha_3$ 是线性无关的三维列向量, 且

$$A\alpha_1=\alpha_1+\alpha_2+\alpha_3,\ \ A\alpha_2=2\alpha_2+\alpha_3,\ \ A\alpha_3=2\alpha_2+3\alpha_3.$$

(1) 求 B, 使 $A(\alpha_1,\alpha_2,\alpha_3)=(\alpha_1,\alpha_2,\alpha_3)B$;

(2) 求 A 的特征值;

(3) 求可逆阵 P, 使 $P^{-1}AP$ 为对角阵.

15. 已知 n 阶阵 $A=\begin{pmatrix}1&b&\cdots&b\\b&1&\cdots&b\\&\cdots&\cdots&\\b&b&\cdots&1\end{pmatrix}$,

(1) 求 A 的特征值和特征向量;

(2) 求可逆阵 P, 使 $P^{-1}AP$ 为对角阵.

16. 设 3 阶实对称阵 A 的秩为 2, $\lambda_1=\lambda_2=6$ 是 A 的二重特征值, $\alpha_1=(1,1,0)^{\mathrm{T}},\alpha_2=(2,1,1)^{\mathrm{T}},\alpha_3=(-1,2,-3)^{\mathrm{T}}$ 是 A 的属于特征值 6 的特征向量.

(1) 求 A 的另一个特征值及对应的特征向量;

(2) 求 A.

17. 设 3 阶实对称矩阵 A 各行元素之和为 3, 向量$\alpha_1=(-1,2,-1)^{\mathrm{T}},\alpha_2=(0,-1,1)^{\mathrm{T}}$ 是 $Ax=0$ 的两个解.

(1) 求 A 特征值与特征向量;

(2) 求正交阵 Q 和对角阵 Λ, 使 $Q^{\mathrm{T}}AQ=\Lambda$;

(3) 求 A 及 $(A-\dfrac{3}{2}E)^6$.

18. 设 3 阶实对称阵 A 的特征值 $\lambda_1=1,\lambda_2=2$ 及 $\lambda_3=-2$ 且 $\alpha_1=(1,-1,1)^{\mathrm{T}}$ 是 A 的属于 λ_1 的一个特征向量, $B=A^5-4A^3+E$, E 为 3 阶单位阵.

(1) 验证 α_1 是矩阵 B 的特征向量, 并求 B 全部的特征值及特征向量;

(2) 求 B.

19. 设 A 为 n 阶正交矩阵. 证明:

(1) 当 $|A|=-1$ 时, -1 是 A 的特征值;

(2) 当 $|A|=1$ 且 n 为奇数时, 1 是 A 的特征值.

20. 设 A,B 是两个 n 阶正交矩阵. 证明:

(1) 当 $|A|+|B|=0$ 时, $|A+B|=0$;

(2) 当 n 为奇数时, $|(A-B)(A+B)|=0$.

第六章 二次型

二次型的研究起源于解析几何中化二次曲线与二次曲面的方程为标准形, 二次型理论的一个中心任务就是化二次型为标准形. 现在, 二次型的理论不仅用于几何学中, 而且也广泛地应用于数学的其它分支以及自然科学与工程技术中. 本章我们将介绍二次型的最基本的理论.

§6.1 二次型及其矩阵表示

在解析几何中, 当坐标原点与中心重合时, 一个有心二次曲线的一般方程可以表示为

$$ax^2 + 2bxy + cy^2 = d. \tag{6.1}$$

为便于研究这个二次曲线的几何性质, 我们可以选择适当的角度 θ, 作转轴变换

$$\begin{cases} x = x'\cos\theta - y'\sin\theta \\ y = x'\sin\theta + y'\cos\theta \end{cases}, \tag{6.2}$$

把方程 (6.1) 化为标准方程. 在二次曲面的研究中也有类似的情况.

方程 (6.1) 的左端是一个二次齐次多项式. 从代数的观点看, 所谓化为标准方程就是用变量的线性替换 (6.2) 化简一个二次齐次多项式, 使它只含有平方项. 在许多理论问题或实际问题中, 常常需要把二次齐次多项式中变元的个数扩充到 n 个的情形. 为此, 我们引入

定义 6.1.1 设 F 是一数域. 一个系数 F 中含有 n 个变元 $x_1, x_2, \cdots, x_n$ 的二次齐次多项式

$$\begin{aligned} f(x_1, x_2, \cdots, x_n) = a_{11}x_1^2 + 2a_{12}x_1x_2 + \cdots + 2a_{1n}x_1x_n \\ +a_{22}x_2^2 + \cdots + 2a_{2n}x_2x_n \\ +\cdots \\ +a_{nn}x_n^2, \end{aligned} \tag{6.3}$$

称为数域 F 上的一个 n 元二次型, 简称为二次型. 特别地, 当 $F = \mathrm{R}$ 时, 称为实二次型, $F = \mathrm{C}$ 时, 称为复二次型.

例如

$$x_1^2 - x_1x_2 + 3x_1x_3 + 2x_2^2 - 4x_2x_3 + 3x_3^2$$

就是有理数域上的一个三元二次型, 当然也是一个实二次型. 而

$$ix_1^2 + 2(1+i)x_1x_2 - 4x_1x_3 + 2x_2^2 + (1-2i)x_2x_3 + x_3^2$$

是一个三元复二次型.

二次型是多项式, 因此两个 n 元二次型 $f(x_1, x_2, \cdots, x_n)$ 和 $g(x_1, x_2, \cdots, x_n)$ 相等当且仅当它们所有同类项的系数都相等. 从而, 若

$$f(x_1, x_2, \cdots, x_n) = g(x_1, x_2, \cdots, x_n),$$

则对任意 $c_1, c_2, \cdots, c_n \in F$, 有

$$f(c_1, c_2, \cdots, c_n) = g(c_1, c_2, \cdots, c_n).$$

与几何中化简二次曲线和二次曲面的方程一样, 在处理许多其它问题时也常常需要通过变量的线性替换来化简有关的二次型. 为此, 我们引入

定义 6.1.2 设 $x_1, x_2, \cdots, x_n; y_1, y_2, \cdots, y_n$ 是两组文字. 系数在数域 F 中的一组关系式

$$\begin{cases} x_1 = c_{11}y_1 + c_{12}y_2 + \cdots + c_{1n}y_n \\ x_2 = c_{21}y_1 + c_{22}y_2 + \cdots + c_{2n}y_n \\ \qquad \cdots\cdots\cdots \\ x_n = c_{n1}y_1 + c_{n2}y_2 + \cdots + c_{nn}y_n \end{cases} \tag{6.4}$$

称为由 $x_1, x_2, \cdots, x_n$ 到 $y_1, y_2, \cdots, y_n$ 的一个线性替换(或线性变换), 或简称线性替换(或线性变换). 当 $F = \mathrm{R}$ (C) 时, 称为实(复)线性替换. 如果 (6.4) 的系数行列式

$$\begin{vmatrix} c_{11} & c_{12} & \cdots & c_{1n} \\ c_{21} & c_{22} & \cdots & c_{2n} \\ \cdots & \cdots & \cdots & \cdots \\ c_{n1} & c_{n2} & \cdots & c_{nn} \end{vmatrix} \neq 0,$$

那么线性替换 (6.4) 称为非退化的, 否则称为退化的.

显然 (6.2) 是一个非退化的线性替换.

容易看出, 把 (6.4) 代入到 (6.3) 中, 得到的关于 $y_1, y_2, \cdots, y_n$ 的多项式仍然是一个二次齐次多项式. 故线性替换把二次型变成二次型. 研究二次型在非退化的线性替换下的变化情况是本章的主要目的.

在讨论二次型时, 矩阵是一个强有力的工具. 因此, 我们首先把二次型与线性替换表示成矩阵的形式.

对于给定的二次型 (6.3), 如果令

$$a_{ji} = a_{ij},\ 1 \leq i < j \leq n,$$

因为 $x_i x_j = x_j x_i$, 那么二次型 (6.3) 可以写成

$$\begin{aligned} f(x_1, x_2, \cdots, x_n) =& a_{11}x_1^2 + a_{12}x_1x_2 + \cdots + a_{1n}x_1x_n \\ & + a_{21}x_2x_1 + a_{22}x_2^2 + \cdots + a_{2n}x_2x_n \\ & + \cdots \\ & + a_{n1}x_nx_1 + a_{n2}x_nx_2 + \cdots + a_{nn}x_n^2 \\ =& \sum_{i=1}^{n}\sum_{j=1}^{n} a_{ij}x_ix_j. \end{aligned} \tag{6.5}$$

令 $X = (x_1, x_2, \cdots, x_n)^{\mathrm{T}}$,

$$A = \begin{pmatrix} a_{11} & a_{12} & \cdots & a_{1n} \\ a_{21} & a_{22} & \cdots & a_{2n} \\ \cdots & \cdots & \cdots & \cdots \\ a_{n1} & a_{n2} & \cdots & a_{nn} \end{pmatrix}.$$

则 A 是一个对称矩阵, 称为二次型 $f(x_1, x_2, \cdots, x_n)$ 的矩阵. 因此二次型的矩阵都是对称矩阵. 此时

$$f(x_1, x_2, \cdots, x_n) = X^{\mathrm{T}}AX. \tag{6.6}$$

(6.6) 称为二次型 $f(x_1, x_2, \cdots, x_n)$ 的矩阵表示.

从上面的定义可以看到, 二次型 $f(x_1, x_2, \cdots, x_n)$ 的矩阵 A 的元素: 当 $i \neq j$ 时, $a_{ij} = a_{ji}$ 是它的项 x_ix_j 的系数的一半; 而 a_{ii} 是 x_i^2 项的系数. 因此二次型和它的矩阵是相互唯一决定的. 于是我们有

定理 6.1.1 若 A, B 都是 n 阶对称矩阵且

$$f(x_1, x_2, \cdots, x_n) = X^{\mathrm{T}}AX = X^{\mathrm{T}}BX,$$

则 $A = B$.

反之, 任意一个 n 阶对称矩阵 $A = (a_{ij})$ 可以视为二次型

$$f(x_1, x_2, \cdots, x_n) = \sum_{i=1}^{n}\sum_{j=1}^{n} a_{ij}x_ix_j$$

的矩阵.

这样我们就建立了数域 F 上的 n 元二次型和 n 阶对称矩阵之间的一一对应.

同样地, 如果令 $Y = (y_1, y_2, \cdots, y_n)^{\mathrm{T}}$,

$$C = \begin{pmatrix} c_{11} & c_{12} & \cdots & c_{1n} \\ c_{21} & c_{22} & \cdots & c_{2n} \\ \cdots & \cdots & \cdots & \cdots \\ c_{n1} & c_{n2} & \cdots & c_{nn} \end{pmatrix},$$

那么线性替换 (6.4) 可以表示成

$$\begin{pmatrix} x_1 \\ x_2 \\ \vdots \\ x_n \end{pmatrix} = \begin{pmatrix} c_{11} & c_{12} & \cdots & c_{1n} \\ c_{21} & c_{22} & \cdots & c_{2n} \\ \cdots & \cdots & \cdots & \cdots \\ c_{n1} & c_{n2} & \cdots & c_{nn} \end{pmatrix} \begin{pmatrix} y_1 \\ y_2 \\ \vdots \\ y_n \end{pmatrix}$$

或者

$$X = CY.$$

现在我们来讨论一个二次型经过非退化的线性替换所得到的新二次型与原来的二次型之间的关系, 也就是讨论这两个二次型的矩阵之间的关系.

设 $f(x_1, x_2, \cdots, x_n)$ 是一个 n 元二次型, A 是它的矩阵, 即 A 是 n 阶对称矩阵且

$$f(x_1, x_2, \cdots, x_n) = X^{\mathrm{T}}AX. \tag{6.7}$$

又设 $f(x_1,x_2,\cdots,x_n)$ 经过非退化线性替换

$$X=CY$$

得到一个 $y_1,y_2,\cdots,y_n$ 的二次型

$$g(y_1,y_2,\cdots,y_n)=Y^{\mathrm{T}}BY,$$

其中 B 是一个对称矩阵. 我们考察矩阵 B 与 A 的关系. 为此, 将 $X=CY$ 代入到 (6.7) 得

$$\begin{aligned}f(x_1,x_2,\cdots,x_n)&=X^{\mathrm{T}}AX=(CY)^{\mathrm{T}}A(CY)=Y^{\mathrm{T}}(C^{\mathrm{T}}AC)Y\\&=Y^{\mathrm{T}}BY=g(y_1,y_2,\cdots,y_n).\end{aligned}$$

由于 A 是对称矩阵, 因此 $C^{\mathrm{T}}AC$ 也是对称的. 据定理 6.1.1 得

$$B=C^{\mathrm{T}}AC.$$

这给出了经过非退化线性替换前后两个二次型的矩阵的关系. 为方便起见, 我们引入

定义 6.1.3 数域 F 上的两个 n 阶矩阵 A,B 称为合同的, 如果存在数域 F 上的可逆矩阵 C 使得

$$B=C^{\mathrm{T}}AC.$$

类似于矩阵的等价、相似关系, 矩阵的合同关系也具有

(1) 自反性: 任意方阵 A 与自身合同;

(2) 对称性: 若 A 与 B 合同, 则 B 与 A 合同;

(3) 传递性: 若 A 与 B 合同, B 与 C 合同, 则 A 与 C 合同.

此外, 容易看出合同的矩阵有相同的秩. 若 A 与 B 合同, A 是对称矩阵, 则 B 也是对称矩阵.

综上所述, 我们有

定理 6.1.3 一个二次型经过非退化的线性替换所得新二次型的矩阵与原二次型的矩阵是合同的.

最后指出, 在变换二次型时, 我们总要求所作的线性替换是非退化的, 这从几何上看是自然的. 另一方面, 当线性替换 $X=CY$ 是非退化时, 线性替

换 $Y = C^{-1}X$ 也是非退化的. 如果二次型 $f(x_1, x_2, \cdots, x_n)$ 经过非退化线性替换 $X = CY$ 化成二次型 $g(y_1, y_2, \cdots, y_n)$ 时, 线性替换 $Y = C^{-1}X$ 就把 $g(y_1, y_2, \cdots, y_n)$ 还原为 $f(x_1, x_2, \cdots, x_n)$. 这样就可以从所得新二次型的性质推知原二次型的一些性质.

习 题 6.1

1. 写出下列实二次型的矩阵:

(1) $x_1^2 + 4x_1x_2 - 3x_2x_3$;

(2) $2x_1^2 + 5x_2^2 + 4x_3^2 + 4x_1x_2 - 8x_2x_3 - 4x_1x_3$;

(3) $x_1^2 + 2x_2^2 + 3x_3^2 - 4x_1x_2 - 4x_2x_3$;

(4) $2x_1x_2 + 2x_2x_3 + 2x_1x_3$;

(5) $2x_1x_2 - 2x_3x_4$;

(6) $\sum\limits_{i=1}^{n} x_i^2 + \sum\limits_{1\le i<j\le n} x_ix_j$;

(7) $\sum\limits_{i=1}^{n} x_i^2 + \sum\limits_{i=1}^{n-1} x_ix_{i+1}$;

(8) $(n+1)\sum\limits_{i=1}^{n} x_i^2 - (\sum\limits_{i=1}^{n} x_i)^2$.

2. 设 A, B, C, D 都是 n 阶对称矩阵. 若 A 与 B 合同, C 与 D 合同, 问 $A+C$ 与 $B+D$ 是否合同? $\begin{pmatrix} A & 0 \\ 0 & C \end{pmatrix}$ 与 $\begin{pmatrix} B & 0 \\ 0 & D \end{pmatrix}$ 是否合同? 为什么?

§ 6.2 标准形

本节讨论用非退化的线性替换化简二次型的问题. 一般地, 我们可以认为最简单的二次型是只包含平方项的二次型

$$d_1x_1^2 + d_2x_2^2 + \cdots + d_nx_n^2. \tag{6.8}$$

那么一个二次型能否通过非退化的线性替换化成 (6.8) 的形式呢? 下面的定理给出了肯定的回答.

定理 6.2.1 数域 F 上任意一个二次型都可以经过非退化的线性替换化成 (6.8) 的形式.

证明 设 $f(x_1,x_2,\cdots,x_n)$ 是数域 F 上的一个 n 元实二次型. 我们对变元的个数 n 归纳证明定理的结论成立.

当 $n=1$ 时, $f(x_1)=a_{11}x_1^2$, 结论自然成立.

假设对 $n-1$ 元的二次型, 定理结论成立. 我们考察 n 元的情况.

设

$$f(x_1,x_2,\cdots,x_n)=\sum_{i=1}^{n}\sum_{j=1}^{n}a_{ij}x_ix_j,$$

其中 $a_{ij}=a_{ji}$ 是一个 n 元二次型. 以下分三种情况讨论.

(1) $a_{11},a_{22},\cdots,a_{nn}$ 中至少有一个不为零, 不妨设 $a_{11}\neq 0$. 则有

$$\begin{aligned}
f&=a_{11}x_1^2+\sum_{j=2}^{n}a_{1j}x_1x_j+\sum_{i=2}^{n}a_{i1}x_ix_1+\sum_{i=2}^{n}\sum_{j=2}^{n}a_{ij}x_ix_j\\
&=a_{11}x_1^2+\sum_{j=2}^{n}2a_{1j}x_1x_j+\sum_{i=2}^{n}\sum_{j=2}^{n}a_{ij}x_ix_j\\
&=a_{11}(x_1+\sum_{j=2}^{n}a_{11}^{-1}a_{1j}x_j)^2-a_{11}^{-1}(\sum_{j=2}^{n}a_{1j}x_j)^2+\sum_{i=2}^{n}\sum_{j=2}^{n}a_{ij}x_ix_j\\
&=a_{11}(x_1+\sum_{j=2}^{n}a_{11}^{-1}a_{1j}x_j)^2+\sum_{i=2}^{n}\sum_{j=2}^{n}b_{ij}x_ix_j,
\end{aligned}$$

其中

$$\sum_{i=2}^{n}\sum_{j=2}^{n}b_{ij}x_ix_j=-a_{11}^{-1}(\sum_{j=2}^{n}a_{1j}x_j)^2+\sum_{i=2}^{n}\sum_{j=2}^{n}a_{ij}x_ix_j$$

是一个 $n-1$ 元二次型. 于是线性替换

$$\begin{cases}y_1=x_1+\sum\limits_{j=2}^{n}a_{11}^{-1}a_{1j}x_j\\ y_2=x_2\\ \cdots\cdots\\ y_n=x_n\end{cases}\quad\text{或}\quad\begin{cases}x_1=y_1-\sum\limits_{j=2}^{n}a_{11}^{-1}a_{1j}y_j\\ x_2=y_2\\ \cdots\cdots\\ x_n=y_n\end{cases}$$

把二次型化为

$$f(x_1,x_2,\cdots,x_n)=a_{11}y_1^2+\sum_{i=2}^{n}\sum_{j=2}^{n}b_{ij}y_iy_j.$$

根据归纳假设, 存在非退化线性替换

$$\begin{cases} z_2 = c_{22}y_2 + c_{23}y_3 + \cdots + c_{2n}y_n \\ z_3 = c_{32}y_2 + c_{33}y_3 + \cdots + c_{3n}y_n \\ \quad\cdots\cdots \\ z_n = c_{n2}y_2 + c_{n3}y_3 + \cdots + c_{nn}y_n \end{cases}$$

把 $n-1$ 元二次型 $\sum\limits_{i=2}^{n}\sum\limits_{j=2}^{n} b_{ij}y_iy_j$ 化为

$$d_2z_2^2 + d_3z_3^2 + \cdots + d_nz_n^2$$

的形式. 于是非退化线性替换

$$\begin{cases} z_1 = y_1 \\ z_2 = c_{22}y_2 + c_{23}y_3 + \cdots + c_{2n}y_n \\ \quad\cdots\cdots \\ z_n = c_{n2}y_2 + c_{n3}y_3 + \cdots + c_{nn}y_n \end{cases}$$

把 $f(x_1, x_2, \cdots, x_n)$ 化成

$$f(x_1, x_2, \cdots, x_n) = a_{11}z_1^2 + d_2z_2^2 + d_3z_3^2 + \cdots + d_nz_n^2$$

的形式.

(2) $a_{11} = a_{22} = \cdots = a_{nn} = 0$, 至少有一个含 x_1 的混合项的系数不等于零, 不妨设 $a_{12} \neq 0$. 作非退化的线性替换

$$\begin{cases} x_1 = z_1 + z_2 \\ x_2 = z_1 - z_2 \\ x_3 = z_3 \\ \quad\cdots\cdots \\ x_n = z_n \end{cases},$$

得

$$f(x_1, x_2, \cdots, x_n) = 2a_{12}z_1^2 - 2a_{12}z_2^2 + \cdots$$

由 (1) 知, 存在非退化的线性替换把上述二次型化为平方和的形式.

(3) $a_{11}=a_{12}=\cdots=a_{1n}=0$, 则 $a_{21}=a_{31}=\cdots=a_{n1}=0$. 此时

$$f(x_1,x_2,\cdots,x_n)=\sum_{i=2}^{n}\sum_{j=2}^{n}a_{ij}x_ix_j$$

是一个 $n-1$ 元二次型, 根据归纳假设, 它可以用非退化的线性替换化成平方和.

综上所述, 根据归纳法原理, 定理成立.

定理的证明实际上给出了把一个二次型化成平方和的具体方法, 这实质上就是中学代数中配平方的方法, 称之为"配方法".

容易看出, 二次型 (6.8) 的矩阵是对角矩阵. 反之, 任意矩阵为对角矩阵的二次型一定具有形式 (6.8), 即平方和的形式. 这样用矩阵的语言, 定理 6.2.1 可以叙述为

定理 6.2.2 数域 F 上的任意对称矩阵都合同于对角矩阵.

二次型 $f(x_1,x_2,\cdots,x_n)$ 经过非退化线性替换所化成的平方和称为该二次型的标准形.

例 6.2.1 化二次型

$$f(x_1,x_2,x_3)=x_1^2+4x_1x_2-4x_1x_3+2x_2^2-4x_2x_3+3x_3^2$$

为标准形, 并给出所用的非退化线性替换.

解 对所给二次型进行配方得

$$\begin{aligned}f(x_1,x_2,x_3)&=(x_1+2x_2-2x_3)^2-4x_2^2-4x_3^2+8x_2x_3+2x_2^2-4x_2x_3+3x_3^2\\&=(x_1+2x_2-2x_3)^2-2x_2^2+4x_2x_3-x_3^2\\&=(x_1+2x_2-2x_3)^2-2(x_2-x_3)^2+x_3^2.\end{aligned}$$

作线性替换

$$\begin{cases}y_1=x_1+2x_2-2x_3\\y_2=x_2-x_3\\y_3=x_3\end{cases}$$

即

$$\begin{cases}x_1=y_1-2y_2\\x_2=y_2+y_3\\x_3=y_3\end{cases}\tag{6.9}$$

把二次型化成标准形

$$f(x_1, x_2, x_3) = y_1^2 - 2y_2^2 + y_3^2.$$

因为

$$\begin{vmatrix} 1 & -2 & 0 \\ 0 & 1 & 1 \\ 0 & 0 & 1 \end{vmatrix} = 1 \neq 0,$$

所以所作的线性替换 (6.9) 是非退化的.

上述配方过程可以用矩阵的形式表述出来.

所给二次型的矩阵

$$A = \begin{pmatrix} 1 & 2 & -2 \\ 2 & 2 & -2 \\ -2 & -2 & 3 \end{pmatrix},$$

取

$$C = \begin{pmatrix} 1 & -2 & 0 \\ 0 & 1 & 1 \\ 0 & 0 & 1 \end{pmatrix},$$

则 C 可逆且有

$$C^{\mathrm{T}}AC = \begin{pmatrix} 1 & 0 & 0 \\ -2 & 1 & 0 \\ 0 & 1 & 1 \end{pmatrix} \begin{pmatrix} 1 & 2 & -2 \\ 2 & 2 & -2 \\ -2 & -2 & 3 \end{pmatrix} \begin{pmatrix} 1 & -2 & 0 \\ 0 & 1 & 1 \\ 0 & 0 & 1 \end{pmatrix} = \begin{pmatrix} 1 & 0 & 0 \\ 0 & -2 & 0 \\ 0 & 0 & 1 \end{pmatrix}.$$

例 6.2.2 化二次型

$$f(x_1, x_2, x_3) = 2x_1x_2 + 2x_1x_3 - 6x_2x_3$$

为标准形, 并给出所用的非退化线性替换.

解 由于所给二次型不含平方项, 首先作非退化线性替换

$$\begin{cases} x_1 = y_1 + y_2, \\ x_2 = y_1 - y_2, \\ x_3 = y_3, \end{cases}$$

把二次型化为含平方项的形式

$$\begin{aligned} f(x_1,x_2,x_3) &= 2(y_1+y_2)(y_1-y_2)+2(y_1+y_2)y_3-6(y_1-y_2)y_3 \\ &= 2y_1^2-4y_1y_3-2y_2^2+8y_2y_3. \end{aligned}$$

然后再对新的二次型进行配方得

$$\begin{aligned} f(x_1,x_2,x_3) &= 2(y_1-y_3)^2-2y_2^2+8y_2y_3-2y_3^2 \\ &= 2(y_1-y_3)^2-2(y_2-2y_3)^2+6y_3^2. \end{aligned}$$

作线性替换

$$\begin{cases} z_1=y_1-y_3, \\ z_2=y_2-2y_3, \\ z_3=y_3, \end{cases} \quad \text{或} \quad \begin{cases} y_1=z_1+z_3, \\ y_2=z_2+2z_3, \\ y_3=z_3, \end{cases}$$

把二次型化为标准形

$$f(x_1,x_2,x_3)=2z_1^2-2z_2^2+6z_3^2.$$

所用的线性替换是

$$\begin{aligned} \begin{pmatrix} x_1 \\ x_2 \\ x_3 \end{pmatrix} &= \begin{pmatrix} 1 & 1 & 0 \\ 1 & -1 & 0 \\ 0 & 0 & 1 \end{pmatrix} \begin{pmatrix} 1 & 0 & 1 \\ 0 & 1 & 2 \\ 0 & 0 & 1 \end{pmatrix} \begin{pmatrix} z_1 \\ z_2 \\ z_3 \end{pmatrix} \\ &= \begin{pmatrix} 1 & 1 & 3 \\ 1 & -1 & -1 \\ 0 & 0 & 1 \end{pmatrix} \begin{pmatrix} z_1 \\ z_2 \\ z_3 \end{pmatrix}, \end{aligned}$$

由于

$$\begin{vmatrix} 1 & 1 & 3 \\ 1 & -1 & -1 \\ 0 & 0 & 1 \end{vmatrix} = -2 \neq 0,$$

这是一个非退化线性替换.

因为原二次型的矩阵

$$A=\begin{pmatrix} 0 & 1 & 1 \\ 1 & 0 & -3 \\ 1 & -3 & 0 \end{pmatrix},$$

所以

$$\begin{pmatrix}1 & 1 & 3\\ 1 & -1 & -1\\ 0 & 0 & 1\end{pmatrix}^{\mathrm{T}}\begin{pmatrix}0 & 1 & 1\\ 1 & 0 & -3\\ 1 & -3 & 0\end{pmatrix}\begin{pmatrix}1 & 1 & 3\\ 1 & -1 & -1\\ 0 & 0 & 1\end{pmatrix}=\begin{pmatrix}2 & 0 & 0\\ 0 & -2 & 0\\ 0 & 0 & 6\end{pmatrix}.$$

需要注意的是, 二次型的标准形不是唯一的. 如在例 6.2.2 中, 进一步作非退化线性替换

$$\begin{cases} z_1=\dfrac{1}{\sqrt{2}}w_1,\\ z_2=\dfrac{1}{\sqrt{2}}w_2,\\ z_3=\dfrac{1}{\sqrt{6}}w_3,\end{cases}$$

就把原二次型化成标准形

$$f(x_1,x_2,x_3)=w_1^2-w_2^2+w_3^2.$$

利用矩阵的工具, 我们可以给出用非退化线性替换化二次型为标准形的另一种方法—初等变换法, 等价地, 这也是把对称矩阵合同化为对角矩阵的方法.

根据定理 6.2.2, 对任意对称矩阵 A, 总存在可逆矩阵 C 使 $D=C^{\mathrm{T}}AC$ 是对角矩阵. 由 C 可逆知 C 可以表示成初等矩阵的乘积, 即存在初等矩阵 $P_1,P_2,\cdots,P_s$ 使

$$C=P_1P_2\cdots P_s. \tag{6.10}$$

于是

$$\begin{aligned} D=C^{\mathrm{T}}AC&=(P_1P_2\cdots P_s)^{\mathrm{T}}AP_1P_2\cdots P_s\\ &=P_s^{\mathrm{T}}(\cdots(P_2^{\mathrm{T}}(P_1^{\mathrm{T}}AP_1)P_2)\cdots)P_s.\end{aligned} \tag{6.11}$$

为此需要考察矩阵 $P_i^{\mathrm{T}}BP_i$ 与矩阵 B 的关系, 其中 P_i 是初等矩阵.

初等矩阵有三类: $P(i,j)$, $P(i(c))$, $P(i,j(k))$. 显然

$$P(i,j)^{\mathrm{T}}=P(i,j),\quad P(i(c))^{\mathrm{T}}=P(i(c)),\quad P(i,j(k))^{\mathrm{T}}=P(j,i(k)).$$

因此

$$P(i,j)^{\mathrm{T}}BP(i,j)=P(i,j)BP(i,j),$$

这相当于先交换 B 的第 i 行与第 j 行, 然后交换所得矩阵的第 i 列与第 j 列.

$$P(i(c))^{\mathrm{T}}BP(i(c)) = P(i(c))BP(i(c)),$$

这相当于先用非零数 c 乘以 B 的第 i 行, 然后用 c 乘以所得矩阵的第 i 列.

$$P(i,j(k))^{\mathrm{T}}BP(i,j(k)) = P(j,i(k))BP(i,j(k)),$$

这相当于把 B 的第 i 行的 k 倍加到第 j 行, 然后把所得矩阵的第 i 列的 k 倍加到第 j 列.

综上所述, 若 P_i 是一个初等矩阵, 则 $P_i^{\mathrm{T}}BP_i$ 相当于先对 B 作一次初等行变换, 然后对所得矩阵作一次同类型的初等列变换. 为方便起见, 我们称之为对矩阵实施成对的初等行、列变换.

定理 6.2.2 及 (6.11) 表明, 任意对称矩阵都可以经过适当成对的初等行、列变换化为对角矩阵.

为了求出上述的可逆矩阵 C, 比较 (6.10) 和 (6.11) 便有: 当我们对 A 施行成对的初等行、列变换把 A 化成对角矩阵时, 对 E 只作其中的列变换, 则 E 就变成了 C. 于是我们就得到了用非退化线性替换化二次型为标准形的第二种方法—初等变换法:

设二次型 $f(x_1, x_2, \cdots, x_n)$ 的矩阵为 A. 作初等变换

$$\begin{pmatrix} A \\ E \end{pmatrix} \xrightarrow[\text{对}E\text{只作其中的初等列变换}]{\text{对}A\text{作成对的初等行、列变换}} \begin{pmatrix} D \\ C \end{pmatrix},$$

则

$$D = C^{\mathrm{T}}AC.$$

若 $D = \mathrm{diag}\{d_1, d_2, \cdots, d_n\}$ 是对角矩阵, 则作非退化线性替换 $X = CY$ 就可以把 $f(x_1, x_2, \cdots, x_n)$ 化成

$$\begin{aligned} f(x_1, x_2, \cdots, x_n) &= X^{\mathrm{T}}AX = Y^{\mathrm{T}}(C^{\mathrm{T}}AC)Y = Y^{\mathrm{T}}DY \\ &= d_1y_1^2 + d_2y_2^2 + \cdots + d_ny_n^2. \end{aligned}$$

例 6.2.3 化二次型

$$f(x_1, x_2, x_3) = 2x_1x_2 + 2x_1x_3 - 6x_2x_3$$

为标准形, 并给出所用的非退化线性替换.

解 $f(x_1,x_2,x_3)$ 的矩阵为

$$A=\begin{pmatrix}0&1&1\\1&0&-3\\1&-3&0\end{pmatrix}.$$

作初等变换

$$\begin{pmatrix}A\\E\end{pmatrix}=\begin{pmatrix}0&1&1\\1&0&-3\\1&-3&0\\1&0&0\\0&1&0\\0&0&1\end{pmatrix}\to\begin{pmatrix}1&1&-2\\1&0&-3\\1&-3&0\\1&0&0\\0&1&0\\0&0&1\end{pmatrix}\to\begin{pmatrix}2&1&-2\\1&0&-3\\-2&-3&0\\1&0&0\\1&1&0\\0&0&1\end{pmatrix}$$

$$\to\begin{pmatrix}2&1&-2\\0&-1/2&-2\\-2&-3&0\\1&0&0\\1&1&0\\0&0&1\end{pmatrix}\to\begin{pmatrix}2&0&-2\\0&-1/2&-2\\-2&-2&0\\1&-1/2&0\\1&1/2&0\\0&0&1\end{pmatrix}$$

$$\to\begin{pmatrix}2&0&0\\0&-1/2&-2\\0&-2&-2\\1&-1/2&1\\1&1/2&1\\0&0&1\end{pmatrix}\to\begin{pmatrix}2&0&0\\0&-1/2&0\\0&0&6\\1&-1/2&3\\1&1/2&-1\\0&0&1\end{pmatrix}.$$

于是

$$C^{\mathrm{T}}AC=\mathrm{diag}\{2,-1/2,6\}.$$

作线性替换 $X=CY$, 即

$$\begin{cases} x_1 = y_1 - \frac{1}{2}y_2 + 3y_3, \\ x_2 = y_1 + \frac{1}{2}y_2 - y_3, \\ x_3 = y_3 \end{cases}$$

得

$$f(x_1,x_2,x_3) = 2y_1^2 - \frac{1}{2}y_2^2 + 6y_3^2.$$

对于实二次型, 除了用配方法和初等变换法把它化成标准形外, 还有一种重要的方法—正交变换法.

设 $f(x_1,x_2,\cdots,x_n)=X^{\mathrm{T}}AX$ 是实二次型, 则它的矩阵 A 是实对称矩阵. 据定理 5.3.3 知, 存在正交矩阵 P, 使得

$$P^{-1}AP = P^{\mathrm{T}}AP = \mathrm{diag}\{\lambda_1,\lambda_2,\cdots,\lambda_n\},$$

其中 $\lambda_1,\lambda_2,\cdots,\lambda_n$ 是 A 的全部特征值.

用二次型的语言表述就是

定理 6.2.3 任意一个实二次型 $f(x_1,x_2,\cdots,x_n)=X^{\mathrm{T}}AX$ 都可以经过非退化的实线性替换 $X=PY$ 化成

$$f(x_1,x_2,\cdots,x_n) = \lambda_1 y_1^2 + \lambda_2 y_2^2 + \cdots + \lambda_n y_n^2,$$

其中 $\lambda_1,\lambda_2,\cdots,\lambda_n$ 是 A 的全部特征值, P 是正交矩阵.

如果 P 是正交矩阵, 那么称线性替换 $X=PY$ 为正交线性替换.

例 6.2.4 用正交线性替换化实二次型

$$f(x_1,x_2,x_3) = x_1^2 + 4x_1x_2 + 4x_1x_3 + x_2^2 + 4x_2x_3 + x_3^2$$

为标准形, 并给出所用的正交线性替换.

解 二次型的矩阵为

$$A = \begin{pmatrix} 1 & 2 & 2 \\ 2 & 1 & 2 \\ 2 & 2 & 1 \end{pmatrix}.$$

据例 5.3.1 知, 正交矩阵

$$P=\begin{pmatrix}\frac{1}{\sqrt{2}} & -\frac{1}{\sqrt{6}} & \frac{1}{\sqrt{3}}\\ 0 & \frac{2}{\sqrt{6}} & \frac{1}{\sqrt{3}}\\ -\frac{1}{\sqrt{2}} & -\frac{1}{\sqrt{6}} & \frac{1}{\sqrt{3}}\end{pmatrix}$$

使得 $P^{-1}AP=P^{\mathrm{T}}AP=\mathrm{diag}\{-1,-1,5\}$. 因此作正交线性替换 $X=PY$ 就可以把二次型化为标准形 $-y_1^2-y_2^2+5y_3^2$.

例 6.2.5 设平面上一条有心二次曲线的方程为

$$x^2+4xy+y^2=3.$$

问这是什么曲线?

解 考察二次型 $f(x,y)=x^2+4xy+y^2$. 它的矩阵为

$$A=\begin{pmatrix}1 & 2\\ 2 & 1\end{pmatrix},$$

A 的特征多项式为

$$|\lambda E-A|=\begin{vmatrix}\lambda-1 & -2\\ -2 & \lambda-1\end{vmatrix}=(\lambda+1)(\lambda-3).$$

A 的特征值为 $\lambda_1=-1$, $\lambda_2=3$.

对应特征值 -1, 解得 $(-E-A)X=0$ 的一个基础解系为 $(1,-1)^{\mathrm{T}}$, 单位化得 $\eta_1=\frac{1}{\sqrt{2}}(1,-1)^{\mathrm{T}}$.

对应特征值 3, 解得 $(3E-A)X=0$ 的一个基础解系 $(1,1)^{\mathrm{T}}$, 单位化得 $\eta_2=\frac{1}{\sqrt{2}}(1,1)^{\mathrm{T}}$.

令

$$P=(\eta_1\ \eta_2)=\frac{1}{\sqrt{2}}\begin{pmatrix}1 & 1\\ -1 & 1\end{pmatrix}.$$

则 P 是正交矩阵, 且 $P^{\mathrm{T}}AP=\mathrm{diag}\{-1,3\}$.

作正交线性替换

$$\begin{pmatrix} x \\ y \end{pmatrix} = \frac{1}{\sqrt{2}}\begin{pmatrix} 1 & 1 \\ -1 & 1 \end{pmatrix}\begin{pmatrix} x' \\ y' \end{pmatrix} = \begin{pmatrix} \cos\dfrac{-\pi}{4} & -\sin\dfrac{-\pi}{4} \\ \sin\dfrac{-\pi}{4} & \cos\dfrac{-\pi}{4} \end{pmatrix}\begin{pmatrix} x' \\ y' \end{pmatrix},$$

则二次曲线的方程变为

$$-x'^2 + 3y'^2 = 3,$$

即

$$-\frac{x'^2}{3} + y'^2 = 1.$$

所以这是一条双曲线.

习 题 6.2

1. 用配方法将习题 6.1 的 (1), (2), (3) 化为标准形, 并写出所作的可逆线性替换.

2. 用正交线性变换将习题 6.1 的第 1 题的 (4),(5),(6) 化为标准形, 并写出所作的正交变换.

3. 用配方法、初等变换法及正交变换法三种方法化二次型 $f(x_1, x_2, x_3) = x_1x_2 + x_2x_3$ 为标准形, 并求出所用的可逆线性变换.

4. 已知二次型 $f(x_1, x_2, x_3) = 2x_1^2 + 3x_2^2 + 3x_3^2 + 2ax_2x_3$, 其中 $a > 0$, 通过正交变换化作 $y_1^2 + 2y_2^2 + 5y_3^2$, 试确定参数 a, 并给出所做的正交变换.

5. 已知二次型 $f(x_1, x_2, x_3) = 2x_1^2 + ax_2^2 + ax_3^2 - 4x_2x_3$ 通过正交变换化成标准形 $f = y_1^2 + 2y_2^2 + by_3^2$, 求参数 a, b 及所作的正交变换.

6. 设二次型 $f(x_1, x_2, x_3) = X^{\mathrm{T}}AX = ax_1^2 + 2x_2^2 - 2x_3^2 + 2bx_1x_3 (b > 0)$, 其中二次型矩阵 A 特征值之和为 1, 特征值之积为 -12.

(1) 求 a, b 的值;

(2) 利用正交变换将二次型化为标准形, 并写出所用的正交变换和对应的正交矩阵.

§ 6.3 规范形

由上一节的讨论我们知道二次型的标准形不是唯一的. 但是经过非退化线性替换, 新二次型的矩阵与原二次型的矩阵是合同的, 而合同的矩阵有相同的秩. 由于标准形的矩阵是对角矩阵, 对角矩阵的秩等于它对角线上非零元素的个数. 因此, 在一个二次型的标准形中, 系数不为零的平方项的个数等于二次型的矩阵的秩, 它是由二次型唯一确定的, 与所作的非退化线性替换无关. 于是我们有

定理 6.3.1 一个二次型的标准形中, 系数不为零的平方项的个数与所作非退化线性替换无关, 它就等于该二次型的矩阵的秩.

二次型矩阵的秩也称为二次型的秩. 这是二次型的一个在非退化线性替换下的不变量.

我们看到, 在一般数域内, 二次型的标准形中系数不为零的平方项的个数(等于二次型的秩)是唯一的, 但非零平方项的系数是任意的. 如果我们限定在特殊的数域内, 标准形还可以进一步化简. 以下我们分别就复数域和实数域分别进行讨论. 首先考察复数域的情形.

设 $f(x_1,x_2,\cdots,x_n)$ 是一个复二次型. 则由定理 6.2.1 知, 经过一适当的(复系数)非退化线性替换, $f(x_1,x_2,\cdots,x_n)$ 可以化成标准形, 不妨设它的标准形为

$$d_1y_1^2+d_2y_2^2+\cdots+d_ry_r^2, \tag{6.12}$$

其中 r 是二次型的秩, $d_i\neq 0,\ i=1,2,\cdots,r$.

注意到复数总可以开平方. 进一步作非退化线性替换

$$\begin{cases} y_1=(1/\sqrt{d_1})z_1 \\ \quad\cdots\cdots \\ y_r=(1/\sqrt{d_r})z_r \\ y_{r+1}=z_{r+1} \\ \quad\cdots\cdots \\ y_n=z_n \end{cases}$$

把 $f(x_1,x_2,\cdots,x_n)$ 变成

$$z_1^2+z_2^2+\cdots+z_r^2. \tag{6.13}$$

称 (6.13) 为复二次型 $f(x_1, x_2, \cdots, x_n)$ 的规范形. 显然, 规范形完全由原二次型的秩唯一确定. 因此我们有

定理 6.3.2 任意复二次型总可以经过适当的非退化线性替换化成规范形, 规范形是唯一的, 它由二次型的秩唯一确定.

用矩阵的语言, 定理 6.3.2 可以表述为

定理 6.3.3 复数域上的任意对称矩阵 A 都合同于一个形如

$$D = \begin{pmatrix} E_r & 0 \\ 0 & 0 \end{pmatrix}$$

的对角矩阵, 其中 $r = r(A)$. D 称为 A 的合同标准形.

作为定理 6.3.3 的推论, 我们有

推论 6.3.4 复数域上的两个 n 阶对称矩阵 A 与 B 合同的充分必要条件是 $r(A) = r(B)$.

接下来我们考察实数域的情形.

设 $f(x_1, x_2, \cdots, x_n)$ 是一实二次型. 则 $f(x_1, x_2, \cdots, x_n)$ 可经过适当的非退化实线性替换化成标准形, 如果需要可以适当排列文字的次序(这相当于作一个非退化线性替换), 不妨设标准形为

$$d_1 y_1^2 + \cdots + d_p y_p^2 - d_{p+1} y_{p+1}^2 - \cdots - d_r y_r^2,$$

其中 r 等于二次型的秩, $d_i > 0$, $i = 1, 2, \cdots, r$. 进一步作实非退化线性替换

$$\begin{cases} y_1 = (1/\sqrt{d_1}) z_1 \\ \quad \cdots\cdots \\ y_r = (1/\sqrt{d_r}) z_r \\ y_{r+1} = z_{r+1} \\ \quad \cdots\cdots \\ y_n = z_n \end{cases}$$

把 $f(x_1, x_2, \cdots, x_n)$ 化成

$$z_1^2 + \cdots + z_p^2 - z_{p+1}^2 - \cdots - z_r^2. \tag{6.14}$$

称 (6.14) 为实二次型 $f(x_1, x_2, \cdots, x_n)$ 的规范形. 关于实二次型的规范形, 我们有

定理 6.3.5 任意实二次型总可以经过适当的实非退化线性替换化成规范形, 且规范形是唯一的.

证明 只需要证明唯一性. 设实二次型 $f(x_1, x_2, \cdots, x_n)$ 经过非退化实线性替换 $X = BY$ 化成规范形

$$f(x_1, x_2, \cdots, x_n) = y_1^2 + \cdots + y_p^2 - y_{p+1}^2 - \cdots - y_r^2. \tag{6.15}$$

又设它经过另一非退化实线性替换 $X = CZ$ 化成规范形

$$f(x_1, x_2, \cdots, x_n) = z_1^2 + \cdots + z_q^2 - z_{q+1}^2 - \cdots - z_r^2. \tag{6.16}$$

为证明唯一性, 只需证明 $p = q$.

用反证法. 假设 $p > q$. 由 (6.15) 和 (6.16) 得

$$y_1^2 + \cdots + y_p^2 - y_{p+1}^2 - \cdots - y_r^2 = z_1^2 + \cdots + z_q^2 - z_{q+1}^2 - \cdots - z_r^2, \tag{6.17}$$

其中 $Z = C^{-1}BY$. 令 $C^{-1}B = (g_{ij})_{n\times n}$, 则

$$\begin{cases} z_1 = g_{11}y_1 + g_{12}y_2 + \cdots + g_{1n}y_n \\ z_2 = g_{21}y_1 + g_{22}y_2 + \cdots + g_{2n}y_n \\ \cdots\cdots \\ z_n = g_{n1}y_1 + g_{n2}y_2 + \cdots + g_{nn}y_n \end{cases}. \tag{6.18}$$

考虑齐次线性方程组

$$\begin{cases} g_{11}y_1 + g_{12}y_2 + \cdots + g_{1n}y_n = 0 \\ \qquad\cdots\cdots \\ g_{q1}y_1 + g_{q2}y_2 + \cdots + g_{qn}y_n = 0 \\ \qquad y_{p+1} = 0 \\ \qquad\cdots\cdots \\ \qquad y_n = 0 \end{cases}. \tag{6.19}$$

由于方程组含有 n 个未知量, 而只有 $q + (n - p) = n - (p - q) < n$ 个方程, 因此它有非零解. 设

$$Y_0 = (k_1, \cdots, k_p, k_{p+1}, \cdots, k_n)^{\mathrm{T}}$$

是 (6.19) 的一个非零解. 则 $k_{p+1}=\cdots=k_n=0$, $k_1,\cdots,k_p$ 不全为零. 把 Y_0 代入到 (6.17) 的左端得

$$k_1^2+\cdots+k_p^2>0. \tag{6.20}$$

把 Y_0 代入到 (6.18) 中解得

$$Z_0=(t_1,\cdots,t_q,t_{q+1},\cdots,t_n)^{\mathrm{T}}.$$

由于 Y_0 是 (6.19) 的解, 故有 $t_1=\cdots=t_q=0$. 把 Z_0 代入到 (6.17) 的右端得

$$-z_{q+1}^2-\cdots-z_r^2\leq 0.$$

这与 (6.20) 矛盾. 因此 $p\leq q$.

同理可证 $q\leq p$. 从而 $p=q$.

定理 6.3.5 通常称为惯性定理.

定义 6.3.6 在实二次型 $f(x_1,x_2,\cdots,x_n)$ 的规范形中, 正平方项的个数 p 称为 $f(x_1,x_2,\cdots,x_n)$ 的正惯性指数; 负平方项的个数 $r-p$ 称为 $f(x_1,x_2,\cdots,x_n)$ 的负惯性指数; 它们的差 $p-(r-p)=2p-r$ 称为 $f(x_1,x_2,\cdots,x_n)$ 的符号差. 设 A 是一个实对称矩阵. 称二次型 $X^{\mathrm{T}}AX$ 的正惯性指数(负惯性指数, 符号差)为 A 的正惯性指数(负惯性指数, 符号差).

用矩阵语言惯性定理可以表述为

定理 6.3.7 任意 n 阶实对称矩阵 A 都合同于一个形如

$$D=\begin{pmatrix}E_p & 0 & 0\\ 0 & -E_{r-p} & 0\\ 0 & 0 & 0\end{pmatrix}$$

的对角矩阵, 其中 $r=r(A)$, p 是 A 的正惯性指数.

作为定理 6.3.7 的推论, 我们有

推论 6.3.8 两个 n 阶实对称矩阵 A 与 B 合同的充分必要条件是 A,B 有相同的秩和相同的正(负)惯性指数.

根据惯性定理可以看出, 虽然实二次型的标准形不是唯一的, 但是标准形中系数为正的平方项的个数是唯一的. 因此, 惯性定理也可以叙述为: 实二次型的标准形中系数为正的平方项的个数是唯一确定的, 它等于二次型的正惯性指数, 系数为负的平方项的个数等于二次型的负惯性指数.

例 6.2.3 中的二次型的正惯性指数等于 2, 负惯性指数等于 1, 因此它的符号差等于 1.

设 A 是实对称矩阵. 据定理 6.2.3 知, A 的秩等于 A 的非零特征值的个数, A 的正惯性指数等于 A 的正特征值的个数, A 的负惯性指数等于 A 的负特征值的个数.

习 题 6.3

1. 如果把 n 阶实对称矩阵按合同关系分类, 即两个 n 阶实对称矩阵属于同一类当且仅当它们是合同的, 试问共有多少个类?

2. 证明: 秩等于 r 的实对称矩阵可以表成 r 个秩等于 1 的对称矩阵之和.

3. 已知

$$A=\begin{pmatrix}4&0&0\\0&4&0\\0&0&4\end{pmatrix},B=\begin{pmatrix}4&1&0\\0&4&1\\0&0&0\end{pmatrix},C=\begin{pmatrix}2&2&0\\2&2&0\\0&0&2\end{pmatrix},$$

试判断 A,B,C 中哪些矩阵相似,哪些矩阵合同?

4. 求二次型 $f(x_1,x_2,x_3)=(x_1+x_2)^2+(x_2-x_3)^2+(x_3+x_1)^2$ 的正负惯性指数, 并指出方程 $f(x_1,x_2,x_3)=1$ 表示何种二次曲面.

5. 设 A 为 n 阶实对称阵, 秩$(A)=n$, A_{ij} 是 $A=(a_{ij})_{n\times n}$ 中元素 a_{ij} 的代数余子式 $(i,j=1,2,\cdots,n)$, 二次型

$$f(x_1,\cdots,x_n)=\sum_{i=1}^{n}\sum_{j=1}^{n}\frac{A_{ij}}{|A|}x_ix_j.$$

(1) 记 $X=(x_1,x_2,\cdots,x_n)^{\mathrm{T}}$, 把 $f(x_1,\cdots,x_n)$ 写成矩阵形式, 并证明 $f(X)$ 的矩阵为 A^{-1};

(2) 二次型 $g(X)=X^{\mathrm{T}}AX$ 与 $f(X)$ 的规范形是否相同? 说明理由.

§ 6.4 正定二次型与正定矩阵

正定二次型与正定矩阵在数学、物理以及工程技术等领域都有广泛的应用. 本节我们将重点讨论正定二次型与正定矩阵.

定义 6.4.1 实二次型 $f(x_1,x_2,\cdots,x_n)$ 称为正定(负定, 半正定, 半负定)的, 如果对于任意非零实向量 $X_0=(c_1,c_2,\cdots,c_n)^{\mathrm{T}}\in\mathrm{R}^n$, 都有

$$f(c_1,c_2,\cdots,c_n)>0\ (<0,\ \geq 0,\ \leq 0).$$

否则, 称 $f(x_1,x_2,\cdots,x_n)$ 是不定的.

由定义容易看出, 实二次型 $f(x_1,x_2,\cdots,x_n)$ 负定 (半负定) 当且仅当 $-f(x_1,x_2,\cdots,x_n)$ 正定 (半正定).

显然, 实二次型 $f(x_1,x_2,\cdots,x_n)=x_1^2+x_2^2+\cdots+x_n^2$ 是正定的. 一般地, 容易证明: 实二次型

$$f(x_1,x_2,\cdots,x_n)=d_1x_1^2+d_2x_2^2+\cdots+d_nx_n^2$$

是正定的当且仅当 $d_i>0,\ i=1,2,\cdots,n$. 这样标准形式的实二次型的正定性就很容易判定. 我们知道实二次型都可以经过非退化实线性替换化成标准形, 那么一个自然的问题是: 非退化实线性替换是否改变实二次型的正定性? 对此, 我们有

定理 6.4.2 非退化实线性替换保持实二次型的正定 (负定, 半正定, 半负定, 不定)性.

证明 我们只需证明正定的情形, 其它情形类似可证.

设正定实二次型 $f(x_1,x_2,\cdots,x_n)=X^{\mathrm{T}}AX$, 其中 A 是二次型的矩阵, 经过非退化实线性替换 $X=CY$ 变成二次型 $g(y_1,y_2,\cdots,y_n)=Y^{\mathrm{T}}BY$, 其中 B 是它的矩阵. 则 $B=C^{\mathrm{T}}AC$, 且

$$g(y_1,y_2,\cdots,y_n)=Y^{\mathrm{T}}BY=X^{\mathrm{T}}AX=f(x_1,x_2,\cdots,x_n).$$

对于任意的非零 n 维实列向量 $Y_0=(k_1,k_2,\cdots,k_n)^{\mathrm{T}}$, $X_0=CY_0=(c_1,c_2,\cdots,c_n)^{\mathrm{T}}$ 也是 n 维非零实列向量. 由于 $f(x_1,x_2,\cdots,x_n)$ 是正定的, 因此

$$X_0^{\mathrm{T}}AX_0=f(c_1,c_2,\cdots,c_n)>0.$$

于是

$$g(k_1,k_2,\cdots,k_n)=f(c_1,c_2,\cdots,c_n)>0.$$

所以 $g(y_1,y_2,\cdots,y_n)$ 是正定二次型.

反之, 显然 $g(y_1, y_2, \cdots, y_n)$ 可经过非退化实线性替换 $Y = C^{-1}X$ 化成 $f(x_1, x_2, \cdots, x_n)$. 如果 $g(y_1, y_2, \cdots, y_n)$ 是正定的, 那么 $f(x_1, x_2, \cdots, x_n)$ 也是正定的. 这就证明了定理成立.

据定理 6.4.2, 要判断一个实二次型是否正定, 可以先把它化成标准形, 根据标准形正定与否就可以判定原二次型是否正定. 由此可知, 例 6.2.1, 6.2.2, 6.2.4 中的二次型都不是正定的. 事实上, 它们都是不定的.

下面的定理给出了正定二次型的一些判定条件.

定理 6.4.3 设 n 元实二次型 $f(x_1, x_2, \cdots, x_n) = X^{\mathrm{T}}AX$, A 是它的矩阵. 则下列条件等价:

(1) $f(x_1, x_2, \cdots, x_n)$ 是正定的;

(2) $f(x_1, x_2, \cdots, x_n)$ 的正惯性指数等于 n;

(3) A 的特征值都大于零;

(4) $f(x_1, x_2, \cdots, x_n)$ 的规范形为: $y_1^2 + y_2^2 + \cdots + y_n^2$;

(5) 存在 n 阶可逆实矩阵 P 使得 $A = P^{\mathrm{T}}P$.

证明 (1) $\Rightarrow$ (2) 设正定二次型 $f(x_1, x_2, \cdots, x_n)$ 经过非退化实线性替换化成标准形

$$d_1y_1^2 + d_2y_2^2 + \cdots + d_ny_n^2. \tag{6.21}$$

据定理 6.4.2 知二次型 (6.21) 仍是正定的, 因此 $d_i > 0$, $i = 1, 2, \cdots, n$, 从而 $f(x_1, x_2, \cdots, x_n)$ 的正惯性指数等于 n.

(2) $\Rightarrow$ (3) 因为实二次型的正惯性指数就等于它的矩阵的正特征值的个数, 因此 (3) 成立.

(3) $\Rightarrow$ (4) 设 A 的全部特征值为 $\lambda_1, \lambda_2, \cdots, \lambda_n$, 并且 $\lambda_i > 0$, $i = 1, 2, \cdots, n$. 据定理 6.2.3, 实二次型 $f(x_1, x_2, \cdots, x_n) = X^{\mathrm{T}}AX$ 可以经过正交线性替换化成标准形

$$\lambda_1z_1^2 + \lambda_2z_2^2 + \cdots + \lambda_nz_n^2.$$

于是 $f(x_1, x_2, \cdots, x_n)$ 的规范形为

$$y_1^2 + y_2^2 + \cdots + y_n^2.$$

(4) $\Rightarrow$ (5) 设 $f(x_1, x_2, \cdots, x_n)$ 的规范形为 $y_1^2 + y_2^2 + \cdots + y_n^2$. 则存在非退

化实线性替换 $X=CY$ 使得

$$f(x_1,x_2,\cdots,x_n)=X^{\mathrm{T}}AX=Y^{\mathrm{T}}(C^{\mathrm{T}}AC)Y=y_1^2+y_2^2+\cdots+y_n^2.$$

因此 $C^{\mathrm{T}}AC=E$. 令 $P=C^{-1}$. 则 $A=P^{\mathrm{T}}P$.

(5) $\Rightarrow$ (1) 若 (5) 成立, 则有

$$f(x_1,x_2,\cdots,x_n)=X^{\mathrm{T}}AX=(PX)^{\mathrm{T}}(PX).$$

对任意 $0\neq X\in\mathrm{R}^n$, 由 P 是可逆实矩阵得 $PX\neq 0$ 且 $PX\in\mathrm{R}^n$. 设 $PX=(c_1,c_2,\cdots,c_n)^{\mathrm{T}}$. 则有

$$f(x_1,x_2,\cdots,x_n)=(PX)^{\mathrm{T}}(PX)=c_1^2+c_2^2+\cdots+c_n^2>0.$$

所以 $f(x_1,x_2,\cdots,x_n)$ 是正定的.

定义 6.4.4 实对称矩阵 A 称为正定 (负定, 半正定, 半负定, 不定) 的, 如果二次型 $X^{\mathrm{T}}AX$ 是正定 (负定, 半正定, 半负定, 不定) 的.

据定理 6.4.3, 我们有

定理 6.4.5 设 A 是 n 阶实对称矩阵. 则下列条件等价:

(1) A 是正定的;

(2) A 的特征值都大于零;

(3) A 合同于单位矩阵;

(4) 存在 n 阶可逆实矩阵 P 使得 $A=P^{\mathrm{T}}P$.

由定理 6.4.5 (4), 立即可得

推论 6.4.6 正定矩阵的行列大于零.

有时我们需要直接从二次型的矩阵来判断这个二次型是不是正定的, 而不是通过它的标准形或规范形. 为此我们引入

定义 6.4.7 在 n 阶矩阵 $A=(a_{ij})$ 中, 由它的第 i_1 行, 第 i_2 行, $\cdots$, 第 i_k 行和第 i_1 列, 第 i_2 列, $\cdots$, 第 i_k 列组成的 k 阶子式称为 A 的一个 k 阶主子式. 特别地, 由 A 的前 k 行和前 k 列组成的 k 阶子式

$$\begin{vmatrix} a_{11} & a_{12} & \cdots & a_{1k} \\ a_{21} & a_{22} & \cdots & a_{2k} \\ \cdots & \cdots & \cdots & \cdots \\ a_{k1} & a_{k2} & \cdots & a_{kk} \end{vmatrix}$$

称为 A 的 k 阶顺序主子式, 记为 $\Delta_k(A)$.

显然 n 阶矩阵 A 有且仅有 n 个顺序主子式 $\Delta_1(A),\Delta_2(A),\cdots,\Delta_n(A)$.

例 6.4.1 矩阵

$$A=\begin{pmatrix}1 & -1 & 2 & 0\\ 0 & 2 & 2 & -1\\ 1 & 0 & 3 & 2\\ -1 & 2 & 0 & 4\end{pmatrix}$$

的 4 个顺序主子式分别为 $\Delta_1(A)=1$,

$$\Delta_2(A)=\begin{vmatrix}1 & -1\\ 0 & 2\end{vmatrix}=2,\quad \Delta_3(A)=\begin{vmatrix}1 & -1 & 2\\ 0 & 2 & 2\\ 1 & 0 & 3\end{vmatrix}=0,\quad \Delta_4(A)=|A|=-3.$$

定理 6.4.8 实二次型

$$f(x_1,x_2,\cdots,x_n)=X^{\mathrm{T}}AX=\sum_{i=1}^{n}\sum_{j=1}^{n}a_{ij}x_ix_j$$

是正定的充分必要条件是矩阵 A 的顺序主子式全大于零.

证明 必要性. 设二次型

$$f(x_1,x_2,\cdots,x_n)=X^{\mathrm{T}}AX=\sum_{i=1}^{n}\sum_{j=1}^{n}a_{ij}x_ix_j$$

是正定的. 对于 $k=1,2,\cdots,n$, 令

$$f_k(x_1,x_2,\cdots,x_k)=\sum_{i=1}^{k}\sum_{j=1}^{k}a_{ij}x_ix_j,$$

则 $f_k(x_1,x_2,\cdots,x_k)$ 是一个 k 元正定二次型. 事实上, 对任意一组不全为零的实数 $c_1,c_2,\cdots,c_k$, 由于 $f(x_1,x_2,\cdots,x_n)$ 是正定的, 因此

$$f_k(c_1,c_2,\cdots,c_k)=\sum_{i=1}^{k}\sum_{j=1}^{k}a_{ij}c_ic_j=f(c_1,\cdots,c_k,0,\cdots,0)>0.$$

所以 $f_k(c_1, c_2, \cdots, c_k)$ 是正定的. 于是 $f_k(c_1, c_2, \cdots, c_k)$ 的矩阵

$$A_k = \begin{pmatrix} a_{11} & \cdots & a_{1k} \\ \cdots & \cdots & \cdots \\ a_{k1} & \cdots & a_{kk} \end{pmatrix}$$

是正定矩阵. 据推论 6.4.6 得 $\Delta_k(A) = |A_k| > 0$. 这就证明了 A 的顺序主子式全大于零.

充分性. 对二次型的元数进行归纳证明.

当 $n = 1$ 时, $f(x_1) = a_{11}x_1^2$. 由于 $a_{11} = \Delta_1(A) > 0$, 因此 $f(x_1)$ 是正定的.

假设结论对于 $n-1$ 元实二次型成立, 考察 n 元的情形.

令

$$A_{n-1} = \begin{pmatrix} a_{11} & \cdots & a_{1,n-1} \\ \cdots & \cdots & \cdots \\ a_{n-1,1} & \cdots & a_{n-1,n-1} \end{pmatrix}, \quad \alpha = \begin{pmatrix} a_{1n} \\ a_{2n} \\ \vdots \\ a_{n-1,n} \end{pmatrix}.$$

则

$$A = \begin{pmatrix} A_1 & \alpha \\ \alpha^{\mathrm{T}} & a_{nn} \end{pmatrix}.$$

由于 A 的顺序主子式全大于零, 从而 A_{n-1} 的顺序主子式全大于零. 据归纳法假设, A_{n-1} 是正定矩阵. 因此存在 $n-1$ 阶可逆实矩阵 Q 使得 $Q^{\mathrm{T}}A_{n-1}Q = E_{n-1}$. 令

$$C_1 = \begin{pmatrix} Q & 0 \\ 0 & 1 \end{pmatrix}.$$

则

$$C_1^{\mathrm{T}}AC_1 = \begin{pmatrix} Q^{\mathrm{T}} & 0 \\ 0 & 1 \end{pmatrix}\begin{pmatrix} A_{n-1} & \alpha \\ \alpha^{\mathrm{T}} & a_{nn} \end{pmatrix}\begin{pmatrix} Q & 0 \\ 0 & 1 \end{pmatrix} = \begin{pmatrix} E_{n-1} & Q^{\mathrm{T}}\alpha \\ \alpha^{\mathrm{T}}Q & a_{nn} \end{pmatrix}.$$

再令

$$C_2 = \begin{pmatrix} E_{n-1} & -Q^{\mathrm{T}}\alpha \\ 0 & 1 \end{pmatrix}.$$

则有

$$\begin{aligned} C_2^{\mathrm{T}}C_1^{\mathrm{T}}AC_1C_2 &= \begin{pmatrix} E_{n-1} & 0 \\ -\alpha^{\mathrm{T}}Q & 1 \end{pmatrix}\begin{pmatrix} E_{n-1} & Q^{\mathrm{T}}\alpha \\ \alpha^{\mathrm{T}}Q & a_{nn} \end{pmatrix}\begin{pmatrix} E_{n-1} & -Q^{\mathrm{T}}\alpha \\ 0 & 1 \end{pmatrix} \\ &= \begin{pmatrix} E_{n-1} & 0 \\ 0 & a_{nn}-\alpha^{\mathrm{T}}QQ^{\mathrm{T}}\alpha \end{pmatrix}. \end{aligned}$$

记 $a = a_{nn} - \alpha^{\mathrm{T}}QQ^{\mathrm{T}}\alpha$. 由已知条件 $|A| > 0$, 因此

$$a = |C_2|^2|C_1|^2|A| > 0.$$

令

$$C_3 = \begin{pmatrix} E_{n-1} & 0 \\ 0 & 1/\sqrt{a} \end{pmatrix}$$

且 $C = C_3C_2C_1$. 则 C 是可逆实矩阵, 并且

$$C^{\mathrm{T}}AC = \begin{pmatrix} E_{n-1} & 0 \\ 0 & 1/\sqrt{a} \end{pmatrix}\begin{pmatrix} E_{n-1} & 0 \\ 0 & a \end{pmatrix}\begin{pmatrix} E_{n-1} & 0 \\ 0 & 1/\sqrt{a} \end{pmatrix} = E,$$

即 A 合同于单位矩阵. 据定理 6.4.5 知 A 是正定矩阵, 也就是说, $f(x_1, x_2, \cdots, x_n)$ 是正定二次型.

根据归纳法原理, 充分性得证.

用矩阵语言, 定理 6.4.8 可以表述为: 实对称矩阵正定的充分必要条件是它的顺序主子式全大于零.

例 6.4.2 判断下列实二次型

(1) $f(x_1, x_2, x_3) = x_1^2 + 4x_1x_2 - 4x_1x_3 + 2x_2^2 - 4x_2x_3 + 3x_3^2$,

(2) $f(x_1, x_2, x_3) = 5x_1^2 + x_2^2 + 5x_3^2 + 4x_1x_2 - 8x_1x_3 - 4x_2x_3$

是否正定.

解 (1) **方法 1** 因为 $f(1, 0, 1) = 0$, 所以 $f(x_1, x_2, x_3)$ 不是正定的.

方法 2 据例 6.2.1 知 $f(x_1, x_2, x_3)$ 可经过适当的非退化实线性替换化成标准形

$$f(x_1, x_2, x_3) = y_1^2 - 2y_2^2 + y_3^2.$$

进一步作非退化线性替换

$$\begin{cases} z_1 = y_1 \\ z_2 = y_3 \\ z_3 = \sqrt{2}y_2 \end{cases}$$

可把原二次型化成规范形

$$z_1^2 + z_2^2 - z_3^2.$$

所以 $f(x_1, x_2, x_3)$ 不是正定的. 或者由规范形知 $f(x_1, x_2, x_3)$ 的正惯性指数等于 2, 所以它不是正定的.

方法 3 $f(x_1, x_2, x_3)$ 的矩阵为

$$A = \begin{pmatrix} 1 & 2 & -2 \\ 2 & 2 & -2 \\ -2 & -2 & 3 \end{pmatrix}.$$

A 的 2 阶顺序主子式 $\Delta_2(A) = \begin{vmatrix} 1 & 2 \\ 2 & 2 \end{vmatrix} = -2 < 0$, 所以 A不是正定矩阵, 从而二次型 $f(x_1, x_2, x_3)$ 不是正定的. 或者, 因为

$$|A| = \begin{vmatrix} 1 & 2 & -2 \\ 2 & 2 & -2 \\ -2 & -2 & 3 \end{vmatrix} = -2 < 0,$$

所以 A 不是正定矩阵, 从而二次型 $f(x_1, x_2, x_3)$ 不是正定的.

(2) **方法 1** $f(x_1, x_2, x_3)$ 的矩阵为

$$A = \begin{pmatrix} 5 & 2 & -4 \\ 2 & 1 & -2 \\ -4 & -2 & 5 \end{pmatrix},$$

它的顺序主子式为 $\Delta_1(A) = 5 > 0$,

$$\Delta_2(A) = \begin{vmatrix} 5 & 2 \\ 2 & 1 \end{vmatrix} = 1 > 0, \quad \Delta_3(A) = \begin{vmatrix} 5 & 2 & -4 \\ 2 & 1 & -2 \\ -4 & -2 & 5 \end{vmatrix} = 1 > 0,$$

因此 A 是正定矩阵, 从而二次型 $f(x_1, x_2, x_3)$ 正定.

方法 2 根据方法 1, A 的特征多项式为

$$|\lambda E - A| = \begin{vmatrix} \lambda-5 & -2 & 4 \\ -2 & \lambda-1 & 2 \\ 4 & 2 & \lambda-5 \end{vmatrix} = (\lambda-1)(\lambda^2-10\lambda+1),$$

它的特征值为

$$\lambda_1 = 1 > 0, \quad \lambda_2 = 5 - 2\sqrt{6} > 0, \quad \lambda_3 = 5 + 2\sqrt{6} > 0.$$

所以 A 是正定矩阵, 从而二次型 $f(x_1, x_2, x_3)$ 正定.

例 6.4.3 t 取何值时, 实对称矩阵

$$A = \begin{pmatrix} 1 & t & -1 \\ t & 4 & 2 \\ -1 & 2 & 2 \end{pmatrix}$$

是正定的?

解 A 的顺序主子式为

$$\Delta_1(A) = 1 > 0, \quad \Delta_2(A) = \begin{vmatrix} 1 & t \\ t & 4 \end{vmatrix} = 4 - t^2, \quad \Delta_3(A) = |A| = -2t^2 - 4t.$$

因此 A 正定的充分必要条件为

$$\begin{cases} 4 - t^2 > 0, \\ -2t^2 - 4t > 0. \end{cases}$$

解不等式组得 $-2 < t < 0$. 所以当 $-2 < t < 0$ 时, A 正定.

利用定理 4.6.5 和 4.6.8, 可以得到正定矩阵的下列性质.

定理 6.4.9 设 A, B 都是 n 阶正定矩阵. 则

(1) 对于任意正实数 r, rA 是正定矩阵;

(2) A^{-1}, A^* 都是正定矩阵;

(3) 对于任意可逆实矩阵 C, $C^{\mathrm{T}}AC$ 是正定矩阵;

(4) $A + B$ 是正定矩阵;

(5) $D=\begin{pmatrix}A & 0\\ 0 & B\end{pmatrix}$ 是正定矩阵.

证明 (1) 因为 A 是正定矩阵, 所以

$$\Delta_k(A)>0,\quad k=1,2,\cdots,n,$$

从而

$$\Delta_k(rA)=r^k\Delta_k(A)>0,\quad k=1,2,\cdots,n,$$

故 rA 是正定的.

(2) 设 A 的全部特征值为 $\lambda_1,\lambda_2,\cdots,\lambda_n$. 因为 A 正定, 所以 $\lambda_i>0$, $i=1,2,\cdots,n$. 于是 A^{-1} 的全部特征值为 $\lambda_1^{-1},\lambda_2^{-1},\cdots,\lambda_n^{-1}$, 并且 $\lambda_i^{-1}>0$, $i=1,2,\cdots,n$, 因而 A^{-1} 是正定矩阵.

因为 A 是正定的, 所以 $|A|>0$. 由 $A^*=|A|A^{-1}$ 及 (1) 得 A^* 是正定的.

(3) 这就是定理 6.4.2 关于正定的矩阵表示.

(4) 显然 $A+B$ 是实对称矩阵. 因为 A,B 都是 n 阶正定矩阵, 所以二次型 $X^{\mathrm{T}}AX$ 和 $X^{\mathrm{T}}BX$ 都是正定二次型. 于是对于任意非零实向量 $\alpha\in\mathrm{R}^n$ 有

$$\alpha^{\mathrm{T}}(A+B)\alpha=\alpha^{\mathrm{T}}A\alpha+\alpha^{\mathrm{T}}B\alpha>0,$$

因此二次型 $X^{\mathrm{T}}(A+B)X$ 是正定的, 从而 $A+B$ 是正定矩阵.

(5) 因为

$$|\lambda E_{2n}-D|=\begin{vmatrix}\lambda E_n-A & 0\\ 0 & \lambda E_n-B\end{vmatrix}=|\lambda E_n-A||\lambda E_n-B|,$$

所以 A 的全部特征值与 B 的全部特征值合起来就是 D 的全部特征值. 由 A, B 的特征值全大于零得 D 的特征值全大于零, 因此 D 是正定矩阵.

基于正定与负定的关系, 不难得出负定二次型与负定矩阵的判别条件及性质. 下面的定理给出了实二次型(实对称矩阵)是半正定的判定条件, 略去其证明, 有兴趣的读者可以自己证明. 关于半负定的结果可以类似的给出.

定理 6.4.10 设实二次型 $f(x_1,x_2,\cdots,x_n)=X^{\mathrm{T}}AX$, 其中 A 是它的矩阵, $r(A)=r$. 则下列条件等价：

(1) $f(x_1,x_2,\cdots,x_n)$ 是半正定的;

(2) $f(x_1, x_2, \cdots, x_n)$ 的正惯性指数等于 r;

(3) $f(x_1, x_2, \cdots, x_n)$ 规范形为 $y_1^2 + y_2^2 + \cdots + y_r^2$;

(4) A 的特征值都大于或等于零;

(5) 存在 n 阶实矩阵 C 使得 $A = C^{\mathrm{T}}C$;

(6) A 与 $\begin{pmatrix} E_r & 0 \\ 0 & 0 \end{pmatrix}$ 合同;

(7) A 的所有主子式都大于或等于零.

值得注意的是: 与正定性相比较, 这里 (7) 中, 仅有顺序主子式都大于或等于零不能保证半正定性. 例如, 实二次型 $f(x_1, x_2) = -x_2^2$ 显然是半负定, 而它的矩阵

$$A = \begin{pmatrix} 0 & 0 \\ 0 & -1 \end{pmatrix}$$

的顺序主子式都等于零.

习 题 6.4

1. t 取什么值时, 下列二次型是正定的?

(1) $x_1^2 + x_2^2 + 5x_3^2 + 2tx_1x_2 - 2x_1x_3 + 4x_2x_3$;

(2) $x_1^2 + 4x_2^2 + x_3^2 + 2tx_1x_2 + 10x_1x_3 + 6x_2x_3$;

(3) $2x_1^2 + x_2^2 + x_3^2 + 2x_1x_2 + tx_2x_3$;

(4) $x_1^2 + 4x_2^2 + 4x_3^2 + 2tx_1x_2 - 2x_1x_3 + 4x_2x_3$.

2. 判断下列二次型是否正定:

(1) $\sum\limits_{i=1}^{n} x_i^2 + \sum\limits_{1 \le i < j \le n} x_i x_j$;

(2) $\sum\limits_{i=1}^{n} x_i^2 + \sum\limits_{i=1}^{n-1} x_i x_{i+1}$;

(3) $n\sum\limits_{i=1}^{n} x_i^2 - (\sum\limits_{i=1}^{n} x_i)^2$;

(4) $(n+1)\sum\limits_{i=1}^{n} x_i^2 - (\sum\limits_{i=1}^{n} x_i)^2$.

3. 设 A 是 $m \times n$ 的实矩阵, $B = \lambda I + A^{\mathrm{T}}A$. 证明: $\lambda > 0$ 时, B 正定.

4. 设 A 是 n 阶正定阵, $\alpha_1, \alpha_2, \cdots, \alpha_m$ 是 n 维非零列向量, 且 $\alpha_i^{\mathrm{T}} A \alpha_j = 0\ (i \ne j, i, j = 1, 2, \cdots, n)$. 证明 $\alpha_1, \alpha_2, \cdots, \alpha_m$ 线性无关.

5. 设 A 与 B 是 n 阶正定阵. 证明: AB 是正定阵的充要条件为 A 与 B 可交换.

6. 试证

(1) 实二次型半正定的充要条件是它的正惯性指数等于它的秩, 即 $p=r$;

(2) 实对称阵 A 是半正定的充要条件是 A 特征值都大于或等于 0.

总复习题六

1. 填空

(1) 设 A 为奇数阶方阵, 且对 $\forall x\in \mathrm{R}^n$ 有 $x^{\mathrm{T}}Ax=0$. 则 $|A|=$ _____.

(2) 设 A 为实对称可逆矩阵. 则将 $f=x^{\mathrm{T}}Ax$ 化为 $f=y^{\mathrm{T}}A^{-1}y$ 的线性变换为 _____.

(3) 若二次型 $f(x_1,x_2,x_3)=-4x_1x_2+2x_1x_3+2tx_2x_3$ 的秩为 2, 则 $t=$ _____.

(4) 若二次型 $f(x_1,x_2,x_3)=x_1^2+4x_2^2+2x_3^2+2tx_1x_2+2x_1x_3$ 是正定的, 则 t 满足 _____.

(5) 实二次型 $f(x_1,x_2,x_3)=x_1^2-x_2^2+3x_3^2$ 的秩为 _____, 正惯性指数为 _____, 负惯性指数为 _____.

(6) 已知实二次型 $f(x_1,x_2,x_3)=a(x_1^2+x_2^2+x_3^2)+4x_1x_2+4x_1x_3+4x_2x_3$, 经正交变换 $x=Py$ 可化为标准形 $f=by_1^2$, 则 $a=$ _____.

2. 选择题

(1) 实二次型 $f=x^{\mathrm{T}}Ax$ 为正定的充要条件是(　　)

(A) $|A|>0$; (B) 存在实可逆矩阵 C, 使 $A=C^{\mathrm{T}}C$;

(C) 负惯性指数为 0; (D) 对某一向量 $\alpha\neq 0$, 有 $\alpha^{\mathrm{T}}A\alpha>0$.

(2) 任何一个 n 阶满秩矩阵必定与 n 阶单位阵(　　)

(A) 合同; (B) 相似; (C) 等价; (D) 以上都不对.

(3) 设 A,B 都是 n 阶正定阵. 则下列是正定矩阵的是(　　)

(A) A^*+B^*; (B) A^*-B^*; (C) A^*B^*; (D) $k_1A^*+k_2B^*$.

(4) 设

$$A=\begin{pmatrix}1&1&1&1\\1&1&1&1\\1&1&1&1\\1&1&1&1\end{pmatrix},B=\begin{pmatrix}4&0&0&0\\0&0&0&0\\0&0&0&0\\0&0&0&0\end{pmatrix}.$$

则 A 与 B(　　)

(A) 合同且相似;　　(B) 合同但不相似;

(C) 不合同但相似;　　(D) 不合同且不相似.

(5) n 阶实对称阵 A 为正定矩阵的充要条件是(　　)

(A) A 的所有 k 阶子式为正 $(k=1,2,\cdots,n)$; (B) A^{-1} 为正定阵;

(C) A 的所有特征值非负;　　(D) 秩 $(A)=n$.

(6) 二次型 $x^{\mathrm T}Ax$ $(A^{\mathrm T}=A)$ 正定的充要条件为(　　)

(A) A 的负惯性指数为零;

(B) A 的特征值全大于零;

(C) 存在实矩阵 C, 使 $A=C^{\mathrm T}C$;

(D) 存在实可逆矩阵P, 使$P^{-1}AP=E$.

(7) 设 A 为 n 阶实对称阵. 下列表述中**不是**实二次型 $f=x^{\mathrm T}Ax$ 正定的充要条件的是(　　).

(A) A 的正惯性指数是 n;　　(B) 存在实矩阵 P 使 $A=P^{\mathrm T}P$;

(C) A 的特征值全为正;　　(D) A 的顺序主子式全大于零.

(8) 设 A 为 n 阶实对称阵. 下列表述中**不正确**的是(　　)

(A) A 相似于对角阵;　　(B) A 的特征值为实数;

(C) A 是满秩阵;　　(D) A 的不同特征值对应的特征向量相互正交.

(9) 二次型 $x_1x_2+x_2x_3+x_3x_1$ 的标准形为(　　).

(A) $y_1^2+y_2^2+y_3^2$;　　(B) $y_1^2+y_2^2-y_3^2$;

(C) $y_1^2-y_2^2-y_3^2$;　　(D) $-y_1^2-y_2^2-y_3^2$.

(10) 在直角坐标系中由方程 $9x^2+6xy+y^2+2x+3y+4=0$ 所定义的曲线是(　　)

(A) 双曲线;　　(B) 椭圆;　　(C) 抛物线;　　(D) 以上都不对.

3. 已知二次型 $x_1^2-2x_2^2+x_3^2+2x_1x_3$,

(1) 试用正交变换化二次型为标准形, 并求出正交变换;

(2) 试用配方法化二次型为标准形, 并求出此变换;

(3) 写出二次型的规范形, 并求出相应的变换.

4. 通过主轴变换(即正交变换)将实二次型 $x_1^2+x_2^2+x_3^2+4x_1x_2+4x_2x_3+4x_3x_1$ 化成标准形, 并写出所用的线性变换(线性替换).

5. 通过主轴变换(即正交变换)将实二次型 $-4x_1x_2+4x_2x_3-4x_3x_1$ 化成标准形, 并写出所用的线性变换(线性替换).

6. 已知二次型 $4x_2^2-3x_3^2+2px_1x_2+8x_2x_3-4x_3x_1$ 经过正交变换化为标准形 $y_1^2+6y_2^2+qy_3^2$, 求参数 p,q 及所作的正交变换.

7. 求一个正交变换, 化二次型

$$f(x_1,x_2,x_3)=x_1^2+4x_2^2+4x_3^2-4x_1x_2+4x_1x_3-8x_2x_3$$

成标准形.

8. 已知二次型 $f(x_1,x_2,x_3)=4x_2^2-3x_3^2+4x_1x_2-4x_1x_3+8x_2x_3$.

(1) 写出二次型 f 的矩阵表达式;

(2) 用正交变换把二次型 f 化为标准形, 并写出相应的正交矩阵.

9. 已知二次型

$$f(x_1,x_2,x_3)=5x_1^2+5x_2^2+cx_3^2-2x_1x_2+6x_1x_3-6x_2x_3,$$

其秩为 2.

(1) 求 c 及二次型矩阵的特征值;

(2) 指出 $f(x_1,x_2,x_3)=1$ 表示何种曲面.

10. 已知二次曲面方程

$$x^2+ay^2+z^2+2bxy+2xz+2yz=4$$

可以经过正交变换

$$\begin{pmatrix}x\\y\\z\end{pmatrix}=P\begin{pmatrix}x_1\\y_1\\z_1\end{pmatrix}$$

化为椭圆柱面方程 $y_1^2+4z_1^2=4$, 求 a,b 的值和正交矩阵 P.

11. 设三元函数 $f(x_1,x_2,x_3)=3x_1^2+2x_2^2+3x_3^2+2x_1x_3$. 求在条件 $x_1^2+x_2^2+x_3^2=1$ 下 f 的最大值和最小值, 并求出最值点.

12. 设有 n 元实二次型

$$f(x_1,\cdots,x_n)=(x_1+a_1x_2)^2+(x_2+a_2x_3)^2+\cdots+(x_{n-1}+a_{n-1}x_n)^2+(x_n+a_nx_1)^2,$$

其中 $a_i(i=1,2,\cdots,n)$ 为实数. 问: 当 $a_1,a_2,\cdots,a_n$ 满足何种条件时, 二次型 $f(x_1,x_2,\cdots,x_n)$ 为正定二次型.

13. 设 A 为 n 阶实对称阵且满足 $A^3-2A^2+4A-3E=0$. 证明: A 为正定矩阵.

14. 设 A 为 $n\times m$ 实矩阵, 且 $n<m$. 证明: AA^{T} 为正定阵的充要条件是 $r(A)=n$.

15. 设 A 为 m 阶实对称阵且正定, B 为 $m\times n$ 实矩阵. 证明: $B^{\mathrm{T}}AB$ 为正定矩阵的充要条件是 $r(B)=n$.

16. 设 A 为 n 阶实对称阵. 证明: 当 t充分大时, $A+tE$ 为正定阵.

17. 设矩阵 $A=\begin{pmatrix}1&0&1\\0&2&0\\1&0&1\end{pmatrix}$, 矩阵 $B=(kE+A)^2$, 其中 k 为实数, E 为单位矩阵. 求对角矩阵Λ, 使 B 与 Λ相似, 并求 k 为何值时, B 为正定矩阵.

18. 证明: 如果 A 是对称矩阵,并且对任意一个 n 维列向量 x 都有 $x^{\mathrm{T}}Ax=0$,那么 $A=0$.

19. 设 $D=\begin{pmatrix}A&C\\C^{\mathrm{T}}&B\end{pmatrix}$ 为正定矩阵, A,B 分别为 m 阶和 n 阶的方阵, C 是 $m\times n$ 矩阵.

(1) 计算 $P^{\mathrm{T}}DP$, 其中$P=\begin{pmatrix}E_m&-A^{-1}C\\0&E_n\end{pmatrix}$.

(2) 判断 $B-C^{\mathrm{T}}A^{-1}C$ 是否为正定阵, 并证明结论.

参 考 文 献

[1] 北京大学数学系几何与代数教研室代数小组. 高等代数(第三版). 北京: 高等教育出版社, 2003.

[2] 陈维新. 线性代数(第二版). 北京: 科学出版社, 2006.

[3] 郭聿琦, 岑嘉评, 徐贵桐. 线性代数导引. 北京: 科学出版社, 2001.

[4] 张禾瑞, 郝炳新. 高等代数(第四版). 北京: 高等教育出版社, 1999.

[5] 孟道骥. 高等代数与解析几何(上、下册). 北京: 科学出版社, 1998.

[6] 许以超. 代数学引论. 上海: 上海科学技术出版社, 1983.

[7] 谢邦杰. 线性代数. 北京: 人民教育出版社, 1978.

[8] Serge Lang. Undergraduate Algebra. Springer-Verlag, 1990.

[9] Ichiro Satake. Linear Algebra. New York: Marcel Dekker, Inc., 1975.